权威·前沿·原创

皮书系列为

“十二五”“十三五”国家重点图书出版规划项目

贵州蓝皮书

BLUE BOOK OF GUIZHOU

贵州社会发展报告（2020）

ANNUAL REPORT ON SOCIAL DEVELOPMENT OF GUIZHOU(2020)

主　编／王兴骥　王国勇
副主编／高　刚　周芳苓

社会科学文献出版社
SOCIAL SCIENCES ACADEMIC PRESS (CHINA)

图书在版编目(CIP)数据

贵州社会发展报告. 2020 / 王兴骥，王国勇主编
. --北京：社会科学文献出版社，2020.8
（贵州蓝皮书）
ISBN 978-7-5201-6761-1

Ⅰ. ①贵… Ⅱ. ①王… ②王… Ⅲ. ①社会发展-研究报告-贵州-2020 Ⅳ. ①D677.3

中国版本图书馆 CIP 数据核字（2020）第 101032 号

贵州蓝皮书
贵州社会发展报告（2020）

主　　编 / 王兴骥　王国勇
副 主 编 / 高　刚　周芳苓

出 版 人 / 谢寿光
责任编辑 / 薛铭洁

出　　版 / 社会科学文献出版社·皮书出版分社（010）59367127
地址：北京市北三环中路甲 29 号院华龙大厦　邮编：100029
网址：www.ssap.com.cn
发　　行 / 市场营销中心（010）59367081　59367083
印　　装 / 天津千鹤文化传播有限公司

规　　格 / 开 本：787mm × 1092mm　1/16
印 张：27.5　字 数：411 千字
版　　次 / 2020 年 8 月第 1 版　2020 年 8 月第 1 次印刷
书　　号 / ISBN 978-7-5201-6761-1
定　　价 / 158.00 元

《贵州蓝皮书·社会》编撰领导小组

组　　长：吴大华　贵州省社会科学院党委书记、研究员
　　　　　张学立　贵州省社会科学院院长、研究员

成　　员：丰　莉　中共贵州省委政策研究室副主任
　　　　　张绍新　贵州省政府经济发展研究中心副主任
　　　　　张美均　贵州省发展和改革委员会副主任
　　　　　王碧海　贵州省教育厅督学（正厅长级）
　　　　　龚仲鸣　贵州省卫生健康委员会党组成员
　　　　　　　　　省计划生育协会专职副会长（正厅长级）
　　　　　谢丹青　贵州省人力资源和社会保障厅副厅长
　　　　　刘玉海　贵州省民政厅副厅长
　　　　　黄昌祥　贵州省文化旅游厅副厅长
　　　　　张　涛　中共贵州省委政法委员会副书记
　　　　　王建忠　贵州省体育局副局长

《贵州社会发展报告（2020）》
编 委 会

作　者　（以文序排列）
王兴骥　罗贤贵　董文博　杨　旭　沙　飒　李　高
罗林海　陈　丹　洪　涛　王　静　魏雪晶　罗　艳
周芳苓　杨春香　雷陈陈　王亚奇　程　华　林　苑
高　刚　马良灿　丁　胜　韦幼青　李建军　田维绪
王国勇　黄　田　任永强　任　帅　杜双燕　周　欢
刘　洪　刘玉连　郭　飞　罗竖元　王武林　魏　婕
高圆圆　陈安熊　张　新　陆卫群　徐　丽　李迎喜
王　智　张菲菲　袁　莉　王　娴　苍　璐　王　曼

主要编撰者介绍

王兴骥 贵州省社会科学院城市经济研究所所长、研究员，省管专家，获省政府特殊津贴，入选省宣传文化系统“四个一批”人才，博士生导师，中国社会学会理事。研究方向：社会学、民族学、地方历史与文化。主持国家社会科学基金课题“民族贫困地区建设社会主义新农村的制度统筹研究”“跨省流动人口（流出地）卫生计生基本公共服务协调机制研究”，省部级课题10余项。出版学术专著《海龙屯与播州土司综合研究》《播州土司民间传说》《让公共财政的阳光普照新农村》，担任主编出版《长征路上的新长征》《红花映遵义》《美丽中国：城镇化与社会发展》《贵州社会发展报告》等著作10余部。发表文章30余篇（多篇被人大复印报刊资料全文转载）。多项研究成果分别获省部级优秀成果一等奖、二等奖和三等奖。

王国勇 贵州民族大学社会学与公共管理学院院长，博士，三级教授，博士生导师。国家哲学社会科学基金项目通信评审、结题验收专家，贵州省哲学社会科学学术带头人，贵州省社会学区域一流学科负责人，中国社会学会理事，中国政治学会理事，贵州省社会学学会副会长。在《民族研究》《探索》《农村经济》《领导科学》等学术期刊上公开发表学术论文90余篇，其中有20余篇发表在国家级刊物及核心期刊；独著、合著、联合主编10余部学术著作和论文集，在民族出版社、光明日报出版社等出版；主持国家民委、国家民政部、贵州省社科规划办等省部级及其他各类项目20余项。

高　刚 贵州省社会科学院社会学研究所副所长、研究员。工作以来，主持完成3项省级课题；出版专著3部；发表论文20余篇，其中部分被人大复印报刊资料全文转载。科研成果分别获得国家发改委一等奖1次、二等奖1次，民政部一等奖1次（执笔）、二等奖1次（执笔），贵州省哲学社会科学三等奖1次；多项研究成果获得省领导肯定性批示；2017年入选“贵州脱贫攻坚群英谱”。

周芳苓 贵州民族大学社会学博士，贵州省社会科学院研究员，硕士研究生导师，贵州省宣传文化系统“四个一批”人才，贵州省社会学学会副秘书长。研究方向为应用社会学，主要从事社会结构与变迁、社会流动与分层、社会调查与分析、政策编制与评估等领域研究。曾主持完成国家社会科学基金课题1项、省社科规划课题9项、省部级课题4项、省领导圈示（指示）课题4项、省“十三五”规划前期研究重大项目等横向课题10余项，作为核心成员参与完成国家级、省部级课题30余项；独立出版学术专著2部，合著1部（执笔），担任执行主编、副主编著作6部，参编著作10余部；公开发表论文40余篇（多篇发表于全国重要期刊、中文核心期刊、CSSCI来源期刊，部分论文被人大复印报刊资料全文转载）。

摘　要

本报告是贵州省社会科学院“贵州社会蓝皮书课题组”2019年的年度分析报告，由贵州省社会科学院城市经济所组织省内研究机构和政府部门的专家学者撰写。报告分别对精准脱贫、农村产业革命、社会治理、社会舆情等重点、热点问题进行了分析。

本报告指出，2019年是脱贫攻坚和决胜全面建成小康社会的关键之年，贵州省经济社会发展取得显著成绩。经济增速持续领先，地区生产总值增长8.3%，增速连续9年居全国前列；脱贫攻坚再传捷报，全面完成188万人易地扶贫搬迁任务，减少农村贫困人口124万人，贫困发生率下降到0.85%；交通枢纽地位更加巩固，高铁运营里程达到1432公里，高速公路通车里程突破7000公里，全省民航旅客吞吐量突破3000万人次；生态环境不断优化，县级以上城市空气质量优良天数比例98.3%，全省森林覆盖率59.5%，地表水水质状况总体优良；居民收入稳步提高，城镇新增就业78.49万人，城镇、农村常住居民人均可支配收入分别增长9%和10.5%。

课题组认为，2019年贵州省社会发展虽然取得很大成绩，但脱贫攻坚剩下的都是贫中之贫、坚中之坚，攻克深度贫困最后堡垒任务艰巨；财政收支矛盾较为突出，投资增速下行压力加大，消费增长乏力，一些企业生产经营困难增多，稳增长任务艰巨；民生改善的压力仍然较大，公共安全、安全生产、自然灾害防治等领域还存在不少薄弱环节，防风险任务艰巨；提高政府治理能力和治理体系现代化的任务艰巨。

课题组认为，2020年是全面建成小康社会和“十三五”规划收官之年，是脱贫攻坚决战决胜之年，也是攻坚克难的拼搏之年。贵州省社会发展将紧扣全面建成小康社会目标任务，坚持稳中求进工作总基调，坚持新发展理念，坚持以供给侧结构性改革为主线，坚持以改革开放为动力，推动高质量发展，守好发展和生态两条底线，坚决打赢三大脱贫攻坚战，全力实施三大战略行动，加快三大国家级试验区建设，全面做好“六稳”工作，统筹推进稳增长、促改革、调结构、惠民生、防风险、保稳定，确保按时高质量打赢脱贫攻坚战，提高政府的治理能力和治理体系的现代化水平，创新完善基层社会治理，坚定不移增进民生福祉，注重普惠性、基础性、兜底性，确保民生特别是困难群众基本生活得到有效保障，确保全面建成小康社会和“十三五”规划圆满收官。

关键词： 贵州社会发展　精准脱贫　社会舆情

Abstract

This report is the 2019 annual analysis report of the "Guizhou Social Blue Book Research Group" of Guizhou Academy of Social Sciences. It is written by experts and scholars from research institutions and government departments in the province organized by the Institute of Urban Economics of Guizhou Academy of Social Sciences. The report analyzes the key and hot issues, such as precision poverty alleviation, rural industrial revolution, social governance and social public opinion, and conducts a special study on the fight against novel coronavirus pneumonia in Guizhou Province in early 2020.

This report points out that 2019 is the key year to shake off poverty and win the victory to build a well-off society in an all-round way. Guizhou Province has made remarkable achievements in economic and social development. Economic growth continues to lead, with GDP growing by 8.3%, ranking first in the country for nine consecutive years. The poverty eradication campaign has been announced again, with 1.88 million people relocated to help the poor in an all-round way, 1.24 million poor people in rural areas have been reduced, and the incidence of poverty has dropped to 0.85%, The position of transportation hub has been further consolidated, with the mileage of high-speed rail reaching 1432 kilometers, the mileage of expressways exceeding 7000 kilometers, and the throughput of civil aviation passengers in the province exceeding 30 million, The ecological environment has been optimized continuously. The proportion of days with good air quality in cities above the county level is 98.3%, the forest coverage rate in the whole province is 58.5%, and the surface water quality is generally good. Residents' incomes have increased steadily, with 784900 new jobs created in cities and towns. It is estimated that the per capita disposable income of urban and rural residents will increase by 9% and 10.5% respectively.

According to the research of this report, although great achievements have been made in the social development of Guizhou Province in 2019, the rest of the poverty eradication campaign is the poverty among the poor and the firmness among the firmness. The task of overcoming the last bastion of deep poverty is arduous. The contradiction between fiscal revenue and expenditure is more prominent, the downward pressure on investment growth is increasing, consumption growth is sluggish, some enterprises are experiencing more difficulties in production and operation, and the task of stabilizing growth is arduous. There is still great pressure to improve people's livelihood. There are still many weak links in the fields of public safety, safe production and prevention and control of natural disasters. The task of preventing risks is arduous. The task of improving the government's governance capability and modernizing the governance system is arduous.

According to this report, 2020 will be the year when a well-off society will be built in an all-round way and the 13th Five-Year Plan will be completed. It will be the year when the decisive battle against poverty will be won and the difficulties will be overcome. Guizhou's social development will stick to the goal and task of building a well-off society in an all-round way. It adheres to the general tone of seeking progress while maintaining stability, to the new development concept, to the supply-side structural reform as the main line, to the reform and opening up as the driving force. It promotes high-quality development, keeps the two bottom lines of development and ecology. It wins the three major tough battles resolutely, and fully implements the three strategic actions. We should speed up the construction of three national experimental zones, do a good job in the "six stability" work in an all-round way. We need to make overall plans to promote steady growth, promote reform, adjust the structure, benefit people's livelihood, prevent risks and maintain stability. We must ensure that we win the battle against poverty on time and with high quality. We need to improve the government's governance capability and the modernization level of the governance system, innovate and improve social governance at the grass-roots level. We must improve the well-being of the people's livelihood unswervingly, pay attention to the basic nature of inclusiveness, ensure that the people's livelihood, especially the basic livelihood of the needy, is effectively guaranteed, and ensure the overall construction of a well-off society and the successful conclusion of the 13th Five-Year Plan.

Keywords: Guizhou Social Development; Accurate Poverty Alleviation; Social Public Opinion

目 录

Ⅰ 总报告

Ⅱ 精准脱贫篇

Ⅲ 农村产业革命篇

Ⅳ 社会舆情篇

Ⅴ 社会治理篇

Ⅵ 专题研究篇

Ⅶ 大事记

皮书数据库阅读**使用指南**

CONTENTS

I General Report

II Accurate Poverty Alleviation Reports

Ⅲ Rural Industrial Revolution Reports

Ⅳ Social Public Opinion Reports

V Social Governance Reports

VI Special Research Reports

Ⅶ Event

总 报 告

General Report

B.1

2019～2020年贵州省社会发展形势分析与预测

王兴骥　杨 旭　董文博*

摘　要： 本报告系统总结了2019年贵州省社会发展取得的主要成就：经济增速持续领先，脱贫攻坚取得重大成绩，生态环境不断优化、居民收入稳步提高；分析了贵州省社会发展存在扶贫攻坚难度大、财政收支矛盾较为突出、投资增速下行压力加大、消费增长乏力等问题，预测2020年贵州社会发展将高质量完成脱贫硬任务、进入城市文明时代、同步建成全面小康社会、贯彻新发展理念、推动高质量发展，实现人民对高质量发展成果的共享等。

* 王兴骥，贵州省社会科学院城市经济所所长、研究员，研究方向：社会学·地方文化；杨旭、董文博，贵州大学公共管理学院2018级硕士研究生。

关键词： 贵州　社会发展　脱贫攻坚

一　2019年贵州省社会发展形势分析

2019 年是新中国成立 70 周年，贵州省坚持以习近平新时代中国特色社会主义思想为指导，坚持以脱贫攻坚统揽经济社会发展全局，牢牢守好发展和生态两条底线，强力推进三大攻坚战，深入实施三大战略行动，加快建设三大国家级试验区，坚决落实“六稳”要求，突出抓重点、补短板、强弱项，经济增速持续领先，脱贫攻坚再传捷报，交通枢纽地位更加巩固，生态环境不断优化，居民收入稳步提高，社会发展呈现健康稳定局面。①

——经济增速持续领先，赶超进位实现新突破。地区生产总值增长 8.3%，达到 16769 亿元；增速连续 9 年位居全国前列，人均地区生产总值 46433 元。

——脱贫攻坚再传捷报，为彻底撕掉贫困标签奠定了坚实基础。全年有 24 个贫困县摘帽，全面完成 188 万人易地扶贫搬迁任务，从根本上改变了居住在“一方水土养不起一方人”的地区贫困群众的命运；减少农村贫困人口 124 万人，贫困发生率下降到 0.85%。

——农村产业革命成果丰硕，农业农村面貌发生前所未有的深刻变化。预计农业增加值增长 5.7%，增速位居全国前列。十二个农业特色优势产业快速发展，坝区亩均产值增长 30% 以上。

——交通枢纽地位更加巩固，在区域发展中的战略地位极大提升。成贵高铁建成通车，高铁运营里程达到 1432 公里，高速公路通车里程突破 7000 公里，全省民航旅客吞吐量突破 3000 万人次。

——生态环境不断优化，生态文明“金字招牌”越来越靓。县级以上城市空气质量优良天数比例 98.3%，全省森林覆盖率 59.5%，地表水水质

---

① 谌贻琴：《2020 年贵州省政府工作报告》。

状况总体优良。

——居民收入稳步提高，收入增速继续跑赢经济增速。城镇新增就业78.49万人，预计城镇、农村常住居民人均可支配收入分别达34404元、10756元，分别增长9%和10.5%[①]。

1. 全力以赴抓脱贫，尽锐决战深度贫困

围绕省委省政府安排部署，以脱贫攻坚春季攻势、“五个专项治理”、夏秋决战等集中攻势行动为抓手，全力推动贵州脱贫攻坚战取得决定性进展。

全力推进贫困人口脱贫和贫困县摘帽。2019年底全省减少建档立卡贫困人口24.45万人，贫困发生率降至0.85%，达到出列条件的贫困村2300个，24个贫困县脱贫摘帽。全力推进深度贫困地区脱贫攻坚。启动脱贫攻坚夏秋决战，深度贫困地区贫困发生率30%以上的村由市州党政一把手负责，贫困发生率20%以上的村由各县党政一把手负责，逐村逐项分析原因，找准脱贫路径，研究制定“按时打赢”方案。安排深度贫困县中央和省级财政专项扶贫资金40.29亿元，省级财政安排16个深度贫困县每县1亿元用于脱贫攻坚；2019年省级财政通过统筹安排地方新增一般债券、新增预算等下达深度贫困地区资金57.56亿元。

全力推进东西部扶贫协作。认真落实贵州省深入推进东西部扶贫协作电视电话会议要求，抢抓东西部扶贫协作重大机遇，推动东部扶贫供给和贵州省脱贫需求深入有效对接，及时跟进达成协作共识的事项，确保尽快落地落实。2019年东部帮扶省市投入贵州省财政帮扶资金32.8亿元，较2018年增长20.9%，已到位的财政援助资金中投入深度贫困地区的达19.29亿元，66个携手奔小康县县均到位资金4417.11万元，16个深度贫困县县均到位资金6035.85万元；选派援黔干部310人，派出专业技术人才2014人，接收贵州省派出挂职干部519人，派出专业技术人员交流2126人，均超额完成计划任务；解决转移到帮扶省市就业11281人，超协议计划266.27%；

① 谌贻琴：《2020年贵州省政府工作报告》。

共引导314家东部企业到贵州省投资发展，实际投资额178.31亿元，直接或间接带动贫困人口9.93万人；社会帮扶资金达4.47亿元，是2019年2亿元的2.23倍；销售到东部城市农特产品12.35万吨、销售额27.78亿元，帮助贵州省8.46万贫困人口实现到东部城市就业或在省内就近就业。

争取东部省份对贵州省的帮扶资金集中用于易地扶贫搬迁安置点学校、医院建设。8个市州已统筹东西部扶贫协作资金10.29亿元，用于实施易地扶贫搬迁安置点教育和卫生配套设施建设项目168个，其中学校配套项目114个、医疗类项目54个。全面推广"组团式"帮扶，结合贵州省教育、医疗人才需求现状，打造"组团式"帮扶试点176个。促成东部城市90家三级医院对口帮扶贵州省66个贫困县医院，50家三级中医院结对帮扶贵州省64家中医院，实现全覆盖。积极争取东部帮扶城市与贵州省贫困县中小学和乡镇卫生院开展结对帮扶工作，全省2760个深度贫困村中有2713个完成结对，3332所贫困县中小学全部完成结对，1232所乡镇卫生院中有1168所完成结对。

全力推进定点扶贫工作。主动对接中央国家机关和企事业单位定点帮扶工作，结合38家中央单位的资源优势、行业优势，组织受帮扶市州、县提出2019年需要请求帮扶的具体事项362项，项目涉及农业产业、人才、劳务、教育、旅游、医疗等方面，积极争取中央定点帮扶单位的政策、资金、项目等精准地向贫困村和贫困人口倾斜。深化与澳门特别行政区扶贫合作，继续加大争取澳门资金、项目支持力度，推动2019年"九项协议"援助项目落地落实。澳门为从江县贫困家庭白内障患者提供免费筛查、手术及术后康复服务193例，援助急救救护车7辆；为贫困村寨捐赠太阳能路灯560盏，完成干团（美娥）小学宿舍楼援建项目；透风漏雨老旧住房整治及"三改"援助项目全部开工。

全力推进社会扶贫工作。统筹推进国有企业"百企帮百村"、民营企业"千企帮千村"和"百千万行动"，配合省工商联推动全省5064家民营企业与5738个村开展"千企帮千村"精准扶贫行动，投入帮扶资金208.6亿元，帮扶贫困人口121.3万人。开展社会组织参与脱贫攻坚情况调查统计，进一步摸清各社会组织参与脱贫攻坚工作情况，搭建供需平台，持续推进社会组织扶贫项目、资金落实落地。用好中国社会扶贫网平台，全省综合注册用户达146.8万人（其中爱心人士60.3万人、贫困户86.5万人），贫困户发布帮扶需求信息1.1万条，成功对接2905条，捐助资金212.5万元。

全力推进脱贫成果巩固和质量提升。坚持扶志扶智激发贫困群众内生动力。注重典型引领、教育培训、政策引导，充分发挥村规民约作用，不断激发贫困群众内生动力。宣传推广罗甸凭借“爱心超市”积分模式走出“志智双扶”新路径、贵州关岭“独臂干部”撑起贫困村发展“半边天”、农业产业革命的“官仓实践”等案例。开展建档立卡贫困劳动力和农村致富带头人培训工作。开展“两摸底一核查”工作，将收入水平略高于建档立卡贫困户的群体纳入摸底范围。督促已退出的33个贫困县按照要求分别制定《巩固提升脱贫成果实施方案》《建档立卡贫困户全面清零工作方案》，严格落实“四个不摘”工作要求，切实加强防贫返贫动态监测。推广江口县防贫监测预警机制，其经验做法在国务院扶贫办部分贫困县县委书记座谈会上作经验交流。

2. 多措并举推动各级各类教育健康协调发展，教育发展整体水平大幅提高

紧紧围绕教育脱贫攻坚“1＋6”重点任务，全力以赴打好脱贫攻坚教育保障硬仗。完成建设500所公办幼儿园、50所易地扶贫搬迁安置点配套学校、50所义务教育阶段学校“民生实事”任务；立项首批50所“中职强基工程”项目建设。完成新建、改扩建易地扶贫搬迁安置点配套学校240所，解决搬迁户适龄子女入园入学近12万人，确保搬迁群众子女不因搬迁而失学辍学。积极鼓励支持市州本科高校领办易地扶贫搬迁点配套学校，全省9所市州本科高校与12个县区签订了领办协议，覆盖易地扶贫搬迁安置点幼儿园5所、小学23所、初中16所和普通高中1所。

合力抓好东西部教育协作。全省66个贫困县2632所乡镇中心校以上农村中小学（小学1098所、初中1254所、中职75所、高中205所）与东部协作帮扶城市优质学校全部结成“一对一”结对帮扶关系，并通过2632所乡镇中心校以上学校对所辖村小、教学点等小规模学校进行辐射带动，从而

实现全省7324所农村中小学校“组团式”帮扶全覆盖。

全力抓好“校农结合”工作。全省各级各类学校食堂累计采购农产品68.09万吨，采购金额达52.37亿元。其中，采购本省农产品数量51.26万吨，采购金额39.78亿元；采购本省农产品量占总采购量的75.28%，推动省内4000个农产品生产基地（合作社）发展，产业调整170万亩，覆盖贫困人口10万户42万余人，有效带动了农民增收致富。大力抓好学生资助管理。累计投入各级各类学生资助资金（含营养改善计划）137.40亿元，惠及学生1064.34万人次。其中，投入营养膳食补助资金35.18亿元，惠及学生485.58万人（学前营养膳食补助资金5.37亿元，惠及儿童89.18万人；义务教育营养膳食补助资金29.81亿元，惠及学生396.4万人）。

推动学前教育普惠提质，学前三年入园率提高到88%，开展城镇小区配套幼儿园治理工作。制定2019年度学前教育目标任务并督促推进，完成新建改扩建公办幼儿园650所，有序推进城镇小区配套幼儿园专项治理及幼儿园“小学化”专项治理工作，联合其他6个部门印发了《贵州省城镇小区配套幼儿园建设管理办法（试行)》。

加强普通高中特色学校建设，大力实施职业教育兴黔富民行动计划。高中阶段教育特色发展，遴选第一批普通高中“特色学校”，做好示范性普通高中和特色示范性高中申报和复查工作。新建、改扩建普通高中学校260所，新增普通高中校舍资源484万平方米；启动建设50所“强基”工程中等职业学校，累计完成投资12243亿元。实施职业教育兴黔富民行动计划，《贵州职业教育改革发展暨兴黔富民行动计划实施方案（送审稿)》提交省政府办公厅审核。

推动高校“双一流”建设，调整优化高等院校学科结构和专业设置，为建设特色教育强省奠定坚实基础。高校“双一流”建设有序实施。纵深推进一流大学、一流本科建设，深化高等教育内涵式发展，统筹优化高等院校学科机构和专业设置，提升高等教育服务能力。制定《贵州省推进一流大学建设管理办法》。开展贵州省一流大学专业重点建设项目（二期）申报工作，向教育部推荐国家级一流专业166个，备案省级一流专业205个。向教育部申报普通高校新专业52个，发布2019年普通高校5个本科预警专业。印发《贵州省高等教育学科专业突进行动工作方案》《贵州省教育厅自然科学研究项目管理办法》。

大力加强教师队伍建设，弘扬良好师德师风，完善中小学教师待遇保障机制。招聘“特岗计划”教师7809人，争取中央补助资金8.16亿元。完成贵州省中小学、幼儿园《教师违反职业道德行为处理办法实施细则（试行）》、高校《教师违反职业道德行为处理办法（试行）》与中小学、幼儿园和高校教师《违反职业道德负面清单》的起草工作。出台《关于在密切接触未成年人行业建立违法犯罪人员从业限制制度的意见》。印发《贵州省人民政府办公厅关于进一步保障义务教育学校教师工资待遇的通知》，要求各地建立义务教育教师与当地公务员平均工资收入水平比较机制、随当地公务员待遇调整的联动机制和监督检查工作机制。全省有一半以上的县落实到位，全省教师年平均工资收入达到8.4万余元，71.4%的县市区都实现了中小学教师年平均工资收入高于当地公务员年平均工资收入水平。

强化教育投入保障。全年共争取中央资金182.47亿元、省级资金65.73亿元，压缩省级党政机关行政经费6215.88万元用于教育精准扶贫。争取“国培计划”中央资金1.2亿元，对全省8.7万余名农村中小学教师进行培训。招聘“特岗计划”教师7809人，争取中央补助资金8.16亿元。

3. 卫生健康事业得到高质量发展，取得新的成效

健康扶贫攻坚战取得新的战绩。深入开展健康扶贫突出问题专项治理。组织全系统4952名干部，深入所有县（市、区），逐乡逐村开展健康扶贫突出问题专项治理和“回头看”，实现全省每个行政村卫生室都有1名合格村医。推进大病专项救治，大病病种扩大到25种，实施专项救治49427人，做到应治尽治。实施慢病签约管理服务，农村建档立卡贫困人口家庭医生签约服务覆盖高血压、糖尿病、重症精神病和肺结核等慢病患者，做到应签尽签。拓展深化援黔医疗卫生对口帮扶。国家和东部省市266家医疗卫生机构对口帮扶贵州省217家各类医疗卫生机构，786名省外专家到贵州省受援医院开展“组团式”帮扶，援黔院士专家新增190人，院士累计达55人、专

家1305人，并有38名院士在贵州省建立院士工作站44个。

卫生健康事业实现创新发展。在全国率先探索建立“督医”制度，制定《贵州省督医制度（试行）》《贵州省督医人员暂行管理办法（试行）》，推进全社会参与医疗卫生行业监管；在全国率先建立公立医院党建考核机制，将公立医院党的建设工作纳入全省三级公立医院绩效考核指标体系，实行党的建设和医院管理“双千分制”双线考核，切实把党的领导融入医院治理各环节。全面深化医药卫生体制改革，启动3个城市医疗集团建设，将35个县纳入国家县域紧密型医共体建设试点；在42家公立医院开展现代医院管理制度试点，有序推进全省所有54家三级公立医院绩效考核；全面整治医疗乱象，全省查处违法违规行为3366起；切实加大对社会办医监管力度，立案842件；创新推进医疗机构不良执业行为积分管理。创新提升公共卫生服务能力。通过国家终审评估，贵州成为全国第九个消除疟疾的省份；启动第一类疫苗预防接种异常反应补偿基础保险项目，迈出由“财政补偿”向“保险补偿”的第一步。持续推进全省山地紧急医学救援体系建设，建成全省紧急医学救援指挥调度中心。推进互联网+医疗健康发展，强化远程医疗服务常态化高效运行机制。

4. 人力资源与社会保障工作扎实推进

人社扶贫工作扎实推进。将资金、人员、政策向贫困地区倾斜，2019年下达深度贫困县就业补助资金3.63亿元，全省建立就业扶贫车间1195个，就业扶贫基地477个。大力开展全员培训、规定培训、精准培训、建档培训、持续培训，制定贵州省农民全员培训三年行动计划（2019～2021年），在失业保险基金滚存结余中提取17亿元，用于支持职业技能提升培训，开展建档立卡贫困劳动力技能培训39.13万人次，完成全年目标的97.83%，实现就业创业26.05万人；开展易地扶贫搬迁劳动力技能培训12.94万人次，完成全年目标的129.40%，实现就业创业8.57万人，实现“一户一人”以上就业目标。将全省60周岁以下建档立卡贫困人口全部纳入参保，城乡居民养老保险参保人数达1841.77万人，领取待遇人数达到459.24万人，实现建档立卡贫困人口全覆盖，月基础养老金93元。做好易地扶贫搬迁移民和被征地农民参加城乡居民基本养老保险衔接工作，织牢易地扶贫搬迁移民的社会保障网。深入推进事业单位专业技术人员助力脱贫攻坚三年行动计划（2018～2020年），全省事业单位共有406名专技人员开展创新创业活动，撬动产业项目资金16.3亿元，带动贫困地区3.5万人就业，其中带动建档立卡贫困户就业7069人。

就业局势保持整体稳定。不断完善就业政策，进一步扩大了资金使用范围，积极引导农民工返乡创业，深化东西部劳务协作，加强有组织劳务输出，统筹推进高校毕业生等重点群体就业，开发就业扶贫专岗4.87万个，兜底安置就业困难人员。全省实现城镇新增就业78.49万人；各类公益性岗位安置就业困难人员7.93万人，年末城镇登记失业率为3.11%；促进农村劳动力转移就业79.75万人。

社保制度运行总体平稳。全面降低社会保险费率，共减轻企业社保缴费负担31.80亿元，预计全年可减轻企业负担43.98亿元。完善企业职工基本养老保险省级统筹制度，实现企业职工基本养老保险基金省级统收统支和数据省级集中管理。年内还将出台《关于建立城乡居民养老保险待遇确定和基础养老金正常调整机制的实施意见》。顺利完成城乡居民和机关事业单位“两类人群社会保险费征管职责”划转税务部门改革工作。连续第15年调整企业退休人员养老金，达到月人均2530元。全省各项社会保险参保总量达3174.23万人次。

人才队伍建设积极推进。举办第七届贵州人才博览会，现场接待各类人才8.3万人次。引才落地2554人，其中博士213人，硕士852人。深入实施“百千万人才引进计划”高端聚才，共评出“百”层次建议人选1名，“千”层次12名。积极推动东西部扶贫协作人力资源开发，促进8个市州与对口帮扶城市签署合作协议。协议签订以来，全省与各对口帮扶城市已互派干部挂职2472人，引进730余名教育、医疗人才来黔挂职帮扶。

劳动关系保持和谐稳定。全面实施治理拖欠农民工工资问题的“1+8”系列配套文件，着力开展治欠保支专项行动，拖欠势头得到有效遏制。2019年以来，共为4.29万人次追发被拖欠工资8.46亿元。积极推进“互联网+

调解仲裁”服务平台建设，狠抓劳动人事争议调解仲裁，着力防控劳动关系领域重大风险。深化收入分配制度改革，出台规范机关事业单位带薪年休假、加班误餐补助、值班补助、死亡丧葬补助、最低工资标准、企业工资指导线等的一系列政策措施。

5. 发挥兜底作用，开创新时代民政事业发展新局面

坚持以脱贫攻坚统揽民政工作全局，坚决打好民政脱贫攻坚战。扎实抓好兜底脱贫，全面完成2019年度城乡低保年度核查和提标工作，全省城乡低保平均标准分别提高到615元/月、4103元/年，确保低保标准始终高于扶贫标准。18个县民政脱贫攻坚工作顺利通过脱贫摘帽考核。扎实抓好治理扶贫，出台了《贵州省民政厅关于进一步做好易地扶贫搬迁安置区民政工作的实施意见》（黔民发〔2019〕7号）等文件，充分发挥基层社会治理在脱贫攻坚中的重要作用。着力完善基层自治组织。全省易地扶贫搬迁安置区新成立居委会349个、村委会93个，居民小组2761个、村民小组261个，137个村（居）委会依法完成了选举。认真抓好易地扶贫搬迁安置区基层自治组织建设指导，大力健全安置区社区服务设施，共安排省级城乡社区建设以奖代补专项资金1010万元，支持101个易地扶贫搬迁安置点完善社区服务设施建设，有力提升了社区服务能力。全省安置区原有社区服务中心（站）已覆盖安置区482个，新建社区服务中心（站）293个，打造城市示范社区101个。着力建立健全安置区社区居民自治机制，严把村（居）民委员会候选人入口关，依法依规执行选举程序，紧密结合扫黑除恶，坚决查处选举中的违法违规行为。671个安置区建立了居民公约或村规民约，693个安置区开展了居（村）务公开工作。扎实抓好社会扶贫，召开全省社会组织助力脱贫攻坚培训会，开展社会组织参与省级易地扶贫搬迁后续扶持示范点创建行动，重点对18个省级易地扶贫搬迁后续扶持示范点社会组织参与帮扶工作进行部署，在46个县实施社会工作参与脱贫攻坚服务项目，凝聚脱贫攻坚的强大合力。

统筹推进城乡社会救助体系建设。贵阳市六城区、贵安新区低保实现城乡一体化。全省按照农村5%、城市3%的增幅提高低保标准，逐步缩小城

乡低保差距。加大特殊贫困群体救助保障力度，2019 年全省特困供养基本生活平均标准达到 874 元/月，共救助供养 8.6 万人；照料护理平均标准达到 439 元/月，全省生活不能自理特困人员集中供养率达 46.2%。机构养育和社会散居孤儿基本生活最低养育标准分别提高到 1500 元/（月·人）、1000 元/（月·人）。全省共对 154.7 万农村低保、重病、重残、老年人等特殊贫困人员增发特殊补助金。

深入推进养老服务改革发展。有序推进 500 个城乡养老机构设施、5 所精神康复社会福利院建设。下拨资金 8704 万元升级城乡养老机构设施，全省已有养老床位 20 万张，每千名老年人拥有的机构床位数超过 34 张。深化居家和社区养老改革，成功申报遵义市、黔南州为第四批全国居家和社区养老服务改革试点地区，获得中央补助资金 3965 万元。创新壮大养老服务业发展动能，获得世界银行 3.5 亿美元、法国开发署 1 亿欧元联合融资结果导向型贷款，成立贵州省养老服务产业投资基金投融资平台，有力推动全省养老服务体系加速发展。

加大残疾人和城镇困难职工关爱保护力度，下拨省级预算残疾人两项补贴资金 8603 万元，印发实施《贵州省民政伤残康复公益项目实施办法》，深入推进脱贫攻坚中贫困重度残疾人照护服务工作，切实保障残疾人合法权益。出台了《关于进一步加强生活困难下岗失业人员基本生活保障工作的实施意见》，强化对生活困难下岗失业人员救助帮扶合力，确保符合条件的生活困难下岗失业人员“应保尽保”，有效帮助生活困难下岗失业人员解决临时性、突发性困难，增强生活困难下岗失业人员救助帮扶整体效能。

着力加强农村“三留守”工作。加强留守儿童精准关爱救助保护，为 33.75 万人次留守儿童提供城乡低保、医疗、住房等方面的救助帮扶。加强基层儿童关爱服务阵地建设，在全省县城易地扶贫搬迁安置点打造社区“益童乐园”（儿童之家），联合公益组织和专业机构在 19 个县 208 个村实施“童伴计划”。加强基层儿童关爱服务队伍建设，完成全省 1.9 万名儿童督导员、儿童主任的岗位履职能力培训。积极推进农村留守妇女关爱服务体系建设。

6. 加大融合发展力度，推动文化旅游高质量发展

以脱贫攻坚为统揽，以供给侧结构性改革为主线，抢抓新中国成立 70 周年和新阶段文化旅游融合发展的重要契机，奋力推动文化旅游高质量发展，多彩贵州民族特色文化强省和国际一流山地旅游目的地、国内一流度假康养目的地建设迈出新步伐。文化旅游扶贫释放更多惠民红利。深入推进旅游扶贫九项工程和文化扶贫“四民”行动计划，推动 81 个易地扶贫搬迁安置点建设公共文化服务体系示范点（试点），加快配齐贫困地区村文化活动室设备，常态化开展文化旅游分类培训，帮助群众通过经营农家乐、展示非遗技艺、参加民族文艺表演、售卖土特产品等方式分享文化旅游发展红利，形成一批文化旅游扶贫典型案例，全年带动 15 万以上建档立卡贫困人口受益增收。

文化旅游公共服务质量不断提升。加快推进《贵州省公共文化服务保障条例》《贵州省公共图书馆条例》立法以及六盘水市创建国家公共文化服务体系示范区等工作。统筹公共文化资源，举办少儿作品展、刺绣图片展、书画展、文物展等展览。有序推进基本公共文化服务标准化和基层综合性文化服务中心、县级文化馆图书馆总分馆制建设等工作，实施“春雨工程”“阳光工程”“圆梦工程”等文化志愿服务项目，开展送文化下基层、戏曲进乡村、流动文化服务、“世界读书日”等活动，不断提升公共文化服务质量。持续改善旅游基础及配套设施，建成旅游厕所 595 座，一批游客服务中心、旅游道路、乡村民宿等投入使用。大力推进“云游贵州”全域旅游智慧服务平台建设，推动实施全域旅游数字化升级项目，研究推进文化云、旅游云与“多彩贵州宣传文化云”互通整合。“快旅慢游”体系向智能化、便捷化、人性化迈进。

文化旅游产品业态打造成果丰硕。分类建立重点项目库，列入项目 600 余个、总投资 9000 多亿元，评选推荐 208 个项目纳入 2019 年度全国文化和旅游有关优选项目及案例。推动水城悠然山居、多彩贵州风景眼、织金古城、乌江古村落、天下布依等一批重点文旅项目加快建设。“两省四带”建设渐次展开，纳入支撑性项目 145 个、总投资 1267.41 亿元。主动融入乡村

振兴战略和农村产业革命，推动农业种植基地构建“六园一库”模式，加快形成农文旅科综合业态。2019 年以来，全省旅游“1 +5 个 100 工程”在建项目 759 个，签约项目 131 个，累计完成投资 123.1 亿元，集中推出新景点、新项目 245 个。

艺术创作涌现新品力作。推出《雄关漫道》《出山谣（暂名）》《第一书记》《红梅赞》《珠郎娘美》等一批文艺作品，打磨提升《天渠》《吉它・吉他》《湄水长歌》《云上红梅》《一路芬芳》《月照枫林渡》等精品剧目。以“我们的中国梦・文化进万家”为主题赴极贫县乡演出，开展“2019 多彩贵州百姓大舞台——山地文艺轻骑兵走基层”活动，推动现实题材精品力作巡演，持续改善文化民生、占领文化阵地、传承文化基因、鼓舞脱贫斗志、弘扬新时代贵州精神。

文化遗产保护传承扎实推进。建立文物督察专员制度。公布贵州省第五批省级非遗名录 224 项（315 处），省级非遗代表性项目突破 1000 项、达 1026 项。推选 30 项非遗项目申报第五批国家级非遗代表性项目名录，推荐 10 个非遗项目参加全国优秀保护案例遴选。开展棚户区改造文物保护排查整改和“老旧粮仓”文物保护摸底调研，留住乡愁、历史和文脉。开展红色文化资源调查、保护、修缮和利用工作，对 210 处损坏、121 处消失的重要革命遗址进行核查、建立台账并跟踪到底。组织编制《贵州省红色文化旅游发展三年行动方案》，启动黔东三县重要革命遗址保护维修和展陈提升及黔东红色旅游创新区建设工作，踏勘红色旅游线路，积极传承红色基因。

二　贵州省社会发展存在的问题分析

2019 年贵州省社会发展取得了巨大的成绩，但由于欠发达、欠开发的省情尚未发生根本性的改变，发展的基础还比较薄弱，与东中部地区还有较大差距，经济社会发展还存在不少困难和挑战。

脱贫攻坚虽然取得了举世瞩目的成绩，剩下的都是贫中之贫、坚中之坚。虽然只有 9 个贫困县尚未脱贫，但其有贫困人口 30 万人，加上处于贫困边缘的19万人以及其他县未脱贫的21万人，脱贫人口达70万人；贫困人口所在地区在义务教育、基本医疗、住房等“三保障”，饮水安全和基础设施上存在短板，加上贫困人口的脱贫质量、贫困县脱贫摘帽后是否松劲懈怠、易地扶贫搬迁后续帮扶等情况都比较复杂，使得今年攻克深度贫困最后堡垒任务艰巨。

财政收支矛盾较为突出，投资增长下行压力加大，消费增长乏力，加上年初的新冠肺炎疫情的影响，一些企业生产经营困难增多，经济稳增长任务艰巨。

部分地方偿债压力仍然较大，公共安全、安全生产、自然灾害防治等领域还存在不少薄弱环节，防风险任务艰巨；政府系统形式主义、官僚主义还不同程度地存在，抓落实能力还需加强，提高政府治理效能任务艰巨。

教育领域存在如下问题：城镇小区配套幼儿园规划、建设、移交、办园的突出问题，中小学办学行为不规范问题，义务教育择校、普通高中举办特色班重点班实验班、学生课业负担过重等突出问题，民办中小学不规范管理、超计划招生、违规高额收费、搞潜规则招生、空挂学籍等突出问题，师德师风存在的属地教师有偿补课、滥订教辅教材、体罚歧视学生、通过微信或QQ布置作业等突出问题。

就业形势比往年更加严峻，总量压力和结构性矛盾并存。由于今年新冠肺炎疫情的影响，经济增速趋缓不可避免，企业尤其是小微企业的生存发展受到很大影响，民营企业吸纳就业人口的能力有所减弱，就业压力将进一步加大。同时，由于疫情影响贵州省近500万外出务工人员到外省就业，虽然采取了扩大就业岗位的“留雁计划”，但贵州省经济相对欠发达，不能提供更多的就业岗位。2020年的就业形势因疫情变得异常困难。随着贵州省经济转型升级，劳动者总体素质不高、技能单一的结构性矛盾更加突出。未就业贫困劳动力占比仍然较大，培训工作难组织，就业难度大、稳定性不高。

社会保障水平还较低。由于经济基础较差、阶段性降低单位缴费费率、连续调整增加退休人员基本养老金等因素，贵州省离退休人员基本养老金水平偏低，贫困人口应保尽保工作和基本养老保险全覆盖工作难度较大。

民政兜底保障对象认定还不够精准，兜底管理机制还不够健全，社会救助分散化、碎片化局面尚未得到根本解决。养老等民政公共服务水平还不高，与人民群众对美好生活的向往还有较大差距。民政法治化信息化标准化水平还不高，与新时代民政事业发展要求不相适应。民政部门自身建设尚待进一步加强，部分民政干部以改革创新精神破解发展不平衡不充分问题的意识还不够强，风险防范能力有待增强。

健康扶贫成效巩固难度大，不少乡村医疗服务水平低，剩余任务都是最难啃的硬骨头；卫生健康基层服务能力和优质医疗资源不足的问题还很突出，深化医药卫生体制改革联动机制有待健全完善，公共卫生体系短板明显。

旅游经济主要指标，如住宿床位数、人口总量及人均可支配收入等指标增长潜力不大，继续保持高速增长缺少必要的现实支撑。文化旅游企业“规模小、布局分散、层次低”，缺少综合性龙头企业和上市文化旅游企业仍是制约文化旅游业高质量发展的一块短板，文化旅游业投融资改革任务艰巨。对标决胜脱贫攻坚、同步全面小康发展任务和目标，乡镇村基层公共文化服务体系与经济社会发展还有不相适应的情况，尚存在不均衡、不充分和设施设备闲置浪费等现象。文化遗产保护面临城镇化高速推进带来的巨大压力，文物因建设而被损坏的情况时有发生。文化遗产传承利用与现代审美需求存在差距，文创能力不足。一些文化旅游项目和乡村旅游点前期发展不规范，面临土地使用、环境保护、贷款融资等方面的政策瓶颈。随着生态环境和土地管理的不断强化，这方面的制约将更加突出。高端文化旅游产品供给能力不足，产品业态培育与“公园省”丰富的文化旅游资源还不相匹配等。

三　2020年贵州省社会发展形势预测

2020 年是全面建成小康社会和“十三五”规划收官之年，是脱贫攻坚决战决胜之年，也是攻坚克难的拼搏之年。全省贫困人口将全部脱贫，与全国同步进入全面小康社会，2020 年将是贵州历史上一个具有转折意义的年份，这将是贵州经济社会发展标志性的年份，整个贵州的社会形势将发生以下根本性的变化。

——贵州将高质量完成脱贫硬任务，撕下贫困的标签：确保按时高质量打赢脱贫攻坚战，现行标准下农村贫困人口全部脱贫、贫困县全部摘帽，脱贫成果全面巩固提升，从而真正改变贫困落后的面貌。

——贵州常住人口城镇化率将超过50%，进入城市文明时代：2019年贵州省的常住人口城镇化率达到59%，按照贵州省每年1.6个百分点的城镇化率增长速度，加上易地扶贫搬迁任务的完成，贵州省城镇常住人口数量将在历史上首次超过农村常住人口，实现城市对农村的超越，进入城市文明时代。

——贵州将与全国人民一起，同步建成全面小康社会：经过近年来的高速发展，贵州省的总体实力得到很大的提升，2019年地区生产总值达到1.6万亿元以上，人民的收入有了较大的提高，将顺利完成与全国人民同步建成全面小康社会的目标，开启初步现代化的征程。

——贯彻新发展理念推动高质量发展：2020年贵州省经济社会发展面临的形势更加严峻复杂，经济社会发展要求高、难度大、任务重。必须坚持创新、协调、绿色、开放、共享五大新发展理念，才能推动经济的高质量发展，实现人民对高质量发展成果的共享。

1. 脱贫攻坚

2020年是脱贫攻坚决战决胜、全面收官之年。贵州省紧紧围绕“全部脱贫、全面小康”这一目标，着力抓好几个方面的工作。

剩余贫困人口脱贫工作将全面完成。按照“不漏一户、不落一人”的要求，全面排查，全面补齐贫困人口义务教育、基本医疗、住房和饮水安全短板，确保农村贫困人口全部脱贫，确保按时高质量打赢脱贫攻坚战。

深度贫困堡垒得以全部攻克。坚持把攻克深度贫困堡垒作为按时打赢脱贫攻坚战的重中之重和底线任务，落实“四个聚焦”要求，全力补齐深度贫困地区基础设施短板，全面解决深度贫困地区“两不愁三保障”突出问题，确保剩余深度贫困县（9个左右）脱贫摘帽，贫困人口全部脱贫。

突出问题将得到全面排查解决。组织开展脱贫攻坚“回头看”，聚焦建档立卡数据质量、扶贫资金管理使用情况、“三保障”和饮水安全问题解决情况、深度贫困地区脱贫任务完成情况、脱贫质量、贫困县脱贫摘帽后是否松劲懈怠、易地扶贫搬迁后续帮扶情况等，及早发现问题并整改到位。

东西部扶贫协作得到加强深化。用好用足帮扶机遇，强化省级统筹，指导各地精准制定工作方案，项目化、清单化、事项化推动工作落实，争取帮扶城市更大支持。运用好帮扶城市产业研究成果，以共建园区为平台，创新招商模式，新引进一批优强企业来黔投资兴业，帮助贵州发展产业、吸纳就业，在招商引企上取得新突破，力争招商到位资金有所增长。深化消费扶贫，把消费扶贫纳入东西部扶贫协作和定点扶贫考核评价内容，积极创造社会参与的有效平台，落实社会参与的激励措施，调动更多力量参与脱贫攻坚。

脱贫成效将得到持续巩固提升。坚持脱贫标准和“四个不摘”，分类指导做好未脱贫人口脱贫和已脱贫人口巩固提升工作，建立完善强基层打基础的保障机制、相对稳定动态调整机制、社会各方面参与扶贫济困帮扶机制和奖勤罚懒、激发内生动力的激励机制等，做好防贫监测，筑牢返贫“防线”。持续加大贫困人口就业产业扶持力度，打牢贫困户脱贫后不返贫的产业基础，构筑多层次返贫“防火墙”，巩固提升脱贫成效。

2. 教育发展

高站位推进特色教育强省建设。落实《贵州省加快推进教育现代化建设特色教育强省重点工作责任分工方案》，推进落实建设“特色教育强省”相关配套文件。要创新推进贵州教育办出特色，坚持创新思维和问题导向，立足省情教情，遵循教育规律，紧盯贵州教育的主要矛盾和薄弱环节，用好“五步工作法”，着力在“创新”二字上做文章，下好先手棋，打好主动战，加快推进贵州教育特色发展。要紧扣立德树人根本任务落实需要，创新推进中小学制度自信教育；紧扣易地扶贫搬迁安置配套建设需要，扎实推进市（州）本科院校领办搬迁安置点学校，发挥人才资源优势；紧扣深化农村产业结构调整需要，大力实施高校大地论文工程，引导高校专家学者积极服务

“三农”；紧扣贫困村贫困户脱贫增收需要，扎实开展“校农结合”，实现“一仗多赢”，全年“校农结合”贵州农产品采购比例达到80%以上；紧扣职业技能培训需要，深入实施兴黔富民行动计划，推动职业教育更加贴近民生；紧扣服务发展需要，高等教育要在学科设置上培育特色、在科学研究上形成特色、在办学模式上打造特色；紧扣教育理念路径和体制机制创新需要，扎实开展贫困地区中小学植入式组团式帮扶。

坚持以脱贫攻坚统揽全省教育改革发展全局。把脱贫攻坚放在建设特色教育强省的大局中来思考、来谋划、来统筹、来推动，一切工作都要向脱贫攻坚发力、都要与脱贫攻坚融合、都要为脱贫攻坚服务。要全力做好脱贫攻坚教育保障，决不能在脱贫攻坚方面出任何问题、决不能有任何闪失、决不能留任何遗憾。精确瞄准全省教育保障工作的最薄弱领域和最贫困群体，重点聚焦全省深度贫困地区，开展脱贫攻坚常态化筛查解决问题，紧紧围绕“1+6”重点任务，抓实控辍保学政治任务、学生资助保障、教育经费保障、易地扶贫搬迁安置点配套学校建设保障、教师队伍配备保障、东西部协作保障、学校安全稳定保障，一项也不能落下，一刻也不能松懈，确保按时高质量打赢脱贫攻坚战。

提升基础教育特色发展水平。扩大普惠性学前教育资源供给。多渠道扩大公办资源，开展城镇小区配套园专项整治，积极鼓励社会力量举办普惠性幼儿园，提高保教质量。推动城乡义务教育一体化发展。缩小县域内城乡义务教育差距。推动贵阳市、遵义市等地率先启动义务教育优质均衡发展。加强城镇学校建设规划，扩大学位供给，确保2020年基本消除义务教育“大班额”（控制在5%以内）现象。实现义务教育阶段适龄儿童少年失学辍学学生动态清零。推进普通高中多样特色发展，实施高中阶段育人方式改革。全省普通高中66人以上超大班额比例控制在1%左右，56人以上的大班额比例持续下降。保证高中阶段毛入学率稳中有升。推进普通高中多样化、特色化发展。提升基础教育教学质量。贯彻落实全国、全省基础教育工作会议精神，深化教育教学改革，大力推进高中课程实施，提高初中学业水平考试命题质量。持续推进校外培训机构治理。

3. 卫生健康

随着年初的新型冠状病毒引发的肺炎疫情的暴发，公共卫生成为全社会关注的重点。这场世界性的公共卫生事件的发生，将使人们的饮食、卫生习惯以及对公共卫生事件的关注产生根本性的变化。

高质量打赢健康扶贫攻坚战是今年的主题。咬定目标、一鼓作气，坚决攻克深度贫困堡垒，着力补齐基本医疗短板，确保农村因病致贫返贫人口全部脱贫，同全国人民一道迈入小康社会。持续打好医改攻坚战。突出卫生健康事业的公益性，加强公共卫生和重大疾病防控，不断增强人民群众看病就医的获得感、幸福感、安全感。大力推进健康贵州行动。强化政府、社会、个人责任，加快推动卫生健康工作理念、服务方式从以治病为中心转变为以人民健康为中心，全方位全周期保障人民健康。

持续推进卫生健康服务能力提升八大工程。全面落实村医培训制度，以县级医院为主，免费培训至少两周。压实地方责任深入推进“百院大战”建设。加强0～3岁婴幼儿保育保健工作；加快推进贵州省妇幼保健院建设。深入贯彻落实全国中医药大会精神，推动中医药事业高质量发展。加强结核病等重大疾病防控，巩固地方病防治成果；全面提升山地紧急医学救援体系建设水平。推动远程医疗向村卫生室和公立医院科室延伸，加快推进全国首个医疗“淘宝网”建设。推进老年健康服务体系建设。全面加强公立医院党的建设工作。强化早婚早育专项治理。持续推进计生协群团改革。

4. 人力资源与社会保障

实施全员培训促就业。稳住就业存量基本盘，做优做大就业增量。聚焦十二个农业特色产业，组织实施农民全员培训三年行动计划，坚持基础数据、培训组织、促进就业、资金使用、组织领导“五个精准”，深入开展感恩培训、政策培训、技能培训、方法培训和示范培训等，不断提升劳动者技能。建立完善劳动者终身职业技能培训体系，组织实施职业技能提升行动，加快建设知识型、技能型、创新型劳动者队伍。支持发展特色产业和扶贫车间建设，深入实施“雁归兴贵”行动计划，加强返乡农民工创业园建设，抢抓东部扶贫协作机遇，提高劳务输出组织化程度，促进就地就近就业和劳务输出。聚焦十大千亿级工业产业、十二大农业产业，以产业转型升级和农村产业革命为契机，创新机制，优化方法路径，吸引更多群体创业就业。

深化制度改革保民生。继续做好企业职工基本养老保险省级统收统支，稳步推进全省机关事业单位养老保险制度改革。建立机关事业单位养老保险指数动态调整机制，适度提高离退休人员基本养老金水平。做好《关于建立城乡居民养老保险待遇确定和基础养老金正常调整机制的实施意见》正式实施前的政策解读宣传和系统升级完善工作，继续推进贫困人口应保尽保工作，切实做到“到龄一人、纳入一人”，确保 2020 年底贫困人口基本养老保险全覆盖。深入推进全省社会保险基金安全评估试点，加强信息化建设，严格执行监管制度，确保资金基金安全完整，不发生系统性区域风险。

创新体制机制聚人才。深入推进实施人才健康养老工程行动方案、“人才 + 教育”实施意见等创新政策。加快推进省级人力资源产业园建设工作，扎实做好国家级产业园的建设规划，指导相关地区推进产业园招商入驻工作。持续推动东西部扶贫协作人力资源开发，围绕“引进高端、强化中端、做大低端”，推动建立人才交流与劳务协作长效帮扶举措。

狠抓治欠保支促和谐。大力推进农民工实名制管理、工资专用账户、银行代发工资、拖欠农民工工资“黑名单”等制度落实，不断完善农民工欠薪保障金制度，探索建立企业守信奖励制度，积极推动建立全省统一的农民工大数据服务平台，全面推进治欠保支工作更上台阶。统筹推进国有企业工资分配制度改革、企业薪酬调查和信息发布制度建立、和谐劳动关系综合试验区建设、集体协商制度落实等，积极促进构建和谐劳动关系。

扶志扶智结合助脱贫。坚持以党建引领，“扶志”与“扶智”相结合，牢牢抓住东西部扶贫协作重大机遇，加大就业扶贫车间（基地）、劳务公司等的建设指导力度，重点做好易地扶贫搬迁培训就业、劳务协作、有组织劳务输出、就业创业服务等工作，促进易地搬迁劳动力就业创业，开发就业扶贫专岗和公益性岗位托底安置就业困难人员，确保有劳动力的搬迁家庭

“一户一人”以上稳定就业。

5. 民政

坚持以脱贫攻坚统揽民政工作全局，确保脱贫攻坚战决战决胜。做好2020年城乡低保提标工作。抓好民政兜底保障工作，认真落实建档立卡贫困人口收入抵扣、分类施保、分户施保、低保渐退等相应倾斜政策，确保将所有符合条件的兜底贫困户纳入社会救助保障范围。强化对贫困群体中的“病老残幼”人员和存在双重或多重困难叠加的家庭的兜底保障力度，加强特困人员救助供养、留守儿童困境儿童关爱救助保护工作，确保特殊贫困群体同步进入小康。加强农村低保制度与扶贫开发政策在政策、标准、对象和管理上“四衔接”，会同扶贫部门共同开展“双清双入双退”，扎实做好低保年度核查。配合发展改革等部门及时启动社会救助和保障标准与物价上涨挂钩联动机制，切实保障困难群众生活。扎实做好易地扶贫搬迁安置区后续保障，紧紧围绕“五个体系”建设的总体要求，合理设置安置区街道办事处、社区居委会，建立完善安置区群众自治机制。及时将符合条件的贫困移民纳入城市低保保障，落实一次性临时救助政策。加强安置区养老、儿童、殡葬等服务能力建设，确保民政基本公共服务实现安置区全覆盖。加大社会扶贫力度，完善社会组织、慈善组织、社会工作专业人才和志愿者参与脱贫攻坚的政策指导，强化供需对接，搭建有效平台，充分发挥社会力量在脱贫攻坚中的积极作用。

加速推进基层社会治理体系和治理能力现代化建设。完善基层群众自治制度，推行村党组织书记和村民委员会主任“一肩挑”和村“两委”交叉任职，强化党的领导与村民自治有机结合。深入推进基层民主协商、民主决策、民主管理、民主监督，健全社区自治章程和居民公约，规范村规民约，深入推进村务公开，推行“小微权力清单”，不断提高基层自治能力和水平。强化城乡社区治理信息化建设，提高城市社区公共服务综合信息平台覆盖率和农村社区公共服务综合信息平台覆盖率。加大社会组织培育管理力度，强化社会组织党建工作，全面推开和完成行业协会商会与行政机关脱钩改革，推动建立完善社会组织法人治理运行机制、信息公开等制度，健全社会组织退出机制，提高社会组织工作水平。

大力推进养老服务体系建设，推动建立基本养老服务制度，制定“贵州省养老服务条例”“省人民政府关于深化养老服务改革发展的实施意见”“贵州省深化养老服务改革发展行动计划”，抓好世界银行、法国开发署养老服务贷款项目，加快完善全省养老服务体系建设。积极支持社会力量举办养老机构，办好公办保障性养老机构，激活公建养老服务存量资产，提高养老服务有效供给，确保2020年每千名老年人口拥有的养老床位数达到35张，护理型床位比例不低于30%。

着力抓好慈善工作，大力培养社会工作专业人才，积极推进志愿者服务，扎实抓好“三区计划”“社工黔行”“牵手计划”等社工服务项目实施，加强慈善组织和慈善活动监督管理，推动慈善组织健康发展。建立社会工作信息服务系统，包括社会工作者登记管理、社会工作者继续教育学习、社会工作督导和专家库等信息功能、社会工作服务项目管理系统，实现对人才资源、项目的分类储备、管理以及高效利用。积极做好儿童福利工作，进一步健全完善基层儿童关爱服务体系，积极推进社区儿童关爱服务阵地建设，推进儿童福利机构养治教康服务提质增效，加强儿童福利工作人员培训，提升儿童关爱服务整体水平。

推进“大数据+”关爱救助保护机制建设，推动全省留守儿童困境儿童数据信息跨层级、跨部门共享工作，通过数据交换、比对，进一步提升资料来源的权威性、精准性，推动各部门关爱救助保护资源不断优化整合，发挥更好的效益。加强农村留守妇女工作研究、落实，结合贵州省实际，积极会同省妇联等相关部门，研究贯彻国家和省有关政策精神，加强部门协调联动，积极做好留守儿童、留守妇女关爱服务工作。

稳妥有序推进殡葬改革，提请省人大启动《贵州省殡葬管理条例》修订工作，尽快制订适应贵州省经济社会发展和更具可操作性的殡葬管理制度、办法和文件。认真总结三个殡葬综合改革试点地区成果和经验，在全省范围内推广。继续落实好惠民殡葬政策。结合实施乡村振兴战略，积极推动农村丧葬习俗改革。

6. 文化旅游

以脱贫攻坚为总揽，以供给侧结构性改革为主线，以高质量发展为引领，聚焦“举旗帜、聚民心、育新人、兴文化、展形象”的使命任务，以文促旅、以旅彰文，大力发展全域旅游、高效旅游、绿色旅游、满意旅游，做大文旅产业、做强文旅企业，丰富优秀文化产品和优质旅游产品供给，把绿水青山转化为金山银山，加快建设多彩贵州民族特色文化强省和旅游强省，奋力打造国际一流山地旅游目的地、国内一流度假康养目的地。

推进“文化＋旅游”深度融合，深挖贵州多彩文化独特内涵和时代价值，紧紧围绕红色文化、民族文化、阳明文化、生态文化等建设项目，创新业态、开展文创、组织旅游线路，培育文旅融合示范园区。指导支持公共文化场馆完善旅游接待设施及服务，把更多优质文化资源转化为旅游资源，让旅游业成为突显经济效益、传播社会文明、弘扬优秀文化的有效载体。推进文化旅游与大生态、大健康、大农业融合发展。落实大生态战略行动，协调国土空间规划与文化旅游规划，联动打造一批生态公园。大力发展温泉疗养、民族中医药康养等业态，支持打造中医非遗技术传承堂。融入农村产业革命，打造“六园一库”示范项目。推进乡村旅游提质提效，2020 年力争创建 10 个全国乡村旅游重点村，评定 60 个乡村旅游甲级村寨、精品客栈和五星级经营户。推进文化旅游与工业、交通、服务业融合发展。利用工业企业、工业遗产、“三线文化”等开展工业旅游，努力打造茅台等工业旅游创新示范区。加快发展户外休闲、索道等旅游装备制造业。依托交通遗迹遗产、世界级桥梁工程、高速公路服务区，打造一批交通旅游、桥梁旅游新业态。积极发展商务会展、娱乐购物旅游，完善城市商业区旅游服务功能。支持发展“月光经济”，打造流光溢彩夜贵州。

实现文旅产业高质量发展的新突破。推动业态做新、企业做强、产业做旺。持续丰富中高端产品供给。高效推进国家全域旅游示范省创建工作。项目化落实“两省四带”建设，强力打造精品旅游景区，支持创建 5A 级旅游景区，科学布局一批特色休闲度假业态和旅游度假区，推出 100 个以上彰显资源禀赋、激发游客需求的新产品、新项目。推动文化旅游企业做大做强。

深入实施“1 +5 个 100”工程，2020 年力推全年完成招商引资到位资金保持较快增长。支持旅行社、娱乐企业、旅游商品、文创集团等企业拓展产业链条，通过资源整合、跨界经营、兼并重组等方式做大做强。吸引更多战略投资者到贵州开发文化旅游资源，打造大型现代文旅集团。支持企业通过挂牌上市等方式扩大直接融资比重。推动文化旅游产业发展体系升级。在全省开展一次以乡村旅游、旅游商品、文化产业为重点的调查统计，摸清产业家底。加快构建引领发展方向的规划、政策和资源保护体系，建立评估产业质量的统计体系，健全支撑产业发展的基础设施体系、产品体系、营销体系、服务体系、治理体系。

实现文化旅游扶贫的新突破。深入实施旅游扶贫九项工程和文化扶贫“四民”行动计划，加大文化旅游业从业培训和感恩教育力度，扎实开展易地扶贫搬迁安置点文化服务体系建设工作，激励群众感党恩、听党话、跟党走。进一步抓好东西部扶贫协作事项项目化落实。加强对贫困地区旅游景区、线路产品和乡村旅游品牌的宣传营销，帮助群众分享文化旅游发展红利，力争旅游扶贫九项工程带动 2 万以上建档立卡贫困人口受益增收。健全文旅扶贫工作推进体系。加强全省旅游精准扶贫云及信息员队伍建设，认真做好数据录入和审核把关，提高旅游精准扶贫云数据精准度。持续通报文化旅游精准扶贫推进情况。选树文旅扶贫先进典型，发挥引领带动作用。

实现文化旅游公共服务的新突破。推动公共文化服务均衡化标准化。对标决胜脱贫攻坚、同步全面小康，补齐基层文化设施短板，实施公共文化设施达标工程。深入推进公共文化服务机构法人治理结构改革，扎实开展县级文化馆、图书馆总分馆制建设工作，指导六盘水市创建第四批国家公共文化服务体系示范区。推进贵州文化广场项目实质性开工，加快省图书馆异地扩建、贵阳市少儿图书馆等重大文化设施建设。持续提升文化旅游公共服务水平。推动提升旅游景区、旅游度假区道路交通条件。深入推进“厕所革命”，力争新建和改扩建一批旅游厕所，提升旅游厕所管护能力。支持建设一批旅游集散中心、游客中心、文旅商品产销中心、停车场、旅游标识系统等项目。支持建立文化旅游志愿者服务站。逐步实施公共文化机构错时延时开放。推动“文化旅游＋大数据”深度融合，完善贵州全域智慧旅游服务平台，与交通、气象等部门深化横向数据交换共享和整合，打造提升“云游贵州”智慧旅游App，实现一机在手、畅游贵州。有序推进“贵州全域旅游数字化升级项目”落地实施，做好项目建设、技术方案编制等工作。深入推进5G创新融合发展，大力推动智慧旅游景区、智慧文旅企业建设。

实现新时代艺术创作生产的新突破。打造推出一批艺术精品力作。以决胜脱贫攻坚、同步全面小康为背景题材，重点打造《出山谣（暂名）》《共产党人》等剧目，打磨提升《吉它·吉他》《黔·彩·荷》《一路芬芳》《红梅赞》等剧目，推出一批舞台艺术精品、重大主题美术作品，激励干部群众牢记嘱托、感恩奋进。壮大文化艺术团体。支持省属重点文艺院团“一院一场”建设，做好文化演艺中心规划建设工作，提升北京路影剧院设施设备，着力改善基层文艺单位创作、生产、演出条件。加快“黔演票务”内容建设和数据建设。支持专业艺术团体走向市场，与旅游企业合作，提升旅游演出质量和市场竞争力。支持文艺精品展演。搭建优秀作品多元传播展示平台，支持贵州民族特色歌舞剧目及优秀舞台作品走向市场。坚持以人民为中心，继续开展旅游景区（景点）驻场文艺展演活动，以多种形式推动文艺进万家、走基层，完成公益性演出500场次以上，为基层群众提供精神食粮。

实现文化遗产保护传承利用的新突破。扎实推进长征国家文化公园建设。按照国家和省的统一部署，抓紧制订长征国家文化公园贵州段建设实施方案，编制建设保护规划，按时间节点开展各项工作。以长征国家文化公园贵州段建设为契机，打造红色文化经典和红色旅游精品。全力做好文物保护基础性工作，加强文物保护、展陈提升等项目的指导管理，做好文物保护单位“三防”“四有”工作。扎实做好非遗保护传承工作。建立健全非遗项目保护和重点工作绩效评价机制。加快实施升级国家级非遗代表性传承人记录工作。组织开展第五批省非遗代表性传承人评审工作。承办文旅部非遗传承人群研修研习培训班，实施省级非遗传承人群培训计划，提升传承人群技艺水平。推动建设黔南水族国家级民族文化生态保护实验区。创新推动文化遗产活起来。以山地生态、特色文化、文物古迹等资源为依托，培育打造非遗小镇、非遗村落、康养小镇、红色古镇等文化旅游名城名镇名村，新建升级一批历史文化陈列馆、博物馆、传习基地。注重传统元素现代表达，以文创+中西合璧、文创+特色农产品、文创+民族文化、传统技艺+知名品牌的思路，集中开发一批特色文创旅游商品。

实现“多彩贵州”品牌建设的新突破。用足融合优势。把大文化融入大策划，统筹推进对外文化交流和旅游推介活动，全方位提升运用“三展合一”推介模式，精心策划实施一批特色鲜明、影响力大的旅游主题推介活动，走进重点客源市场和对口帮扶城市开展贵州旅游宣传“四进”活动，持续提升多彩贵州影响力。进一步完善贵州旅游优惠策略，以电商平台为依托开展捆绑营销、精准营销，研究构建线上购买贵州农特产品、换取旅游积分、享受旅游优惠的新机制，研究制订购买贵州住宿产品、旅游产品享受抢购平价“飞天茅台”机会的具体办法。继续推出面向对口帮扶城市及其所在省份的专项旅游优惠政策。提升旅游热度。用好融媒体资源，构建以社交媒体、门户网站、主流媒体、地铁广告等为支撑的媒体矩阵，综合运用大众传播、群体传播、人际传播等展示贵州魅力。定期举办贵州文化旅游新闻发布会，广泛发布贵州“四季游”主题线路和产品服务信息，引导和激发旅游消费。

参考文献

贵州省扶贫办2019年工作总结和2020年工作安排。

贵州省教育厅2019年工作总结和2020年工作安排。

《只争朝夕不负韶华确保按时高质量打赢教育脱贫攻坚战——朱新武在2020年全省教育工作会议上的讲话》。

《圆满收官精彩开局奋力开创特色教育强省建设新局面——邹联克在2020年全省教育工作会议上的报告》。

贵州省卫生健康委员会2019年工作总结和2020年工作安排。

《坚定信心顽强奋斗全面夺取疫情防控和脱贫攻坚两场战役双胜利——李奇勇在全省卫生健康系统统筹推进疫情防控、脱贫攻坚暨2020年度卫生健康工作视频会议上的讲话》。

贵州省人力资源和社会保障厅2019年工作总结和2020年工作安排。

贵州省民政厅2019年工作总结和2020年工作安排。

贵州省文化旅游厅2019年工作总结和2020年工作安排。

贵州省医保局2019年工作总结和2020年工作安排。

贵州省广播电影电视局2019年工作总结和2020年工作安排。

贵州省体育局2019年工作总结和2020年工作安排。

贵州省应急管理厅2019年工作总结和2020年工作安排。

精准脱贫篇

Accurate Poverty Alleviation Reports

B.2

贵州深度贫困地区脱贫路径研究

——基于“四个聚焦”的经验启示*

王武林　纪　庚**

摘　要： 探究贵州深度贫困地区农村贫困人口的脱贫路径，对持续巩固贵州脱贫攻坚成果具有重要现实意义。本文基于公共政策的视角，运用中国农村贫困监测报告2010～2018年的统计数据，分析贵州深度贫困地区农村贫困人口现状，发现贵州农村贫困人口规模居西部省（区、市）之首；虽然贫困人口总量大幅减少，但贫困人口总数占西部比重快速上升；虽然贫困发生率快速降低，但相对于西部地区和全国依旧居高不下。

* 基金项目：贵州省哲学社会科学规划课题“贵州易地扶贫搬迁安置区社区治理体系研究”（项目编号：19GZYB105）阶段性研究成果。

** 王武林，贵州财经大学教授，主要研究方向为社会保障、应用社会学；纪庚，贵州财经大学硕士研究生，主要研究方向为社会保障。

本研究通过系统梳理贵州扶贫主要做法和经验，基于贵州“四个聚焦”的扶贫思路，探索贵州深度贫困地区脱贫的新路径与新策略。

关键词： 深度贫困地区　脱贫攻坚　“四个聚焦”　贵州

一　引言

改革开放以来，在党的坚强领导下，我国扶贫工作取得了举世瞩目的成就，农村贫困人口大幅减少和贫困发生率不断降低，为世界反贫困事业做出了巨大贡献。贵州作为全国脱贫攻坚主战场，在党中央的坚强领导下，贵州各级党组织和政府把脱贫攻坚作为头等大事，以脱贫攻坚统揽社会经济发展全局。经过贵州省上下一心的不懈奋斗和脱贫攻坚一线工作者的奋力拼搏，全面落实“五个一批”“六个精准”等精准扶贫、精准脱贫基本方略，持续向贫困发起总攻，取得了阶段性胜利。通过一系列的政策措施，贵州长期落后的贫困面貌彻底改变，成为全国脱贫攻坚的“省级样板”。2017 年 10 月，习近平总书记在参加党的十九大贵州代表团讨论时肯定贵州五年来“脱贫攻坚成效显著”。

在决胜全面建成小康社会的关键时期，消除绝对贫困依然是贵州目前面临的重大挑战和重大任务。目前贵州的贫困问题主要聚焦于深度贫困地区，由于贵州特殊的地理位置，贵州深度贫困地区的贫困问题和生态环境问题一直都是互为因果，相互交织。与其他省份相比，贵州深度贫困地区的贫困问题和生态环境问题都十分严重，成为贵州决战脱贫攻坚和决胜全面小康的制约性因素。随着脱贫攻坚工作向纵深推进，贵州深度贫困地区贫困问题也在不断演化，探索破解深度贫困地区贫困问题的新路径，对于消除贵州深度贫困地区农村绝对贫困问题和 2020 年巩固脱贫攻坚成果具有重大现实意义。

二　贵州深度贫困地区贫困现状

贵州的发展史可以说是一部世代贫困斗争史，贵州自古以来发展问题与贫困问题相互交织。“人无三分银”是对贵州经济社会发展落后的生动刻画，新中国成立后，尤其是改革开放以来，贵州贫困群众生活得到极大改善。但由于历史、地理等多方面原因，贵州长期是全国贫困人口最多、贫困面积最大、贫困程度最深的省份。贵州省88个县（市、区）中有扶贫开发任务的达85个，其中贫困县有66个，国家扶贫开发工作重点县有50个。贵州深度贫困地区的贫困状况呈现三个显著特征，即贫困发生面积大、贫困发生率高、致贫原因复杂。随着国家扶贫开发工作的不断推进，贵州深度贫困地区的贫困面貌发生了巨大变化。党的十八大以来，贵州省共减少贫困人口768万人，贫困发生率从26.8%下降到4.3%，贵州深度贫困地区贫困人口规模大幅减少，贫困发生率快速降低。但由于贫困人口基数大，贫困原因复杂，贵州深度贫困地区仍然是全国脱贫攻坚的主战场。截至2019年5月，在国务院扶贫办发布的国家级贫困县中，西部地区国家级贫困县有425个，贵州有47个，占全国国家级贫困县数量的11.1%。2017年国家扶贫重点县中农村贫困人口数在200万人以上的省份有2个，其中一个就是贵州省①。截止到2019年，贵州省还有155万贫困人口，33个贫困县没有摘帽。贵州深度贫困地区的脱贫问题具有艰巨性、复杂性、长期性。

（一）贵州农村贫困人口规模占西部地区比重居西部首位，贫困情况分化严重

通过统计西部各个省（区、市）农村贫困人口占西部农村贫困总人口规模的比重发现，贵州农村贫困人口占比从2010年到2017年均位居西部地区之首。2010年西部各省（区、市）的农村贫困人口占比呈两极分化的

① 国家统计局住户调查办公室：《中国农村贫困监测报告（2018）》，中国统计出版社，2018。

态势，其中农村贫困人口占比较高的省区分别是贵州、陕西、四川、广西、甘肃、云南，占比达到 8.0% 以上，占比最高的是贵州省，达到 18.0%。农村贫困人口占比较低的省（区、市）分别是新疆、重庆、内蒙古、西藏、青海、宁夏，占比在 6.0% 以下，最低的是宁夏，占比为 0.9%。在 2010 ~2015 年，两极分化局面变化较小，各省（区、市）农村贫困人口占西部比重均有轻微波动。2015 ~2017 年，这种两极分化的态势进一步扩大，在 2015 年后，农村贫困人口占比较少的省（区、市）其比重呈下降趋势，而占比较大的省区其比重基本呈上升态势。随着时间变化，西部省份贫困不平衡状态将加剧，未来西部农村贫困状况会由全域性贫困向分散性、片区性贫困转变，贫困人口将主要聚集在贵州、云南、广西三个省区（见图 1）。

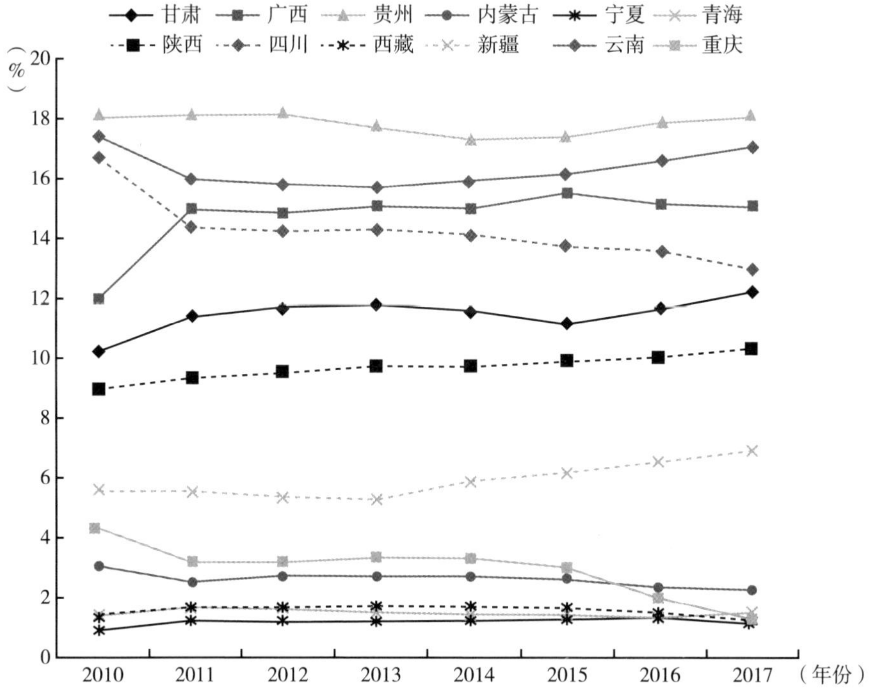

图 1　2010 ~2017 年西部各省（区、市）农村贫困人口占西部比重变化情况

资料来源：2010 ~2017 年中国农村贫困监测报告和 2010 ~2017 年农村人口数据。

（二）贵州贫困人口总量大幅减少，但贫困人口总数占西部比重快速上升

通过对 2010～2018 年西部农村贫困人口规模、贫困发生率数据统计发现，从 2010 年到 2017 年西部和贵州农村贫困人口呈快速下降的趋势。从西部和贵州省农村贫困人口数量变化趋势来看，农村贫困人口总量大幅减少，区域性整体贫困明显缓解。虽然贵州农村贫困人口大量减少，但占西部比重快速上升。根据贵州农村贫困人口占西部比重的时序变化特征，可分为三个阶段（见图 2）：缓慢上升阶段（2010～2012 年），农村贫困人口占西部比重从 2010 年的 18.0% 上升到 2012 年的 18.1%，总体上升了 0.1 个百分点；急速下降阶段（2012～2014 年），农村贫困人口占全国比重由 2012 年的 18.1% 下降到 2014 年的 17.3%，总体呈快速下降趋势，共下降了 0.8 个百分点；急剧上升阶段（2014～2018 年），农村贫困人口占西部比重上升较大，由 2014 年的 17.3% 上升到 2018 年的 18.1%。总体来看，西部地区和贵州农村贫困人口同向减少，贵州农村贫困人口占西部农村贫困人口比重时序演变呈“V”形特征；从趋势上看，贵州农村贫困人口占西部农村贫困人口比重在未来有可能持续上升。

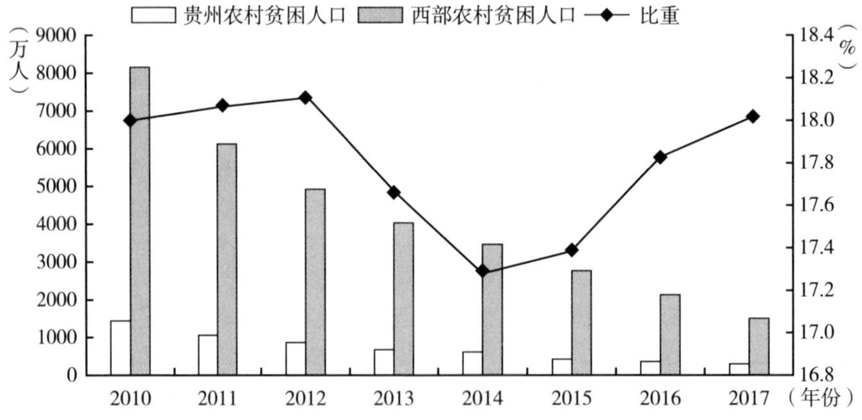

图 2　2010～2017 年贵州农村贫困人口数量占西部地区比重变化

资料来源：2010～2017 年中国农村贫困监测报告。

（三）贫困发生率快速降低，但相对西部地区和全国依旧居高不下

从图3可以看出，贵州农村贫困发生率在2012～2017年快速降低。贵州农村贫困发生率从2012年的27.2%下降到2017年的8.7%，下降了18.5个百分点；西部地区农村贫困发生率从2012年的20.4%下降到2017年的6.9%，下降了13.5个百分点；全国农村贫困发生率从2012年的10.2%下降到2017年的3.1%，下降了7.1个百分点。从下降速度来看，贵州农村贫困发生率下降速度明显高于西部地区和全国；但从2017年的农村贫困发生率来看，贵州农村贫困发生率相对于西部地区和全国来说仍居高不下。可见，贵州贫困程度深，脱贫难度大。

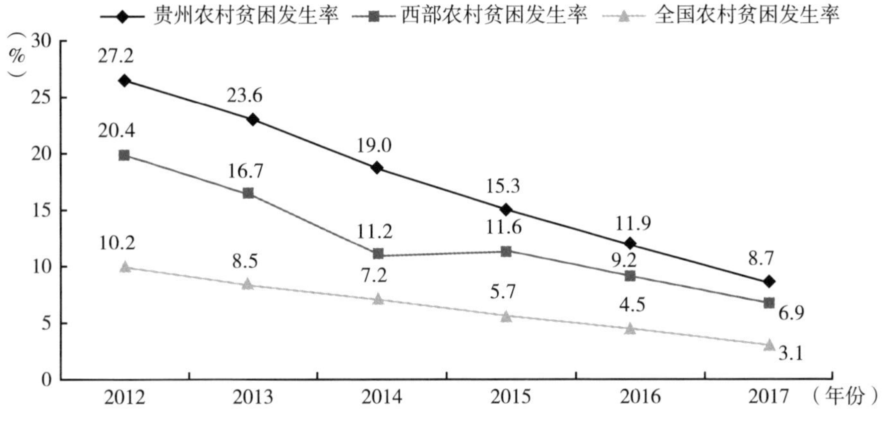

图3　2012～2017年贵州、西部地区与全国农村贫困发生率对比

三　贵州深度贫困地区脱贫攻坚主要做法与经验

经过贵州省各级政府多年的不懈努力，农村绝对贫困人口大幅减少，贫困发生率已经处于历史较低水平并持续降低。回顾贵州深度贫困地区脱贫攻坚政策的发展历程，根据扶贫内容、特征、瞄准单位等可大致分为五个阶段。贵州深度贫困地区扶贫工作不仅要巩固好扶贫成果，还要对2020年后

的扶贫工作做出科学规划，精准发力。从表1可以看出，贵州深度贫困地区的扶贫特征从救济式扶贫向精准扶贫转变，其间经历了体制内扶贫、开发式扶贫、综合性扶贫的探索；从扶贫内容上看，贵州深度贫困地区扶贫内容由简单的实物救济到现在的精准施策，扶贫政策内容由模糊到具体。在1978～1993年，贵州部分县市作为国家发改委扶贫开发的试点单位，通过划拨专项资金开展贴息贷款计划、以工代赈计划等接受帮扶，其间在贵州省紫云县还开展了生态移民扶贫政策试点。从扶贫的瞄准单位来看，由原来的贫困地区、贫困县、贫困村向贫困户转变，瞄准单位由宏观转向微观，不断精准和聚焦。贵州深度贫困地区扶贫政策发展的演变，深刻阐明了“中国扶贫看贵州”这句话的含义，贵州的扶贫历程，不仅为中国深度贫困地区全面建成小康社会探索了一条新路子，也为世界减贫提供了有益的借鉴与参考。

表1　贵州农村扶贫政策发展阶段

发展阶段	扶贫特征	扶贫内容	瞄准单位
1949～1978年	救济式扶贫	实物救济	贫困地区
1979～1993年	体制内扶贫转向开发式扶贫	作为全国扶贫工作试点区域，划拨专项资金开展贴息贷款计划、以工代赈计划	贫困地区
1994～2000年	开发式扶贫	东西部地区对口帮扶、部门挂钩扶贫、国际机构扶贫	贫困县
2001～2010年	综合性扶贫	加大科技扶贫、提高贫困地区群众的科技文化素质、扩大贫困地区劳务输出、推进自愿移民搬迁	贫困县 贫困村
2011～2020年	精准扶贫	发展生产脱贫一批、易地搬迁脱贫一批、生态补偿脱贫一批、发展教育脱贫一批、社会保障兜底一批	贫困户

（一）贵州深度贫困地区脱贫攻坚主要做法

一是高标准谋划贵州深度贫困地区脱贫攻坚顶层设计。贵州深度贫困地区致贫原因复杂，帮扶难度较大，只有以高标准谋划贵州深度贫困地区脱贫攻坚顶层设计，才能推进扶贫工作取得切实成效。2016年贵州省颁布实施了《贵州省大扶贫条例》，对脱贫攻坚“四梁八柱”作了科学全面的顶层设计。通过该条例的指导，贵州脱贫攻坚工作在实践中逐步压实脱贫主体责任，逐步健全脱贫攻坚指挥体系，形成以党委和政府主要负责同志为第一责任人和工作组长的扶贫领导体系，形成了脱贫攻坚一把手负责制和五级书记抓扶贫的指挥体系。贵州脱贫攻坚顶层设计与相关制度的衔接保障，确保了各级脱贫攻坚工作的顺利开展和有效执行。党的十八大以来，贵州省先后出台《关于坚决打赢扶贫攻坚战确保同步全面建成小康社会的决定》《关于落实大扶贫战略行动坚决打赢脱贫攻坚战的意见》《贵州省大扶贫条例》《贵州省财政扶贫资金审计条例》等一系列政策文件，尤其是在推进易地扶贫搬迁工作方面，出台了易地扶贫搬迁各类政策57个，其中4个纲领性文件，21个操作性文件以及32个部门协作支持文件，[1] 形成了富有贵州特色的扶贫政策体系和实施路径。

二是严要求夯实贵州深度贫困地区脱贫攻坚工作基础。从贫困对象的精准识别到扶贫措施的精准施策，贵州省各级政府都以严要求夯实贵州深度贫困地区脱贫攻坚工作基础，确保脱贫攻坚工作靶向不变、靶心不偏，脱贫攻坚工作做到五个精准。一是精准识别，在驻村工作队和扶贫干部进行贫困人口精准识别过程中，坚持“定量+定性+定程序”的工作方法，坚持全省贫困标准统一，对贫困人口信息进行动态追踪，实时更新，不断提高精准识别准确率，确保精准识别的科学性和公平性。二是精准施策，根据贫困家庭人口结构特征和致贫原因，做到一户一策、一人一策，确保脱贫政策行之有效。三是精准退出，明确贫困退出机制，规定统一的退出标准和程序，在攻坚期内全面执行脱贫不脱政策，切实做到“脱真贫、真脱贫”。四是精准管理，对脱贫对象、扶贫责任主体进行数据库管理，通过大数据手段精准管理，全方位对扶贫工作过程、扶贫资金、扶贫人员进行监督和管理。五是精准评估，对拟脱贫的村镇和县，严格按照第三方评估和交叉考核评估方式，对精准扶贫、精准脱贫工作情况开展全面评估。为确保脱贫攻坚工作基础扎

① 杨静，谢朝政：《贵州易地扶贫搬迁走新路获双赢》，《贵州日报》2019年7月12日。

实，在推进脱贫攻坚工作中，各级政府对各个环节制定了一套工作标准。扶贫工作各个环节的方法定型、流程量化是脱贫攻坚工作基础扎实的集中体现，贵州各级政府在推进精准扶贫过程中，创造性地提出了精准识别和扶持“四看法”（一看房，二看粮，三看劳动力强不强，四看家中有没有读书郎）、“六个到村到户”（结对帮扶干部到村到户、产业扶持到村到户、教育培训到村到户、农村危房改造到村到户、扶贫生态移民到村到户、基础设施到村到户）、“低保标准和贫困标准两线合一”、“四在农家·美丽乡村”等工作思路，确保脱贫攻坚工作各个环节清楚、流程规范、效果明显、成绩能够量化。

三是新思维助力破解贵州深度贫困地区脱贫攻坚难题。不断创新工作思维是破解贵州深度贫困地区脱贫攻坚难题的重要保障，面对复杂多变的农村贫困问题，贵州各级政府坚持思维创新、方法创新的工作要求，全面推进深度贫困地区扶贫工作。贵州扶贫工作的新思维主要体现在：以“组组通”为重点，推进贵州交通基础设施建设，打通深度贫困地区脱贫致富路。2017年8月，贵州启动了农村“组组通”硬化路建设三年大决战。截至2019年，贵州省建成了近8万公里“组组通”硬化路，实现了30户以上村民组100%通硬化路目标，惠及近4万个自然村寨、1200万农村人口。[①] 以“五个体系”为保障，做好易地扶贫搬迁“后半篇文章”。贵州省委省政府坚持把易地扶贫搬迁作为脱贫攻坚的“当头炮”和重中之重，聚焦深度贫困地区贫困人口脱贫解困问题，牢牢把握“搬迁是手段、脱贫是目的”的根本要求，围绕“搬得出、稳得住、能就业、有保障”，在全国易地扶贫搬迁工作中打造了“贵州样本”。以“三保障”为目标，提升贫困人口民生福祉。贵州在打赢脱贫攻坚战役中，将“两不愁，三保障”中的教育、医疗和住房保障作为“四场硬仗”之三，通过深入实施教育扶贫“1+N”计划、完善医疗保障体系、推进危房改造和易地扶贫搬迁工作，确保贵州深度贫困地区贫困人口“学有所教、病有所医、住有所居”。

---

① 刘小明：《贵州省大力推进“组组通”公路三年大决战》，《贵州日报》2017年8月30日。

（二）贵州深度贫困地区脱贫攻坚经验

贵州深度贫困地区的贫困问题不仅是发展落后的问题，也是人类发展与生态环境之间的失衡问题。贵州深度贫困地区作为全国脱贫攻坚的主要战场，在政府和社会力量的实践探索下，形成了很多具有贵州特色的扶贫模式和经验。从贵州深度贫困地区脱贫攻坚政策实践来看，贵州深度贫困地区的脱贫攻坚形成了“以区域经济发展、生态环境保护、特色资源开发为出发点”的扶贫思路。在扶贫工作推进中，各有侧重，形成了以区域经济发展为主的大规模区域性扶贫开发模式、山区综合开发扶贫模式、参与式整村推进扶贫开发模式、对口扶贫模式；以生态环境保护为主的生态建设扶贫模式、移民搬迁扶贫模式；以特色资源开发为出发点的特色产业开发扶贫模式、乡村旅游开发扶贫模式。综合贵州深度贫困地区在脱贫攻坚工作实践中形成的扶贫模式，可以看出贵州深度贫困地区脱贫攻坚工作以解决绝对贫困为工作导向，正确处理好了消除贫困、发展经济、保护生态之间的关系，做到目标明确，精准发力、机制创新，保障充足、模式多元，治理有效（见图4）。

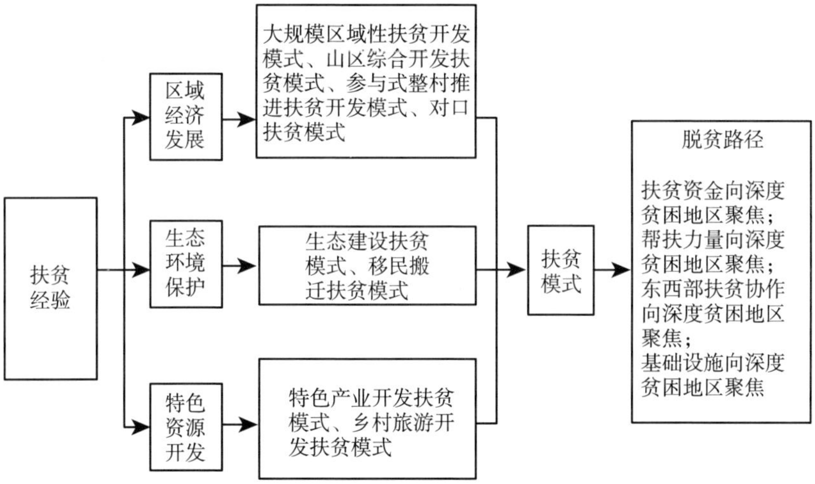

图4　贵州深度贫困地区脱贫攻坚经验

四　四个聚焦：贵州深度贫困地区脱贫攻坚新路径与策略

贵州深度贫困地区贫困面大、贫困程度深，贫困现象复杂、贫困类型综合，是贵州脱贫攻坚工作中挑战尤为严峻的一个区域，对贵州深度贫困地区贫困问题的治理尤为重要和紧迫。通过对贵州深度贫困地区贫困现状、脱贫攻坚工作主要做法和经验的梳理，可以看出在决战全面建成小康社会、消除绝对贫困的关键节点，做到四个聚焦，是目前贵州深度贫困地区和2020年后脱贫新路径与策略。

一是扶贫资金向深度贫困地区聚焦。将“输血”扶贫转化为“造血”扶贫，扶贫资金向深度贫困地区聚焦尤为关键，贵州深度贫困地区在交通基础设施、基本公共服务等方面长期处于薄弱和落后状态，扶贫资金的聚焦，有利于进一步改善贵州深度贫困地区交通基础设施，进一步完善贵州深度贫困地区基本公共服务，进一步提升贵州深度贫困地区教育水平和医疗水平。通过设立专项贫困治理基金，协同和整合现有的国家、部门和地方资源，加大对贫中最贫、困中最困地区的资金和项目支持，对贵州深度贫困地区的贫困问题进行靶向治理。在扶贫资金向深度贫困地区聚焦过程中，要注意将资金向深度贫困县、极贫乡镇倾斜，在资金使用途径上侧重于深度贫困地区公路建设、饮水安全、农网铺设、教学点和卫生所的改善等方面。

二是帮扶力量向深度贫困地区聚焦。统筹整合帮扶力量向深度贫困地区聚焦，聚集形成强大脱贫攻坚合力。目前贵州深度贫困地区“以政府为主，其他组织力量有序参与”的帮扶格局已经初步形成，面对贵州深度贫困地区复杂的贫困情况，要将参与到深度贫困地区的帮扶力量由“条块”向“融合”转变，对深度贫困地区帮扶主体的资源进行有效配置，形成脱贫攻坚精锐部队。一方面巩固完善省、市、县、乡四级帮扶工作机制，形成各级帮扶力量的有序参与，有效打通资源配置，科学部署扶贫力量；另一方面完善帮扶力量组织领导机制，进一步加强帮扶工作领导力量，在省级帮扶层面选派一名工作队长，再从县级层面搭建帮扶班子，从乡镇层面挑选熟悉情况的扶贫一线干部，统筹负责联络、协调、推进、监督等工作，一级抓一级、层层抓落实，有效解决各支帮扶力量信息不对称、配合不紧密、步调不一致的问题，确保机制运转更加顺畅。

三是东西部扶贫协作向深度贫困地区聚焦。着力构建大扶贫格局，推动更多力量参与大扶贫。不断深化东西部扶贫协同创新，通过人才交流，推进产业合作，以深化劳务协作等主要工作抓手，实现贵州深度贫困地区与帮扶城市经济强县结对帮扶全覆盖。深度贫困地区与东部帮扶城市要围绕“优势互补、长期合作、精准聚焦、共建共赢”的思路，探索建立“五位一体”全方位结对帮扶机制①。在协作机制方面，不断创新东西部扶贫协作机制，通过区镇对结机制、村村对结机制、企业对结机制、园区共建机制等多元化机制实现对口帮扶的无缝连接，加大深度贫困地区农特产品和旅游产品在对口帮扶城市的推介、展销和市场开拓。强化东部城市和深度贫困地区的劳务协作，引导对口帮扶城市企业到深度贫困地区投资兴业，帮助深度贫困地区建设特色农产品供应基地。

四是基础设施向深度贫困地区聚焦。贵州深度贫困地区贫困问题的集中体现就是基础设施落后和基本公共服务设施落后。大力推进贵州深度贫困地区的基础设施建设，一是可以打破自然环境封闭对贫困人口发展的制约，激发贫困人口内生动力，降低贫困地区的脆弱性，增强深度贫困地区人口摆脱贫困的基础发展能力；二是通过提供良好基础设施和广泛公共服务，改善地区社会经济发展环境，为贫困群体塑造良好的发展平台，为贫困人口获得进一步发展提供可能的空间和机会。② 三是因为基础设施建设是属于深度贫困地区贫困人口能力建设的基础部分，可以增强贫困人口的“可行能力”，摆脱贫困人口的“外部之困”。总体来说，基础设施向深度贫困地区聚焦是对

① 陈世海：《“三个全覆盖”探索东西部扶贫协作新模式》，《当代贵州》2019 年第 40 期。

② 左停、徐加玉、李卓：《摆脱贫困之“困”：深度贫困地区基本公共服务减贫路径》，《南京农业大学学报》（社会科学版）2018 年第 2 期。

深度贫困地区贫困人口生存发展需求的积极响应，对解决深度贫困地区区域性贫困、整体性贫困具有直接明显的作用。

参考文献

陈世海：《“三个全覆盖”探索东西部扶贫协作新模式》，《当代贵州》2019 年第 40 期。

冉光圭、朱静：《习近平扶贫思想及其在贵州的实践研究》，《贵州民族研究》2018 年第 1 期。

左停、徐加玉、李卓：《摆脱贫困之“困”：深度贫困地区基本公共服务减贫路径》，《南京农业大学学报》（社会科学版）2018 年第 2 期。

董强：《改革开放 40 年贵州扶贫开发经验总结及思考》，《贵州民族报》2018 年第 1 期。

叶青、苏海：《政策实践与资本重置：贵州易地扶贫搬迁的经验表达》，《中国农业大学学报》（社会科学版）2016 年第 5 期。

李坤：《探索扶贫开发的“贵州经验”——访贵州省扶贫办主任叶韬》，《当代贵州》2015 年第 25 期。

曹勇：《统筹整合帮扶力量　聚集强大攻坚合力》，《民主协商报》2019 年 7 月 26 日。

王瑜、汪三贵：《基本公共服务减贫：理论概念、现实关切与评估建议》，《贵州社会科学》2018 年第 9 期。

颜红霞、韩星焕：《中国特色社会主义生态扶贫理论内涵及贵州实践启示》，《贵州社会科学》2017 年第 4 期。

B.3
贵州脱贫攻坚的微观经验及启示
——基于“百村调查”的总结

林 苑　吴 锐　高 刚*

摘 要： 为庆祝中华人民共和国成立70周年，深刻反映和总结新中国成立后特别是党的十八大以来，贵州脱贫攻坚取得的巨大成就及经验启示，探讨脱贫攻坚如何与乡村振兴战略有效衔接，贵州省政协农业农村委员会组织编撰《从脱贫解困迈向乡村振兴——中华人民共和国成立70周年贵州“百村调查”》。“百村调查”组发现，但凡反贫困成效突出的村，总能看到一个坚强的基层党组织战斗堡垒。另外，在推动产业发展组织方式变革、推动生态与扶贫有机结合、利用“两个宝贝”开展旅游扶贫、用科技手段阻断贫困延续、优化治理方式培育脱贫内生动力、引导不能就地脱贫的群众搬迁等方面探索并取得很好的实践经验。

关键词： 贵州“百村调查”　脱贫攻坚　乡村振兴

新中国成立以来，贵州省紧紧围绕中央指示精神和国家系列战略部署，发扬“团结奋进、拼搏创新、苦干实干、后发赶超”的“贵州精神”，不断

* 林苑，贵州省社会科学院副研究馆员，主要研究方向：社会治理与反贫困；吴锐，贵州民族大学社会学与公共管理学院2019级社会工作硕士研究生，主要研究方向：社会工作与反贫困；高刚，贵州省社会科学院社会学研究所副所长、研究员，主要研究方向：社会治理与反贫困。

推进脱贫攻坚的制度创新和实践创新，减贫取得实实在在的成效。在波澜壮阔的减贫历程中，贵州创造了一个个成功的减贫范例，探索出具有时代精神和贵州特色的减贫之路，为减贫事业贡献了贵州智慧和贵州经验。在新中国成立70周年之际，贵州省政协组织开展脱贫攻坚“百村调查”。笔者通过观察100个村的发展变迁轨迹，总结出如下主要经验。

一 推动产业发展组织方式变革

据省委政研室的一项调查，2015年末，全省无集体经济收入的空壳村4229个，占所有行政村的28.19%。即使在有集体经济的村，村集体与农户之间的关系也较为分散。统分结合的双层经营体制，“分”分得很彻底，“统”却统得不成功，农村经济成为实质上的小农经济。当社会进入耐用消费品时代之后，农民面临着越来越大的市场化冲击和货币支出压力，小农生产只能解决吃饭问题，很难解决货币收入问题，其局限性在实践中越来越凸显。比如思南县青杠坝村农民的生活模式曾经就是“生活靠种田，收入靠打工”，百姓很难致富。在现代市场经济体系下，要推动农村发展，必须推动土地资源的有效流转和生产资料的优化配置，实行农业生产经营的规模化、集中化和产业化，进而实现农村发展的“第二次飞跃”。

“百村调查”组发现，凡是经济社会取得巨大发展，群众生活发生翻天覆地变化的村，都是紧随时代发展潮流，积极推动农村产业革命，优化配置生产资源，进而实现农村发展“第二次飞跃”的村。成功的发展模式主要有如下几种。

第一，“村企一体”发展模式。比如三穗县颇洞村以“党支部+合作社+基地+农户”的模式，由村党支部领办合作社，党支部引领发展、合作社推动产业、党员带头示范、群众广泛参与，简单地说就是“办属于村集体的‘央企’，让村民当‘老板’，‘饭碗’由自己来端”。思南县鱼溪沟村把全村的土地集中起来，规模发展经济作物。实行统一规划、统一管理、统一销售，村民以土地入股分红，并在基地务工增收。同时盘活全村资源，因地制宜发展特色优势产业，大力发展壮大村级集体经济。

第二，“公司+合作社+农户”发展模式。比如紫云县新山村面对“种地不赚钱，打工荒了田”的困境，主动推进农业发展方式组织变革。按照“支部+合作社+农户”的模式，以土地流转、土地入股、资金入股方式成立新山茶叶种植专业合作社，盘活村闲置资源；统一生产标准，提高茶叶生产品质。同时引入龙头企业带动产业发展，最后形成“公司+合作社+农户”发展模式，助推乡村产业发展。

第三，“村企联建”发展模式。罗甸县五星村按照“以村带企、借企强村、村企共荣”的工作思路，通过“党企共创、发展共谋、责任共担、利益共享”的村企联建模式，积极发展壮大村级集体经济，实现了企业与党组织优势互补、生产要素优化配置，村企互惠互利、共存共荣。

第四，“一村一公司”发展模式。比如普定县以供给侧结构性改革为主线，提出做优特色农业，重点发展对贫困户增收带动作用明显的韭黄、茶叶、食用菌、肉兔“三种一养”主导产业，并向全县各行政村注入100万元发展资金。按照县级总公司指导、乡级分公司把关、村级子公司经营的方式，全面推行“一村一公司”，走出一条集体经济有实体、脱贫致富有路子、农村发展有后劲的新路。焦家村因地制宜发展韭黄产业。为调动农民参与韭黄产业发展的积极性，镇公司在焦家村设立了办公地点，具体承担资金筹措、物资采购、产品营销等事宜；村公司实行支部书记和公司法人负总责，村“两委”与村级公司交叉任职，主要负责组织人员开展生产管理；村民则结合自己的实际情况，或到种植基地务工，或负责生产管理，或从事机修、驾驶业务，其收入来源有务工报酬、土地租金、公司盈利分红三个方面。村公司产业壮大，既让贫困户实现了“家门口就业，稳定增收不发愁”的愿景，还可以吸引外出务工能人回乡就业创业，推动村级产业进一步发展壮大，带领群众增收致富。

第五，“三变”改革发展模式。比如水城县倮么村依托政府搭建的各类平台，通过“三变”改革，鼓励农户以土地承包经营权、技术、劳动力入股润永恒公司，获得保底分红和收益分红；参与经营管理、获得务工工资和管理地块利润分红。通过股份合作这个纽带，村民既参加劳动，又集资入股，实行按劳分配与按股分红相结合，将公司效益与农户利益紧密联系起来，构建起了农民与企业紧密型的合作关系，形成了风险共担、利益共享、发展共谋的利益联结机制。在推进公司快速发展的同时，促进了农民增收。

二　推动生态与扶贫有机结合

2014 年 3 月，习近平总书记在参加十二届全国人大二次会议贵州代表团审议时强调要求贵州“切实做到经济效益、社会效益、生态效益同步提升，实现百姓富、生态美有机统一”。2015 年 6 月在视察贵州工作时习近平主席又提出“守住发展和生态两条底线，培植后发优势，奋力后发赶超，走出一条有别于东部、不同于西部其他省份的发展新路”的要求。实施生态扶贫，既发挥了贵州的优势，将生态优势转化为经济优势，又弥补了部分生态脆弱地区的不足，守好生态底线。

2018 年 1 月，《贵州省生态扶贫实施方案（2017～2020 年）》（黔府发〔2018〕1 号）印发，提出实施退耕还林建设、森林生态效益补偿等生态扶贫 10 大工程。2018 年，兑现退耕还林补助资金 23.53 亿元、公益林生态效益补偿资金 10.07 亿元。通过生态护林员制度实施精准扶贫，全省提供生态护林员长期岗位 6 万个，直接带动 20 万以上贫困人口脱贫。通过实施林业重大生态工程带动贫困群众脱贫，全省 83% 左右的林业建设项目资金安排在集中连片贫困地区，327 个林业工程项目优先吸纳建档立卡贫困劳动力就业，累计 16 万人参与工程建设，支付劳动报酬 3.19 亿元，人均获得近 2000 元劳务报酬。①

在实践层面，各村结合村域实际，遵循生态理念、发挥生态优势，因地制宜利用生态资源开展脱贫攻坚，形成了生态扶贫的贵州经验。

第一，变生态劣势为生态优势发展致富。比如关岭自治县峡谷村把

① 《2018 年贵州省国土绿化公报》，贵州省人民政府网，2019 年 3 月 18 日。

石漠化治理作为加快经济社会发展首要任务，利用自己的双手在贫瘠的石山上搬石造地，植树保土。经过二十多年的艰苦努力，共组织投工 90 多万个，完成坡改梯面积 1 万多亩，完成土石方 80 多万方，人均坡改梯面积达 1 亩，人均增加耕地 0.5 亩，人均占有粮达到 400 公斤，种植地埂经济林木 20 余万株，筑起了一道道护山长堤。并按照“以产业化发展促进石漠化治理、以石漠化治理带动产业化发展”的思路，以建设现代高效农业园区为引领，按照“工程措施 + 生物措施 + 产业扶贫 + 科技支撑”的模式，充分利用独特的自然条件开发出了一批具有地方特色的农产品，走出了一条石漠化山区现代农业综合开发新路子，全村面貌发生了巨大变化。

印江县昔蒲村在石旮旯里砌墙，从山脚一担担把泥土运到山腰，填石缝培土增地。曾经长不出庄稼的石旮旯，一棵棵稚嫩的柑橘苗逐渐长成了壮硕的果树，并开始挂果。流失的土地恢复了，裸露的山体染绿了，村民的钱包也逐渐鼓起来了，吃饭的问题迎刃而解。为使产业多样化，增强本土水果的市场竞争力，增加群众的收入，昔蒲人再一次大胆创新，探索分区栽种或在柑橘林间种樱桃、西桃、李子、红香柚。春去秋来，昔蒲人养树如养儿女，桃子、李子、柑橘、柚子逐年点绿山头，呈现春夏秋冬美景常在，一年四季花果飘香的靓丽景象。

第二，发展林业经济建设绿色银行。比如册亨县福尧村乘上了农村改革东风，家家户户响应党委政府号召，大力种植亚热带速生杉木林，经过几年努力，村民们将全村所有的荒山种上绿油油的杉树。村里的杉木采伐了一拨又一拨，但新的杉木源源不断生长。到目前为止，全村拥有林地面积 26128.95 亩，杉木林面积 14000 多亩，林业产值达到 8000 万元。聪明的福尧人还利用杉木林进行林下养鸡，利用水资源养鸭养鹅等，发展畜牧业，户均年出栏“生态鸡”“生态鸭”“生态鹅”150 羽左右，拓展多元化增收渠道。如今的福尧人，已是扬眉吐气，彻底摆脱了贫困，开始了新的梦想。

三 利用“两个宝贝”开展旅游扶贫

生态环境和民族文化是贵州的“两个宝贝”。把生态环境和民族文化“两个宝贝”转变为经济优势，一直是贵州省扶贫开发工作的重要内容。早在1990年代，贵州就在全国率先提出了“旅游扶贫”的发展思路，选择了安顺石头寨、黔东南上郎德、南花、青曼、西江苗寨等8个民族村寨进行旅游扶贫试点。到2018年底，贵州省开展乡村旅游的自然村寨突破3500个（其中517个村被确定为全国乡村旅游扶贫重点村），形成了生态观光、歌舞表演、民族节庆、文化体验、古镇探秘、农业观光、城郊“农家乐”、避暑度假等形式多样的乡村旅游产品。已有国家级休闲农业与乡村旅游示范点20个、省级乡村旅游扶贫重点村2422个、省级乡村旅游示范区（村）131个。[1] 2018年贵州乡村旅游接待游客4.62亿人次，占全省接待游客的47.7%；实现旅游收入1572.79亿元，占全省旅游收入的22.7%；同比分别增长33.61%、36.59%。通过旅游发展助推30.3万贫困人口受益增收。[2] 乡村旅游已成为帮助农村群众增收致富、摆脱贫困的有效途径，在“保护一方山水，传承一方文化，造福一方百姓，促进一方经济，推动一方发展”等方面发挥了重要作用。形成了一批有代表性的、可复制可推广的复合型乡村旅游特色样板。

第一，推动旅游资源共享实现抱团脱贫。比如黎平县肇兴景区将村民人口、房屋、林地、土田等量化入股组建了旅游专业合作社，合作社统一运营、管理景区资源，在盘活资源资产、保护传统村落、传承民族文化、激发古韵乡愁上下功夫，走出一条共同保护侗寨风貌、共同传承侗族风情、共同开发侗乡风物、共同展现侗都风采的古村落保护促脱贫新路子。形成全体社员保护景区发展、共享景区发展红利的良好格局。通过“合作社+基地+

① 《2018年贵州省国民经济和社会发展统计公报》。

② 贵州省文化和旅游厅：《2018年度文化和旅游相关数据手册》。

农户”的形式，搭建民族手工艺培训、生产、交流服务平台，加大手工技艺传承人才培养，推动民族旅游商品多样化和特色旅游商品开发，形成“品牌带产业、企业带基地、合作社带农户”的“文创三带”发展模式。以旅游为龙头，通过“旅游+”带动带活多元业态的融合发展，让景区群众尽享旅游福利。

第二，推进乡村旅游融合发展构建多元产业体系。比如福泉市双谷村打破固有的农业发展思路，探索实践农旅、文旅、体旅“三旅融合”发展，走上了从一产向三产跨越的持续发展之路。以花果为媒、节庆搭台、旅游唱戏，双谷村通过举办大型节庆活动，广邀四方宾客赏花、摘果；并结合山地特色不断完善体育设施，充分挖掘当地民族特色文化，不断聚集人气、提升名气，有效实现农旅、体旅、文旅融合发展，夯实乡村田园综合体的建设。以此吸引大批游客到双谷旅游观光、康养健身，有效推动乡村旅游发展。

雷山县格头村依托国家级自然保护区得天独厚的生态环境优势，坚持保护优先，围绕保护进行开发。基础设施建设严格按照传统示范村落建设的规划与要求，结合村寨民众的需求，在不破坏生态环境和建筑群落的情况下，修建芦笙场、风雨桥，发展乡村旅游。同时发展天麻、茶叶等种植业和稻田养鱼、黑毛猪等养殖业。兼顾了开发与保护，脱贫攻坚成效明显。

第三，推动旅游服务标准化规范化促农增收。比如汇川区娄山关村针对过去旅游产业链条单一，经营分散，没有形成独具特色的品牌效应的实际，不断强化旅游市场的引领和监管，专门成立娄山关村乡村旅游协会并建立党支部，制定乡村旅游“十不准十做到”，及时为游客解决旅游中遇到的各类难题，提升服务质量。汇川区还不断加大对乡村旅游客栈服务的指导和培训以提升服务质量，推动乡村旅游服务朝规范化、标准化方向不断迈进。

第四，开发传统特色美食发展农家乐助农增收。比如乌当区王岗村在开发乡村旅游业中，决定从开发传统的布依族特色“庖汤宴”和“三盘四碟八大碗”美食入手，鼓励有条件的农户开办集餐饮住宿为一体的农家乐，将农户自己种植的粮食蔬菜和养殖的畜禽作为主要食材，将传统“土法”

与现代烹饪技术结合进行加工，很受客人的青睐和赞许。还通过招商引资在境内建起“枫叶谷休闲度假旅游区”，增强村庄的可观赏性，进一步增强村庄农家乐的吸引力。架起全村经济社会蓬勃发展和加快步入小康社会的金桥。

四　用科技手段阻断贫困延续

第一，引科技人才下乡创办农业经济实体。比如纳雍县陶营村的发展，就是得益于该县出台“人才下乡”的激励机制，促使农技人才徐富军回乡创办产业实体。他创办的樱桃产业园，主要种植玛瑙红樱桃，该品种果形椭圆，果色鲜红，果肉厚重，经贵州省农作物品种委员会审定，属中国大樱桃品系，是樱桃中的优质上品。“玛瑙红”樱桃售价是传统“小樱桃”的3倍以上。在当地党委政府的大力支持和本村群众的积极努力下，十数年间“玛瑙红”红遍山上山下，替代了传统的农业种植品种，基地规模不断扩大。至目前，全村种植已达6000余亩，辐射总溪河两岸，种植已超过7万亩，并逐渐形成良好的发展模式，支撑起村民们脱贫致富。

第二，用现代科技提升传统优势产品品质。比如碧江区老麻塘村建立白水贡米产品质量标准和生产技术标准，用标准指导生产。创新优质稻谷种植方式，把“健身”融入水稻栽培，所有农艺措施围绕水稻健康生长优化配置。优化加工设备和加工过程，不抛光不打蜡，保持原始色香味。精准技术服务，每3~5天一次田间观察，及时了解病虫动态规律，指导农户生产。引进智能加工生产线，按稻谷品种，单独加工、单独包装、分品种贮藏，分品种上市，供应不同消费群体。通过白水贡米品牌振兴，该村的大米由2014年的2元/斤，提高到现在市场价6.98元/斤；水稻种植户亩产收入由原来的1500元提高到3000元，优质大米种植面积由过去的十几亩扩大到现在1700多亩，并辐射到整个滑石乡。

第三，农企合作培植推广优质品种。兴仁县茅坪村自村民汤进创办贵州仁信农业开发有限公司起，就开启了农企合作以科技发展薏仁米产业之路。

面对部分群众为提升产量，大量引进外来种源，导致茅坪村小白壳糯薏仁品牌特色逐渐弱化的形势，汤进与黔西南州农科所合作，对原产小白壳糯薏仁进行提纯复壮，并成功培育出“黔薏 2 号”小白壳糯薏仁种子。刚开始村民不愿种，汤进就动员家里的兄弟姐妹一起，自找荒地进行种植试验。通过示范带动，村民们开始大量种植收益更高的“黔薏 2 号”，并建立茅坪薏仁米种植基地。在生产各环节安装摄像头，建立产品溯源系统 360°对产品生产过程进行监控。客户只要扫一下产品包装上的二维码，就可以了解产品从种植到生长、到收割加工、到销售的全过程。保证产品绿色无公害，进一步提升茅坪薏仁米品牌。比如村民谢光友原是贫困户，家庭人口 7 人，在仁信公司的带动下，每年种植薏仁米 40 多亩，年产量 2 万多斤，除去各种成本，年纯收入 3 万多元，成功摘掉了贫困户的帽子，家庭生活逐渐达到小康水平。

五　优化治理方式培育脱贫内生动力

在脱贫实践中，各村通过搭建群众参与平台、优化群众参与机制，创新群众治理模式，把群众参与村庄发展的积极性、主动性、创造性充分调动起来，激发起贫困群众脱贫致富的内生动力，取得了脱贫攻坚的巨大成效。具体而言，优化乡村治理培育脱贫内生动力有如下几方面经验。

第一，“三治合一”助推村庄治理发展和产业兴旺。比如平坝区塘约村推行自治、法治、德治“三治合一”，要求以自治为主体、以法治和德治为两翼，在村民自治的基础上实现法治、践行德治，以法治保障自治、规范德治，用德治支撑法治、滋养自治，最终达至乡村善治的目的。塘约村还坚持物质精神两手抓，大力发展村集体经济，把广大群众的主要精力引导到搞建设、抓生产、促发展上来。塘约村通过成立“金土地专业合作社”，鼓励村民用自己的土地经营权参社入股，建立六大蔬菜种植基地，促进农业产业结构不断优化升级。入股社员在基地务工可领取工资增加收入，合作社帮助农户解决在种植过程中遇到的资金、技术、销售等困难，教会了农户实用技术，转变了思想观念，改掉过往陋习。村民一心扑在致富上，形成了全村心齐劲足脱贫攻坚、众志成城振兴乡村的火热建设场面。

江口县快场村根据全村的具体情况和实际需求，把治安维稳、建房审批、环境卫生、赡养老人、产业发展、公益事业等与群众息息相关的内容纳入村规民约中，让群众知道什么该做、什么不能做。大力加强自治、法治、德治建设，形成“大事一起干、好坏大家评、事事有人管、带头创先进”的乡村治理良好局面。最终实现贫困程度持续下降、民风民俗持续好转、乡村环境持续靓丽、旅游收入持续增高的发展目标。

第二，优化村庄治理单元实现抱团发展。比如贵定县新华村以村民组为单位，推行党小组和组管委高度融合的工作模式，党小组与组管委之间相互支持，共同发力。为进一步激发自治动力，新华村在各组、各寨、各户之间组织开展产业发展、环境卫生、乡风文明“大比武”，形成了良好的你追我赶的村民自治氛围。通过自我管理、自我服务提升群众参与家园建设的积极性，有力地推动了村庄的经济发展和文明进步。

第三，协商民主激发村民建设家园的积极性。比如福泉市洞铁村以“五引导五教育”为抓手，充分运用“123”工作法，即聚焦支持村民自治一个目标，实现自我管理、自我教育、自我发展；发挥村支“两委”和群众两个主体作用；运用三套工作方法，分别是推行党小组动议、村民治理小组提议、群众集体决议“三议”制度，用好政府、村民、社会“三方”力量，建好目标任务清单、工作责任清单、工作成绩清单“三个”清单。构建起村民自治的组织体系、决策程序，彰显群众意志，体现民主决策，突出群众主体地位，逐渐形成功能健全、运行有效的村民自治体系，实现村民自我管理、自我教育和自我发展的自治目标，让村民在自治中真正当家做主。逐步实现了“村庄美起来、邻里亲起来、腰包鼓起来、新风树起来、群众笑起来”的显著成效。

第四，合约管理提升村民履责及发展能力。比如锦屏县华寨村制定《村民自治合约》，其核心要义是村务公开、村民自治。并由村民推选成立合约执行领导小组，负责合约的执行与监督，做到“有约可依、执约必严、违约必究”，形成“制度管人、村干管事、群众监督”的工作格局。通过自我管理、自我教育、自我服务，实现村民由被动接受管理到主动参与治理的转变。通过“合约管理”，建设了一大批基础设施项目，使村容寨貌、人居环境等发生巨大变化。“合约管理”还有效地禁止了“浪猪浪牛”对农业生产的破坏行为，为产业调整奠定了良好的社会基础，产业因此得到快速发展。

第五，做实做细群众工作聚民心促发展。瓮安县瓮朗坝社区推进干部下沉，广泛运用村级协商、农事村议等方式和群众想在一起、干在一起；服务下沉，对涉及群众生产生活的服务事项为群众提供上门办理、免费代办服务；考评下沉，让群众考核评议干部，重塑干部形象，赢取群众信任。党员干部在与群众共同干事的过程中，培养了老百姓干事创业的精气神，使群众从“边上看”转变为“跟着干”。开阳县三合村党支部则利用“三合工作法”，即合力富民、合群惠民、合心聚民，及时准确了解群众所思所想、所需所盼、所急所难，不让群众的愿望成为“单相思”，用心、用情、用力带领群众齐心协力搞建设，一心一意谋发展。

六　引导不能就地脱贫的群众搬迁

早在1986年，贵州就在一些贫困问题尤其突出、生存环境尤其恶劣的地区，开展了易地扶贫搬迁的实践与探索。国家实施“八七扶贫攻坚”计划以来，进一步加强扶贫移民搬迁工作。据不完全统计，“八七扶贫攻坚计划”实施期间，全省共搬迁了17817户85237人。进入21世纪初，国家制定了《中国农村扶贫开发纲要（2001～2010年）》，启动了以工代赈易地扶贫搬迁（试点）工程。贵州作为首批试点的4个省区之一，专门制定了相关实施意见并开展以工代赈移民搬迁脱贫试点工作。据统计，2001～2010年，全省共投入资金24.2亿元，累计完成8.78万户38.72万贫困人口的易地搬迁。2012年5月26日，贵州扶贫生态移民工程正式启动，提出用9年时间，对全省47万户204万人实施扶贫生态移民工程。

国家精准扶贫战略提出后，作为精准扶贫“五个一批”之一的“易地搬迁脱贫一批”，被贵州省作为精准扶贫“头号工程”和新一轮脱贫攻坚“当头炮”来抓。通过不断强化政策顶层设计，形成了较为成熟的易地扶贫搬迁“1 + N”政策体系，并形成了搬迁包保责任制、省级资金统贷统还、“六个坚持”、移民发展融入“五个三”、“五个体系”等特色经验。2012 年至 2019 年 2 月，贵州省共完成移民搬迁入住约 188.7 万人，“十三五”以来完成建档立卡贫困移民搬迁入住逾 107 万人，促进移民就业逾 46.4 万人。

在微观层面，易地扶贫搬迁主要有如下几方面经验。

第一，政策宣传到位引导群众搬迁。比如荔波县高桥村政策宣传下沉，发动党员把移民政策讲给群众听、做给群众看、带着群众走，树好标杆、做好榜样，把思想动员工作做深、做透、做到位，引导群众理解并支持搬迁工作。

晴隆县大坪村各级干部夜以继日地做村民的思想动员工作，和他们算教育账、医疗账、子孙账、未来账，让他们明白搬迁是阻断贫困代际传递最直接、最有效、最快捷的途径，让他们放下思想包袱，积极搬迁。

惠水县代京村根据当地少数民族村寨实际情况，将群众“难懂”的普通话翻译成群众能听懂的“方言”，多次到各组召开群众会，讲解搬迁政策、摸清群众搬迁愿望、打消群众搬迁顾虑，让易地扶贫搬迁政策更加深入人心，增强群众搬迁积极性。

第二，工作细致到位做好搬迁服务工作。荔波县高桥村成立移民搬迁工作组，把办公地点搬到村组现场办公，让县乡村三级干部心往一处想、劲往一处使，凝聚移民搬迁的强大合力。

晴隆县大坪村采取先搬学校、小手牵大手、山宝籍在外工作人员回乡动员搬迁、党员干部及亲属率先搬迁、组织村民到阿妹戚托小镇实地参观等多种方式，增强搬迁实效，加快搬迁进度。

惠水县代京村建立干部与搬迁群众“一对一”包保制度，将任务落实到个人头上，做到搬迁群众遇困难有人管、诉求件件有回音。为了困难群众能够得到最低保障，明确一名干部专门负责对接民政、社保、合医等部门，将需要衔接“三保”的名单罗列出来，一项一项地去核实解决。

第三，公共服务到位方便群众生活稳民心。荔波县高桥村整合资金做好集中安置点的基础设施、文体活动、休闲养老、托幼卫生、商业服务等建设，提升小区管理服务标准化和规范化水平，方便群众生活。

晴隆县阿妹戚托小镇成立政务服务中心、警务室、医务室，小镇附近建立晴隆三中、晴隆六小等，让搬迁群众享受优质的公共服务，提高搬迁群众的归属感和安全感。

第四，就业服务到位确保移民有业可就。荔波县高桥村将移民安置点——梦柳风情小镇打造成集吃、住、行、游、购、娱为一体的大小七孔景区配套商旅产业园，通过鼓励群众自主创业和招商引资，积极开展业态培育，让移民搬迁贫困群众搭上“旅游车”、吃上“旅游饭”。

晴隆县在阿妹戚托小镇规划产业园，切实解决大坪村搬迁群众的就业难题；按照“扶贫优先”的原则，加大公益性岗位开发，安置无法外出务工、无劳动能力、无生活来源的贫困劳动力上岗就业。

惠水县代京村一方面组织开展厨师、绣花女、采茶、电焊等技能培训，强化搬迁群众业务技能；另一方面与对口帮扶单位签订搬迁户优先用工协议，增加搬迁群众就业机会，强化就业保障。

第五，在地资源盘活到位增加移民收入。荔波县高桥村带动群众以三地（耕地、林地、宅基地）资源入股四季花海、手工艺作坊、农耕园、蜜柚合作社等产业实体参与分红，增加收入。

晴隆县大坪村通过“三变”改革，引进企业发展肉牛养殖、林下生态土鸡养殖等项目，让搬迁群众在小镇住上新房子，在老家领到钱票子。

惠水县代京村以“三变”改革为契机，盘活三地资源助搬迁群众增收。已流转土地 2196.51 亩，发放土地流转金 93.97 万元，并且部分项目已实现利润分红，惠及搬迁群众 125 户。

B.4

易地扶贫搬迁社区治理的现状分析

——基于贵州省仁怀市 F 小区的实地考察

王国勇　李安连*

摘　要： 随着我国脱贫攻坚战略推进以及城镇化进程加速，易地扶贫搬迁社区产生了。通过对仁怀市搬迁安置点 F 小区的调研，笔者发现易地扶贫搬迁社区有其自身的独特性，包括社区移民构成复杂、社区移民归属感不强、收入水平较低以及社区安全隐患较多。社区治理存在移民参与能力低、基础设施不完善、社会组织参与度低、治理主体权责不清等困境。笔者认为要实现搬迁社区良性运行，提高居民对社区治理的满意度，不仅需要提高社区软硬件设施，还需要党委、政府、社会组织、居民多方主体共同参与社区治理。

关键词： 易地扶贫　搬迁社区　社区治理　贵州

一　问题提出

《全国“十三五”易地扶贫搬迁规划》指出：“5 年需要搬迁的建档立

---

* 王国勇，贵州民族大学社会学与公共管理学院院长，教授，博士生导师，主要研究方向为农村社会学、政治社会学；李安连，贵州民族大学 2018 级社会学专业硕士研究生，主要研究方向为社会治理与社会政策。

卡贫困人口约1000万人，搬迁数量在中外历史上前所未有，时间紧迫，任务艰巨。”[①] 易地扶贫搬迁是我国为了能够如期实现“全部贫困人口脱贫、全面建成小康社会”重大任务提出的“五个一批”精准扶贫脱贫工程之一，也是当前社会关注的热点话题。目前搬迁安置方式有集中安置和分散安置两种，安置地点分布在农村和城镇，在城镇集中安置点达到一定规模的可以成立社区或街道。当前，有学者研究指出易地扶贫搬迁安置点的选择表现出明显的城市偏好[②]，随之产生一种新型社区——易地扶贫搬迁安置社区，可以说这类社区是一种摆脱贫困史的产物。相较于传统农村社区或城市社区而言，这类新型社区由政府一手规划，即政府主导型的扶贫模式，该模式旨在尽快消除贫困和发展经济。目前，整个扶贫搬迁工作已经接近尾声，搬迁社区的治理将是一个值得长期考究的问题。

诚然，贵州是全国脱贫攻坚中的“短板”。“十三五”期间，贵州省计划实施易地扶贫搬迁188万人，其中建档立卡贫困人口150万人，占全国搬迁计划的15%；整体搬迁贫困自然村寨10090个，同步搬迁人口38万人。计划分三年实施，其中2016年搬迁44.8万人，2017年搬迁76.2万人，2018年搬迁67万人。[③] 截至2019年8月31日，全省累计完成搬迁入住184.5万人，占计划任务的98.1%，建成安置点943个，住房45.6万套。[④] 在脱贫攻坚关键时期，学者虽然对易地扶贫搬迁的研究已经引起一定重视，

① 《国家发展改革委关于印发全国“十三五”易地扶贫搬迁规划的通知》（发改地区〔2016〕2022号），http://www.ndrc.gov.cn/fzgggz/dqjj/zhdt/201610 31/t20161031_824922.html，最后检索时间：2019年12月3日。

② 马流辉：《易地扶贫搬迁的“城市迷思”及其理论检视》，《学习与实践》2018年第8期，第87～94页。

③ 赵勇军、王淑宜：《确保188万人“搬得出 稳得住 能致富”》，《贵州日报》2019年2月24日，第1版。

④ 《贵州“十三五”期间易地扶贫搬迁188万人》，人民网，http://gz.people.com.cn/n2/2019/09/27/c222152-33396251.html，最后检索时间：2019年12月5日。

但现有研究更多关注的是搬迁村民的市民化[①]、社会融入[②]、生计适应[③]以及社会适应[④]等方面，关于易地扶贫搬迁社区治理方面的研究成果较少。

笔者以贵州省仁怀市最大的易地扶贫搬迁安置点 F 小区为研究个案，该搬迁安置社区居民由仁怀市不同乡镇（街道）建档立卡的贫困户和少数居住在偏远地区的零星散户组成，对这类社区的治理研究不同于传统意义上人们主动选择形成的社区。因此，对搬迁社区的治理研究有助于丰富社区治理的新路径，从而推动社区治理的转型与发展。研究主要采取的方法是访谈法，分别对社区移民、社区居委会工作人员、物业管理人员等进行访谈。研究对象为易地扶贫搬迁社区，研究内容包括社区成员的特点、社区治理现状、困境，并提出相应的解决对策。

二　仁怀市易地扶贫搬迁安置社区基本概况及特点

（一）易地扶贫搬迁安置社区基本概况

仁怀市是隶属遵义市的一个县级市。根据《仁怀市“十三五”易地扶贫搬迁规划》计划搬迁 1635 户（包括 19 户跨县安置），6375 人，建成 15 个搬迁安置点。该规划分别于 2016 年、2017 年、2018 年三年实施，截至 2019 年 12 月，基本上已完成计划。F 小区是坐落于仁怀市苍龙街道城郊地区的集中安置点，该安置点属于 2017 年搬迁规划，于 2018 年 4 月修建完工并引导移民入住，入住率达 90% 以上，集中了 18 个乡镇（街道）780 户

---

① 邹英、向德平：《易地扶贫搬迁贫困户市民化困境及其路径选择》，《江苏行政学院学报》2017 年第 2 期，第 75 ~ 80 页。

② 吕建兴、曾小溪、汪三贵：《扶持政策、社会融入与易地扶贫搬迁户的返迁意愿——基于 5 省 10 县 530 户易地扶贫搬迁的证据》，《南京农业大学学报》（社会科学版）2019 年第 3 期，第 29 ~ 40 页。

③ 刘伟、徐洁、黎洁：《易地扶贫搬迁农户生计适应性研究——以陕南移民搬迁为例》，《中国农业资源与区划》2018 年第 12 期，第 218 ~ 233 页。

④ 辛丽平：《贵州民族地区扶贫移民中的社会适应研究》，《贵州民族研究》2019 年第 3 期，第 55 ~ 59 页。

3039名移民搬迁群众。小区共有住宅楼7栋，分别有不同户型，每栋有11层，均配有电梯。

1. F小区基础设施建设情况

一方面，室内建设根据城市社区住房构造，皆为客厅、卧室、厨房、卫生间和阳台的格局，按照人均20平方米标准修建，并进行室内简单装修，配置床、沙发、饭桌、电饭煲、饮水机等家庭必备品，户户通水通电通燃气，真正实现移民拎包入住。另一方面，室外基础设施有小区保安室、警务中心、公共娱乐设施（包括棋牌室、书画室、简单健身器材、乒乓球桌）等；专为小区修建幼儿园一所，周围有小学、初中、高中以及仁怀市中等职业学校。此外，小区一楼为商铺，有餐厅、药房、超市、五金店等，并特意在小区门口新增公交站台，为移民生活及出行提供方便。

2. F小区移民就业问题解决情况

小区内设置扶贫车间，引进制衣厂等20多家小微企业入驻小区，以市场需求为导向，开发公益性扶贫岗位，开展以需定培，以培供需，形成“培训、就业、保障”为一体的就业模式，增强小区移民就业能力。有劳动能力的家庭目前已经实现至少一户一人就业，虽然部分移民自己出去找工作岗位，但是也有部分是政府提供的，移民从事的工作大多数为超市、餐厅、酒店的服务员以及周边小区的保安员、保洁员等。总体来说就业岗位技术含量低，工资不高，甚至出现小微企业倒闭，移民务工不能按期拿到工资等现象。

3. F小区移民搬迁的目的

笔者经过与小区移民的访谈了解到很多移民本质上是不太愿意搬迁的，尽管自己生活的地方可能环境确实比较恶劣或者生计来源仅靠已有的“一亩三分”地，但是他们认为祖祖辈辈都生活在那里，所以，住在那里比较有归属感，那里才是真正意义上的家。但是出于两个目的他们最终不得不选择搬迁，一是为了孩子的教育，实现根本性的脱贫。因为有移民认为靠政府的帮扶，虽然能在一定程度上脱贫，但是发展空间有限，缺乏经济资本和人力资本的他们总是心有余而力不足，所以要实现真正的脱贫就只有好好教育下一代人。二是为了拥有一套属于自己的楼房，为孩子解决婚姻大事提供必要的物质基础。在偏远山村由于交通不便，住房环境较差，光棍现象普遍存在，所以解决婚姻问题也是移民考虑的一个重要因素。

（二）易地扶贫搬迁安置社区特点

F小区是仁怀市城郊接合部的一个易地扶贫搬迁小区。整个小区呈现城市社区的格局，具备城市社区的一些特点，这类社区也是由从事各种非农业劳动的密集人口组成的地域生活共同体。[①] 根据调研的实际情况了解到移民搬迁社区也具有自身的特点，这些特点对搬迁社区的治理造成一定的影响。

1. 社区移民构成复杂

移民社区虽然和传统的城市社区成员构成一样也是来自不同的地方，但是区别在于，通过自己挣钱买房主动融入城市社区的移民通常情况下比易地扶贫搬迁移民在思想、文化、教育或者劳动力等各方面都更占优势。这就凸显出易地扶贫搬迁社区移民的特殊性和复杂性。[②] 第一，老弱病残现象普遍。F小区有低保户340户1273人，残疾人229人，长期患病223人，疑似精神障碍患者27人（确诊5人）。这部分移民基本上失去劳动能力，只能从事简单的手工劳动或是基本自理生活，有的甚至需要家里长期有人照顾。第二，文化水平偏低，思想问题突出。搬迁的移民中除了部分现在正在接受中高等教育的学生外，父辈的文化程度大多集中在小学和初中，占了85%以上的比例。这严重影响了该小区移民融入新环境并参与社区治理的能力，也造成移民的一些思想问题，比如，缺乏远见，没有时间观念，懒惰思维等。第三，社区移民不良嗜好多。F小区现有两劳释放人员12人，吸毒人员12人，在押服刑人员1人，此外，常有过度酗酒者在小区毁坏公共物品或者是高空抛物，对社区移民造成潜在人身安全危险等。

---

① 郑杭生：《社会学概论新修》（第四版），中国人民大学出版社，2013，第242页。

② 何得佳、徐榕、张旭亮：《乡村振兴视域下易地扶贫搬迁社区治理及其深化》，《行政科学论坛》2019年第2期，第37～42页。

2. 社区移民归属感不强

搬迁移民来到一个新的安置点，人际关系变得松散和传统联系减弱，促成了陌生人关系。[①] 所以，我们要把那些已经脱离现实社区群体和日常生活场域的人纳入，形成完整的社区地域和心理空间体系。[②] 但是目前 F 小区移民便表现出明显的社区归属感不强，生活处于一种进退两难的困境。第一，生计来源改变。搬迁之前社区移民大多是靠在家种地的经营性收入维持生活，每天的开支相对较少；而搬迁之后的收入来源几乎是靠在外务工的工资性收入，并且每天的支出项目多于以前。这种经济收入的改变以及支出变多的趋势使人们感到生活的不安稳，从而影响了移民的社区归属感。第二，文化变迁滞后。村民搬迁到城市社区之中，为了适应城市社会的生活，主动参加各种培训，学会了使用天然气、电烤炉、电梯等。但仍然存在一些风俗习惯以及思维模式难以改变的问题，比如移民会在楼梯间或者小区花园乱扔垃圾、高声喧哗、随便将公共物品占为己有等。当然，这也验证了美国社会学家奥格本提出来的“文化堕距”理论[③]。该理论认为，一般来说，总是“物质文化”先于“非物质文化”发生变迁，两者不同步，于是产生差距，造成社会问题。第三，血缘和地缘关系淡化，人际关系松散。F 小区搬迁的移民并不属于整村搬迁，所以，相比原本生活在农村的环境来说邻居之间经常聚集在一起交流的现象越来越少，甚至是不存在。血缘关系疏远，新的地缘关系尚未建立，人们之间凝聚力不强，社区移民的归属感也不强。

3. 社区移民收入水平较低

经济是基础，而易地扶贫搬迁社区移民大多是经济基础比较薄弱，这也是移民安置社区的一个突出特点。第一，缺乏基本的资本原始积累。易地扶贫搬迁之前，F 小区移民经济条件落后，生活靠自给自足，缺乏原始资本积

---

① 郑杭生：《中国特色社区建设与社会建设——一种社会学的分析》，《中南民族大学学报》（人文社会科学版）2008 年第 6 期，第 93 ~ 100 页。

② 刘少杰：《新形势下中国城市社区建设的边缘化问题》，《甘肃社会科学》2009 年第 1 期，第 11 ~ 14 页。

③ 〔美〕威廉·费尔丁·奥格本：《社会变迁——关于文化和先天的本质》，王晓毅、陈育国译，浙江人民出版社，1989，第 106 ~ 107 页。

累，难以充分利用搬迁带来的优势，导致其在新的社区充分整合资源分配过程中处于劣势地位。所以，尽管F小区一楼有很多商铺，但真正是移民自己经营创业的屈指可数。第二，现有工资收入水平低。根据与移民的实际访谈了解到，社区移民中青壮年大多外出务工，务工的工资普遍在2500～5000元，除了一些生活的必要开支之外，最终的收入也不多；对于就近就业的妇女或者劳动能力不足的人来说，工作岗位一般是政府提供的公益性岗位，虽然工作强度不大，但是工资也不高。比如打扫卫生、酒店洗涤服务、超市整理货物以及餐厅服务等每月工资在1800～2500元。此外，社区移民收入来源渠道也较为单一。

4. 社区安全隐患较多

社区是人们追求社会发展和自我发展的载体，因此，建成一个基础设施完备、邻里和谐相处、团结友爱的社区将提升人们的幸福感和获得感。但是新建的易地扶贫搬迁小区基础设施还处于不断完善的过程之中，加之一些搬迁移民的自我认同程度不高，心理较为敏感，导致小区存在一些安全隐患。第一，人口密度高，异质性强，群体性事件难以避免。在搬迁的F小区中，移民对缴纳物业管理费存在很大的意见，具体表现为物业管理公司对社区居民反映的问题迟迟不做出回复或者拖延处理，居民中部分人就以不交物业费的方式对抗，而一部分人则仍按时缴费，由于收不齐物业费，当公共基础设施被毁坏时，物业公司消极应对，便给整个小区居民带来不便，尤其是像水管之类的公共基础设施的损毁，牵涉每家每户。所以，极易造成社区居民集体闹事。第二，社区移民矛盾纠纷多。群防群治氛围未形成，矛盾纠纷多元化解机制不健全；重点人群和特殊人群难以监管，导致刑事治安案件多发。到目前为止，小区刑事案件7起，行政案件5起；案件主要包括损害公私财物案、赌博案、盗窃案等。第三，社区老人、妇女和儿童较多。社区老人独居存在潜在的风险，比如老人生病没有人照顾，突然去世也不会轻易被人发现；妇女缺乏丈夫的支持，一个人承担家庭责任的压力也会使其感到困难重重；儿童在成长的重要阶段缺乏父亲的陪伴，也可能会产生一些心理问题或者性格扭曲等。

三　易地扶贫搬迁安置社区治理的实践探索

仁怀市直到2018年为止，还没有出现过大规模的移民搬迁安置点。所以，F小区建成并引入移民顺利安置可以说是一个“摸着石头过河”的过程。党委和政府在这当中起着不可替代的作用，已经从党建、培养社区治理能人、激发移民自身活力以及精神文化方面探索出一些切实可行的社区治理路径，具体可归纳总结为如下四方面。

（一）党建引领，创造便民环境

F小区成立了党支部，现有党员共22人，其中社区服务站党员3人，移民群众党员19人。党支部强化网上网下、自治共治结合，推动小区全面发展，筑牢城市基层党建“同心圆”。第一，开展党员“亮身份、晒承诺、当先锋、树形象”活动。3名党员被推选为楼长，11名党员分别担任爱心、卫生、文体平安和创业“红管家”。第二，充分运用大数据手段，6名党员被推选为移民小区代表。建成小区警务室，基本完成公共区域监控安装的“天网工程”，织牢人防、物防、技防防护网。开展治安防控、治安巡查、群众咨询等，确保搬迁群众放心生活。第三，实行网格化管理。坚持标准化、网格化、数据化，定网格、定人员、定责任、定机制“四定原则”，着力构建以信息员 + 网格员、医务人员、物业保安员、警员、保洁员“六员共治”的网格化治理模式；多方收集移民真实想法、排查和处理潜在矛盾纠纷、有序处置突发事件，基本实现人在“格”中走，事在“网”中办。第四，设立便民服务点。依托综治中心、市法院、团委、妇联、工会等单位设立便民服务点，党员志愿者、青年义工开展志愿服务活动，确保搬迁群众融入小区、适应新社区生活。

（二）培育先锋，鼓励勇于担当

按照“把优质资源统起来、把干群力量统起来”的原则，社区工作人员推进组织共建、干群共创、产业共谋、小区共治、资源共享，实现群众居住放心、融合开心、聚力齐心、办事省心、就业顺心，形成“五共五心”横向网格化服务体系。第一，开展“五个一”主题实践活动，包括陪群众上一次学校、进一次商场、乘一次公交、到一次银行、去一次医院，让干部、党员、群众、邻里形成合力，帮助贫困群众适应城镇生活；第二，开展“五个为”主题实践活动，包括我为支部提建议、我为小区搞义诊、我为小区捐一物、我为小区做志愿、我为小区做贡献，让企业家、机关干部、先进党员、群团人士、社区移民形成合力，共同解决搬迁群众实际问题。让社区移民感受到城镇温度，从而鼓励他们自觉融入城镇，为小区建设和社区发展建言献策。

（三）激发活力，增强致富本领

激发社区移民活力，增强其自身内生动力，走向发展致富道路。第一，积极探索“三岗三引”就业扶贫模式，做好创业就业扶贫文章，即设定劳务输出岗位，引导搬迁移民外出务工就业；设定自主创业岗，引导搬迁移民大胆自行创业；设定政府公益岗，引导搬迁移民实现就近就业。根据F小区1825名贫困劳动力就业意愿量身打造就业岗位和培训方向，依照三大类岗位开展各类培训21场2132人次，共向仁怀市内和市外企业提供就业人员1103人，公益性岗位带动就业101人，实现“零就业家庭”保持“零记录”。第二，围绕“创新、创业、发展、致富”理念，F小区打造了贵州首个农创孵化园。为让搬迁群众尽快适应新环境，农创孵化园结合实际开展了18期“1+3”素质提升培训班，让入住小区的搬迁群众转变观念，学会一技之长，体会到自身力量增强，主动走向脱贫致富道路。

（四）弘扬优秀文化，丰富文体生活

小区治理不仅要从物质方面入手，更需要从精神上升华。F小区部分群众因老弱病残等原因丧失劳动力，为进一步丰富该群体精神生活和业余爱好，苍龙街道联合仁怀市老年大学筹建社区分校，利用职业技能培训室、日

间照料中心、书画室、公益图书馆等阵地，对移民老人、妇女开展文化教育、书法、音乐、棋牌、体育等方面的课程，引导搬迁群众载歌载舞、健身锻炼、下棋玩牌，打造一个文娱舞台，把群众“请”出家门开展文娱活动。一年多来，社区先后在F小区举办了两次苍龙街道庆“六一”儿童节文艺汇演、农民丰收节系列活动、致敬改革开放四十周年大型诗歌朗诵会、首届“五好文明”家庭颁奖典礼、感恩教育露天影院、迎新春文艺汇演等活动，不仅解决农民群众搬进城里生活单调的问题，也为小区移民营造了浓厚的文化氛围，让小区每一位移民都拥有归属感，心中都筑起一个中国梦。

四　易地扶贫搬迁安置社区治理困境

易地扶贫搬迁安置社区是近年来随着精准扶贫政策执行兴起的一类社区，对这类社区的治理仍处于探索阶段，不可避免地会存在一些不同于传统社区治理的新困境和新挑战。

（一）人员异质性强，参与能力低

易地扶贫搬迁社区不同于乡土社会中真正意义上的“社区共同体”，而是一种作为国家主导的制度安排，其制度逻辑不可避免地与移民的生活实践逻辑产生矛盾。[①] 由于是来自不同地区的贫困人口组合而成，他们彼此之间互不相识，人员异质性强，构成复杂。第一，民族文化和风俗习惯差异。F小区除了汉族之外还有彝族、苗族、布依族、仡佬族等少数民族，他们在不同时间有自己的活动和仪式，即便是汉族，不同地方的人也有自己的生活习惯，移民之间沟通较少，甚至存在互相歧视。第二，认知能力和文化水平差距。搬入F小区的贫困户中，大多数文化水平较低，缺乏专业技能；或是老弱病残，丧失劳动能力；或是只能从事简单的苦力活，收入低并且不稳

① 郑娜娜、许佳君：《易地搬迁移民社区的空间再造与社会融入——基于陕西省西乡县的田野考察》，《南京农业大学学报》（社会科学版）2019年第1期，第58~68页。

定。在这样的情况下，移民对社区治理普遍持不管不问不参与的态度，因此造成移民对社区治理的“无感”[①]，有的甚至破坏小区公共基础设施来满足自身需求，比如在小区花园种各种蔬菜等。第三，法治意识淡薄。小区住有精神病患者、刑满释放人员、抑郁症患者、吸毒人员等，为小区带来了极大安全隐患，在调研期间笔者了解到小区部分人员经常对周围村民种的水果蔬菜顺手牵羊，甚至有人上门实施偷盗行为。由于小区移民以前都生活在偏远农村，遇到困难几乎靠大家互帮互助来解决，而生活在搬迁的城市小区之后，移民之间联系不再那么紧密，甚至表现出相互不信任。这就不难发现，人还是以前的人，但是生活在不同地方，思想行为也发生了变化。所以，如何把搬迁农民变成市民，把来自四面八方的人组成一个新社区，而大家依然保持着和以前村民之间一样的凝聚力和集体意识，自愿提高自身能力参与到社区治理之中是需要解决的现实课题。

（二）基础设施不完善，移民满意度低

完善基础设施是小区移民正常生活的基本保障，F小区移民已经入住小区一年多。大家现在对小区基础设施评价在某些方面已经远不如刚搬入小区的时候，原因可归结为：第一，社区软硬件设施均不完善。F小区对外提倡打造智慧小区，实行网格管理，但与事实存在差距，不健全的门禁设施已经导致小区发生多起不良事件。再有小区一些移民由于认知水平有限，说话处事方式不妥，带来社会青年等到小区闹事。第二，基础设施质量不高，破损后维修不及时。据实地考察发现，小区路灯、椅子、水管等已经逐渐损坏，但迟迟没有人维修。移民房屋也存在漏水、墙体掉皮等现象。第三，基础设施使用方式及作用宣传力度不够。小区配套设施建有棋牌室、书画室、四点半学校、志愿者服务站、青年之家等，但移民不知道如何使用一些公共娱乐设施或者不知其存在的意义，所以有些设施并没有发挥实质性作用。第四，社区公共服务供给不足，给居民生活带来不便。比如，由于缺乏相关场地，

① 吴晓林、张慧敏：《社区赋权引论》，《国外理论动态》2016年第9期，第125~131页。

居民在小区花园上晾晒衣物、在楼顶种蔬菜等，最严重的问题是缺乏丧事办理场地。目前小区对于喜事办理是辟有一块公共场地的，每次收取500元租金，但是丧事就必须送到殡仪馆、再到火葬场。对于小区移民而言，他们的不满来自两个方面，一是去殡仪馆成本高，二是由于思想观念差异，他们对火化一时还不能接受，导致现在小区有人去世之后大家想方设法把人拉回老家，即便是老房子已经被拆除，他们仍会借房子或者自己搭棚处理家人后事，再进行土葬。这些基础设施可能看似小事，但事实上极易导致移民长期积怨从而引起群体性事件，正如吴新叶等研究所指出的，移民因为这些小事的处理不当已经逐渐形成有意识制度抗争和无意识制度抗争①，从而加大社区治理难度。

（三）社会组织参与度低，移民需求难满足

社会组织也是社区治理主体之一，当前，大多数社会组织不同程度参与到脱贫攻坚当中，但是参与到社区治理的力量相对薄弱，难以满足社区移民需求。第一，社会组织参与具有时间短和不可持续的特点。比如，一些志愿者参与到社区四点半学校辅导社区儿童学习，表现出断断续续，责任心不强；再有社会组织大多提供一些临时性救助。第二，社会组织参与量少。在F小区中，大多数工作由党委和政府包揽，并没有真正执行“政府办不好或办不了的事务转由社会组织承担”的要求。第三，社会组织参与社区治理缺乏制度支持和正确引导。社会组织发挥作用也是要在相应场域之中才能表现出来，一些社区移民对社会组织不认可，甚至产生怀疑，将社会组织拒之门外，导致社会组织难以介入社区治理之中。第四，社会组织与社区之间缺乏沟通的桥梁。很多商会和协会汇聚了多种资源，但是没有人为之引导，导致供需不对等，社区移民的需求可以说是小到一个人如何适应社会化的过程，大到如何增强社区中居民的集体意识，共同构建共建共治共享的社区。

① 吴新叶、牛晨光：《易地扶贫搬迁安置社区的紧张与化解》，《华南农业大学学报》（社会科学版）2018年第2期，第118～127页。

第五，社会组织自身建设不足。包括社会组织的资金短缺，专职、专业人员较少，管理制度不完善等，导致其被动参与，也难以为移民提供满意的服务。这就为社区治理带来了一定困境，因为社区治理主体中目前就存在移民的参与度低的问题，党委和政府虽然一直在为社区服务，但是其人力、物力等资源毕竟有限，社会组织的作用随之凸显。

（四）治理主体权责不清，治理效率低

党的十八大强调多元主体共同参与社区治理。当前，社区治理的主体包括党委、政府、社会组织和社区移民，而易地扶贫搬迁社区治理中存在的最大困境是各主体之间权责不清，治理混乱。第一，党委和政府包揽治理工作。增加了自身工作量，降低了办事效率，还使得社区移民不知道遇到困难该找谁解决。第二，社区居委会和物业管理公司治理权利都有一定的交叉，对社区的某些问题相互推卸责任，对利益相互争斗，导致社区移民对谁是谁非产生疑惑。第三，乡镇（街道）和社区居委会职责定位界线不明。居委会属于自治组织，大多数时候受乡镇（街道）的行政权压制，行政化严重，所以，社区居委会真正在自我管理和自我服务上付出的时间和精力有限。第四，物业管理公司和社区移民之间的关系复杂。物业管理公司为社区移民提供部分基本公共服务，社区移民是服务的对象，两者都参与到社区治理中。彼此之间有很多重叠的地方，缺乏相互沟通和协调，导致社区各主体之间矛盾不断加剧，社区治理的效率低下。

五　易地扶贫搬迁安置社区治理的路径选择

社区是社会的基本单元，党的十九大报告首次提出社会治理“四化”，即社会化、法治化、智能化和专业化。同时，提出加强社区治理体系建设，推动社会治理重心向基层下移，发挥社会组织的作用，实现政府治理和社会调节、居民自治的良性互动。尤其是针对易地扶贫搬迁安置社区的治理，不仅需要党委和政府的参与，更重要的是鼓励社会组织以及社区居

民参与，提升其治理能力和主人翁意识，保障社区居民的切身利益和基层的和谐稳定。

（一）加强移民思想文化教育，提高参与能力

易地扶贫搬迁社区移民思想文化水平参差不齐，总体偏低。从以前的村落共同体中搬迁到互不相识的城市社区中，移民对社区认知不足，认为社区的治理是政府的事情。对于社区治理而言，需要多主体共同协商形成合力，构建共建共治共享的社区，其中移民就是一个必不可少的主体。第一，对移民进行素质教育培训，提升其自我认同感。举行各类培训教育活动，转变移民对社区和自我的认识；健全社区公约，创造社区文化氛围；加大法律宣传力度，增强社区移民法律意识；举行多民族文化产品展示及宣讲，促使移民相互了解。第二，对社区治理能人进行鼓励和培育，发挥社区自治组织的作用。易地扶贫搬迁社区中存在一部分因病致贫的人，他们可能只是失去劳动能力，但是经历丰富，思维敏捷，也有一些社区老党员以及村干部等。充分利用好这批人，成立小区业主委员会，或者将他们纳入社区居民委员会，共同参与社区治理。第三，为社区移民参与社区治理创造条件。社区移民来到一个陌生的环境，人不熟、地不熟，组成社区的人员已经不是原本基于血缘和地缘关系组成的初级群体，而是每个人都在被迫社会化。基层党组织和政府应及时做好移民的过渡工作，彰显该群体在社区治理实践中的主体性地位，尊重其需求、愿望和呼声，从移民多方面面临的迫切需要出发来推进社区建设与社会政策设计①，从而引导移民参与到社区治理中。

（二）完善基础设施建设，形成完整服务体系

易地扶贫搬迁社区不仅是要有安全的保障性住房，同时也要提供配套的公共服务，包括教育、医疗、娱乐、交通等基础设施，满足移民多样化需

---

① 马良灿、陈淇淇：《易地扶贫搬迁移民社区的治理关系与优化》，《云南大学学报》（社会科学版）2019 年第 3 期，第 110～117 页。

求，使其顺利融入新共同体。第一，完善社区软硬件设施。加大公共服务和资金投入，健全门禁以及公共区域监控安装，为小区移民提供安全的生活环境；将红白喜事举办场地纳入小区基础设施范围，考虑在小区周围建设一片专供红白喜事使用的公共区域，吸纳具有一定管理能力的志愿者组合成立专门理事会进行管理，适当收取管理费，但严禁大操大办。第二，提高基础设施质量和利用率。尤其需要加强对小区投入的公共产品进行质量评估验收，不达标的严禁使用，提高产品质量标准，将“面子工程”拒之门外。同时，加大社区公共产品作用和使用方法的宣传，引进专业社工或志愿者参与社区为社区居民提供的服务，让社区公共基础设施不再成为摆设。第三，重视老年人和妇女儿童服务设施建设。① 据实地考察访谈得知，目前大多数移民家庭仍很支持年轻人外出打工，意味着现在以及未来一段时间易地扶贫搬迁移民家庭更多的是老弱病残和妇女儿童在留守，因此，必须着眼未来，深入社区移民，了解其实际需求，有针对性地开发完善新基础设施项目。

（三）引导社会组织参与治理，满足多样化需求

易地扶贫搬迁社区移民是社会弱势群体，对他们集中的社区进行有效治理，是亟待解决的重大问题。在解决问题的过程中，社会组织也应发挥其主体作用。第一，政府要引导社区移民对社会组织接纳和认可，提高对社会组织服务的购买能力。社区移民配合社会组织开展工作，一方面体现出社会组织的价值，另一方面社会组织能根据自身优势提供个性化、专业化服务，减轻政府的压力。第二，政府搭建供需平台，畅通社会组织服务路径。政府作为社会组织的登记管理部门，也是社区治理主体之一，是对双方都比较了解的一个“中介”。所以，政府要发挥桥梁作用，引导社会组织有序进行社区治理。第三，整合社会资源，提供多样化服务。社会组织的人员来自各行各业，拥有自身的资源和渠道，应充分整合资源，弥补党委和政府参与治理以

---

① 付少平：《创新陕南移民社区社会治理的探讨》，《新西部》（理论版）2014 年第 21 期，第 21 ~22 页。

及社区居民自治的不足。第四，社会组织加强自身建设，依法依规为群众提供服务。加大对社会组织的年检和双随机一公开查处力度，使社会组织合法集资参与社区治理，并且社会组织成员应带着正能量为社区服务，弘扬社会主义核心价值观。

（四）理顺治理主体权责关系，提高治理效率

社区治理主体之间的权责一致有利于各主体创建共建共治共享的环境，而当前易地扶贫搬迁社区的治理处于探索阶段，存在权责不清、分工不明的问题。应及时理顺各主体间的权责关系，从而提高社区各主体的治理能力和效率。第一，在社区建设党支部，坚持党委领导，以支部为载体，保障社区移民的利益和弱势群体的需求，发挥战斗堡垒和先锋模范的作用，动员社区移民参与社区治理。第二，政府明确自身角色和职能，对社区治理的多元主体进行协调，实现由管理型政府向服务型政府转变；也要明确政府与社区居委会的职责分工，加强对社会组织服务的购买能力，引导社会组织参与社区治理。第三，划清乡镇（街道）与居委会的关系。社区居委会是社区居民自我管理、自我教育、自我服务的基层群众工作性自治组织。乡镇（街道）与居委会是指导与协助而不是领导与被领导的关系，社区居委会的工作人员更多的是要关心移民生活，了解移民需求，协调移民与政府利益有关的工作。第四，发挥物业管理公司和业主委员会的作用。物业管理公司在参与社区服务的过程中可以制定某些管理办法。业主委员会是社区移民选举出来代表移民利益的一方，对社区居委会和物业管理公司进行监督。各主体明确自身扮演的角色之后，应该分工协作，拧成一股绳为社区制定高效的治理措施，以便易地扶贫搬迁社区的良性运行和发展。

参考文献

付少平：《创新陕南移民社区社会治理的探讨》，《新西部》（理论版）2014 年第

21 期。

何得桂、徐榕、张旭亮：《乡村振兴视域下易地扶贫搬迁社区治理及其深化》，《行政科学论坛》2019 年第 2 期。

刘少杰：《新形势下中国城市社区建设的边缘化问题》，《甘肃社会科学》2009 年第 1 期。

刘伟、徐洁、黎洁：《易地扶贫搬迁农户生计适应性研究——以陕南移民搬迁为例》，《中国农业资源与区划》2018 年第 12 期。

吕建兴、曾小溪、汪三贵：《扶持政策、社会融入与易地扶贫搬迁户的返迁意愿——基于 5 省 10 县 530 户易地扶贫搬迁的证据》，《南京农业大学学报》（社会科学版）2019 年第 3 期。

马良灿、陈淇淇：《易地扶贫搬迁移民社区的治理关系与优化》，《云南大学学报》（社会科学版）2019 年第 3 期。

马流辉：《易地扶贫搬迁的“城市迷思”及其理论检视》，《学习与实践》2018 年第 8 期。

〔美〕威廉·费尔丁·奥格本：《社会变迁——关于文化和先天的本质》，王晓毅、陈育国译，浙江人民出版社，1989。

吴晓林、张慧敏：《社区赋权引论》，《国外理论动态》2016 年第 9 期。

吴新叶、牛晨光：《易地扶贫搬迁安置社区的紧张与化解》，《华南农业大学学报》（社会科学版）2018 年第 2 期。

辛丽平：《贵州民族地区扶贫移民中的社会适应研究》，《贵州民族研究》2019 年第 3 期。

赵勇军、王淑宜：《确保 188 万人“搬得出　稳得住　能致富”》，《贵州日报》2019 年 2 月 24 日。

郑杭生：《社会学概论新修》（第四版），中国人民大学出版社，2013。

郑杭生：《中国特色社区建设与社会建设——一种社会学的分析》，《中南民族大学学报》（人文社会科学版）2008 年第 6 期。

郑娜娜、许佳君：《易地搬迁移民社区的空间再造与社会融入——基于陕西省西乡县的田野考察》，《南京农业大学学报》（社会科学版）2019 年第 1 期。

邹英、向德平：《易地扶贫搬迁贫困户市民化困境及其路径选择》，《江苏行政学院学报》2017 年第 2 期。

B.5

精准脱贫人口“获得感”的指标测量

——基于贵州L镇贫困村的调查分析

刘玉连　杨春香　周芳苓*

摘　要： 让人民群众拥有更多“获得感”，不仅成为衡量人们共享改革成果的评价标准，更成为检视精准扶贫、精准脱贫工作成效的重要指标。本报告以笔者构建的“‘获得感’指标体系”为度量工具，以“专题问卷调查数据”为实证支撑，以“客观与主观维度相结合”为分析方法，通过精准脱贫人口“获得感”的调查分析，研判当前精准脱贫人口“获得感”的真实情况。研究表明，2019年被调查的精准脱贫人口的客观“获得感”指数得分为70.46分和主观“获得感”为72.68分，两者均已达到相当高的程度，并整体上呈现客观测量与主观评价之间的一致性与统一性特征。从长远看，如何切实消除农村贫困人口“获得感”提升中的“短板效应”“机制障碍”“代际差异”等多重困境，是精准脱贫人口“获得感”进一步提升的空间所在，也是后扶贫时代的努力方向。

关键词： 精准脱贫人口　“获得感”指标体系　贵州

---

* 刘玉连，贵州民族大学社会学系副教授、硕士生导师，研究方向为经济社会学、城市社会学；杨春香，贵州民族大学社会学与公共管理学院硕士研究生，研究方向为社会政策与社会治理；周芳苓，贵州省社会科学院研究员、硕士生导师，研究方向为应用社会学、民族地区社会工作。

一　选题背景与资料来源

（一）选题背景

2015年2月27日，习近平总书记指出："要科学统筹各项改革任务，推出一批能叫得响、立得住、群众认可的硬招实招，把改革方案的含金量充分展示出来，让人民群众有更多获得感。"[①] "获得感"一词由此迅速流行，不仅成为2015年度"十大流行语"之一，更成为学界高度关注的焦点和议题，而有关人民群众拥有更多"获得感"问题的人文关怀与学术探讨，已达到相当活跃的程度，并由此引起了各级党委和政府的重视。

综观文献，由于"获得感"是新兴的时代词汇，迄今为止在学术上针对"获得感"指标测量的探讨可谓不少，但是总体而言学界尚未形成一个完整、科学的指标体系。首先，在针对获得感指标体系测量的研究中，吕小康等人通过对获得感指标进行相关的操作，并在纵向和横向的相对比较中构成测量的维度，基于CSS数据，从"政府工作满意度、社会公正感、社会安全感及个人发展感"四个维度进行社会获得感整体的测量。[②] 与此同时，吕小康等人也表示虽在本文中利用四个具有典型性的维度对获得感进行了测量，但这只是在一个相对层面上进行的分析，未能找到影响获得感的因素。他们认为针对获得感的测量不应仅限于个体层面，还应当包括群体层面以及社会层面，这三个层面既涉及经济水平、文化水平、社会保障水平、生活环境质量，又涉及个人内在的信息。通过这三个层面可从整体上测量出获得感，并能从中获取影响获得感的因素。其次，在如何提升居民获得感层面上，已有部分学者研究指出，提高全民总体获得感是一个较为漫长的过程，

---

① 习近平：《让人民对改革有更多获得感》，新华网，http：//www. xinhuanet. com/politics/2015 -02/27/c_ 1114458700. htm，2015年2月27日。

② 吕小康、黄妍：《如何测量"获得感"？——以中国社会状况综合调查（CSS）数据为例》，《西北师范大学学报》（社会科学版）2018年第5期，第46~51页。

并提出了相关的可行性建议。再次，有研究者根据3个“二级指标”（包括经济指标、政治指标、民生指标）、12个三级指标（包括家庭收入、社会经济地位、社会经济地位的变化、政治参与情况、公平感、社会保障项目参与数、社会保障服务满意度、公共教育服务满意度、医疗卫生服务满意度、住房保障服务满意度、社会治理满意度、环境治理满意度），对“我国居民获得感”进行了测量，测算出我国居民获得感总体平均分值为61.84分，最高为68.13分，最低为55.12分，并由此得出经济发展对获得感具有一定的影响的结论。① 此外，也有研究者对贫困人口获得感的来源进行分析，从社会情境出发，构建一个从社会情境到家庭再到个体行为选择的互动模型，运用人口学特征、社会环境、制度政策、个体认知等影响因素来构建测量体系，并通过分析得出贫困地区应当充分发挥因地制宜的特性，将贫困人口作为主体，走可持续脱贫道路方可提高贫困人口获得感的结论。②

综上所述不难发现，从研究领域来看，尽管专家学者各自对“获得感”关注的侧重点、研究方法和理论基础不尽相同，但都不同程度上存在着一定的借鉴之处。然而，需要指出的是，从整体上看国内针对“获得感”测量的研究尚未形成统一的共识，而针对精准脱贫人口“获得感”这一领域的指标测量的探讨就更少，相关专题研究成果难以寻觅。显然，这一现状为推进“获得感”问题研究提供了广泛的拓展空间。基于此，借助“社会认知理论”“资源配置理论”视角，运用社会学方法，对全国脱贫攻坚“省级样板”的贵州精准脱贫人口“获得感”的指标测量予以关注，无疑具有特殊的重要性及价值。

众所周知，“获得感”既是检验经济社会发展均衡度的重要指标之一，也是检验改革发展成果全民共享与否的重要尺度。而本文中所探究的“精准脱贫”，是指在精准扶贫政策中，通过“六个精准”“五个一批”等政策

---

① 王恬、谭远发、付晓珊：《我国居民获得感的测量及其影响因素》，《财经科学》2018年第9期，第120~131页。

② 李丹、张苗苗：《西南民族地区贫困人口获得感从何而来?》，《财经问题研究》2018年第11期，第137~143页。

举措，实现农村建档立卡贫困户“一达标、两不愁、三保障”（农民家庭年人均纯收入达到国家现行扶贫标准，不愁吃、不愁穿，教育有保障、医疗有保障、住房有保障）的过程。目前，精准脱贫人口在农村较为常见，且属于较为特殊的群体，其“获得感”状况则是检验扶贫政策成效的重要指标。基于此，本研究通过参考专家学者已有的研究成果，结合贫困户退出贫困系统的相关标准，尝试具体针对精准脱贫人口客观“获得感”进行操作化、可量化，建立一个“五位一体”的指标测量体系，即构建起以“5个一级指标，11个二级指标，23个三级指标”为度量工具，以问卷抽样调查数据为实证支撑的指标测量体系，通过数据测量来获取精准脱贫人口的客观“获得感”程度及真实状况。与此同时，为了更加科学、客观地把握精准脱贫人口“获得感”程度，避免出现较大的误差，笔者在进行客观性指标测量的同时，自觉将主观性指标纳入其中，实现“客观指标体系”和“主观指标体系”之间的有机结合，旨在对精准脱贫人口“获得感”进行更理性的测量。显然，这种精准脱贫人口“获得感”指标体系构建及应用测量的过程，无疑具有特定的理论意义及应用价值：一是有助于丰富国内“获得感”研究领域的内容；二是通过科学、系统、有效的测量工具刻画精准脱贫人口“获得感”的真实形态，有助于在发现问题、寻找差距的基础上提出可行的政策建议及发展思路。

（二）资料来源

在脱贫攻坚战略进入决战决胜的特定阶段，为深入了解和把握当前脱贫攻坚进程中精准脱贫人口的“获得感”情况，科学检视“获得感”面临的困难和问题，基于上述分析与缘由，2019年8～12月，笔者组织开展了有关“精准脱贫人口获得感状况”小型问卷抽样调查，获得了丰富的第一手资料和数据。在此次问卷调查中，其内容包括被调查者的基本情况、经济获得感状况、政治获得感状况、文化获得感状况、社会获得感状况、环境获得感状况、态度评价七大部分，共69道问题。在此次抽样调查中，笔者以贵州省L镇作为目标区域，其调查范围涉及该镇所辖的蒙村、滨村、路村、务村、洞村五个行政村落，运用随机入户的方式对精准脱贫户进行调查（入户后，如果一个家庭中有多位成员都符合调查对象的要求，那么就以出生日期更接近于7月1日的家庭成员作为此次问卷调查的样本）；调查样本涵盖不同性别、民族、年龄等方面的精准脱贫人口。在精心实施具体问卷调查的过程中，正式向百余户农村脱贫家庭发放调查问卷110份，高质量回收有效问卷107份，有效回收率97.2%，符合小型社会调查的基本要求与标准。在有效问卷中，从性别构成上看，男性占52.3%，女性占47.7%；从民族构成上看，汉族占17.8%，少数民族占82.2%；从年龄分布上来看，主要集中在20～30岁、40～50岁，分别占35.5%、24.3%；从文化程度上看，主要集中在初中及小学，分别占30.8%、32.7%；从贫困户类型来看，一般贫困户占57.0%，低保贫困户占34.6%，低保户占8.4%；致贫原因集中在因学、缺技术，分别占32.7%、29.0%；脱贫时间集中在2017年和2018年，分别占35.5%和29.9%；从婚姻状况上看，已婚占58.9%，未婚占31.8%；从工作或职业分布上来看，居前三位的分别是在家务农、临时工、外出务工，分别占24.3%、20.6%、17.8%；收入集中在400元以下、3000～4000元，分别占29.9%、18.7%，而在400元以下的人群中，主要包括学生、无收入的老人、家庭主妇及失业待业人员。若无特殊说明，本研究中所有数据来自此次"精准脱贫人口获得感状况"问卷抽样调查。

在本研究中，"精准脱贫人口"是指具有贵州省L镇农村户籍，年龄在18～70周岁，并在脱贫攻坚过程中实现了脱贫的农村精准贫困户成员，具体包括精准脱贫户中在家务农、在外务工、在外就读的家庭成员。我们所探讨的"获得感"，属于广义的视角，不仅有物质层面的，也有精神层面的，既有看得见的，也有看不见的；具体来看，所探讨的"获得感"的内容既包括经济、社会、环境领域，又包括政治、文化领域；而具体关注的精准脱贫人口的"获得感"，则主要包括经济获得感、政治获得感、文化获得感、社会获得感、环境获得感五大方面。需要说明的是，此次调查样本的覆盖面较小，因此，其分析与讨论主要反映和体现的是样本群体

“获得感”的基本状况，虽具有较好的样本代表性，但不具有整体推论的价值。

二　精准脱贫人口“获得感”程度的指标测量

在本次研究中，根据现实所需，笔者对“精准脱贫”及“获得感”所包含的内容进行操作化，并将其设计为环环相扣、由大到小的一级、二级、三级指标体系。其中，一级指标有5项，具体包括经济获得感、政治获得感、文化获得感、社会获得感、环境获得感；二级指标有11项，具体包括工作状况、收入状况、参与状况、公平感状况、教育状况、技能培训、教育保障、医疗保障、住房保障、生活状况、公共基础设施建设；三级指标有23项，具体包括家庭成员工作、个人工作、家庭收入、个人收入、参与村中事务，等等。

为了科学、准确地测量精准脱贫人口客观“获得感”程度，笔者通过对一级指标、二级指标、三级指标的逐级量化、权重运算，最终测算出综合性的客观“获得感”指数。其中，对三级指标的量化过程，是在问卷设计中，借助李克特量表的形式，对相关问题及变量，分别以定序变量为主、定类变量为辅，并最终进行单项指标、多项指标、综合指标操作化的度量。需要说明的是，在本次问卷调查设计中，精准脱贫人口客观“获得感”的评判，是通过被调查者对“客观事实的量化过程”得以实现的，因此这一过程虽是主体评判，但属于客观量化的范畴。具体而言，在改善程度上，分别按“有了很大改善”为100、“有了较大改善”为75、“没有变化”为50、“变差了一些”为25、“变差了很多”为0进行赋值；在满意程度上，分别按“很满意”为100、“比较满意”为75、“一般”为50、“不太满意”为25、“很不满意”为0进行赋值；在参与程度上，分别按“积极参与并主动发表意见”为100、“积极参与但不愿发表意见”为75、“一般性参与并保持沉默”为50、“被迫参与且无机会发言”为25、“被迫参与且不允许发言”为0进行赋值；在参与投票上，分别按“参与”为100、“没有参与”

为50、“不知道选举投票/不知情”为0进行赋值；在选举意愿上，分别按“完全根据自己的想法投票”为100、“参照其他人或上面的意见投票”为50、“被迫选举指定的人选”为0进行赋值；在公平感上，分别按“很公平”为100、“比较公平”为75、“一般”为50、“不太公平”为25、“很不公平”为0进行赋值；在享受好处上，分别按“绝大部分获得”为100、“一部分获得”为50、“没有获得”为0进行赋值；在知识技能培训上，分别按“经常参加”为100、“偶尔参加”为50、“从未参加”为0进行赋值，等等。

此外，本研究中五个一级指标的权重分配，是按照通行的方式进行处理的。在本次问卷调查中，笔者设计了“从总体上看，您认为最能影响人们‘获得感’的是下面哪一种因素？（单选）”问题，旨在让被调查者（精准脱贫人口）对影响人们“获得感”的因素进行重要性判断，并由此来初步分配各影响因素的权重系数。调查统计数据显示，根据重要程度，影响人们“获得感”的因素依次是经济获得31.8%、文化获得30.8%、环境获得16.8%、社会获得11.2%和政治获得8.4%。最后，采取四舍五入、十位数整取的方式，并具体赋予“经济获得”权重为30%，“政治获得”权重为10%，“文化获得”权重为30%，“社会获得”权重为10%，“环境获得”权重为20%。本研究中11个二级指标的权重分配，同样按照上述赋予方式进行处理而得。

本研究中，为了避免测量指标出现误差，提高精准脱贫人口“获得感”状况的效度和信度，我们进而建立了另一套主观“获得感”的指标测量体系，旨在直接展现精准脱贫人口对“获得感”程度的认知判断，即以“五大指标”为评价对象，以“近5年”为时间维度，以“非贫困户的获得感”作为参照标准，要求被调查者（精准脱贫人口）对经济获得感、政治获得感、文化获得感、社会获得感、环境获得感5项指标的“获得感”程度进行打分（0～100分），最后经过数据统计分析得出平均分值，并以此作为精准脱贫人口主观“获得感”指数的量分标准。

基于上述分析，结合以上“精准脱贫人口客观‘获得感’指标体系”

和“精准脱贫人口主观‘获得感’指标体系”的理论构建①与设计，本研究将着重利用2019年“精准脱贫人口获得感状况”问卷抽样调查数据，分别对贵州L镇贫困村精准脱贫人口的客观、主观“获得感”程度进行测量，并由此检视农村精准扶贫、精准脱贫工作成效。

（一）精准脱贫人口客观“获得感”程度的指标测量

在本研究中，按照经济、政治、文化、社会、环境五大领域，笔者对精准脱贫人口客观“获得感”程度进行指标测量，共包括一级指标5个，二级指标11个，三级指标23个。具体来看，被调查精准脱贫人口客观“获得感”程度的有效样本数107个，其计算方式、权重系数、三级指标均值详见表1。②

1. 总体“获得感”

通过对表1中数据的综合性测量，可以算出贵州L镇精准脱贫人口客观“获得感”程度的综合分值为70.46分（均值）。具体来看，在评价精准脱贫人口客观“获得感”程度的五大一级指标中，社会指标最高为81.97分，最低为经济指标56.63分，其余的如文化指标、环境指标、政治指标分值分别为75.78分、73.82分和68.91分（见表1）。由此表明，在五大指标体系中，社会指标这一领域与其他四大领域分值之间具有明显的差距，而经济指标相较于其他四大指标分值为最低，且有明显的脆弱性，这也在一定程度上表明了经济指标是制约精准脱贫人口获得感得分的重要因素之一；换句话说，经济指标已成为精准脱贫人口“获得感”中的最大短板。显然，这一调查结果，与贵州L镇乃至全省的发展状况有关，长期以来经济贫困曾是贵州发展的痛点与难点，尽管经过改革开放40余年的发展，贵州整体状况有了明显的改善，但相对于中东部地区来说，贵州省经济社会发展水平

① 在本研究中，由于受篇幅所限，有关“精准脱贫人口获得感指标体系的理论构建”的内容，笔者将作详细的阐述。

② 在这里，有关衡量精准脱贫人口客观“获得感”程度的指标权重、计算公式、“三级指标”的统计分值等方面的具体内容，因受篇幅所限，不做详细分析，而将另文刊出。

仍旧落后，给全省精准脱贫工作带来了不小挑战与困难。这一事实，值得在精准脱贫工作中予以重视，并有着极大的社会意义与政策导向。

表1　精准脱贫人口客观“获得感”程度的指标测量

单位：分、%

指标 \ “获得感”程度	均值	权重	公式
一、经济指标 A	56.63	0.3	A = 0.5Aa + 0.5Ab
1. 工作状况 Aa	55.24	0.5	Aa = (Aa1 + Aa2)/2
2. 收入状况 Ab	58.03	0.5	Ab = (Ab1 + Ab2)/2
二、政治指标 B	68.91	0.1	B = 0.5Ba + 0.5Bb
1. 参与状况 Ba	68.88	0.5	Ba = (Ba1 + Ba2)/2
2. 公平感状况 Bb	68.94	0.5	Bb = (Bb1 + Bb2)/2
三、文化指标 C	75.78	0.3	C = 0.6Ca + 0.4Cb
1. 教育状况 Ca	84.99	0.6	Ca = (Ca1 + Ca2)/2
2. 技能培训 Cb	61.97	0.4	Cb = (Cb1 + Cb2)/2
四、社会指标 D	81.97	0.1	D = 0.4Da + 0.3Db + 0.3Dc
1. 教育保障 Da	90.19	0.4	Da = (Da1 + Da2)/2
2. 医疗保障 Db	79.90	0.3	Db = (Db1 + Db2)/2
3. 住房保障 Dc	73.08	0.3	Dc = (Dc1 + Dc2)/2
五、环境指标 E	73.82	0.2	E = 0.5Ea + 0.5Eb
1. 生活环境状况 Ea	76.13	0.5	Ea = (Ea1 + Ea2)/2
2. 公共基础设施建设 Eb	71.50	0.5	Eb = (Eb1 + Eb2 + Eb3)/3
精准脱贫人口客观“获得感”程度 T	70.46		T = 0.3A + 0.1B + 0.3C + 0.1D + 0.2E

说明：在本表中，“经济指标 A”“政治指标 B”“文化指标 C”“社会指标 D”“环境指标 E”为一级指标，“工作状况 Aa”“收入状况 Ab”“参与状况 Ba”“公平感状况 Bb”“教育状况 Ca”“技能培训 Cb”“教育保障 Da”“医疗保障 Db”“住房保障 Dc”“生活环境状况 Ea”“公共基础建设 Eb”为二级指标；“精准脱贫人口客观‘获得感’程度 T”为综合指标；“权重”的赋值方式见前文文字说明。在表1中，各项指标的有效样本均为107人。

然而，值得指出的是，与国内已有专家学者开展的有关“获得感”专题研究的结果相比，贵州被调查精准脱贫人口客观“获得感”程度的指标测量结果从整体上看是较理想的，也是较符合贵州实际省情的。具体来看，近年来，有学者（王恬等）根据问卷调查数据对我国居民获得感进行了测量，并得出我国居民获得感总体平均值为61.84分，其中最高值为68.13分，最低值为55.12分，且发现其经济领域与居民获得感有着较强的相关关系。与之对比，不难发现，当前贵州被调查精准脱贫人口客观“获得感”的总体程度（70.46分）是相对较高的，后者比前者高出了8.62分。更值得一提的是，在现有的客观“获得感”程度的基础上，贵州精准脱贫人口客观“获得感”水平仍然有着不同程度的提升空间，尤其是体现在经济指标、政治指标和环境指标上。

2. 经济“获得感”

经济乃民生之根本，其在解决民生问题中占据着极其重要的地位。通常来说，经济“获得感”是总体获得感的基础。因此，改善贫困地区经济条件是当前提升精准脱贫人口“获得感”程度的重要路径之一。问卷统计显示，贵州L镇精准脱贫人口在经济指标上的客观“获得感”程度为56.63分（均值），其中工作状况为55.24分，收入状况为58.03分。同一调查还显示，与5年前相比，被调查者无论是“家庭工作状况”“个人工作状况”还是“家庭收入状况”“个人收入状况”，其改善程度都较为明显，但又是有限的。与此同时，数据还表明超过七成的调查对象（精准脱贫人口）收入水平保持在中等及以下。这表明，从整体上看，贵州精准脱贫人口在经济获得感指标上仍有着较大的提升空间。由上述可见，伴随着精准扶贫政策的实施，贵州农村贫困人口在经济领域均有了一定的改善，但从五个一级指标的比较上看，贵州精准脱贫人口在经济指标上的获得感是最弱的，与其他获得感之间的指标差距也是较大的，对此各级党政部门应当高度关注和重视。

3. 政治“获得感”

政治“获得感”是总体获得感的重要组成部分，因此，提高精准脱贫人口的政治“获得感”乃是当前改善农村地区社会治理的重要举措。长期以来，我国为解决贫困人口问题制定了一系列的政策措施，特别是近年来，大量的扶贫资源向贫困地区输入，为解决农村贫困问题发挥了重要作用，并让贫困群众真实地感受到参与其中的主体性地位。调查统计数据显示，当前被调查的精准脱贫人口在政治指标上的客观“获得感”程度为68.91分（均值），其中“参与状况”为68.88分，“公平感状况”为68.94分。由此可见，贵州农村地区精准脱贫人口“政治获得感”分值虽然比“经济获得感”分值高，但同样仍有较大的提升空间。此外，通过数据分析还发现，精准脱贫人口政治“获得感”呈现出社会治理总体获得感高、总体公平感程度高、政治参与性别差异化等特征。

4. 文化“获得感”

众所周知，贫困不仅指的是物质上的匮乏，还包含着精神层面的缺失，而精神层面则主要体现在文化获得上。因此，文化获得感对于改善或提高人们的获得感具有重要的积极作用和功能。从文化指标上来看，精准脱贫人口客观文化“获得感”为75.78分（均值），其中，教育状况为84.99分，技能培训状况为61.97分。数据分析显示，精准脱贫人口的教育状况较好，技能培训获得感欠佳。具体来看，个人教育“获得感”为93.70分（均值），家庭教育“获得感”为76.28分。进一步看，被调查精准脱贫人口人均受教育年限为8.04年，接近全省平均受教育年限8.58年①。同一调查数据还显示，在个人教育方面，绝大多数人学历集中在“小学及初中”，其中小学占总人数的30.8%，初中占32.7%。在家庭教育改善上，表示“有了较大改善”的占66.4%，“有了很大改善”的占15.0%。这表明，伴随着社会经济发展、政策下放，大量社会资源向农村倾斜，对改善农村原有落后的教育状况发挥了重要的积极作用。

5. 社会“获得感”

伴随着我国社会主义市场经济的发展，秉承着改革发展成果人人共享的时代理念，国家将社会资源向农村贫困地区倾斜，在一定程度上加快了农村贫困地区经济社会的发展。众所周知，民生乃立国之本，而社会获得感则主要凸显的是民生这一领域，与广大人民群众切身利益息息相关，是一种“实打实”的获得，精准脱贫人口能够直接通过相关的客观事实来进行整体的评价，从而得出社会获得感状况。为此，笔者在构建精准脱贫人口社会获得感这一指标时，具体涵盖医疗保障、住房保障、教育保障等三大民生内容。调查统计结果显示，被调查精准脱贫人口“社会获得感”程度的指标

① 贵州省统计局有关统计显示，2018年贵州省15岁及以上人口的平均受教育年限为8.58年。

值为81.97分，其中，医疗保障分值为79.90分，住房保障分值为73.08分，教育保障分值则为90.19分。总体而言，当前精准脱贫人口“社会获得感”程度较高，其在住房、医疗、教育上的分值也较为理想。事实上，伴随着精准扶贫政策的实施，精准脱贫户在住房、医疗、教育上得到保障，且有了较为显著的改善。综上所述，农村地区精准脱贫人口在“社会指标”上相较于“经济指标”“政治指标”“文化指标”来说是更好的，正如保障民之基础、民之所需、民心之所安是提高整体获得感之基础。

6. 环境“获得感”

“绿水青山才是金山银山”，良好的生态环境是最为惠及民生的福祉，解决好环境问题是民心之所向，整顿贫困地区环境污染问题才能从根本上解决农村生态环境问题，呈现给世人一幅环境优美整洁的画卷。众所周知，落后的交通会成为社会经济发展的瓶颈，故此，坚定“要想富，先修路”的思想理念，改善交通状况，将社会资源转化为经济优势是贫困地区社会经济发展的主要路径。人民生活环境得以改善，生活质量得以提高，人民获得感也就进一步提升了。“环境获得感”这个一级指标主要由生活环境状况、公共基础建设2项二级指标来体现精准脱贫人口获得感。调研表明，精准脱贫人口的环境指标值为73.82分（均值），且无论是生活环境状况，还是公共基础设施建设的分值均较高。具体来看，当前精准脱贫人口生活环境状况的获得感为76.13分，公共基础设施建设的获得感为71.50分，表明生活环境状况、公共基础建设等方面整体上趋于“较好”的状态。

（二）精准脱贫人口主观“获得感”程度的指标测量

为了更全面地把握和测量精准脱贫人口“获得感”程度，在构建精准脱贫人口客观“获得感”程度评价指标体系的同时，我们设计了精准脱贫人口主观“获得感”程度量表。在这一量表中，被调查者以“非贫困户”为参照对象，从经济、政治、文化、社会、环境五大指标中分别对自身的获得感进行打分。通过数据统计发现，在五项指标的测量值中，位居前三位的分别是环境指标、社会指标、政治指标，平均分值依次为81.51分、79.88

分和78.66分，其次分别是文化指标、经济指标，其平均分值依次为70.49分和64.59分（见图1）。

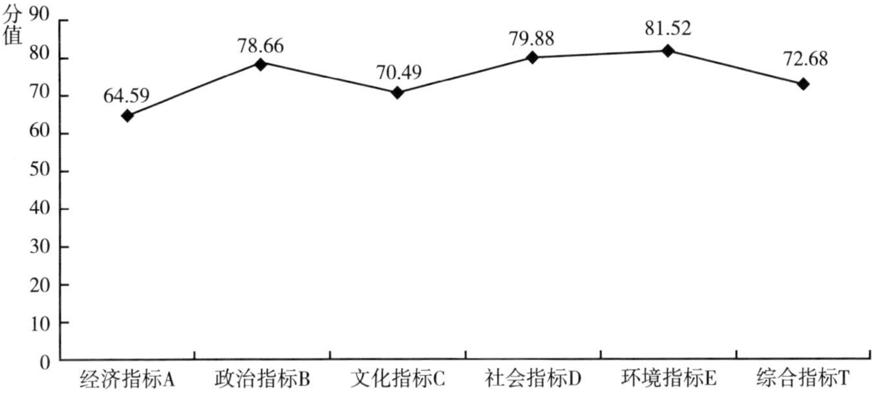

图1　精准脱贫人口主观“获得感”程度的指标测量

资料来源：2019年“贵州精准脱贫人口获得感状况”问卷抽样调查，有效样本均为105人。在这里，精准脱贫人口主观“获得感”程度的综合性测量值T，其计算公式为T=0.3A+0.1B+0.3C+0.1D+0.2E，其中A代表“经济获得感”、B代表“政治获得感”、C代表“文化获得感”、D代表“社会获得感”、E代表“环境获得感”。

进一步看，本研究中精准脱贫人口主观“获得感”程度的综合性测量值T，在这里我们同样参照前述客观“获得感”程度综合性测量值的计算方式进行测算：一是按照客观“获得感”程度的五个一级指标的权重系数予以赋值；二是结合五项主观“获得感”指标的均值，并按T=0.3A+0.1B+0.3C+0.1D+0.2E公式进行测算，其中A代表“经济获得感”、B代表“政治获得感”、C代表“文化获得感”、D代表“社会获得感”、E代表“环境获得感”。通过综合测量，当前被调查精准脱贫人口的主观“获得感”程度的综合性测量值为72.68分。

（三）精准脱贫人口客观、主观“获得感”程度比较

从综合程度看，在2019年被调查者中，精准脱贫人口在“经济获得感”“政治获得感”文化获得感”“社会获得感”“环境获得感”五项指标

上的客观“获得感”程度分别是56.63分、68.91分、75.78分、81.97分和73.82分；其客观“获得感”程度的综合值为70.46分。同一调查结果显示，在2019年调查中，精准脱贫人口在“经济获得感”“政治获得感”“文化获得感”“社会获得感”“环境获得感”指标上的主观“获得感”程度分别是64.59分、78.66分、70.49分、79.88分和81.52分；其主观“获得感”程度的综合值为72.68分（见表2）。通过客观“获得感”指标与主观“获得感”指标的测量值比较，不难发现，从综合程度上看，精准脱贫人口主观“获得感”的指标测量值略高于客观“获得感”的指标测量值，前者高出后者2.22分，表示两者之间差距不大，整体上呈现客观测量与主观评价之间的一致性与统一性特征。

表2 精准脱贫人口客观、主观“获得感”程度的比较

单位：分

主客观水平 / 指标	客观“获得感”程度（均值）	主观“获得感”程度（均值）	二者之间差值
经济获得感	56.63	64.59	-7.96
政治获得感	68.91	78.66	-9.75
文化获得感	75.78	70.49	5.29
社会获得感	81.97	79.88	2.09
环境获得感	73.82	81.52	-7.7
综合程度	70.46	72.68	-2.22

资料来源：2019年“贵州精准脱贫人口获得感状况”问卷抽样调查数据。其客观指标的有效样本均为107人；其主观指标的有效样本均为105人。

进一步看，通过表2中精准脱贫人口客观“获得感”程度与主观“获得感”程度之间的比较可看出，在五项指标中，客观“获得感”程度高于主观“获得感”程度的有“社会获得感”“文化获得感”两项指标，前者依次高于后者2.09分和5.29分；而客观“获得感”程度低于主观“获得感”程度的则有“经济获得感”“环境获得感”“政治获得感”三项指标，前者依次低于后者7.96分、7.7分和9.75分。

通过上述分析比较不难发现，尽管当前精准脱贫人口客观“获得感”

程度与主观“获得感”程度之间的综合性测量值差距不明显，但是在五项指标中的部分指标的差值却是较大的，其差值的最大值接近两位数，彼此之间相差9.75分。同时，值得指出的是，经济“获得感”无论从客观指标测量还是从主观指标测量上看，均是精准脱贫人口“获得感”中最弱的一项，这在今后的脱贫攻坚工作中仍值得各级地方政府的高度重视，并以此消除经济获得感上的短板。

三　结语与思考

综上所述，贵州脱贫攻坚战略不断推进的过程，从某种意义上讲也是贵州农村贫困人口尤其是精准脱贫人口不断提升“获得感”的过程，二者相互促进、共生共变。事实上，随着脱贫攻坚战略的加速推进、改革发展成果的不断惠民、精准扶贫政策措施的深入实施，广大贫困群众在经济社会发展过程中不同程度地实现了获得感的提升，并且各领域获得感呈现“齐头并进”的发展态势。从实证分析看，通过主、客观“获得感”指标体系的综合测量，不难发现当前贵州精准脱贫人口的客观“获得感”水平为70.46分、主观“获得感”水平为72.68分，表明两者均达到较高的程度，整体接近于“较好”级别（75分）。从现实情况看，贫困地区在提升精准脱贫人口“获得感”上仍面临着经济获得中的“短板效应”、政治获得中的“主体意识”、文化获得中的“代际差异”、社会获得中的“机制障碍”、环境获得中的“区域差距”等方面的挑战。

然而，值得指出的是，本研究有关精准脱贫人口“获得感”的指标构建及应用测量，虽是一个探索性的尝试，但还是取得了一些新进展、新发现。在本研究中，通过精准脱贫人口“获得感”的指标测量，一方面充分展示了理论探索与应用研究相结合的有益性试验；另一方面将精准扶贫工作中有关精准脱贫人口“获得感”的差异突显出来，并由此发现其结论背后的政策含义及实践价值：第一，“经济获得感”程度明显偏低，说明今后应优先重视贫困户就业问题、提升其就业收入，这仍是未来工作的重中之重，这也是从根本上消除经济获得“短板效应”的不二选择；第二，“政治获得感”程度相对偏低，则表明今后继续提升农民群众参与村务活动的积极性、增强村集体发展意识、提高基层组织化程度是关键所在；第三，“环境获得感”程度的主客观反向评判表明，与精准脱贫人口的主观强烈需求相比，其客观供给的现实差距仍较大。

参考文献

习近平：《让人民对改革有更多获得感》，新华网，http：//www.xinhuanet.com/politics/2015－02/27/c_ 1114458700.htm，2015年2月27日。

吕小康、黄妍：《如何测量“获得感”？——以中国社会状况综合调查（CSS）数据为例》，《西北师范大学学报》（社会科学版）2018年第5期。

王恬、谭远发、付晓珊：《我国居民获得感的测量及其影响因素》，《财经科学》2018年第9期。

李丹、张苗苗：《西南民族地区贫困人口获得感从何而来?》，《财经问题研究》2018年第11期。

B.6

贵州省农村最低生活保障兜底脱贫的社会工作介入研究*

王亚奇　程　华　董亭亭**

摘　要： 农村最低生活保障脱贫是中国特色的兜底脱贫保障制度，在脱贫攻坚末期，扶贫开发工作进入收尾、完善和维持阶段，政策兜底保障在发挥作用的同时也暴露了部分问题与不足。本文以脱贫攻坚主战场贵州省为例，结合贵州省最低生活保障兜底脱贫现状，从兜底保障主体、兜底保障资金、兜底保障方法、兜底保障对象识别及保障效果评估等方面探讨政策兜底在脱贫攻坚末期面临的困境，提出通过专业社会工作介入兜底保障工作，联合与助力责任主体、链接保障资金、创新帮扶方法和完善评估体系，促进与助力兜底保障政策扶贫开发工作的实施。

关键词： 最低生活保障制度　兜底脱贫　社会工作　贵州

习总书记在2015年减贫与发展高层论坛上发表主旨演讲“2020年全面脱贫”，即在2020年实现中国现有标准下贫困人口全部脱贫，逐步实现共同

* 基金项目：贵州省哲学社会科学规划青年项目“贵州大扶贫‘社会工作+’介入模式研究”（项目编号：16GZQN14）。

** 王亚奇，遵义师范学院讲师，贵州民族大学社会学2018级博士研究生，主要研究方向为民族地区社会工作；程华，贵州大学社会工作2019级研究生，主要研究方向为社会工作与社会政策；董亭亭，遵义师范学院管理学院2016级社会工作专业学生，主要研究方向为社会工作行政。

富裕，确保2020年实现全面小康。据《2019年国民经济和社会发展统计公报》[①]，截至2019年底，按每人每年可支配收入2300元的农村贫困标准计算，我国有农村贫困人口551万人，比上年末减少1109万人。为实现2020年全面脱贫的目标，确保在2020年以前实现现有551万贫困人口脱贫，近几年我国积极开展脱贫攻坚行动，实行“精准扶贫+社会政策兜底”，有效减少农村贫困人口及贫困发生率。社会救助制度是社会保障体系中的兜底性制度安排，社会救助不需要履行缴费或其他义务，但只面向贫困人口，具有兜底保障的地位和功能。[②] 农村最低生活保障制度（以下简称低保）是保障困难群众基本生活的一项基础性民生政策，是中国特色的兜底性社会保障制度，国务院在2015年发布《关于打赢脱贫攻坚战的决定》[③] 中，明确了农村最低生活保障在脱贫攻坚战中的兜底保障作用。现阶段我国关于低保兜底脱贫的研究主要集中于低保制度的执行与完善（关信平[④]、公衍勇[⑤]）和低保制度与扶贫开发制度的衔接（牟秋菊[⑥]、左停[⑦]、王尧[⑧]），关于社会工作介入低保制度兜底脱贫的研究，从社会工作介入的运作模式、SWOT分析、介入路径等方面进行探讨（董毅[⑨]、乔世东[⑩]、赖志杰[⑪]）。社会工作介入低

---

① 国家统计局发布《2019年国民经济和社会发展统计公报》，国家统计局门户网，http://www.stats.gov.cn/tjsj/zxfb/202002/t20200228_1728913.html，最后检索时间：2020年4月5日。

② 宫蒲光：《充分发挥农村低保的兜底作用》，《行政管理改革》2016年第4期。

③ 中共中央、国务院：《关于打赢脱贫攻坚战的决定》，新华社，http://www.xinhuanet.com/politics/2015-12/07/c_1117383987.htm，最后检索时间：2020年4月5日。

④ 关信平：《我国低保标准的意义及当前低保标准存在的问题分析》，《江苏社会科学》2016年第3期。

⑤ 公衍勇：《农村低保制度面临的问题与挑战——基于贵州省X县的调查分析》，《中共青岛市委党校青岛行政学院学报》2016年第4期。

⑥ 牟秋菊：《贵州农村扶贫开发与低保制度衔接现状调查研究》，《科技经济市场》2011年第8期。

⑦ 左停：《脱贫攻坚战略中低保兜底保障问题研究》，《南京农业大学学报》（社会科学版）2017年第4期。

⑧ 王尧：《做好扶贫与农村低保兜底的有效衔接》，《中国社会报》2018年9月3日，特别企刊。

⑨ 董毅：《社会工作人才介入农村低保工作的SWOT分析》，《农业科技管理》2010年第4期。

⑩ 乔世东：《革新城市低保运作模式的必要性及思路——专业社会工作的介入》，《山东大学学报》（哲学社会科学版）2009年第4期。

⑪ 赖志杰：《论社会工作介入社会救助目标定位——以农村低保为例》，《社会政策研究》2018年第2期。

保制度兜底脱贫的研究以西部贫困地区为主要研究对象的较少，且对政策层面研究较多，具体实施层面介入较少，尤其是2019年进入脱贫攻坚战的尾声，在扶贫工作各方面都有一定的调整和变化。贵州省是我国脱贫攻坚的主战场，与东部沿海地区相比，贵州社会经济发展相对滞后，农村贫困人口多、贫困程度深、贫困人口文化水平不高。截至2017年底，贵州省农村贫困人口为280.32万人，① 截至2019年12月，贵州省农村最低生活保障人数为207.49万人②。在脱贫攻坚的最后决胜期，脱贫时间紧、任务重，贵州省具有现实的研究价值和迫切的脱贫需求。因此，本文以贵州省为例，从扶贫主体、扶贫资金、扶贫方法、扶贫对象识别等方面进行探讨，对社会工作介入低保制度兜底脱贫体系进行分析，以期为完善低保兜底脱贫，提供一定的参考。

一 贵州省农村最低生活保障兜底脱贫现状

（一）兜底脱贫责任主体

贵州省明确了县级政府、乡级政府、民政部门在社会救助工作中分别承担主体责任、具体责任和业务主管责任。民政部门主要负责农村低保和特困人员救助，扶贫部门则要落实扶贫工作并履行将农村低保制度与扶贫开发政策有效衔接等职责。一般情况下，贵州省农村低保户与精准扶贫建档立卡户具有一定程度的重合，民政部门负责低保的审查、评估及保障金的发放，但不具体负责脱贫帮扶政策的实施。扶贫部门主要负责建档立卡贫困户的脱贫帮扶，同时对建档立卡贫困户中依靠扶贫开发依然暂时无法脱贫的家庭，符合相关条件的，联合民政部门分别将其纳入农村低保、特困人员社会救助等

① 贵州省政府新闻办：改革开放40周年系列新闻发布会，http：//www.cfgw.net.cn/2018－12/26/content_24742319.htm，最后检索时间：2020年4月5日。

② 贵州省统计局：《2019年12月统计月报》，http：//stjj.guizhou.gov.cn/tjsj_35719/sjcx_35720/tjyb_35721/202002/t20200226_51730425.html，最后检索时间：2020年4月5日。

范围，以确保其维持基本生活。可以看出，在农村低保兜底脱贫工作实际操作中，民政部门和扶贫部门是主要责任主体。除此之外，为了确保扶贫开发工作顺利开展，在2020年实现全部脱贫，贵州省大部分地区实行干部对口帮扶，对不同级别干部分配1~3名扶贫对象不等，帮扶干部需要配合扶贫部门、村居委员会等实施脱贫帮扶措施，帮助扶贫对象脱贫。

（二）兜底保障标准及资金投入

2015年起贵州省建立起了农村低保标准按区域划档次调整提高机制，根据各地经济发展水平和所处区位，将全省农村低保确定为三个档次（除贵阳市花溪区、乌当区、白云区、观山湖区和贵安新区从2018年起实行城乡低保标准一体化）。第一档，贵阳市开阳县、息烽县、修文县、清镇市；第二档，六盘水市各县（市、区、特区）、麻江县，其余各市（州）的县级市（区）、市（州）府所在地周边经济开发区；第三档，其余县。2015年以来，贵州省连续大幅度提高农村低保标准，于2016年实现全省平均标准超过扶贫标准，2017年实现最低一档标准超过扶贫标准。2020年贵州省城乡低保第一档保障标准为4380元/年；第二档4332元/年；第三档4308元/年。[①] 兜底脱贫保障资金主要来源于各级财政预算与中央财政补助，如2015~2017年贵州省共投入各项社会救助资金333.6亿元，其中中央财政补助255.3亿元，省级财政预算30.4亿元，市县两级财政安排47.9亿元。[②]

（三）兜底保障帮扶措施

《中国共产党贵州省第十二次代表大会报告》[③] 指出："全力解决贵州省

① 贵州省民政厅、扶贫办等：《贵州省2020年城乡低保提标方案》（黔民发〔2020〕3号），http：//mzj. zunyi. gov. cn/tzgg_ 1/202002/t20200227_ 51920316. html，最后检索时间：2020年4月5日。

② 冯仕文、王斌、尹秀钰、黄猛、龙云浩：《贵州省打赢脱贫攻坚战和全面建成小康社会背景下民政兜底保障作用研究》，《社会政策研究》2018年第4期。

③ 陈敏尔：《中国共产党贵州省第十二次代表大会上的报告》，人民网，http：//cpc. people. com. cn/n1/2017/0425/c64102 -29235636. html，最后检索时间：2020年4月5日。

乌蒙山片区、武陵山片区和滇桂黔石漠化片区整体贫困问题，确保到2020年全省农村贫困人口稳定实现‘一达标、两不愁、三保障’，确保现行标准下农村贫困人口全部脱贫，确保贫困县全部摘帽，决不让一个民族、一个地区掉队！”其中“一达标”是指农村建档立卡贫困户家庭年人均可支配收入稳定超过当年全国扶贫标准，即为达标，也就是该贫困户具备了脱贫的前提条件；“两不愁”是指吃、穿不愁，吃不愁又包括吃饭不愁和饮水不愁两个方面；“三保障”指住房、医疗、教育有保障。目前，低保政策兜底基本上能够实现“一达标”的标准，维持农村贫困人口的基本生活，实现家庭年人均可支配收入超过国家扶贫标准，除了通过低保兜底直接发放保障金，扶贫部门也采取了一系列的帮扶措施。一方面，通过疏通水电、修葺房屋与道路、提供医疗救助与教育救助等方式，保障饮水、住房、医疗及教育，针对小学、中学、高校专科和本科学生等不同层级的贫困学生提供了不同标准的补助与学费减免，如2018年贵州省高中以上贫困学生教育资助标准为普通高中（中职）1900元/（人·年），普通高校专科（高职）为4500元/（人·年），普通高校本科为4830元/（人·年）。另一方面，针对贫困家庭的具体情况提供不同的帮扶策略，包括引导外出务工、农作物种植、动物养殖、危房改造、易地扶贫搬迁、产业结构优化和集体产业分红等方式。

（四）兜底保障评估机制

贵州省低保对象识别机制主要程序为“三环节十步骤”，以开展低保审核审批工作，即申请核评环节、审核环节、审批环节，申请受理、调查核实、民主评困、一榜公示、乡镇低保工作经办机构审查、乡镇人民政府审核、二榜公示、县级民政部门审批、三榜公示、待遇批准。由乡镇（街道）干部牵头对低保申请人和保障对象家庭的收入进行核查、评议。在扶贫开发工作的验收和评估机制上，部分地区形成了较为科学有效的评估体系。一是严格遵守脱贫攻坚政策规定，贫困县退出条件中，综合贫困发生率在3%以下，错退率在2%以下，漏评率在2%以下，群众认可度达90%以上，脱贫户实现“一达标两不愁三保障”的条件；二是形成县级检查、市级检查、省级检查、国家检查等不同层级的检查，逐步改善，最终完成脱贫工作和脱贫任务；三是链接高校专业团队，通过与第三方合作的方式，以第三方为检查评估主体，进行评估工作。

二　贵州省农村最低生活保障兜底脱贫面临的困境

（一）兜底保障责任主体压力大

习近平总书记在党的十九大报告中指出："从现在到2020年，是全面建成小康社会决胜期。"所谓决胜，就是举全党全国之力，为实现第一个百年奋斗目标而奋斗，确保如期全面建成小康社会。在全面建成小康社会决胜期的最后阶段，兜底保障是脱贫工作的最后一道防线，这一阶段不仅要助力完成全部贫困人口脱贫的根本任务，还需要不断巩固完善现有兜底保障脱贫的工作成果。大部分兜底保障帮扶干部并不属于民政部门或扶贫部门，是从其他职能部门抽调协调参与兜底保障扶贫工作的，既要协调参与完成兜底保障工作，也要完成所在职能部门岗位的日常工作，工作任务十分艰巨且压力巨大。特别是部分县级工作单位人员所帮扶的对象在较为偏远的乡镇，往返于帮扶对象与工作所在地需要耗费许多时间，无形中加剧了帮扶干部的工作量和工作压力。比如贵州省S县采取从各行政单位抽取30%的人员常驻脱贫，原单位在骤减30%工作人员的情况下工作压力加重，调研过程中S县帮扶干部Y表示"现在的工作压力，一般人可受不了"。群众认可度要达90%以上，是贫困县退出的重要条件，兜底保障对象也具有判断的标准和依据，一定程度上很难顾及所有农村居民的利益，不同贫困人口的情况各异，也难以形成村民认可的绝对的"利益公平"，进一步加剧了兜底保障工作人员的精神压力。目前贵州省兜底保障责任主体主要集中在行政体系内，专业力量与社会力量介入不足，尚未完全形成"行政体系+专业力量+社会支持"的兜底保障责任体系，主体力量薄弱。

（二）兜底保障资金筹集渠道单一

低保资金是农村居民最低生活保障制度得以延续的生命线，农村低保工作的持续推行以及“应保尽保”目标的实现都依赖于低保资金的投入和筹集。[①] 贵州省低保制度兜底脱贫保障资金主要来源于各级财政预算和中央财政补贴，将全省划分为三个档次，部分县级政府财政存在困难，资金投入难以落实。而社会救助资金筹集渠道单一，社会力量参与不足，慈善基金会等资本介入少，扶贫保障资金对政府财政依赖性较大，难以通过其他渠道或途径获得资金保障，在资金的调度和管理上缺乏灵活性和及时性。尤其是贫困县的贫困人口较多，对于保障资金的需求更大，仅靠政府难以承受。随着低保标准的持续提高，低保资金需求量也将逐步增加，全省兜底保障资金需求量大，筹资渠道单一使社会政策兜底脱贫的资金压力指向政府。

（三）兜底保障帮扶方法具有依赖性

尽管目前而言贵州省兜底保障帮扶措施种类多、较有针对性。但这些帮扶措施主要集中于维持保障对象的物质生活，以“一达标、两不愁、三保障”的脱贫标准来看，兜底保障政策基本实现了“一达标”，通过经济、住房、交通、医疗及教育等方面的救助改善扶贫对象的生活环境和生活状况，对于完成“两不愁、三保障”的脱贫指标任务起到一定的助力作用，但与真正实现这一指标还有距离，对于扶贫对象精神文化层面的关注度较低。尤其是党的十九大以来，人民在精神文化方面的需求日益增加，兜底保障帮扶不仅是维持物质生活，还应包括改善扶贫对象的精神文化生活水平。值得关注的是，兜底保障帮扶使得扶贫对象对于政府及政策具有较强的依赖性，一是在评定扶贫对象家庭年人均可支配收入时包含了低保制度兜底的补助费用，目前贵州省大部分地区实行的是“脱贫不脱政策”，即兜底保障对象即使达到脱贫标

① 李志伟：《新扶贫标准下贵州农村低保制度的建设与完善》，《贵阳市委党校学报》2012 年第 4 期。

准已脱贫，也依然享受帮扶政策，政府依然为其提供援助，一旦帮扶政策停止，保障对象是否能够继续维持生活实现脱贫还是一个问题。二是存在一定比例的贫困人口因“脱贫不脱政策”产生依赖心理，不愿意通过自主能力改善生活，或是在享受政府提供的水电疏通、房屋修葺、路面硬化等福利时，对于帮扶力度、帮扶金额等提出不满或进一步的要求。三是部分不符合兜底保障政策帮扶条件的村民或是家中较为贫困但在“标准”边缘而未能享受兜底保障政策的贫困户，对此提出质疑，认为“福利不均等”，利益分配“不公平”等。贵州省Q县驻村干部T说：“有时会有少数的村民来办公室吵闹，或者质疑我们，凭什么两家情况都差不多，别人有（低保），但他们却没有。”如何从精神上、从思想上进行脱贫，使保障对象自身具有“脱贫”意识，增强兜底保障成果的长效性和延续性，减少保障对象对政府及政策的依赖性，解决“标准”边缘群体的贫困问题，是脱贫攻坚末期仍待解决的重要问题。

（四）兜底保障评估机制不够完善

一是从低保对象识别层面看，在农村低保申请审核审批以及扶贫开发过程中的低保制度兜底工作，对象识别主要由民政部门和扶贫部门进行，导致评估、复审、政策实施、保障金发放等都是同一个部门执行，没有将评估与实施分开，在评估过程中容易产生评估对象隐瞒真实情况、谎报收入等情况，这也是对象识别不精准的主要原因之一。二是家庭隐性收入、外出务工成员具体收入核查存在一定的困难，对具有赡养能力的子女推卸责任缺乏有效的约束机制，使低保对象识别较为困难。三是部分审批部门职员工作不到位，地方低保政策执行走样，存在违规保人、轮流坐庄、制造假资料通过审批、低保名额买卖等情况。从扶贫工作整体评估机制来看，目前贵州省扶贫开发工作评估主要集中于对扶贫对象经济收入及物质生活层面的评估，以“一达标两不愁三保障”为主要评定标准，缺乏对于扶贫对象精神及心理层面的评估。

三　贵州省最低生活保障兜底脱贫社会工作介入

完善兜底保障脱贫工作的实施，需要社会力量广泛参与，合力推进。社会工作专业人才是为贫困群众提供心理疏导、精神关爱、关系调适、能力提升、资源链接等社会服务的新兴力量，在帮助贫困群众转变思想观念、树立自我脱贫信心、拓宽致富路径、提升自我脱贫能力等方面可以发挥积极作用。① 从社会工作的萌芽和专业社会工作的起源来看，工业革命后市场变革和生产方式的转变导致贫穷、失业和阶级矛盾等问题，社会工作是当时解决各种社会问题的一种尝试，贫民是社会工作最传统的服务对象，社会工作介入扶贫开发工作具有深厚的专业优势。从政策兜底与社会工作的介入形式来看，政策兜底是一种自上而下进行的基本生活和经济援助，侧重于为救助对象提供物质帮助，而社会工作则偏向精神层面救助，侧重救助对象思想文化脱贫，提倡与救助对象建立平等信任的关系。② 社会工作与“一达标，两不愁，三保障”的内涵更为契合。贫困是一个多维的概念，“脱贫”并不单单只是物质层面的摆脱贫困，还包括精神层面的脱贫和维持生活的能力，需要链接多方资源，帮助贫困者进行能力建设，创新保障资金体系和扶贫工作方法，运用科学专业的方法制定兜底保障评估体系和对象识别机制。依靠行政力量难以真正解决“兜底脱贫”问题，需要更为多元化的主体力量和更多具有针对性的专业团队加以支持。

（一）联合与助力兜底保障责任主体

社会工作作为专业力量支持兜底保障脱贫工作，促进兜底保障责任主体多元化。帮助减轻现阶段民政部门和扶贫部门的工作压力，社会工作主要在

① 贵州省民政厅：《关于支持社会工作专业力量参与脱贫攻坚的实施意见》（黔民发〔2018〕25 号），http：//mzt. guizhou. gov. cn/xxgk/xxgkml/zcwj/fgwj/smzt _ 89728/201810/t20181010 _ 21755277. html，最后检索时间：2020 年 4 月 5 日。

② 辛田、王珂：《社会工作介入社会救助的路径优化研究》，《绥化学院学报》2018 年第 8 期。

人力、物力等方面缓解政府压力。一方面减缓政府行政体系扶贫工作人员不足和工作量激增的矛盾，另一方面为保障对象提供专业服务的同时也能够为工作人员提供专业服务，助其舒缓工作压力，提高工作激情。专业社会工作者可以为保障对象提供更为针对性、个性化的专业服务，弥补政策兜底的不足，专注于贫困者的能力建设和长效的脱贫机制的形成，能够在一定程度上避免贫困者对政府政策产生依赖感，使其真正摆脱贫困困境。我国近几年始终强调“造血式脱贫”而非“输血式脱贫”，更加强调贫困者自身在兜底保障中的主体作用，侧重于发挥贫困者的主观能动性，加强保障对象及其家庭的能力建设。社会工作介入需要相关责任部门的支持和帮助，为社会工作机构或社会工作者提供介入的资金、行政、岗位等各方面的支持，通过购买服务、项目合作或是在社区、街道办、民政、扶贫体系内为专业社会工作者设置专职岗位等形式，使社会工作能够被纳入兜底保障帮扶系统，专业社会工作者作为资源整合者和联络者，链接其他参与主体，减少中间环节优化程序，推动“专业力量+行政力量+社会力量”的多元兜底保障责任主体体系构建。

（二）链接兜底保障资金

低保标准的不断提高，特困人员需求的增加，兜底保障资金需求将不断加大，引入社会力量的支持，建立多元开放的筹资机制是保障兜底脱贫资金的重要途径，社会工作可通过链接政府帮扶资金和社会力量支持促进兜底保障资金筹集渠道多元化。一是政府通过向专业机构购买服务或是给予专项财政支持和财政补贴的资金支持，委托社会力量开展扶贫医疗、路面、教育等项目。政府购买服务在减少政府部分工作压力的同时，能够让更加专业的人员提供相关服务，由政府提供资金支持，社工机构提供专业服务，为低保兜底脱贫的贫困人口提供更为细致科学的服务，配合扶贫部门帮扶政策实现“两不愁三保障”。二是通过链接吸引基金会等慈善组织或是企业等非慈善性社会力量的资金注入，社工作为资源链接者，以志愿扶贫的方式链接基金会、企业单位等社会资金的支持，为低保兜底帮扶对象提供资金保障，尤其是为部分经济困难但不符合民政部门特困补助标准的家庭，即处于“标准”边缘的贫困人口或家庭提供保障。

（三）促进兜底保障脱贫方法创新

创新兜底保障脱贫工作方法，融合各专业学科，形成科学多元的工作方法。贫困问题与社会变迁和社会制度等因素息息相关，不但是微观层面的个体问题也是宏观层面的政策问题和社会问题，既需要针对性的个别化帮扶，也需要扶贫期间完备充分的调研以从整体层面动态把握兜底保障工作的开展。利用专业调查与研究方法，通过问卷调查、行动研究、实验研究等方法了解实际情况，结合社会工作者一线的实务经验与反馈，形成调查报告，为兜底政策实施和改进提供专业性建议，从制度建设的角度寻求兜底脱贫措施完善和问题解决的对策。在具体操作层面，社会工作可以通过开展个案工作、心理辅导或成长小组等形式，回应兜底保障对象精神及心理层面的需求，如针对部分保障对象因领取保障金补助而产生“羞耻感”，在提供保障的同时要维护贫困者尊严和平等；缓解保障对象家庭中的儿童群体在人际交往中因财富差距而产生的“自卑感”和“剥夺感”，消除其内心可能存在的潜在消极情绪；帮助保障对象树立积极向上的“脱贫意识”，避免其形成对政府及政策帮扶的依赖，运用优势视角看待每一个保障对象，鼓励其进行自我建设。

（四）完善兜底保障评估机制

建立科学有效的低保兜底脱贫评估机制，构建“社会工作评估 + 学科专业评估、贫困者自我评估、政府部门评估”的专业评估体系。引入第三方评估机构，将对象评估识别系统和政策保障提供系统区分开，使之成为两个相互独立又相互联系的合作系统。制定科学有效的评估方法，在脱贫评估标准中编制针对扶贫对象的心理及精神状况的评估内容。针对贫困识别制定物质需求与精神需求相结合的评估量表，运用社会工作的专业评估方法，如 SWOT 分析，对扶贫对象的优势、劣势、机会与风险进行分析；又如社会性别分析框架中的能力与脆弱性分析框架，设置如物质、技术、观念、制度等维度对扶贫对象现有的力量与脆弱性进行分析，形成专业评估结果，综合评估扶贫对象的真实需求和生活状况。联合银行、信访等各个系统，结合本地区经济发展形势形成贫困对象的经济评估结果。编制心理健康及精神状态的评估量表，结合社会工作专业评估方法，形成最终的评估结果，通过对扶贫对象物质及精神双方面的评估以判断扶贫对象是否脱贫，是否具有维持生活及面对风险的能力。政府部门在评估过程中提供行政层面的便利和支持，并对低保对象形成动态的网络化信息管理，将信息系统一体化，随时更新随时查看，综合扶贫对象过去和现在的经济、医疗、教育、生活等各方面状态与需求，严格精准地进行低保对象识别。

四　结语

目前我国脱贫攻坚进入决胜期的最后阶段，在完成“全面脱贫”的根本目标的同时，扶贫工作重心将逐步由“脱贫”转向脱贫成果的“维系”和“改善”，如何完善低保兜底脱贫的保障作用，增强兜底保障脱贫成果的延续性和长效性是一个复杂的命题。政府在兜底保障脱贫工作上难以长期投入大量的人力资源，社会工作作为专业力量介入不仅能够有效分担政府的工作压力，也能作为“黏合者”渗透低保兜底脱贫的各个环节，链接多方资源，形成多元主体参与、帮扶方法个性化、资金渠道多元、评估机制专业的兜底保障脱贫体系，促进低保兜底脱贫工作的实施，形成兜底保障措施的长效机制。

参考文献

董毅、刘同芗、郭健美：《社会工作人才介入农村低保工作的 SWOT 分析》，《农业科技管理》2010 年第 4 期。

公衍勇、荣莉：《农村低保制度面临的问题与挑战——基于贵州省 X 县的调查分析》，《中共青岛市委党校青岛行政学院学报》2016 年第 4 期。

关信平：《我国低保标准的意义及当前低保标准存在的问题分析》，《江苏社会科学》2016 年第 3 期。

赖志杰：《论社会工作介入社会救助目标定位——以农村低保为例》，《社会政策研究》2018 年第 2 期。

牟秋菊：《贵州农村扶贫开发与低保制度衔接现状调查研究》，《科技经济市场》2011 年第 8 期。

乔世东：《革新城市低保运作模式的必要性及思路——专业社会工作的介入》，《山东大学学报》（哲学社会科学版）2009 年第 4 期。

王尧：《做好扶贫与农村低保兜底的有效衔接》，《中国社会报》2018 年 9 月 3 日。

左停、贺莉、赵梦媛：《脱贫攻坚战略中低保兜底保障问题研究》，《南京农业大学学报》（社会科学版）2017 年第 4 期。

B.7

贵州省残障农户可持续脱贫问题研究*

高圆圆　刘志超　杨凯烯**

摘　要： 本研究通过拓展可持续生计框架，将影响残障农户可持续脱贫的因素分为政策制度、生态地理、金融资本、物质资本、人力资本和社会资本六个方面。分析发现，残障农户心理文化建设不足、生态地理环境差、金融资本和物质资本严重匮乏、劳动技能单一、社会关系网络缺失等问题影响其脱贫稳定性。下一步应发挥各资本要素对残障农户可持续脱贫的整合效用、完善残障农户可持续脱贫的评价机制和监督机制、投入内生能力提升专项资金、更新残障农户劳动脱贫观念等助其实现可持续脱贫。

关键词： 残障农户　可持续脱贫　贵州

习近平总书记强调，脱贫要更加注重提高脱贫效果的可持续性，这就意味着党和政府要将脱贫战略部署提到告别持久性贫穷的任务高度。截至2015年，我国仍有8500多万贫困人口，其中有1230万属于残障农户，占同期全国贫困人口的14.47%。残障农户长期面临着社会活动限制、资源缺

---

* 基金项目：国家社会科学基金青年项目“开发性福利对残疾人就业能力的作用机制研究”（项目编号：14CSH053）；贵州省教育厅人文社会科学研究项目“积极福利视角下残疾人居家就业的困境及对策研究”（项目编号：2017ssd05）；2019年贵州大学人文社会科学研究院青年项目“残障农户可持续脱贫的影响因素及路径研究”（项目编号：GDQN2019005）。

** 高圆圆，贵州大学公共管理学院副教授、硕士生导师，主要研究社会保障理论与政策；刘志超，贵州大学公共管理学院社会保障硕士研究生；杨凯烯，贵州大学公共管理学院社会工作硕士研究生。

乏的双重发展困境，是脱贫难度最大的群体，也是目前我国脱贫攻坚工作中的重点人群。残障农户因身体缺陷和自身环境劣势等多方面原因，收入水平一直在贫困线上下波动，难以稳定摆脱贫困。2020 年后，提高脱贫标准和缩小相对贫困并行，运动式反贫困工作转入常规式反贫困阶段。[①] 而残疾人可持续脱贫是我国全面建成小康社会必须解决的主要问题。

一　问题的提出

围绕残障农户可持续脱贫问题，以下详细介绍文献研究、内涵界定、研究设计。

（一）文献梳理

国内外学者关于可持续脱贫和反贫困的研究成果都较为丰富。国外研究方面，Daskon 等探讨了减贫政策在实现农村可持续生计中的作用[②]。Fauzan Ahmad 等提出价格控制、改善社会支出分配、调整低收入者工资等扶贫措施。[③] 国内研究方面，学者围绕可持续脱贫实现方式提出建议。贺雪峰提出精准扶贫政策和社会保障政策有效衔接[④]；王思斌提出发挥制度 - 能力的整合模式的效用[⑤]；李耘、王绪金提出加大扶贫教育[⑥]；王蒙提出借助增强社

① 何秀荣：《改革 40 年的农村反贫困认识与后脱贫战略前瞻》，《农村经济》2018 年第 11 期。

② Daskon C.，MCGregor A.，“Cultural Capital and Sustainable Livelihoods in Sri Lanka's Rural Villages：Towards Culturally Aware Development，” *Journal of Development Studies* 48 （2012）：pp. 549 – 563.

③ Fauzan Ahmad，Iwan Kustiwan. “Understanding Poverty in the Development Context and Poverty Reduction Policy Using System Dynamics Approach，” *Advances in Social Science*，*Education and Humanities Research* 216 （2018）：pp. 59 – 77.

④ 贺雪峰：《中国农村反贫困战略中的扶贫政策与社会保障政策》，《武汉大学学报》（哲学社会科学版）2018 年第 3 期。

⑤ 王思斌：《农村反贫困的制度 - 能力整合模式刍议——兼论社会工作的参与作用》，《江苏社会科学》2016 年第 3 期。

⑥ 李耘、王绪金：《残疾人教育扶贫的机制与对策研究》，《北京联合大学学报》2019 年第 2 期。

区发展能力来实现长效减贫[①]；梁伟军提出能力贫困视角[②]。精神文化方面。余德华、黄镇根（2003）指出要加大教育文化扶贫政策的实施力度[③]。王勇提出界定区域、家户和个人精神贫困的实际水平以便精准施策[④]。金融扶贫方面。陈龙、王楠等发现金融规模的扩大为产业结构优化提供充足资金支持。[⑤] 王琳、李珂珂提出通过完善金融体系、加大产品供给以增强金融扶贫的有效性[⑥]。社会资本方面，刘红、Clement Tisdell 等提出集体公共活动付酬增加转移支付收入[⑦]；叶初升、罗连发认为社会资本对减轻贫困、改善家庭福利具有显著作用[⑧]。

综上所述，目前可持续脱贫研究包括产业扶贫、金融扶贫、易地扶贫搬迁、精神脱贫等方面。多以一般贫困群体作为研究对象，较少从残障农户可持续性脱贫的角度进行研究。众所周知，残障农户的身心缺陷致其生产劳作相对不便、收入水平相对较低，关注残障农户脱贫将起到重点攻坚作用。本报告将阐述残障农户可持续脱贫现状、问题并提出可参考的对策。

（二）可持续脱贫内涵及评价指标

本文的可持续脱贫是指贫困人口借助外部或内部因素而实现其经济收入、生活质量等指标达到脱贫标准，由贫困水平转变为非贫困水平，其指标

---

① 王蒙：《后搬迁时代易地扶贫搬迁如何实现长效减贫？——基于社区营造视角》，《西北农林科技大学学报》（社会科学版）2019 年第 6 期。

② 梁伟军：《能力贫困视阈下的扶贫移民可持续脱贫能力建设研究》，《华中农业大学学报》（社会科学版）2019 年第 4 期。

③ 余德华、黄镇根：《欠发达地区全面建设小康社会过程中的精神脱贫问题》，《甘肃社会科学》2003 年第 6 期。

④ 王勇：《精神贫困：多维视野研究综述》，《温州大学学报》（社会科学版）2019 年第 1 期。

⑤ 陈龙、王楠、冯丽丽：《金融发展、产业结构优化与农村经济增长关联性研究——基于面板 VAR 模型的实证分析》，《当代经济管理》2020 年第 3 期。

⑥ 王琳、李珂珂：《我国金融扶贫的长效机制构建研究》，《学习与探索》2020 年第 2 期。

⑦ 刘红、Clement Tisdell、李文静：《边疆深度贫困地区社会资本、生计策略与精准扶贫》，《商业研究》2019 年第 5 期。

⑧ 叶初升、罗连发：《社会资本、扶贫政策与贫困家庭福利——基于贵州贫困地区农村家户调查的分层线性回归分析》，《财经科学》2011 年第 7 期。

趋于稳定或呈持续上升的状态，并且这种状态将在一个相当长的时期内延续下去。可持续脱贫包括以下三个条件。一是要达到这种可持续脱贫状态不仅需要贫困农户、政府、社会等主体通力合作，还需要借助各种外部或内部因素来实现；二是可持续脱贫是否实现必须有科学合理的评价体系，如采用本文所建立的经济收入、生活质量等指标来进行衡量；三是生活质量具有稳定性或持续发展呈上升趋势。借鉴可持续生计理论，本文对残障农户可持续脱贫的评价体系设置了生态地理、金融资本、物质资本、人力资本和社会资本等一级指标。此外，考虑到残障农户作为残疾人这一类弱势群体的特殊性，本研究将政策因素纳入评价体系中，分析有关残疾人的各种优惠政策对残障农户实现可持续脱贫的作用。

（三）研究方法

本研究采用问卷调查与实地访谈的方法，调查样本 260 个，有效样本 256 个。访谈对象包括残障农户、村委会主任或驻村干部、残疾人专职干部、民政干部、扶贫办主任、企业或合作社人员，其中残障农户访谈 30 人，村委会主任或驻村干部访谈 18 人，共整理访谈资料 48 份。访谈的地点包括遵义市汇川区 T 镇的 5 个村，安顺市西秀区 Q 镇的 9 个村，黔南布依族苗族自治州平塘县 D 镇的 2 个村。问卷涉及残障农户基本情况、生态地理情况、政策因素、人力资本因素、物质资本因素、社会资本因素等 8 个方面；问卷的问题设计方面，采用开放式问题与封闭式问题相结合的方式，开放式问题的设置旨在让残障农户自由地发表自己的意见，能够收集到丰富生动的资料；封闭式问题的设置便于残障农户填答和研究人员数据分析。

二　残障农户可持续脱贫状况

调研发现，部分残障农户通过政府政策扶持已经实现脱贫，但是大部分残障农户还存在贫困程度深、贫困原因复杂、返贫程度高、老年残疾贫困人数占比大等可持续脱贫困境。

（一）样本特征

被调查残障农户的人口学特征。被调查农户人口特征主要从性别、年龄、残疾原因来阐述。被调查残障农户中，残障男性者占多数。通过性别统计，残障男性有162人，占比63.3%；残障女性有94人，占比36.7%。从年龄分布来看，残障农户中青壮年残疾人比重较大，其中0～18岁有16人，占比6.3%；19～40岁有36人，占比14.1%；41～60岁有117人，占比45.7%；61岁及以上有87人，占比34.0%。从残疾原因来看，残障农户中青壮年男性残疾相对较多，主要是因为男性在务工过程中发生跌倒等非主动伤害、因工致残等；而女性中，老年残疾占多数，多是由于女性寿命比男性长，而随着年龄增长，残疾风险也上升。被调查残障农户中，未婚62人，占比24.2%；已婚164人，占比64.1%；离婚7人，占比2.7%；丧偶23人，占比9.0%。残障农户的残疾类型与级别特征方面。被调查的残障农户中残疾人多属于单一类型的残疾，多重残疾仅有18人，占比7.0%。从残疾类型来看，视力残疾有36人，占比14.1%；听力残疾13人，占比5.1%；言语残疾8人，占比3.1%；肢体残疾150人，占比58.6%；智力残疾21人，占比8.2%；精神残疾10人，占比3.9%。从残疾等级来看，除了一级重度残疾外，二、三、四级残疾人数分布较均匀。

（二）残障农户可持续脱贫的现状

总体来讲，一半以上的残障农户无法实现可持续脱贫，只能依靠政府低保“兜底”实现脱贫。有效调查对象中，已脱贫残障农户有95户，占比37.1%；未脱贫的残障农户有161户，占比62.9%。总体来看，残障农户未脱贫的占绝大多数。

1. 残疾程度与脱贫状况

肢体残疾占比最大，一般是非传染性疾病、意外跌倒或交通事故导致的残疾，这部分残疾人具有劳动潜力，比如，三四级肢体残疾可以通过创业或者种植养殖获得部分收入。而有精神残疾和智力残疾的残障农户一般是围产期或妊娠期伤害导致，这部分农户脱贫比例较小，多由政府供养和家庭成员照护。除此之外，听力和视力残疾一般是老人居多，他们已经丧失劳动能力，脱贫比例较小。

2. 婚姻状况与经济赡养

残障农户中已婚的占比最大，多数已婚的残疾人都需要养育子女、赡养父母。一些未婚的有精神或智力残疾的残障农户的家人表示："他们连自己都养活不了，都是跟着我们吃住，衣服都是我们来洗，谁愿意来跟着他们。"未婚残障农户未脱贫者占大多数，除此之外，一些丧偶残疾人多数是老年残疾人，他们一般是跟着子女同吃住，由子女赡养。

3. 政策脱贫状况

较多残障农户因享受兜底保障而脱贫，如低保制度脱贫（50.4%）。还有一部分残障农户通过救助性政策脱贫，如危房改造（39.8%）、教育扶贫（26.6%）、困难残疾人生活补贴（23%）和重度残疾人护理补贴政策（17.6%）。而与就业、康复、无障碍改造有关的政策覆盖率较低，如康复训练补贴（0.8%）、康复扶贫贷款（3.5%）、无障碍改造（3.5%）、公益性就业岗位（7.0%）和扶贫搬迁政策（8.2%）的受益面较窄，享受的残障农户人数不多。

表1　政策享受情况（N=256人）

单位：%

政策内容	已享受政策	未享受政策
农村低保	50.4	49.6
困难残疾人生活补贴	23.0	77.0
重度残疾人护理补贴	17.6	82.4
教育扶贫	26.6	73.4
扶贫搬迁	8.2	91.8
危房改造	39.8	60.2
产业扶贫	58.6	41.4
公益就业岗位	7.0	93
无障碍改造	3.5	96.5
康复训练补贴	0.8	99.2
康复扶贫贷款	3.5	96.5

资料来源：2019年《残障农户可持续脱贫的影响因素及路径研究》问卷抽样调查数据。

三 残障农户可持续脱贫的影响因素分析

本研究借鉴可持续生计框架理论，将影响残障农户可持续脱贫的因素归纳为心理文化、生态地理环境、政策制度、人力资本、物质资本、金融资本、社会资本这七个方面，并利用 SPSS 21.0 软件对调查得到的 256 份有效问卷进行分析，进而得出不同因素对残障农户可持续脱贫的影响。

（一）残障农户心理文化状况的影响分析

心理文化作为精神力量在实践过程中可转化为物质力量以指导人们正向行为。残障农户因身体特殊性可能存在独有的心理文化特征，进而影响其脱贫，具体表现在以下三方面。

一是部分残障农户对政府福利具有依赖心理。调研发现，部分轻度残障农户具备劳动能力但不参加劳动，而是等待政府救助。针对问卷中的一些问题，如“请问您如何看待残疾人自主创业”“请问您如何看待残疾人自信自强”，部分残障贫困户回答，他们不能靠自己自立自强来脱贫，要脱贫必须靠政府、企业等外力的帮助。此种福利依赖对于残障农户可持续脱贫来说非常不利。依靠外界而非内在能力，残障农户容易陷入“贫困－暂时脱贫－返贫”的循环中，形成“等靠要”的依赖思想。调研发现，自立自强的残障农户倾向于实现可持续脱贫，同时残疾人自我能力提升对可持续脱贫有重要作用。

部分残障农户对自我能力认识有偏差。调研发现，一些残障农户因生理缺陷存在自卑、失落等消极心理，比如部分残障农户除了日常劳作之外都不愿意出门，并认为自己身体不便，外出走访会给亲戚朋友带来很多麻烦；还有些残障农户抱怨找工作非常困难。残障农户对自我能力的认识存在很大偏差，有两类表现：一类是对自我劳动能力的怀疑，这部分残障农户认为自己身有残疾，不具备劳动能力；另一类残障农户对自己寻找就业岗位的能力保持怀疑，这部分残障农户认为自己外出会找不到工作，没有企业或雇主雇用他们，只能依靠家人供养或者政府救助。

部分残障农户具有脆弱的心理性格特征。调研发现，大多数残障农户内心孤独，特别是视力、听力和言语残疾人，比正常人更脆弱。残障农户在不同年龄阶段所表现出来的脆弱心理特征有所不同。第一，偏年轻的残障农户会因为生理缺陷而产生自卑、失落心理，并与同龄人保持距离，当他人提及残疾时心理也会很敏感，这就致其社会关系较弱。第二，具备一定劳动能力的中年残疾人，大多属于后天致残，在遭遇残疾后心理有消极、等待和接受期，此时他们可能对外出务工、家庭劳作不感兴趣，而是在等待康复的过程中慢慢接受，在这一过程中其内心也非常脆弱。第三，年龄较大、50 岁以上、自身残疾程度较严重的残障农户，通常只与家庭成员保持联系。他们很少外出与人交往和沟通，甚至认为外出交往会给他人造成麻烦，尤其是肢体行动不便的女性残疾者，其内心更脆弱敏感，也更在意自己外表的缺陷。

（二）残障农户所处生态地理环境的影响分析

生态地理环境是衡量一个地区自然生产条件及产出能力的重要指标。在自然条件恶劣、生态环境差和地理位置偏远的地区，贫困程度往往较高。贵州省山区多为喀斯特地貌，土壤普遍贫瘠，耕地质量不高。因此，残障农户可持续脱贫受到不利影响。

贵州省属于中国西部高原山地，岩溶地貌发育非常典型，导致耕地的土壤层稀薄、贫瘠。此次选取的三个调研地区——遵义市汇川区 T 镇、黔南州平塘县 D 镇和安顺市西秀区 Q 镇，同样也面临着耕地质量不高的问题。通过整理调研资料，可知遵义市 T 镇的耕地质量相对优质，安顺市 Q 镇次之，黔南州 D 镇耕地质量最为贫瘠，三地区的残障农户大多对本地的耕地质量表示不太满意，这也使得残障农户仅依靠农产品的经济收入很难摆脱贫困现状。

自然灾害多发。受地形地势、气候复杂多变的影响，贵州是自然灾害多发且较严重的省份。调研发现，部分残障农户曾经遭受过泥石流、滑坡等自然灾害，且自然灾害在一定程度上制约了他们的生产生活。这是由于残障农户存在行动不便、反应较慢等问题，其抵抗突发自然灾害能力较弱，易成为自然灾害中的受害者。

生态环境质量好，可一定程度上补偿土地劣势造成的损失。生态环境质量客观上反映了生态环境对人类生存及社会经济持续发展的适应程度。随着我国美丽乡村建设进程的不断推进，我国大部分农村地区的生态环境不断改善。根据调研，残障农户对于周边的生态环境都比较满意，林地覆盖面积不断扩大，空气清新、水质清洁。同时，卫生条件不断改善，村里雇用清洁工定时清理垃圾。良好的生态环境质量是最普遍的民生福祉，可以给残障农户的生产生活提供舒适的环境，使其保持愉悦的心情从事劳动，也有助于残障农户的身体健康，为其人力资源的发挥积累资本。

（三）残障农户享受政策的影响分析

以下从残障农户享受的农村低保制度、困难残疾人获得的生活补贴等11种政策入手，分析残障农户政策享受情况及政策对可持续脱贫的影响。

82.9%的残疾农户认为低保对其可持续脱贫有积极影响。对于残疾等级为一、二级的残障农户来说，劳动能力的缺失致其无法实现自我脱贫，低保金对他们可持续性脱贫的影响非常大。对于残疾等级为三、四级的残疾人而言，仍有一半的残障农户认为低保对于其可持续脱贫的影响“比较大”甚至“非常大”。

关于困难残疾人生活补贴对其可持续脱贫的影响，33.9%的人认为没有太大影响，64.4%受访者认为有影响，其中，8.5%的人认为影响“非常大”、25.4%的人认为影响“比较大”、30.5%的人认为影响“一般”。故多数残疾人认为困难残疾人生活补贴对于可持续性脱贫有影响，但作用一般大甚至不太大。在产业扶贫政策中，54.7%的残障农户认为产业扶贫项目对自身可持续脱贫有影响。其中，28%的被访者认为影响“一般”、20%的认为影响“比较大”、6.7%的人认为影响“非常大”；45.3%的残障农户认为产业扶贫对其可持续脱贫影响“不太大”甚至“完全没有”。

就危房改造而言，84.3%的残障农户认为危房改造对他们可持续脱贫有影响。其中，24.5%的人认为影响“非常大”，37.3%的人认为影响“比较大”，影响程度为“一般”的占22.5%。故大多数残障农户认可危房改造对于其可持续脱贫的作用，其既保障生命安全，又减轻残障农户的经济负担。

就教育扶贫而言，仅有28.8%的残障农户认为教育扶贫对可持续脱贫有影响，其中1.7%的残障农户认为影响“非常大”，10.2%的人认为影响“比较大”，16.9%的人认为影响“一般”。由此可见，大多数残障农户尚未意识到教育对于可持续性脱贫的作用，其教育需求也不强烈。

表2　政策对可持续脱贫的影响程度（N=256人）

单位：人，%

政策内容	非常大	比较大	一般	不太大	完全没有	说不清
农村低保	27(20.9)	37(28.7)	43(33.3)	19(14.7)	2(1.6)	1(0.8)
困难残疾人生活补贴	5(8.5)	15(25.4)	18(30.5)	13(22)	7(11.9)	1(1.7)
重度残疾人护理补贴	2(3.4)	4(6.8)	10(16.9)	10(16.9)	33(55.9)	0
教育扶贫	1(1.7)	6(10.2)	10(16.9)	5(8.5)	37(62.7)	0
扶贫搬迁	2(9.5)	4(19.0)	8(38.1)	4(19)	3(14.3)	0
危房改造	25(24.5)	38(37.3)	23(22.5)	10(9.8)	6(5.9)	0
产业扶贫	10(6.7)	30(20)	42(28)	50(33.3)	18(12)	0
公益就业岗位	5(27.8)	2(11.1)	4(22.2)	1(5.6)	6(33.3)	0
无障碍改造	1(11.1)	3(33.3)	3(33.3)	2(22.2)	0	0
康复训练补贴	1(50)	0	0	1(50)	0	0
康复扶贫贷款	0	3(33.3)	4(44.4)	0	2(22.2)	0

说明：括号中的数据为占比。

资料来源：2019年《残障农户可持续脱贫的影响因素及路径研究》问卷抽样调查。

（四）残障农户的人力资本影响分析

人力资本包括个人具备的才干、知识、技能和资历，也包括教育、思想观念、精神状态和卫生健康等①。近60%残障农户的身体健康状况处于一般

① 朱伟珏：《文化资本与人力资本——布迪厄文化资本理论的经济学意义》，《天津社会科学》2007年第3期。

及以上水平，大多数能从事强度较轻的劳动。有40%的残障农户表示身体健康状况不好，根本无法正常劳动。绝大多数残障农户没有接受过康复训练；残障农户受教育程度总体较低，没上过学有98人，占比38.3%。绝大多数残障农户没有接受过职业技能培训、农业技术指导和创业指导，残障农户在养殖、种植、驾驶、维修、粉刷、竹制手艺、制茶等方面的技能十分缺乏，可见，残障农户的人力资本情况较差，对残障农户脱贫较为不利。

（五）残障农户的物质资本影响分析

政府大力加强农村危房改造力度，贵州残障农户在住房安全保障中受益。90.6%的残障农户居住的是砖混房，极少数住老式的瓦房和木板房。78.9%的残障农户家庭的人均住房面积达19平方米以上。少数残障农户家庭有空调、麻将机和太阳能热水器。随着农具生产成本的下降，残障农户拥有的生产农具也日趋多样化和便捷化。残障农户家庭基本有打米机和镰刀，大多数残障农户家庭有电锯、抽水泵和打谷机，少部分残障农户家庭有猪草粉碎机。可见，残障农户的物质资本方面基本满足了居住和农业生产的需要。

（六）残障农户的金融资本影响分析

残障农户的收入方面，75%的残障农户家庭中人均年收入在1500元及以上，仅有25%的残障农户家庭中人均年收入低于1500元。其中，残障农户养殖业和种植业年人均收入绝大多数在1500元及以下。在贷款方面，31.6%的残障农户有银行贷款，多数残障农户寻求银行贷款的意识不强；87.89%的残障农户没有家庭备用资金，拥有备用资金的残障农户均是年轻群体，其备用资金用途是教育支出和医疗费用。残障农户家庭的种植养殖方面支出占家庭总支出的比例在20%及以下。残障农户生活必需品开支占比最大，在41%～50%。可见，种植养殖方面的开支只占到总支出的1/5。原因在于，一方面农业生产工具可用的年限较长，另一方面当地政府对贫困户免费发放农药和化肥。总之，残障农户的金融资本并不充足。

（七）残障农户的社会资本影响分析

良好的社会资本有助于个人控制经济资源，拥有更多的发展机会。调研发现，残障农户的人际关系网并不像多数人那样密切和广泛。选取问卷中与残障农户关系最近的社会支持的有关问题进行分析，比如“您与亲戚朋友的来往怎么样”“您与包括邻居在内的其他农户之间的联系很密切吗”。结果显示，经常与亲戚朋友联系的残障农户占比仅为39.9%，经常与邻居联系的残障农户占比仅为44.1%，尚不到一半。可见，残障农户与亲戚朋友及邻居的往来并不密切。

四　贵州省残障农户可持续脱贫困境的成因分析

通过对残障农户可持续脱贫的影响因素进行分析发现，较多的残障农户得到政策优惠，但是仍然存在政策覆盖不足的问题；残障农户的物质资本能够满足残障农户的基本需要，但是他们所拥有的人力资本、金融资本、社会资本较为不足。下文深入分析残障农户可持续脱贫困境的成因。

（一）残障农户的心理文化建设不足

残障农户心理文化建设不足，表现为其受当地落后文化影响较大，残障农户对自身印象刻板。第一，有些残障农户的思想观念跟不上，不愿意积极参加扶贫项目。比如农户的不信任和不作为成为目前产业扶贫的一大阻力。第二，残障农户对自身印象刻板。美国心理学家埃里奥特·阿伦森说道：“如果我们因为受刻板印象的蒙蔽而无视一群人的个体差异，那么这样的刻板印象就具有潜在的危害。”残障农户对自己的刻板印象已经在他们心里形成一种暗示，他们自认为残障没有独立生活能力。三是依赖思想重。部分残障农户实现“不愁吃、不愁穿”之后却终日打麻将、打牌、喝酒。那些具备一定劳动能力的三四级残疾人多存在依赖思想，坐等家人帮扶、政府救助。

（二）生态地理环境差

生态地理环境差体现在地理位置、土地质量和生态环境三个方面。地理位置方面。贵州省有92.5%的面积为山地，不利于推广农业机械化，难以形成种植业规模效应。喀斯特岩溶地貌分布范围广泛，造成地表崎岖、耕地面积小，土层较薄且土壤肥力较低，此外喀斯特地貌伴随着地表多裂缝，当地表水转化为地下水后，农业灌溉将面临地表水欠缺，进而影响农业生产效率。土地质量方面。贵州土壤贫瘠的现象较普遍，耕地面积不大、肥力差，不如东北农村黑土有机质含量高，更无东南沿海入海口冲积形成的高肥力土壤。残障农户仅依靠贫瘠的耕地种植农作物显然难以可持续脱贫。生态环境方面。近年来贵州省响应党中央“守住发展和生态两条底线”号召，坚持以环境质量改善为核心，全面推动生态环境保护上新台阶。但生态环境脆弱性仍然表现在储蓄水的难度大，旱涝灾害、水土流失和土地石漠化时有发生等方面。①

（三）政策制度不完善

当前扶贫政策是针对贫困户提出的相对普惠性政策，而非对残障农户提出特惠政策，很难帮助残障农户达到长期脱贫目的。而专门针对残疾人的政策设计仍不完善。一是残疾证办理制度不完善导致残障农户无残疾人证，从而无法享受相关待遇。原因包括办证程序复杂、农户不清楚具体流程甚至未听说过、身体不便外出办理、残疾证丢失未及时补办。二是农村康复训练少、康复设施不齐全、医护人员数量少。三是政府部门预留公益性岗位数量远远少于残疾人数量。大多数残疾人无事可做。调查发现，残障农户对公益性岗位需求强烈；残障农户表示本村没有什么企业，难以为残疾人提供适合的工作岗位。

（四）残障农户人力资本缺乏

残障农户的人力资本缺乏体现在对自我认识偏差、教育水平低、劳动技

① 万国江、甘露、陈刚才：《贵州喀斯特山区农业生态环境的脆弱性及可持续发展对策》，《山地学报》2001年第2期。

能缺乏。一是残障农户自我标签负面强化。标签理论认为个人自我认识与周围环境中他人的定义过程或标定过程密切相关。由于社会偏见和融入失败，残障农户逐渐失去参与社会的信心，甚至产生自暴自弃的不良心理。这严重影响残障农户改变生活贫困状态的决心和信心，使其陷入持续性贫困。二是受教育水平不高。70%以上残障农户受教育水平是小学及以下，低于全国平均受教育水平。较低的受教育水平不利于他们学习新技能，这将降低残障农户获得新工作的可能性，也会拉低其从事就业岗位级别以及工资薪酬水平，对其可持续脱贫造成阻碍。三是自身能力资源缺乏是残障农户陷入发展困境的重要原因。阿马蒂亚·森突破传统物质财富贫困概念，认为贫困的实质，不是物质财富匮乏，而是可行能力贫困。大多数残障农户的劳动技能单一甚至缺乏，外界难以帮助其生活独立、规避风险。

（五）残障农户物质资本缺乏

残障农户的物质资本较缺乏，如代步工具、农机具、残疾人辅助器的需求未得到满足。第一，代步工具尚未普遍化。对经济较困难的残障农户家庭来说，原本劳动力相较于正常家庭就少，他们还要额外付出劳动力去照顾残疾家庭成员，因此无多余财力买车。调研显示，只有43%的残障农户有代步工具，且以电瓶车和摩托车为主。第二，机械化农机具需求未得到满足。调研发现，大多数残障农户家庭只有镰刀这样传统的农具，而拥有机械化农具的残障农户只占43.75%。这造成残障农户在农活方面将花费比别人更多的时间，且效率更低、投入成本更高。第三，残障农户辅助器具缺乏。当问及残疾人“需要什么政策支持”时，有听力和肢体残疾人的家庭，会问到“能不能给助听器、轮椅，安装假肢”，对听力残疾人而言，他们多数具备劳动能力，如果给其配备助听器，则有助于其正常参与社会生产劳作。

（六）金融资本缺乏

残障农户经济承受能力和抗风险能力普遍弱。第一，残障农户家庭的经济收入总体较低。受“地缘文化”的影响，残障农户不愿意外出务工或自主创业，这就导致其收入来源范围窄，收入水平相对较低。一方面，被调查地区农民所生产的农产品价格、科技含量和附加值相对较低，势必影响残障农户增收；另一方面，笔者在走访农推站和民政局时发现，受原材料价格影响，化肥、农膜、农药等相关产品价格及运输价格快速上涨，导致残障农户的生产成本快速增加。第二，绝大多数残障农户家庭几乎没有备用金。一些青壮年残障农户为生计选择外出务工，多从事劳动强度大、技术含量低的简单劳动，工资报酬低使其生活少有结余资金。还有的在村里开小卖部或做手工，但也只能保证基本生活，少有节余。第三，残障农户生活成本较高。残障农户不仅要支付自身因残疾带来的医疗开支，还需支付子女教育费用、生活开支等。随着生活水平和物价提高，收入极其有限的残障农户的家庭购买力日益下降。

（七）残障农户社会资本不足

社会资本对于残障农户可持续脱贫同样重要。残障农户所拥有的社会资本不足，具体表现在社会支持网络不健全，获取资源的途径少。第一，社会支持网络不健全。调研发现，残障农户缺乏较好的社会支持网络。对一般农户来说，邻里互助较为常见。但是，残障农户中只有44.1%的人与邻居保持较好的关系。大多数残障农户的交往范围限于家庭成员之间，难以建立更广泛的社会交际网。第二，残障农户获取资源的途径少。调研发现，多数残障农户获取资源的途径主要是兜底保障、就业帮扶、技能培训，较少求助于村民自治组织、农业生产组织或协会。原因是残障农户要获得家庭、政府以外的资源相当困难。残障农户表示，产业扶贫推动成立各种合作社并引进了一些企业，但他们参与合作社每年只能拿到200元的分红，替合作社干活还存在拖欠工资的现象。而且，企业针对残障农户设置的工作岗位也极少，残障农户通过村企就业的可能性也很小。

五　残障农户可持续脱贫的对策建议

提升残障农户的内在谋生能力，改造其外部支撑条件，要“两条腿”

走路实现可持续脱贫。可发挥各资本要素的效用，完善治理机制，增加提升残障农户自身能力的专项资金投入，塑造可持续脱贫文化。

（一）发挥各资本要素对残障农户可持续脱贫的效用

充分发挥生产资本、社会资本以及虚拟资本的效用，促使残障农户脱贫。一是改善居住地理环境。抓住易地扶贫搬迁这一契机，将居住在环境恶劣、生态脆弱、不具备基本生活条件等地区的残障农户搬迁到适宜生产和生活的区域。二是注重残障农户精神文化建设。加强残疾人自我心理建设，通过奖励残障农户先进典型来激发残障农户脱贫斗志。通过营造良好的助残氛围、开展公益讲座等方式，帮助残障农户树立积极认知。三是完善相关政策。简化残疾证办理程序、提供上门办证服务；建立健全医疗康复保障制度。四是对于有条件的残障农户，不断提高其自身技能，使其对未来掌握更多的主动权。五是构建良好的社会资本，融入村集体和生产合作社。六是保护现有的生产要素，通过政府招商引资、政府购买、公私合营等方式投资建设各类公共基础设施。七是落实将农村残疾人纳为普惠金融的重点对象这一政策，开发出针对农村残障农户的保险产品，为残障农户可持续脱贫积累金融资本。

（二）完善可持续脱贫评价体系和监管机制

完善治理机制包括明确责任，制定科学的评价体系，完善监督机制。明确责任方面，确保帮扶责任主体考虑到残疾人特殊情况。制定科学评价指标和评价体系，准确预测残障农户应对“返贫困”风险的能力，并为残障农户未来有质量、有保障的生活提供具有建设性的意见。通过物质或精神激励的方式，对表现优异的残障农户实行正强化。完善监督机制，要做到有力监管、长期监督。具体来说，将上级政府、监察部门、审计部门、县人民代表大会、司法机关等纳为监督主体，以多元监管主体方式进行全面监管。被监管方要增加信息公开渠道，定期会商，听取监管方的建议。广泛收集残障农户可持续脱贫相关数据和信息，建立各种业务专栏，实现监管统计报表、数据说明和图表分析的定期更新，为监管信息的共享搭建良好平台，并指派专业技术人员负责信息平台的维护和升级。

（三）投入内生能力提升专项资金

尽可能拓宽专项资金筹集渠道，建立有助于内生能力提升的专项资金，为残障农户内生能力建设提供资金保障。专项资金支出应侧重于提升残障农户的职业能力、心理调适能力和知识获取能力。尤其要落实培训类专项资金。一是投入资金开展提升种养殖能力的技能培训，采用聘请高校专业技能人才实地指导的方式；二是投入资金对有自主创业意愿的残障农户进行差异化创业类技能培训；三是为已具备创业技能的残障农户，提供用于经营和扩大生产规模的资金补贴。帮助其实现创业想法或扩大现有经营规模，以带动更多残障农户脱贫致富。针对残障农户内生能力提升专项资金，还需要定期检查和监督，避免创业资金的挪用和滥用，造成扶贫资源浪费。

（四）塑造残障农户积极劳动观

可持续脱贫文化塑造主要是劳动观念重塑。一是大力宣传残疾人积极劳动观。从兜底式脱贫向“可持续脱贫”转变。注重树立积极教育观、劳动技能观、产业发展观，形成残障农户积极要求转变的内生脱贫意愿。二是励志典型和积极示范“一加一”带动。将创业就业成功的残障农户树立为典范，在村镇范围内褒奖，以激励其他残障农户奋发图强。一家可持续脱贫残障农户“典型户”，带动一家可持续脱贫“困难户”。通过残保金、集体经济收入、财政拨款、社会捐赠等对“典型户”“困难户”分别实施奖励。根据可持续脱贫程度划分不同等级的奖金额度，并组织专人管理和监督奖金发放情况。奖金发放可通过表彰大会以现金或实物方式实现。

参考文献

何秀荣：《改革 40 年的农村反贫困认识与后脱贫战略前瞻》，《农村经济》2018 年第 11 期。

Daskon C. , MCGregor A. , “Cultural Capital and Sustainable Livelihoods in Sri Lanka’s Rural Villages: Towards Culturally Aware Development”, *Journal of Development Studies* 48 (2012): pp. 549 – 563.

Fauzan Ahmad, Iwan Kustiwan. “Understanding Poverty in the Development Context and Poverty Reduction Policy Using System Dynamics Approach,” *Advances in Social Science, Education and Humanities Research* 216 (2018): pp. 59 – 77.

贺雪峰:《中国农村反贫困战略中的扶贫政策与社会保障政策》,《武汉大学学报》(哲学社会科学版) 2018 年第 3 期。

王思斌:《农村反贫困的制度 – 能力整合模式刍议——兼论社会工作的参与作用》,《江苏社会科学》2016 年第 3 期。

李耘、王绪金:《残疾人教育扶贫的机制与对策研究》,《北京联合大学学报》2019 年第 2 期。

王蒙:《后搬迁时代易地扶贫搬迁如何实现长效减贫?——基于社区营造视角》,《西北农林科技大学学报》(社会科学版) 2019 年第 6 期。

梁伟军:《能力贫困视阈下的扶贫移民可持续脱贫能力建设研究》,《华中农业大学学报》(社会科学版) 2019 年第 4 期。

余德华、黄镇根:《欠发达地区全面建设小康社会过程中的精神脱贫问题》,《甘肃社会科学》2003 年第 6 期。

王勇:《精神贫困: 多维视野研究综述》,《温州大学学报》(社会科学版) 2019 年第 1 期。

陈龙、王楠、冯丽丽:《金融发展、产业结构优化与农村经济增长关联性研究——基于面板 VAR 模型的实证分析》,《当代经济管理》2020 年第 3 期。

王琳、李珂珂:《我国金融扶贫的长效机制构建研究》,《学习与探索》2020 年第 2 期。

刘红、Clement Tisdell、李文静:《边疆深度贫困地区社会资本、生计策略与精准扶贫》,《商业研究》2019 年第 5 期。

叶初升、罗连发:《社会资本、扶贫政策与贫困家庭福利——基于贵州贫困地区农村家户调查的分层线性回归分析》,《财经科学》2011 年第 7 期。

朱伟珏:《文化资本与人力资本——布迪厄文化资本理论的经济学意义》,《天津社会科学》2007 年第 3 期。

万国江、甘露、陈刚才:《贵州喀斯特山区农业生态环境的脆弱性及可持续发展对策》,《山地学报》2001 年第 2 期。

农村产业革命篇

Rural Industrial Revolution Reports

B.8 贫困治理中的贵州农村产业革命研究*

丁　胜**

摘　要： 贫困治理是治理现代化的题中应有之义，也是贵州当前最大的政治任务。贵州“来一场振兴农村经济的深刻的产业革命”的号召提出以来，全省将农村产业革命作为贫困治理的切入点和着力点，在推动转变思想观念、转变发展方式和转变干部作风等方面下足力气，农村产业革命总体上取得了重大进展，无论思想上、行动上，还是成效上，都有力推动了农村的贫困治理呈现新面貌。但在顶层设计行稳致远的同时，基层实践中也还一定程度上存在去市场化、去民意化、去责任化等问题，需要通过聚焦市场要素的盘活、聚焦主体作用

* 本文系国家社会科学基金项目“中国乡村治理中的自发秩序研究”（19XZZ006）阶段性研究成果。

** 丁胜，贵州省社会科学院副研究员，博士，主要研究方向：政治学理论、政府治理。

的发挥、聚焦绩效考核机制的建立以及聚焦信息技术的作用发挥等方面加以重视并解决。

关键词： 治理现代化 脱贫攻坚 农村产业革命 乡村振兴 贵州

2018 年 2 月，中共贵州省委书记孙志刚在农村工作会议上号召“来一场振兴农村经济的深刻的产业革命”，这是在深刻认识贵州农村农业农民“三农”主要矛盾基础上做出的重大部署，蕴涵治理现代化的若干特征。其中，既有弥补城乡差距、资源错配以及差异公平的组织性特征，也有弥补产业发展中村庄失效、市场失灵和治理失败三重困境的多元共治特征。实践表明，贵州农村产业革命旨在通过组织化推动与市场化导向的有机结合，推动农村产业实现现代转型，继而推进农村经济社会实现持续稳定健康发展。总体上，治理现代化是新形势下指导贵州“三农”发展的重大战略部署，对于农村产业革命具有重要的理论和实践意义，需要以充分的政治意识、战略高度和全局观念来审视这场产业革命。

一 治理现代化对贵州农村产业革命的启示

中国的治理现代化有以下新时代特征：一是旨在探索一条不以牺牲社会制度为代价的、非西方式的国家治理现代化道路，凸显中国的道路自信。二是坚持中国共产党领导下的权力分工治理，是区别于西方和有别于以往的制度设计，凸显中国的制度自信。三是坚持以己为主的理论创新，既有利于与西方的话语接轨、交流互鉴和对话交锋，也有利于展示中国丰厚的人文思想并提供中国方案，凸显中国的理论自信。四是五千年的文化底蕴与人民为中心的红色文化交相辉映，在若干方面足以钳制西方“普世理论”的入侵和殖民，凸显中国的文化自信。总体上，中国的治理现代化特色鲜明、内涵丰富，对贵州农村产业革命有重要启示。

（一）领导性，党是贵州农村产业革命的“元治理者”

中国的现代化恰逢全球化、信息化带来无边界治理难题，加上中产阶级群体规模前所未有，知识分子群体规模前所未有，人民对美好生活的向往前所未有，多重风险、挑战与价值层面诉求的相互叠加，中国比以往任何时候都更需要秩序，更需要国家治理的现代化。[①] 这是一个需要指导思想、政党能力、国家能力、治理能力和领导核心的时代。习近平同志指出，一个国家选择什么样的治理体系是由这个国家的人民决定的，中国今天的国家治理体系是人民选择、渐进改进、内生演化的结果。[②] 可以说，中国特色社会主义道路是治理现代化的逻辑起点，对于三农问题具有边界清晰和目标明确的指导意义。进一步而言，中国的治理现代化主体、目标和路径明确，其中党是总揽全局、统筹各方的“元治理者”。

贵州农村产业革命是坚持中国共产党领导下的创新性、革命性举措，旨在将中国特色社会主义制度优势转化为治理效能，不断推动农村农业农民稳定可持续发展。基于自然禀赋差异、农村发展滞后以及农业基础薄弱等客观因素，贵州多年来一直是中国贫困治理主战场。实践经验表明，越是在贫穷落后的农村，市场机制越是难以发挥决定性作用，产业发展需要走组织化推动与市场化导向并重的路子。[③] 脱贫攻坚战打响以来，贵州省委坚决扛起重大政治责任，以农村产业革命作为推动贫困治理的重要抓手，总结提炼出“八要素”以及“五步工作法”等治理理念，同时立足贵州实际，明确通过省领导领衔和专班工作制，着力抓好茶叶等十二项贵州特色优势产业和林下经济，农村产业革命呈现前所未有的良好发展态势。

---

① 丁胜：《治理现代化的五重逻辑》，《贵州日报》2019 年 11 月 13 日。

② 《“习近平谈核心价值观”——最持久最深层的力量》，《人民日报》（海外版）2014 年 7 月 24 日，第 5 版。

③ 丁胜：《不断把农村产业革命引向深入：制度优势转化为治理效能的生动实践》，《贵州日报》2020 年 2 月 29 日。

（二）组织性，组织化是贵州农村产业革命的重要方式

国际经验表明，国家能力软弱是一些国家出现治理困境的根源。或者说，国家软弱引发社会失序，从而造成冲突、混乱和贫困。进入21世纪以来，曾经主张历史终结的美国学者福山也开始讨论国家构建，认为“尤其是在发展中国家，软弱、无能或根本缺失的政府是各种严重问题的根源所在”，并将强大的国家作为现代政治的三要素之一，认为理想社会需要政府能力、法治和民主问责的完美平衡，其中将政府能力或国家能力作为维护并推动社会发展的第一要素。[①] 中国的治理现代化包含国际上公认的“治理”要素，但与西方不同的是，社会主义中国拥有一个强大的政党，党是国家治理现代化的核心，是统揽各个治理主体、统筹全局实现高效国家治理的核心，党领导下的权力分工治理旨在提升治理的能力、效率和效能，从而避免现代化进程中的市场失灵、社会失序以及治理失效等乱象。[②]

综观贵州农村产业发展实践，基层党组织凝聚力不强、党员带动能力不足、知识结构老化、思想观念陈旧等问题凸显，这也是导致贵州农村产业发展滞后的原因之一。组织力是治理现代化的重要保障，也是农村产业革命的重要依靠。尤其在自然禀赋差、资源赋能低和内生动力弱的贫困村，由于市场要素自由流动的趋利避害性，市场与这些农村很难有效融合，往往也不会将发展基础差、发展动力弱的农村作为优选项进行合作推动。换句话说，在发展基础差的农村，如果没有组织化的推动和革命性的举措，其仅靠自身力量很难走出贫困。组织化推动既是弥补市场失灵的有形之手，也是履行公共职能实现差异公平和机会公平的有效举措，贵州农村产业革命需要走组织化推动和市场化导向的路子，尤其是需要不断建强基层党组织并发挥其在农村产业革命中的组织带动作用。

---

① 〔美〕弗朗西斯·福山：《国家构建：21世纪的国家治理与世界秩序》，郭华译，学林出版社，2017，第19页。

② 丁胜：《治理现代化的五重逻辑》，《贵州日报》2019年11月13日。

（三）指导性，理论创新是贵州农村产业革命的灵魂

西方语境中没有“国家治理”“治理现代化”等明确概念，带有浓厚社会中心主义色彩的“治理”理论存在极大的模糊和泛化现象。中国国家治理体系和治理能力现代化的提出，既是对西方治理理论的改造和发展，也是中国实践基础上因地制宜的理论创新。习近平同志明确指出，国家治理体系是在党领导下管理国家的制度体系；我国国家治理体系需要改进和完善，但怎么改、怎么完善，我们要有主张、有定力。[①] 由此可见，治理理论创新不仅是国家治理现代化事业健康发展的重要保证，也是中国共产党长期执政依然保持生机的活水源头。

贵州农村产业革命是基于中国特色社会主义制度和贵州发展实际的一次理念和实践创新，蕴涵丰富的理论内涵。首先，贵州农村产业革命不是简单的农业产业结构调整，也不是简单地将产业业态推倒重来，而是一次集理念创新、实践创新和方法创新为一体的超常规、革命性变革，旨在通过组织化带动与市场化导向的有机结合盘活生产要素，使小散弱的农村产业融入自由市场，产生倍增效应，从根本上解决农村农业农民发展滞后的问题。[②] 其次，贵州农村产业革命是一次系统性的实践创新，需要总结有指导性的发展理念。农村产业革命开展以来，无论是农村产业革命“八要素”、“五步工作法”、党建促脱贫“三模式九做法”的理论创新，还是农村“三变”改革与“村社合一”的实践创新，以及专班工作制、十二大产业集群等，都是理论创新的产物，具有重要的启发意义。

（四）协同性，多元主体是农村产业革命的重要参与者

有西方学者认为，“中国模式”的兴起和成功在于对意识形态“突围”的努力。事实上，中国作为世界上最为重要的文明古国之一，中国模式的兴起不

① 《习近平谈治国理政》（第1卷），外文出版社，2018，第105页。

② 丁胜：《以治理现代化推动贵州农村产业革命再上新台阶》，《贵州日报》2019年12月4日。

仅凸显在集体主义观念的文化传承上，也体现在集中力量办大事的制度优势上，更体现在团结奋进追求中华民族伟大复兴的民族情怀上，在“一核多元”治理体系构建下，他者眼中的“突围”正日益呈现凝聚力量“回归”伟大的趋向。党的十九届四中全会首次系统提出了中国特色社会主义制度和国家治理体系的“十三大显著优势”，其中有三大优势指出了协同发展的基础和目标，即促进全体人民在思想上精神上紧紧团结在一起的显著优势；调动各方面积极性，集中力量办大事的显著优势；坚持以人民为中心的发展思想，不断保障和改善民生、增进人民福祉，走共同富裕道路的显著优势。① 可见，治理现代化需要形成共建共治共享的社会治理共同体，贵州农村产业革命需要多方协同。

贵州农业发展小散弱特征明显，突出表现在农产品附加值低、产业链两头在外、农产品商品性不足、龙头企业少、产业规模小以及发展思想保守、小农意识较重等方面，导致农村产业革命进程缓慢。面对农村经济社会发展中多而繁杂的治理问题，省委在统揽全局基础上，着力构建“政府主抓、干部主帮、基层主推、群众主干、社会主扶、市场主导”的“六力”协同治理模式，充分调动和使用一切资源推动农村产业革命取得实效。在省委统一部署下，政府在抓产业发展中履行第一责任人职责，不断推动东西部协作对口帮扶、市场主体合作帮扶、驻村干部带头帮扶、爱心人士倾情帮扶、社会组织专业帮扶等取得实效。随着资源下沉和力量聚拢，党的领导权、政府治理权、村民自主权以及全社会的参与权在贫困治理中凸显出协同性、系统性以及目标性等时代特征，农业产业革命的贵州实践呈现“一核多元”的整体面貌，共建共治共享的农村产业革命格局已然成型。②

（五）回应性，人民获得感是农村产业革命的价值追求

西方“善治”概念的兴起，部分源于公共组织回应性不足的反思，进

① 《中国共产党第十九届中央委员会第四次全体会议公报》，人民出版社，2019，第1~18页。

② 丁胜：《不断把农村产业革命引向深入：制度优势转化为治理效能的生动实践》，《贵州日报》2020年2月29日。

而强调政府与社会、政府与市场以及政府与公民等主体之间的回应性、参与性与合作性。但需要指出的是，西方的“善治”存在工具理性倾向，去主体性、交易性以及透明性等使得治理的主体、边界以及目标等存在模糊和泛化现象，加之没有温度的技术手段和分析方法，一定程度上淡化了政府的价值理性角色。在中国，以人民为中心的价值理性，是贫困治理的初心和使命。其中，既凸显中国共产党在贫困治理中的回应性特征，即解决与信息不对称、资源不均衡以及代际贫困传递等相伴随的相对剥夺感和社会失序；同时，又凸显中国共产党贫困治理中的价值理性，即积极回应和主动作为，将提升人民的获得感和幸福感作为价值追求。

贵州农村产业革命首先是一场思想认识上的革命，不仅需要解放广大干部墨守成规的思想观念，改变广大农民根深蒂固的小农思想，更需要回应和兑现中国共产党的庄严承诺，其中无不凸显价值理性蕴涵的“三问”，即我是谁、依靠谁和为了谁的问题。“我是谁”是农村产业革命的主体性问题。面对农业积弱积贫的现状，贵州省委勇担政治责任回应中央和人民双重期待，举全省之力将人力物力财力下沉到如此大规模的贫困群体的脱贫致富和产业发展上，充分践行中国共产党人的永远初心——人民的公仆这一宗旨。“依靠谁”是农村产业革命的路径性问题。针对农业发展力量薄弱和小散弱特征等实际，贵州农村产业革命需要激发内生动力和引导多方协力，尤其在经济欠发达和产业欠发展的双重困境下，更需要群策群力加入贫困治理中来。“为了谁”是农村产业革命的目标性问题。习近平同志反复强调，中国共产党的一切工作都是为了实现好、维护好、发展好最广大人民根本利益，党除了人民利益之外没有自己的特殊利益。中共贵州省委书记孙志刚指出“人心是最大的政治”，贵州农村产业革命旨在加快带动农民脱贫致富同步小康。[①]

① 朱旭、余淑泉：《孙志刚：人心是最大的政治共识是奋进的动力》，《中国改革报》2019年1月26日。

二　贵州农村产业革命在贫困治理中的主要成效

截至2020年3月，全省66个贫困县已脱贫退出57个，仅剩9个未脱贫。其中，贵州农村产业革命在贫困治理中发挥了重要作用。据统计，2018年脱贫的33个县共有4507个村开展清产核资，417个村集体经济收入超过100万元；33个县通过产业扶贫带动39.11万户147.97万人增收。[①] 2019年，全省农业增加值增长6%左右，农民人均可支配收入增长10.5%左右，突破1万元大关；农村产业革命共带动111.8万贫困人口实现增收。[②]

（一）贵州农村产业革命不断丰富贫困治理理论

农村产业革命具有综合性、系统性和创新性等时代特征，需要理论加以指导。农村产业革命提出以来，顶层设计同步跟进。其中，基于贫困治理的艰巨性和一些干部群众固有的保守性，省委从价值理性的高度提出“三场革命”，即号召“在转变思想观念上来一场革命，在转变产业发展方式上来一场革命，在转变作风上来一场革命”，旨在为推动农村产业革命奠定思想基础。同时，基于避免贫困治理中行政考核制和政绩锦标赛双重压力和双重诱因作用下的发展盲目性，省委从工具理性的角度提出“五步工作法”，即“政策设计、工作部署、干部培训、监督检查、追责问责”，旨在规范包括产业发展在内的贫困治理行为。最后，基于产业发展小散弱的现状和避免产业选择盲目性的考虑，从经济理性的角度提出农村产业革命“八要素”，即“产业选择、培训农民、技术服务、筹措资金、组织方式、产销对接、利益联结、基层党建”，旨在为农村产业革命的科学化推进构建完整的指导体系。总的来看，贵州农村产业革命基本上形成了从思想引领、行为规范到专业指引的理论体系，对于欠发达地区贫困治理具有重要的思想指导性和方法论意义。

---

① 资料来源于贵州省扶贫办调研报告。

② 方春英：《2019年贵州省农村产业革命硕果累累》，《贵州日报》2020年1月7日。

（二）贵州农村产业革命不断夯实贫困治理基础

贫困治理是经济问题，也是社会问题，更是政治问题。贵州农村产业革命正是站在政治高度，直面农村的社会问题，旨在解决农民经济问题的重大举措。脱贫攻坚以来，贵州聚焦农村基础设施建设、组织力量建设、特色产业和集中连片坝区建设，不断夯实贫困治理基础。基础设施方面，累计实施农村公路改造 12.2 万公里，在全国率先启动“组组通”三年大决战并完成 7.87 万公里建设任务，实现全省 39110 个 30 户以上村民组通硬化路，91% 的乡镇有等级客运站，60% 的建制村有招呼站[①]，打通了产业发展“最后一公里”。党的十八大以来，全省共投入水利建设资金 1472.08 亿元，解决了 1326.9 万农村居民和学校师生饮水安全问题。[②] 仅 2018 年，全年下达贫困地区省级以上水利资金 131.6 亿元；完成“小康水”投资 45.64 亿元，发展耕地灌溉面积 87.93 万亩，解决建档立卡贫困人口饮水安全问题 88.41 万人，为产业发展注入了“源动力”。[③] 组织力量方面，不断加强基层党组织建设，按照“尽锐出战”要求选派干部充实基层力量。2019 年以前摘帽的 33 个县中，共有 3264 名第一书记和 14915 名驻村干部继续留驻，打造一支永不撤走的扶贫工作队。特色产业和五百亩坝区方面，辣椒等成为全国范围内的优势产业，2019 年全省 1725 个坝区实现平均亩产值 5861 元，超过 2018 年全年平均亩产值约200 元。[④]

（三）贵州农村产业革命逐渐成为共识性贫困治理思维

一种理念，只有在多数人认同并被实践印证的基础上才会具有生命力。

---

① 刘小明：《贵州两年建成 7.87 万公里农村“组组通”硬化路》，《贵州日报》2019 年 6 月 20 日。

② 《帅文：奋力夯实贵州脱贫攻坚同步小康的水利根基》，新华网，http：//www.gz.xinhuanet.com/ztpd/gzslh_ 2018/sltsw.htm，最后检索时间：2019 年 3 月 30 日。

③ 《贵州省 2018 年水利投资 390 亿，再创新高》，《贵州日报》2019 年 2 月 23 日。

④ 赵勇军：《贵州打好“四场硬仗”决战决胜脱贫攻坚》，《贵州日报》2019 年 12 月 10 日。

农村产业革命提出以后，贵州广大干部群众迅速把思想和行动统一到省委部署上来，从上到下迅速掀起了一场以转变思想观念为引领、调整产业结构为抓手、推动产销对接为保障、建立利益连接为目的和夯实组织建设为保证的产业革命。事实证明，中国特色社会主义制度的治理优势和贵州农村发展实际相结合的农村产业革命，不仅很快成为贫困治理的共识性理念，同时在实践中取得了丰硕成果。比如毕节市农村产业革命的“专班模式”，即围绕玉米调减目标采取领导专班抓示范点的方式推进农村产业革命，探索集中连片规模化农业发展道路；兴义市敬南镇的“五股合一”模式，即探索村集体资金控股、财政资金持股、非财政资金参股、村干部入股以及贫困户占股的产业发展模式①，有效绑定并激发村干部发展产业的信心和决心；赤水市的“三权分置”经验，即明确产业扶贫项目经营主体选择条件和程序，开展价格指数保险，有效分担养殖业市场价格波动风险。如此等等，农村产业革命理念与实践在贵州推广开来，铺就一条贫困治理的大道，“农村产业革命”也因此成为地方干部群众口中的高频词，并内化成为指导发展的自觉思维。

（四）贵州农村产业革命不断促成协同性贫困治理实践

中国的贫困治理是党领导下的权力分工治理，贫困是广泛存在的社会现象，因此在发挥党政公共职能基础上，需要市场主体、社会组织、贤能人士等多元力量的加入。随着农村产业革命向纵深推进，特别是在政策、资金、用地等支持力度加大的“红利”激励下，农村产业发展营商环境进一步优化，增强了以龙头企业为主的市场主体参与贫困治理的信心。以丹寨县为例，在茅台生态农业公司、万达集团等龙头企业带领下，丹寨县集中力量推进1万亩蓝莓、1万亩中药材、1万亩蔬菜、1万亩高标准低产茶园改造、10万头土猪、100个土鸡山鸡养殖场的“六个一”产业布局，为贫困治理打下了坚实基础。以纳雍县为例，贵州金蟾大山生物科技有限责任公司在投

① 丁胜、谭旭曦：《“五股合一”积极探索农村产业发展新模式》，《当代贵州》2020年第5~6期，第60~61页。

资3.5亿元的基础上，计划再投资6.6亿元用于扩大食用菌生产规模。以习水县为例，上海牙科医生杨泽卖掉上海的三套房产、无锡的一家医院，先后投资9500多万元，在习水县成立贵州黔道食品有限公司开发“黔滋味”系列羊肉加工产品，产品远销北京、上海、广州等市场，年销售额达到4000万元。如此等等，农村产业革命经济效益和社会效益的持续发酵，产生了虹吸效应，上蔬集团等十多家国家级龙头企业和上市公司纷纷来黔考察洽谈，共赢式协作治理方兴未艾。

（五）贵州农村产业革命逐渐成为内省性贫困治理习惯

没有内生动力的“输血式”贫困治理，难以有效推动农村走出贫困陷阱。农村产业革命启动以来，正在悄然改变干部群众的思维方式和传统习惯，并内化为实际行动。贵州省农业农村厅统计显示，2019年一季度，全省完成调减籽粒玉米种植替代作物任务80.2%，种植业增加值增长8.5%；第一产业投资快速增长，达到29.5%，增速居一二三产业第一位。[①] 可以说，在产业结构调整及政策激励、投资拉动和效果映衬下，农村产业革命正逐渐成为干部群众的自发行为并产生持久性影响。在兴义市敬南镇菜子湾村，75岁的苏朝方拉住产业结构调整宣传组同志的手反复问“你们对我们为什么这么好?”并表示“如果我们和儿女不好好发展，对不起自己，也对不住政府”；召开村民小组会时，村民表示“政府搞农村产业革命，村里发展种桑养蚕项目和种草养牛项目，比种苞谷强多了”。安顺市平坝区天龙镇高田村和合旺村得知龙头公司在村里发展蔬菜产业，500余户农户自觉将1475亩土地集中流转出来，同时将160多座祖坟迁出坝区，建成“沟相通、路相连，旱能灌、涝能排”的成片高标准生产基地。用老百姓的话说“不怕迁祖坟，就怕产业干不成”，农村产业革命正成为新时代解决“三农问题”的内省性行为。

① 资料来源于贵州省农业农村厅调研报告。

三　基层推动农村产业革命中存在的主要问题

经过两年多的实践探索，贵州农村产业革命总体上取得了重大进展，无论思想上、行动上，还是成效上，都有力推动了农村的贫困治理呈现新面貌。但在顶层设计行稳致远的同时，基层实践中也还存在一些问题，需要加以重视并解决。

（一）去市场化，一定程度上存在精准度不高的问题

一些基层政府在面临脱贫攻坚政绩考核和行政问责的双重压力下，还存在忽视市场规律、不管资源赋能、不顾长期效益一哄而上或随意变更产业的现象。产业选择虽然部分源自市场信息，但总体上是主观判断、指令发展和短期效应的产物。尤其在项目资金充裕、产业发展迫切以及可选择性方案不多的情况下，一些基层领导往往依照主观感受或表面信息做出产业选择。他们罔顾市场周期规律和实际情况，只管埋头算账，这种情况下选择的产业不仅精准度大打折扣，同时造成有限资源的极大浪费和新的风险点。据调研，一贫困村发展过水果玉米，但打不开市场，又改为种植紫薯，但紫薯供大于求的市场回馈导致产业没有产生实际效益；村里引进企业种植玛郎圣果 30 亩，但玛郎圣果又是多年生植物，需要三年才能产生效益，届时能否实现预期收益还有很多不确定性。一贫困村在帮扶单位大力支持下，2017 年以前种植约 600 亩无籽刺梨，但此后由于缺少产业规划指引、缺少龙头企业帮助、缺少合作社整合运营、散户之间的价格内斗以及病虫害防治技术跟不上等因素，2018 年仅剩不到两百亩，此后该村前后发展竹鼠、毒蛇以及樱桃等产业，但小散弱情况普遍存在，精准度和规模化效益堪忧；刺梨成为十二大特色优势产业之一以后，村里对是否调整已经更换的产业复种刺梨，一直处于矛盾之中。

（二）去民意化，一定程度上存在参与性不足的问题

在脱贫攻坚任务重和民意表达不集中的双重困境中，一些基层政府发展产业往往偏重于组织化推动，群众参与不足的情况比较普遍，以至于经过充分调研的产业得不到群众支持；甚至基层政府越是强调产业的可行性，群众越是不相信。笔者通过调研了解到，一贫困村2018年以前先后种植了香椿、核桃以及折耳根等，其中没有一样是与村民协商后的产业选择，大部分是包村领导、对口帮扶单位和镇里行政部门推动的结果，由于水土不服、技术跟不上、市场动态变化等因素，香椿不仅存活率低而且产量也低，不具备市场前景，核桃2/3不挂果，而安排村里种植的十亩折耳根长不过杂草，人工费高过市场价值，最终只能采取财政补贴的方式减少村里损失，而品相不好的折耳根只能少部分食用大部分烂在地里。有群众根据这些“经验”，坦言“政府叫发展什么什么就正确，但发展什么什么就失败”，因此他们对村里主推的产业不看好，这在农村产业发展中不是个别现象。群众参与不足除了与协商性不足相关，同时还与农户的思想观念保守有关，一些群众市场观念淡薄，市场营销知识缺乏，一贫困村的“稻花鱼”远近闻名，但绝大多数农户养殖“稻花鱼”基本上是为了招待客人和自家吃，而不考虑整个村的经济效益，参与合作经营的积极性普遍偏低。

（三）去绩效化，一定程度上存在资金使用低效的问题

农村产业革命作为贫困治理制度设计中的重要部分，时效性、稳定性和可持续性至关重要。但基层在推动农村产业革命中也还存在资金使用低效、人为损耗较高以及产业持续性不足的问题。一些地方为了稳妥起见，将产业发展专项资金入股企业分红，导致村级合作社长期处于“僵尸”状态，在需要发展集体产业时资金不能及时归位，造成资金利用低效与产业贻误发展时机；一些地方村级合作社核心成员存在专业性、专注性和知识性不足的问题，加上村社关系没有理清楚，存在资金使用不规范的情况，集体负责成为集体不负责；一些地方产业发展中多种资金混合，存在利益分红弹性大和自

由裁量空间大的情况；一些地方项目未及时组织验收或项目质量不高，导致资金滞拨；一些地方不同程度地存在“重项目申报，轻实施、轻效益”现象；一些地方还存在“人走业息”的问题，前一任推动的产业，后一任不予推动甚至调整，造成前期投入浪费。贵州省财政厅调研显示，存在扶贫资金闲置、滞拨、低效问题的地方占到资金使用不规范专项治理中发现问题地方的近一半。

（四）去主体化，一定程度上存在内生动力不足的问题

没有组织化推动、市场化导向和自发性参与相结合的产业革命难以具有持久性。调研显示，农村产业革命中也还存在内生动力不足的问题：一是城镇化背景下，很多村庄人口结构空心化，导致产业发展后继乏力，比如一贫困村人口 2163 人，常年在外的劳动力近 700 人，留在村里的绝大多数为老幼妇孺，他们难以有效参与到产业发展当中。二是基层党组织结构性问题凸显，干部老龄化、文化程度低、治理能力弱以及贤能人员补充难的情况比较普遍，产业组织带动能力由此可见一斑。调研还显示，一些村干部认为推动产业需要耗费大量的时间和精力，却没有绩效奖励，因此在其事务性工作繁重的情况下，兼顾倾向较为明显；一些村干部由于能力水平不足，存在畏难情绪，怕承担产业发展失败的责任；产业发展涉及资金的使用，一些村干部担心闲言碎语，尤其是担心发展失败无法向政府和村民交代，因此推动产业发展的内生动力不足。三是部分群众参与产业发展的积极性不高，长期持观望态度，“扶贫不扶懒”在实践中不易操作。2018 年国务院扶贫办等 13 个部委出台了《关于开展扶贫扶志行动的意见》，但调研显示，基层干部群众知晓率不高，在激发贫困户内生动力方面缺少行之有效的方法。

（五）去责任化，一定程度上存在绩效考核乏力的问题

农村产业革命的组织化特征，实践中表现为推动主体一般是基层政府、各级机关选派的公职人员或者村干部。但他们当中有一些人并没有产业发展的实践经验，加上财政资金投入的产业对市场不具敏感性，他们对产业失败

没有压力，以及不能享受产业发展激励等因素，容易造成其产业选择上只注重“显绩”的“短视行为”，有时导致有限资金和资源的错配。让人担心的是，全省近两万个行政村如果没有产业规划或信息引导，产业发展无序或一哄而上，不仅对相同产业的民营经济带来冲击，同时可能造成市场混乱或供给过剩。从当前来看，由于实现全面小康目标的时间节点逼近，扎堆推动短平快产业的部署有其合理性和必要性，但并不是不需要考量投入与产出、权力与责任之间的关系，各种类型的扶贫资金不能一投了之，资金使用的安全机制和责任分担机制需要加以重视。据调研结果，个别贫困村不计成本地发展产业，尤其是派驻人员推动的产业，资金来源大多是选派单位划拨、职能部门支持、市场主体赞助以及社会组织赠予等，由于这些资金使用的责任边界模糊或者没有明确的责任规定，推动的产业更是存在缺乏监管、不问成效以及无法问责的问题。

四　以治理现代化将贵州农村产业革命引向深入

中共贵州省委十二届六次全会聚焦治理现代化的内涵意蕴与实践探索，旨在立足省情实际提升治理效能，推动贵州各项事业迈上新台阶。脱贫攻坚是贵州当前最大的政治任务，推动农村产业革命取得更大成效，既是贵州贫困治理的重要保证，也是治理现代化的新时代使命。

（一）治理具有效能性特征，农村产业革命需要聚焦市场要素的盘活

国际经验表明，国家能力是维护并推动社会发展的关键因素。在中国，党领导下的权力分工治理体系是避免现代化进程中市场失灵、政府失败、社会失序的首要保证，旨在推动解决人民日益增长的美好生活需要和不平衡不充分的发展之间的矛盾。其中，解决发展不平衡不充分的问题重点在于缩小城乡之间的差距，难点在于推动解决农村的先天性差异公平和后天性机会公平。其中，基于贫困治理的系统性、综合性和动态性，除了强大的国家能力

之外，还需要充分发挥市场要素的作用以及盘活“沉睡”的扶贫资源。总的来说，贫困治理的效能性和市场导向性，要求农村产业革命在以下方面加以重视。

一是形成稳健的产业发展体系。通过不断健全完善村社合一运行机制、市场主体合作机制、产业规范运行机制、利益联结激励机制、产业流通产销机制以及与乡村振兴的统筹衔接机制等举措，形成系统化产业发展体系。二是盘活“沉睡”的有效资源。“龙头企业＋合作社＋农户”作为贵州农村产业发展的重要组织方式，在促进组织资源、市场要素和个体潜能的有机融合中作用明显。[①] 对此，需要总结推广成功经验，进一步引入龙头企业或搭建政府平台公司，鼓励市场要素的自由流动与农民意愿的有机结合，尤其是城市富集资源在农村“三块地”以及移民搬迁后旧址使用等方面的合作，为稳定治贫探索市场化道路。三是激发合作社的潜能。[②] 合作社是农村产业组织化推动和市场化导向的衔接者和执行者，在理清楚村社合一权责利边界基础上，需要推动合作社的专业化发展，同时高度关注对群众的带动性和覆盖面，预防富了老板丢了老乡，挫伤群众产业发展积极性。四是发挥好财政资金的撬动作用。创新农村产业革命融资方式，充分发挥财政资金“四两拨千斤”的作用，积极探索农银企产业共同体发展模式，通过财政资金带动社会资本、金融资金投入的思路，撬动更多社会资本和金融资金投入农村产业革命。

（二）治理具有稳定性特征，农村产业革命需要聚焦主体作用的发挥

中国作为世界上最为重要的文明古国之一，中华文明蕴涵的丰厚治国理政思想不仅在历史上长期地稳定地深刻地影响世界文明的秩序，更是在“民主”乱象丛生的当今世界有着越来越大的影响力，“中国之治”的“突

---

① 丁胜：《不断把农村产业革命引向深入：制度优势转化为治理效能的生动实践》，《贵州日报》2020 年 2 月 29 日。

② 丁胜：《巩固脱贫攻坚成果》，《贵阳日报》2020 年 1 月 20 日。

围”日益呈现“回归”的趋向。可以说，无论横向比较还是纵向比较，中国的贫困治理在世界范围内绝无仅有，不仅是政党权力自觉的高度体现，也是国家履行公共职能的世界标杆。总的来看，贫困治理的稳定性凸显在主体性方面，要求农村产业革命在以下方面加以重视。

一是指导思想稳定。必须以“八要素”“五步工作法”“专班制”等为指导，推动完善产业发展规划和实施方案，避免出现产业发展上的“睁眼瞎”或“近视眼”。坚持按照特色化、规模化、标准化、品牌化、绿色化的发展思路，推动“优势产业优先发展、优势品种率先突破”，形成农村产业发展的“贵州品牌”。二是产业结构稳定。在坚持十二大特色产业布局和推动五百亩坝区产业规模化发展基础上，要尽量盘活现存产业并保持稳定性，不能临时起意另起炉灶，用新产业否定老产业，导致资金资源的无形损耗。① 三是主体结构稳定。农村产业革命除了党政力量，最为重要的还是村社和农民，任何剥离或者忽视群众主体的做法都不具有持久性。基层党组织是推动农村产业革命的重要主体，需要按照打造组织精英、文化精英、道德精英和经济精英“四个精英”的目标加强基层党组织建设。在此基础上，针对一些村干部发展产业经验不足、能力不够或出现畏难情绪的实际，在培训提升基础上，着力推动形成利益共同体，同时创新激励机制，根据合作社法将部分盈利作为绩效奖金进行合理分配；针对一些群众缺乏市场意识的实际，需要提高农民的组织化程度，降低参与市场竞争的风险。

（三）治理具有责任性特征，农村产业革命需要聚焦绩效考核机制的建立

治理现代化是政治发展的未来趋势，也是国家能力建设的战略举措，蕴涵新时代特征和国际化元素的双重因子。其中，责任性作为治理现代化的主要内容之一，与法治性、透明性、回应性、有效性、参与性以及稳定性等一

① 丁胜：《巩固脱贫攻坚成果》，《贵阳日报》2020 年 1 月 20 日。

道，被学界认为是实现国家利益最大化和公共利益最大化的重要保证。贫困治理中的责任性尤为关键，因为只有权力动力机制和权利目标指向的贫困治理，现实中难以有效形成“权责利”相统一的高效运行机制，甚至“责”的缺失或弱化可能形成中梗阻和权力真空，导致组织资源耗散和群众利益受损，需要责任倒逼机制的有效融入。绩效考核作为推进权责利“帕累托最优”的组织方式，对于农村产业革命具有现实意义，需要在以下方面加以重视。

一是探索资金使用责任分担机制。财政资金不能一投了之，也不能产业失败财政兜底，不仅要制定利益连接与激励机制，同时还要制定财政资金使用安全责任分担机制，避免产业选择的盲目性和随意性。用于农村产业发展的非财政资金使用也要受到监管，应探索政府主导型绩效考核或社会组织型第三方评估，确保资金使用的安全和高效。二是完善资金使用考核机制。针对资金使用不精准、闲置滞留等问题，在清查已入库项目和资金使用绩效考核基础上，提前谋划新一年的贫困治理项目，按照“零基预算”要求做好产业方案并组织实施。三是建立健全资金使用效益考核机制。按程序在规定时间内将扶贫资金拨付到位，同时对资金使用的溢出效应进行评估和考核。重点对各贫困县实行月调度、定期通报制度，督促加快项目建设进度，并对整合资金支出进度缓慢地进行约谈；加大对贫困地区的指导力度，将审核工作前移，保障贫困地区以相对规范的整合方案提前开展统筹整合工作，行业主管部门不得对纳入统筹整合使用的涉农资金进行干预或软抵制。四是加强村级合作社资金管理。鉴于一些村级合作社存在不够专业不够专注的问题，为确保扶贫资金使用的安全和高效，需提高资金使用的透明度和群众参与权，乡镇还需统一聘请专业人员，对所辖行政村合作社进行业务指导和财务审计；基于合作社混合型资金情况，需明确资金属性并进行利益连接和考核。①

---

① 丁胜：《不断把农村产业革命引向深入：制度优势转化为治理效能的生动实践》，《贵州日报》2020 年 2 月 29 日。

（四）治理具有透明性特征，农村产业革命需要聚焦信息技术的作用

透明性之于贫困治理的重要性在于：一是贫困地区的市场融入往往不够深，对产业发展一般也缺乏全面了解，因此这些地方的农村产业革命需要市场信息的汇集和指导，也只有在情况明和可预期的保障下，才能引导和推进产业的良性发展；二是农村往往是熟人社会，这种以“礼治”为内核、相对独立且进行自我管理的熟人社会，其自发形成的乡村精神有时对组织化的国家精神产生消解作用。具体到农村产业革命，熟人社会形成的保守性可能会在面对外力推动的产业时形成“攻守同盟”，此时哪怕有意见领袖的一点不同声音，都可能影响其他村民的选择，加上熟人社会里小农经济意识以及长期的保守性和观望心态，农村产业革命尤其需要市场透明度以及信息技术的支撑，以获取村民的信心和支持。

一是发挥大数据信息技术在产业前端的引导功能。大数据在产业信息汇集、统计、分析和研判等方面具有排他性优势，对于农村产业发展具有十分重要的指导意义。因此，农村产业革命中为避免有限资源和资金使用的低效以及产能过剩的问题，应充分运用大数据平台技术对当前农村产业发展的总体情况进行摸底，同时分析研判一段时间内全省乃至全国范围内的产业布局和市场饱和情况，形成长中短时间范围内的产业发展趋向信息表，并根据各地实际情况形成产业功能分区，以此指导农村产业的有序和高效发展。二是发挥大数据信息技术在产业中端的矫正功能。由于资本的逐利性，市场主体一般不会选择贫困农村作为发展的重点，这也是农村产业组织化推动的动因。但组织化推动的产业如果对市场不敏感或者没有信息技术的支撑，则容易陷入盲目发展的陷阱，需要进行及时矫正。产业如果没有市场空间，则需要谨慎选择；现有产业如果没有市场预期或没有产销对接作为保证，则需要避免盲目扩张。三是发挥大数据信息技术在产业终端的产销功能。产能过剩不仅损害农户的利益，同时损害基层政府公信力。对此，在争取国内电商平台更大程度支持的基础上，需要深化黔货出山的电商平台建设，建立县乡村电商服务中心、站、店三级体系，统筹解决产品销售问题。

B.9

发展壮大新型农村集体经济的“塘约经验”*

马良灿　罗　铄**

摘　要： 贵州省安顺市平坝区塘约村在深化农村产权制度改革、发展壮大新型农村集体经济的过程中，通过农地产权的确权、易权和折股量化等方式成立新型农村合作组织，并在内生性金融发展和村社一体联产联业等方面进行了积极探索，由此形成了特色鲜明的“塘约经验”。发展壮大新型农村集体经济的“塘约经验”，为新形势下深化农村产权制度改革，为夯实乡村组织振兴的社会经济基础提供了重要启发和借鉴。

关键词： 新型农村集体经济　“塘约经验”　乡村组织振兴　贵州

一　引言

新型农村集体经济是利用集体所有的资源要素，通过合作与联合实现共

* 基金项目：贵州大学文科重大科研项目“项目进村背景下基层社会治理的变动趋势研究”（项目编号为：GDZT201602）；贵州省社科联哲学社会科学创新团队项目：“大扶贫的基层治理研究”（省社科通〔2017〕28 号）。

** 马良灿，贵州大学公共管理学院教授，博士，主要研究方向为农村社会学；罗铄，贵州大学公共管理学院社会学硕士研究生，主要研究方向为社会学。

同发展的一种经济形态。① 近年来，发展壮大新型农村集体经济，探索这种经济形态在新时期多元化、多样化的实现方式，以此重建乡村社会的经济基础，在很多地方得以实践。党的十八大、十九大报告，十七届、十八届三中全会和十九届四中全会公报，近年来每年发布的中央一号文件、乡村振兴战略实施的系列文件以及国家发布的各类政策文件就推进农村集体产权制度改革、发展壮大新型农村集体经济、探索集体经济多元化多样化的实现方式与经营方式、推进集体经济的组织建设与法制化建设等问题进行了明确表述。这些纲领性政策文件的出台与政策表述，说明了党和政府对发展壮大新型农村集体经济问题的重视，并为乡村集体经济的复兴提供了充分的制度与政策依据。

近年来，贵州省在全面深化农村产权制度改革、发展壮大新型农村集体经济的探索过程中，积累了宝贵的实践经验。比如贵州六盘水的“三变”改革曾多次被写入中央政策文件，发展壮大新型农村集体经济的“塘约经验”曾在全国范围内引起广泛关注。本文将对发展壮大新型农村集体经济的“塘约经验”进行分析，以期为新时期推进农村产权制度改革、发展壮大新型农村集体经济，实现乡村社会的全面振兴提供某种启迪。

塘约村位于贵州省中部安顺市平坝区，距离县城约有 15 公里。村庄面积 5.7 平方公里，全村共有土地 8350 亩，山多地少，地贫石多，其中，耕地面积 4268.6 亩，林地面积 2819.70 亩，河流水域面积 155.97 亩。塘约村森林资源丰富，森林覆盖率在 70% 以上。在 20 世纪 90 年代，村庄内和村庄附近多煤矿，部分村民在煤矿站做工，因此在煤矿关闭之前与周边村庄相比，塘约村的经济情况较好。但自从国家整顿煤矿行业以来，塘约村的经济遭受巨大冲击。没有煤炭经济支撑，村民仅靠单一的农业收入无法满足生活需求。自此，全村青壮年纷纷走出农村，到沿海一带打工，村庄空壳化问题越来越突出。

塘约村下辖 11 个村小组，共 921 户 3542 人。该村曾是贵州省省级二类

① 中共中央、国务院：《关于稳步推进农村集体产权制度改革的意见》，新华网，2016 年 12 月 29 日，http://www.xinhuanet.com/politics/2016-12/29/c_1120216470.htm。

贫困村。在2013年前，村民人均纯收入每年不到4000元，村集体收入每年只有4万~5万元。集体经济的主要来源是出售集体农场的木材。但由于木材砍伐直接危及地方生态环境，需要区林业局进行严格审批。林业局出于对生态环境保护的考量，审核非常严格，这也使该村集体经济缺乏稳定的收入来源。在进行农地产权制度改革前，塘约村的集体财政处于亏空状态。全村青壮年外出打工，导致大量土地被撂荒，留守儿童和留守老年人增多。2014年，塘约村遭遇了百年不遇的特大洪水，致使全村损失惨重，村民面临的贫困问题更加突出。在“穷则思变”的思路下，塘约村村民在村两委带领下走出了一条以发展壮大新型农村集体经济为特色的乡村复兴之路。我们将从产权改革、金融支持、多元化实现方式等方面，对发展壮大新型农村集体经济的“塘约经验”进行分析研究。

二　土地产权制度改革助推集体经济发展

2014年以来，塘约村以农地产权制度改革为突破口，村两委以发展壮大新型农村集体经济为目标，走上了一条村庄复兴之路。土地产权改革一方面是为了村两委更好地对全村土地进行统一经营管理，另一方面是为了放活土地经营权，使村民将土地以流转、入股等方式加入村集体合作社，促进集体经济的发展。

首先，塘约村进行了农地产权改革并放活了土地经营权。在以家庭联产承包责任制为主体、强调统分结合的双层经营体制下，特别是“生不增，死不减”的土地经营政策，使农村家庭人口与土地分配存在严重的结构化失衡。在这样的背景下，塘约村深化了农地产权改革，将土地所有权、土地承包经营权细分为土地所有权、土地承包权和土地经营权，实行三权并置，土地所有权归村集体，土地承包权归村集体成员农户，经营权归村集体所有的金土地合作社。三权并置的前提是对土地进行确权。为推进土地确权工作，2015年，塘约村成立了村产权改革办公室，并下设土地调查小组、土地指界小组和矛盾纠纷调解小组。其中，土地指界小组成员由各村民组参加一轮土地承包和二轮土地延包的知情人士组成，土地调查小组成员由村干部、测绘公司专业人员组成。调查小组到农户家中登记现有家庭成员信息，并协同土地指界小组组织村民到田间地头进行四至指界和确认，利用航拍技术精准确定土地面积，厘清村民与村民之间、村民与村集体之间的土地权属问题。在土地确权过程中，若村民与村民、村民与村集体、村民家庭成员之间发生矛盾纠纷，则由矛盾纠纷调解小组进行调解。为了更好地解决土地确权中的矛盾纠纷，塘约村建立了三级议事协调机制。村民产生的矛盾先由村民小组组委会进行调解，若调解不成功，则由村两委进行专题调解；若村民对村委会的调解持有异议，最后则组织召开全村村民代表大会，由村民代表就矛盾纠纷进行投票表决。一般通过组委会—村“两委”—村民代表大会三级调解，土地确权中的矛盾纠纷基本上能化解。

其次，塘约村在区政府和镇政府国土、住建、农业、林业、水利部门的协助下，对土地承包经营权、林权、集体土地所有权、房屋所有权、集体建设用地使用权、小型水利工程产权、农村集体财产权等进行了“七权”确认，特别是通过对集体林权、水权的确认，为维护村民和集体利益，为发展壮大新型农村集体经济提供了产权保障。在确权和清产核资过程中，村两委成员和全村党员发挥了模范带头作用。这些人员及其亲属但凡侵占集体土地、集体林地、集体公房和集体财产的一律归还集体，或者折算成现金补偿给集体，涉及乱搭乱建的房屋则一律拆除。这些做法确保了土地确权和清产核资的公正性，也让村民看到村两委推动农地产权改革的决心，从而减少了产权改革中的矛盾纠纷以及缓解了村干部与村民的紧张关系。在 2017 年 12 月，全村完成了土地产权改革，全村七权确认如表 1 所示。

表 1　截至 2017 年 12 月塘约村完成七权同确调查登记情况

单位：亩

类别	面积
国土提供村界	8332
实际耕地、承包地	4268. 6
自留地	154. 29

续表

类别	面积
机动地	162.52
实际退耕还林	795.53
民营林	262.63
集体林	1761.50
实际集体建设用地、宅基地	148.35
其他集体建设用地(广场、停车场、连户路、庭院)	473.24
水权调查31宗(安全饮用水、灌溉水)	25.08
河流水域	155.97
道路建设	142.6

塘约村在明确集体财产权、集体土地所有权、集体建设用地使用权等权利归属后，对集体财产所有权进行清产核资，把存在的账实不符等账务问题进行盘点清理，对原先占用集体财产的各个村民小组村干部或者村民个人，进行清理归还登记，统一由村监督委员会进行监督管理。水权方面，在对水权进行确认之前，塘约村的水源点被部分村民组霸占。在开展水权入股后，全村28处小型水利工程经第三方评估价值1542万元，作价入股塘约村水务公司。水务公司通过经营农村饮水安全工程及农田灌溉工程获取水费，所获收益与村集体分享，这就为发展村集体经济奠定了稳定的基础。将自留地、集体耕地及集体林地入股合作社用于种植经营，扩大农业产业种植规模和丰富农业种植类型，加强村集体对集体土地的统一生产、统一经营管理。其他集体建设用地确权到村集体名下统一进行管理，一是便于村集体规划村庄公共场地和发展经营性用地。二是防止日后在使用过程中，村民与村民、村民与集体之间出现产权边界不清的情况，由于产权模糊争夺产权而诱发矛盾纠纷。塘约村经过七权同确和清产核资，巩固了集体所有制，之后再由村集体统一经营，带动全村村民就业和发展产业，这使得村集体经济发展的土地、人力、资金等基础要素更加稳固。

最后，在完成土地确权改革后，塘约村成立了由村两委领导的金土地合作社。合作社将全村集体资产以股份或者份额的形式量化到集体成员，实行同股同利，每年分红一次。金土地合作社是发展壮大新型农村集体经济的一种经济组织形式，它采用“党总支 + 合作社 + 公司 + 农户”的运营模式。村集体依据全村土地资源的不同土地类型进行折价流转，将全村 4881 亩土地全部入股合作社，全村村民 921 户变成股东，股权总数 5230 股。按照合作社 30%、村集体 30%、村民 40% 的收益分配比例进行利润分成，而且每年为全村贫困户额外赠送 15 股，折合为 7500 元。七权确权和清产核资不仅把农户分散的土地资源重新盘活和整合起来，促使原先模糊不清的产权逐渐清晰明朗。同时，村两委将集体资产入股合作社，使资产市场化，由此巩固了集体经济基础，增加了村民的财产性收入。同时在土地流转中为农户保留一定面积的种植土地，防止土地过度商品化而虚置了土地承包权。这样既可以满足部分农民的种植需求，又将部分村民从土地中解放出来。由村合作社统一运营全村土地，免除了村民的后顾之忧，使他们能专心从事其他非农行业的工作，为家庭带来更加稳定的经济收入，并且兼顾了一个家庭中不同人员的就业需求，村民不用再离土离乡去外地打工，形成了半工半耕的家计模式。

通过土地产权改革，塘约村村集体土地资产转变成集体经济的有形资产，土地权属更加明确，这不仅保障了农户和集体的权属利益，还为土地流转提供顺畅且稳定的渠道。原先外出务工的村民要么直接把土地撂荒，要么把土地流转给亲戚或其他村民耕种，收取一些粮食或者几百块钱作为土地流转费，但是村民与村民之间这样的土地流转行为是不稳定的，村民随时可以要回土地，土地种植规模也小。而塘约村成立村集体所有的农业经济合作组织之后，把村民的土地承包经营权转变成股权，把村民转变成村集体经济的股东，创新统分结合的双层经营模式，不仅强化了“统”的统筹功能，还发挥了“分”的稳定功能，推动碎片化的土地集中，由集体统一经营和管理，加强了村庄组织能力，把农户重新组织起来，改变以往单打独斗的局面，推动了农业产业规模化发展，破解了分散的土地经营与农业产业规模化发展之间的矛盾难题。塘约村自从进行一系列改革以后，吸引了大量在外务工的村民陆续回村，村“两委”积极为村民开创了多种就业渠道，成立村级所有的公司或者引入外面的企业进村发展，内外结合且不同类型的公司增加了村民的就业选择，村民可以在合作社打工，也可以在村里这些公司甚至是周边地方打工。这样村民每年年终获得土地流转费和利润分红，又加上在合作社务工，获得劳动报酬，农民在参与集体经营的过程中获得了发展，并充分感受到抱团取暖抱团发展的好处。

三　内生性金融夯实集体经济发展基础

为了让村庄集体经济的种子在村内落地生根，塘约村决定用发展内生性金融的方式来夯实村落集体经济发展的基础。资金短缺是农业发展的短板问题。七权确权颁证之后，赋予产权借贷抵押的功能，实现农村土地资源向农村土地资产的有效转化，村民和集体均可以持产权证书到银行进行抵押贷款。而塘约村合作社成立之初，为了解决资金不足问题，在政策支持下以集体林地作为抵押向农村信用社贷款两千万元。村集体所有的合作社建立股东大会制度，股东由全体村民组成，股东大会是合作社的最高权力机构，拥有选举和罢免理事长、执行监事的权利。股东大会每年召开一次，就合作社的重大事项进行表决。全体村民代表共同商议合作社发展事宜，规划农业种植品种，并掌握着村集体的经济发展权。合作社建立财务管理制度，实行独立的财务管理和会计核算。合作社资产运行、财务管理、收益分配实行内外监督，每周定期向镇财政部门上报合作社收入和支出情况，并由乡财政所监管合作社运营资金。因而村集体所有的合作社依靠的是内生性金融融资的方式，发展的是以农民为主体的新型农村集体经济。

合作社成立的目的是盘活农户土地经营权，将其流转、入股进村集体所有的合作社，把外出务工人员吸引回来，回村创业，并通过将农民重新组织起来，在统分结合的双层经营体制下实现公司化的连片种植和规模经营。村民通过土地流转、土地入股参与村集体经济发展。股权按500 元一亩的价格计算，土地流转费按水田、耕地、坡耕地类型分别定为每亩 700 元，500 元，300 元，土地的流转价格将每年上涨 50 元/亩、一直涨到1000元/亩为止。收益由合作社、村集体、村民按照3∶3∶4比例进行分成，即合作社提留30%的收益作为发展积累，村集体提留30%作为集体发展资金，村民分取40%的收益。对村民而言，采用入股的方式不仅可以得到与土地流转同等的租金，优先得到在合作社务工的机会，而且可以在年终得到40%的合作社分红，这样村民的土地收入 = 土地流转费 + 土地入股分红 + 合作社工资。对合作社而言，以土地入股可以使土地经营权更加稳定，这为实现农业的规模化种植，为优化农田水利设施、实现农业的现代化经营，提供产权基础。因此，股权式的产权经营对合作社和农户本身都是双赢。

塘约村金土地合作社土地分为耕地和林地，耕地主要轮种经济作物，包括韭黄、甘蓝、香料菜、茄子、辣椒、毛节瓜等等，林地主要发展精果林，如核桃、翠红李、软籽石榴、无花果，等等。合作社的发展经历了以下三个阶段，即2014～2016年为创业阶段，2017～2018年为发展巩固阶段，2019年为提升阶段。第一阶段主要追求农产品增产。塘约村建设农业基础设施，引用农用机械技术，就地就近使用村庄劳动力，以期达到农产品增产。同时，合作社对劳动者进行专业培训，使之掌握现代生产技术，并通过合作社内部劳动者之间的专业合作来实现劳动力使用的优化。合作社还对农业产业结构进行适时调整，采取延时播种、阶梯开发、适时轮作、错时上市措施和贵不赶、贱不懒的原则开展种植。合作社通过标准化的农业生产，实现与外部大市场的对接，例如塘约村的蔬菜销往贵阳、广州、广西、成都等各大蔬菜批发市场。第二阶段是追求农产品价值和价格增长收益。塘约村以发展农业为主，其中以高产农业为主，观光农业为辅，涉及建筑、运输、保洁、加工、电商等。在发展农业生产的基础上发展农产品深加工。农产品的深加工主要表现在：建立分拣中心对蔬菜进行清洗、包装再销售，提高产品附加值；引进技术对农产品进行升级处理改良加工，提高农产品市场价值；通过电商平台拓展农产品的销售渠道。第三阶段是追求品牌密集、形成地方特色的农业发展，实现一二三产的有效融合。

表 2 塘约村合作社发展阶段目标

发展阶段	耕地流转面积（亩）	发展目标
2014～2016 年	400	基础设施建设 + 劳动密集 = 农产品增产
2017～2018 年	1280	转变产业发展思路实现价值收益
2019 年至今	1950	人才 + 技术 + 村庄品牌

经过合作社的种植经营，2016 年塘约村集体及合作社分红 121.5 万元，村民共分红 81 万元，分红最高的达 8960 元，最低 1840 元。此外，合作社为贫困户优先安排就业，加上每年年终获得村集体额外赠送土地分红股金，他们的经济收入大大增加了。塘约村通过农业合作化道路实现了农民人均纯收入由 2013 年不到 4000 元提升到 2018 年的 14120 元，村集体经济从 2014 年不足 4 万元发展到 2018 年突破了 312 万元。2019 年合作社分红达到 172 万元，村集体为全村老百姓承担共计 74 万元的农村合作医疗费用，为村民提供 40 万元左右的红白酒席费用。另外，村集体为下辖的每个村民小组划拨 3 万元村集体资金修建群众广场。

塘约村新型农村集体经济的发展壮大，夯实了村级组织的社会经济基础，使农村基层组织和村干部的公共服务供给能力不断增强，村民公共生活得以开展，村民的幸福感、获得感和归属感不断提升。通过发展内生性金融的方式筑建起来的村集体经济，把农民重新组织起来，提高了农民在村集体经济建设中的主体意识和合作互助意识；把农村土地资源重新集聚起来，提高了土地资源的利用效益；把产权功能充分发挥出来，提高了村集体经济的运营效益。集体经济的发展壮大使村庄内生性的发展动力得以激发，干群关系得以改善，村民之间的团结互助不断提升，乡村社会的凝聚力不断增强。在村集体经济的带动下，一个股权型、紧密利益型的村落共同体正在形成。

四 村社一体联产联业的多种集体经营形式

在集体经济的经营方式上，塘约村实行村社一体、合股联营、统分结合的集体经营模式，并采用“党总支 + 合作社 + 公司 + 农户”经营理念促进经济发展。村社一体体现为村支两委班子成员和合作社管理人员共同管理合作社，并通过将全体村民重新组织起来，实现村集体和村民联股联营、抱团发展，最终实现全村老百姓的共同富裕。合作社是一种典型的内生性集体经济组织，强调的是村集体经济的社会效益大于经济效益。它通过搭建集体与个人、村民与村民的合作平台，调动村民的内生性发展动力，实现村民的再组织和乡村社会的重建。

塘约村的村集体经济组织则包含统分结合两个层面的合作社。第一个层面是统筹全村范围的合作社，即合作社是村集体所有的经济组织，全村所有的经济组织，包括建筑队、运输队、水务公司、旅游公司、妇女创业队等都属于金土地合作社的一部分，从而形成村庄多样性的经营模式，即合股联营，联产联业。目前，全村有独立法人资质的公司一共有四个，即金土地合作社、建筑公司、水务公司和旅游公司。这些公司收入全部归入金土地合作社，用于支付村民土地流转费、发放村民股金和充实集体经济基础。因此，塘约村在构建集约化、组织化、专业化、规模化的现代农业经营体系的基础上，培育了多种形式的农村经营主体，这些公司为塘约村集体经济的复兴开拓多样化的发展道路，促进了村集体经济的资本累积，增强了村集体经济的统筹能力。

第二个层面是各子公司管理。各个子公司在实际运作管理中，都有自己的具体管理方式。近年来，各级政府对乡村的投入不断增加，合作社作为村庄的集体经济组织，直接承接各级政府的项目，并将资源直接引入村庄，让村民直接受益。以塘约村的建筑公司为例，该公司于 2015 年 4 月注册成立，公司成员主要是返乡青年。目前，建筑公司通过承接各种项目，为集体经济创收。塘约村作为贵州省乃至国家重点打造的明星村，各级政府投入了大量资源和项目，近年来，包括村里的各种院坝、连户路、厂房、各村民小组的广场等，都由建筑公司承接建设。另外，塘约村还成立了运输队。塘约村运输队本身没有自己的人员和车辆，而是由村民自己带着自己的车辆加入，从而构成村里的运输队，村里需要运输便联系运输队队长，由他负责联系愿意拉货的人员，在雇用工人拉货之后按照计件制支付工资，平时工人也可在外面接活干获取经济收入。塘约村家政公司，前身为妇女创业队，主要是由塘约村妇女组成，参加合作社务工，或者承接外面的家政服务，同时妇女创业队还是入驻塘约村的工厂诸如电子厂等企业的主要劳动力。妇女创业队成立主要就是为了解决塘约村女性的就业问题，村里不抽取妇女创业队的收入。其余子公司例如旅游公司、水务公司正在筹建中，服装公司、编织公司是由外面的公司进驻塘约村，塘约村为这些公司提供劳动力、场地，年终按一定比例参与公司利润分成。

金土地合作社是塘约村的重要经济基础，塘约村的所有经济组织挂在它的组织结构名下。目前，塘约村一共有三个经济组织取得法人资格，包括金土地合作社，建筑队，旅游公司。通过金土地合作社与其他子公司的统分结合集体经营方式，一是可以实现发展村落集体经济，二是解决村庄村民的就业问题，三是合作社与其他子公司优势互补，降低经营风险。农业种植具有自然灾害不稳定的风险因素，同时又面临市场风险，通过与其他子公司的配合经营，可以增强村庄集体经济发展的抗风险能力，这样的多重经营组织相结合，有利于村民实现多种劳动结合，满足村庄家庭不同成员就近就业需求。像塘约村村民小组的各个广场和办公室，就是由村集体划拨部分资金，由村建筑队、运输队承包工程，村民出工出劳，共同完成的村庄公共建设。塘约村每年过年期间举办的“寻找最美塘约人”“塘约篮球杯”等，大型活动操办所需的资金都需要在村集体经济的协助下解决。

五　结语

发展壮大新型农村集体经济，探索集体经济在新形势下的有效实现方式与实现路径，突破集体经济在改善乡村治理环境、服务乡村社区居民的公共生活、克服村落空心化松散化方面的组织困境，重建村落公共性以及实现农民对美好生活需要的积极价值，顺应了新时代实现乡村社会全面振兴的时代诉求。笔者从深化农地产权改革、通过内生性金融夯实集体经济发展基础、村社一体联产联业等方面，就发展壮大新型农村集体经济的“塘约经验”进行了阐述分析。在集体经济的发展过程中，“塘约经验”还在不断地完善中。但可以肯定的是，这种集体经济的复兴，将为新形势下乡村社会的组织再造，为村落重建与乡村全面振兴提供坚实的经济与社会基础。因此，“塘约经验”在当前乡村改革和乡村振兴战略实施的过程中具有重要的借鉴意义和价值。笔者强调发展壮大新型农村集体经济，并不意味着要忽略国家对农村的公共服务投入和惠农政策，也不是要求国家取消对农村的各种政策优惠。“塘约经验”表明，国家公共服务投入和政策支持同集体经济的复兴是相辅相成、互相促进的。

B.10

贵州省农村产业革命与农户生计转型研究

——基于桐梓县Q村的实证分析

罗贤贵　李圳雨*

摘　要： “三农”问题一直以来都是党和国家高度重视的大事，推进农村产业革命，加快农业转型实现农业产业化、现代化是解决农民增收，推动城乡一体化发展的必经之路。农户作为农村社会的基本决策单位，其生计问题势必影响产业结构转型、农业现代化以及农村产业革命和社会发展的质量和方向。通过对贵州省桐梓县狮溪镇农户生计转型的具体分析，本研究把农户生计方式融入传统和现代语境中，借助可持续性生计分析框架，把农户的生存理性与人力资本结合，分析农户自给自足的传统农业在现代化的力量冲击之下，如何逐渐演变成特色种植、生态养殖与生态旅游为主的多元生计方式，推动农村产业革命。

关键词： 农村产业革命　农户生计转型　贵州

一　前言

（一）问题的提出

党的十九大报告明确提出：加快农业农村现代化发展进程，实现农户和

* 罗贤贵，副教授，贵州民族大学社会学与管理学院博士研究生，研究方向：农村社会学、社区治理；李圳雨，贵州民族大学社会学与公共管理学院社会学专业2019级硕士研究生，研究方向：社会治理。

现代农业有机衔接，并将其视为乡村振兴战略中的重点特色内容，更加强调和突出了农村社会发展与经济结构转型。“深入推进农村产业革命，既是打赢脱贫攻坚战的重要举措，也是实施乡村振兴战略的重要抓手，是贵州脱贫攻坚和经济社会发展的根本途径和长远大计”。省委书记孙志刚提出“来一场振兴农村经济的深刻的产业革命”，把农业供给侧结构性改革、农村经济结构调整、乡村振兴的产业振兴、产业扶贫有机结合起来。① 改革开放四十多年来，中西部地区存在巨大差异，农村与城市之间差异尤为明显。城市地区的非农性经济收入、多渠道创业就业机会、开放包容的多元文化等吸引大批农村青壮年劳动力涌入城市。一方面为城市高风险低收入岗位、劳动密集型产业以及“脏、累、差”行业提供了大量人力资本；另一方面为农户带来非农性经济收入，在提高家庭成员物质生活水平、助力家庭摆脱贫困、推动农村经济社会转型等方面起着十分重要的作用。新中国成立 70 年以来，农村发展在实践探索中，走出一条具有中国特色的农村发展道路。无论是以“恢复国民经济”、“以农养工”、“赋权放活”、“建设社会主义新农村”，还是以“乡村振兴”为主题的农村发展战略，都说明实践逻辑是侧重于解决不同层面的农村发展问题。2019 年的中央一号文件指出，调整优化农业结构要大力发展紧缺和绿色优质农产品生产，推进农业由增产导向转向提质导向，注重农业从量到质的飞越。2020 年中央一号文件围绕“三农”问题将小农户融入产业发展链。当前，我国农村已经开始迈向现代化转型，农户生计方式与传统相比发生巨大变迁。农户生计不再只是依靠单一的粮食种植，而是形成以经济作物为主，特色农产品种植、加工、销售融为一体，发展乡村旅游以及特色文化消费等多元化的产业链。

农户是认识农村社会的一把钥匙，是理解和分析农村社会的关键。农民与社会、国家和市场的关系是以户作为基本单位，农户是我国研究农村贫困与发展问题的基本单位。在探讨农村发展过程中，我们更应该从农村社会存在的基本矛盾和真实情况出发，关注农村的社会事实。迪尔凯姆认为：“一

---

① 资料来源：《贵阳日报》2019 年 9 月 24 日，第 2 版。

切行为方式，不论他是固定的还是不固定的，凡是能从外部给予个人约束的，或者换一句话说，普遍存在于该社会各处并具有其固有存在的，不管在其个人身上的表现如何，都叫作社会事实”。[①] 不难看出，在当前农村社会发展过程中，一个十分重要的社会事实就是农户生计正在发生巨大转型。农户生计作为一种物质性社会事实，它可以直接被我们观察和感知，我们甚至可以通过它来透视整个农村经济结构调整和农村产业革命的过程。恩格斯认为：“小农是小块土地的所有者或租佃者——尤其是所有者，这块土地既不大于以自己全家的力量通常所能耕种的限度，也不小于足以养活他的家口的限度”。[②] 自家庭联产承包责任制实施以来，我国农户以家庭经营为主，是在特定资源禀赋下以家庭为单位、集生产与消费于一体的农业微观主体。“小农”是生产关系“质”的规定性和生产力水平“量”的规定性辩证统一，而“小农户”是“小农”的“量的规定性”的独立反映，是可以进行独立核算的合成单元（叶敬忠，2019）。“生计”被广泛应用于贫困地区农村问题的相关论述中，其概念在不同语境中有着不同的含义。Chambers 和 Conway（1992）的研究认为。生计是谋生方式，该谋生方式建立在能力、资产和活动的基础之上。Scoones（1998）研究认为：实现不同生计策略的能力依赖个人拥有的物质和社会资产、有形和无形资产。他根据此观点重新划分了自然资本、金融资本和人力资本。现有农户生计研究中，大多从社会结构视角，即关注国家现行的政策环境、市场经济需求和生态环境等结构性因素对农户生计变迁带来的影响。这类视角以民族地区为载体，选取个案作为研究对象进行深刻剖析，以达到解释的目的。首先，有学者从少数民族文化的视角解释农户生计变迁，传统文化与生计变迁是相互影响与适应的过程（唐娜，2017；彭凤，2015；马宁等，2017）。其次，部分学者结合工程移民、扶贫移民，指出农户后续生计存在抗风险能力低、生计资本脆弱以及社会融入差等问题（杨云彦等，2009；束锡红、聂君等，2017）。我国现有农

---

① 〔法〕迪尔凯姆：《社会方法的准则》，狄玉明译，商务印书馆，1995，第 34 页。

② 《马克思恩格斯文集》（第 4 卷），人民出版社，2009，第 362 页。

村发展研究中，“生计”这一概念反映出了中国农户生存状态的复杂性，更有助于我们理解农户为了生存需要而采取的相关策略。

（二）样本情况

样本村（Q 村）隶属于贵州省遵义市桐梓县狮溪镇，地处狮溪镇集镇东南面，距集镇 15 公里。全村辖有庆丰组、当坝组、兴隆组、新坪组、二台组、四沟组、李子组和三组共计 8 个村民组，共 614 户 2579 人。全村流动人口 257 户 1021 人，常住人口 1100 人，耕地面积 3304 亩，其中稻田 363 亩，属于省级一类贫困村，是贵州省方竹笋的原产地之一。2018 年以来，狮溪镇紧紧围绕“方竹旅游小镇、黔北生态粮仓、产业聚集高地、多元文化圣地”的发展定位，按照“山上方竹、山腰果药、坝区粮蔬”的规划布局，以全力实施“百千万工程”为抓手，用“三条腿”走出产业发展新道路，出台了“新六条”奖、补政策鼓励措施。“新六条”奖、补政策，即在全镇范围内不再种植玉米，鼓励大户种植、多元化模式种植、合作社 + 经营模式发展、规模化发展订单农业和养殖大户多元化发展。2018 年狮溪镇调减玉米种植面积 1.1 万亩，产业结构调整种植 2.32 万亩，其中南瓜 2000 亩，辣椒 3000 亩，红高粱 5000 亩，牧草 500 亩，水果 1550 亩，红薯 3500 亩，马铃薯 2300 亩，方竹育苗 500 亩，退耕还林 4850 亩。巩固方竹产业 6.5 万亩，覆盖全镇 8 个村 6300 户，占全镇农业户数的 60%，年产鲜笋 7000 吨、产值 6000 万元，农村产业革命初见成效。自 2018 年实施推进方竹笋育苗基地建设以来，以当坝组（250 亩）和高桥组（200 亩）为核心，辐射带动庆丰组（100 亩）、新坪组（100 亩）及兴隆组（150 亩），实现育苗 800 亩，其中营养袋 500 亩，排栽 300 亩。在乡村振兴背景下，Q 村是狮溪镇因地制宜进行农户生计转型的典型，方竹笋产业已经发展成为 Q 村实现脱贫摘帽的支柱产业。据桐梓县《2019 年贫困人口脱贫退出的公告》，2019 年贫困人口脱贫共退出 3359 户 9166 人，其中狮溪镇贫困人口脱贫退出 199 户 627 人，Q 村贫困人口脱贫退出 18 户 47 人。

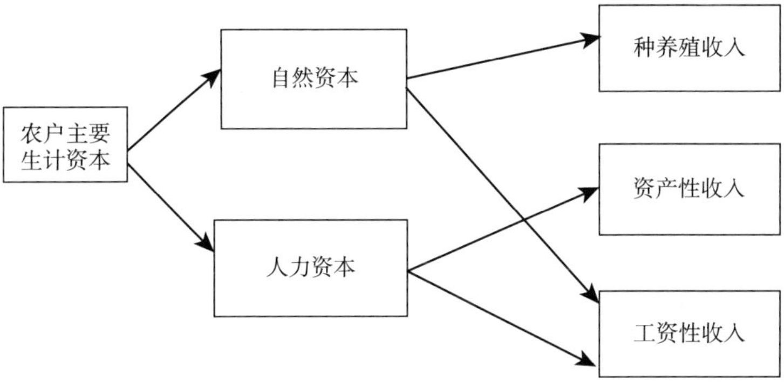

图1 Q村农户主要生计收入示意

二 传统产业：农户“自给自足”的单一农业种植

费孝通曾指出：“乡下人最离不开的是泥土，因为在乡下住，种田是最基本的谋生方法。”① 在一个传统闭塞的乡村里，人们的社会活动始终是围绕着土地展开的。中国农户世世代代守着土地，土地作为农户生存的根，是支撑其继续活下去的重要保证，土地作为农民生存的载体，也折射出农民世代劳作和农耕文化的传承，在传统落后的农业生产工具和自然环境下，农户生计的脆弱性是不言而喻的。中国传统农业耕种世代相袭，坚持顺应自然为出发点，通过生产工具和理念构建起一套传统农业形式，具有独特的经验式特征。最早的原始农业时期，农业生产制度以撂荒耕作制为主，汉代夜郎中心地区进入了“田耕，有邑聚”的定居农业社会，春秋时期贵州与中原已有联系。唐代遵义已经开始兴修水塘库堰，乌江以北地区出现稻田两熟制，其他地区生产水平低，为刀耕火种的畲田。据《黔记》记载，明万历年间，贵州省有10.56万户，50.94万人，有耕地1212.67千公顷，人均耕地23.8公顷。农作物以水稻为主，大麦、小麦、荞麦、

① 费孝通：《乡土中国》，上海人民出版社，2007，第30页。

大豆亦有种植。当时贵州监察御史伍星会的奏折中有“乌撒（今威宁一带）已受灾，二至六月，溪水不时，二麦苗稼瀹损，荞长稻禾俱不实”的记载。传统种植业主要依靠粮食作物，农户进行着自给自足的经济生产活动。粮食作物产量低，品种单一，耕作方式依靠人畜合作完成，效益低下。“记忆中原本的Q村只有几户人家，耕种的面积也少，家里世世代代都是种地，那个时候家里共有五兄妹，父母都是农民，家里除了种玉米就是种土豆。种玉米是一个‘技术活’，挖地、除草、施肥这些环节一个都不能少，还要有好的气候土壤，万一有旱灾洪涝灾害粮食就没有收成，庄稼种植靠人力和黄牛，加上还要上交农业税，家里真的一点办法（都）没有”。

从原始社会的游牧农业到现代社会的农耕文明，人类在不断征服自然并利用自然资源的基础上得以进步和发展。随着家禽驯养以及养殖种类的增多，人们生活从此稳定下来，人类物质生活水平得到显著提高。“牛是农家宝，耕田少不了”，“槽头耕牛兴旺，地里五谷丰登”。传统时期的农户不仅是种植水稻玉米，同时也饲养家禽，与西方国家同时期饲养草食性动物牛羊供人们食用不同，中国饲养牛是将其作为生产工具，为种植业的生产提供工具上的保障。我国传统农业是以种植业为主、养殖业为辅的发展模式，并在这个过程中发展出了两种业态相互依存、相互依赖的关系。从历史上看，贵州是农牧结合型农业，畜牧业占比28%～30%。畜牧业处于种植业的从属地位，“养牛为种田，养猪为过年，养马为运货”。此外，农户的家庭饲养一般只是作为农户家庭副业的小规模养殖，养殖数量较少，养殖牲畜的目的强调实用价值，即是一种“享受性养殖”而非“利润性养殖”。“在我小时候家里最先养的就是鸡，一直持续到现在。以前没有通路，别说去县城，就连镇上都要走很久。所以大家宁愿忙自己的农业也不会去赶集。一是穷，二是自己养的家禽平时节约点也够食用。现在偶尔也会送鸡给亲戚朋友，他们觉得这种原生态的养殖比较健康。我们平时很少宰杀牛，黄牛是我们犁地的工具，没有它，我们种田花费时间和力气就更多”。

三　现代农村："多元取向"的产业发展模式

（一）政策引导，产业助推农户实现生计转型

2011 年，贵州省把生态畜牧业确定为十大扶贫产业之一；2014 年，贵州省出台了《关于加快推进山地生态畜牧业发展的意见》，提出"稳定发展生猪，突出发展牛羊，积极发展家禽，因地制宜发展特色养殖"；2017 年，《贵州省"十三五"现代山地特色高效农业发展规划》提出，坚持稳定发展生猪，突出发展肉牛肉羊等草食畜牧业，加快推进振兴奶业，积极发展家禽和特色养殖业。2017 年肉类总产量达 230 万吨，禽蛋产量达 25 万吨，牛奶产量达 20 万吨，建成人工种草保留面积 1000 万亩，年产值达 1000 亿元以上；2019 年，贵州省政府办公厅《关于加快推进生态渔业发展的指导意见》指出，以"零网箱·生态鱼"为目标，将绿色发展理念贯穿于水产养殖生产全过程，以渔控草、以渔净水，推动渔业高效益、高品质与高产量均衡发展。同年，贵州全省针对产业发展的新形式，结合乡村振兴，确定了以茶、食用菌、蔬菜、生态畜牧、石斛、水果、竹、中药材、刺梨、生态渔业、油茶、辣椒等 12 个特色产业为主攻方向。2019 年 2 月，贵州省委办公厅、省政府办公厅出台了《省委省政府领导领衔推进农村产业革命工作制度》，分别由 12 位省领导领衔，全省成立 12 个产业领导小组和工作专班，强力推进 12 个产业加速发展。

表 1　2011～2018 年贵州省主要农产品产量情况

单位：万吨

类别	2011 年	2012 年	2013 年	2014 年	2015 年	2016 年	2017 年	2018 年
粮食	876.90	1079.50	1029.99	1175.90	1214.57	1264.26	1242.45	1059.70
油料	95.32	103.94	107.12	112.89	114.80	115.28	115.52	112.62
烤烟	32.48	37.28	41.75	35.30	32.89	27.46	24.45	22.77

续表

类别	2011 年	2012 年	2013 年	2014 年	2015 年	2016 年	2017 年	2018 年
水果	121.81	139.89	159.23	187.34	216.89	235.84	280.14	369.01
肉类	179.97	190.27	199.74	201.80	201.94	199.28	207.57	213.73
水产品	10.88	13.47	16.70	20.99	24.98	24.65	25.48	23.73

资料来源：2019 年《贵州省统计年鉴》。

表 2　2014～2018 年贵州省马铃薯产业主要指标情况

指标	2014 年	2015 年	2016 年	2017 年	2018 年
播种面积(千公顷)	680.54	668.71	687.84	699.80	730.06
产量(万吨)	225.53	229.70	221.56	231.73	241.37

资料来源：2019 年《贵州省统计年鉴》。

表 3　2014～2018 年贵州省养殖业主要指标情况

指标	2014 年	2015 年	2016 年	2017 年	2018 年
猪出栏数量(万头)	1983.31	1947.03	1925.38	1825.15	1869.87
牛出栏数量(万头)	117.35	133.26	140.72	150.99	157.53
羊出栏数量(万头)	288.10	332.24	368.85	286.05	297.12

资料来源：2019 年《贵州省统计年鉴》。

乡村振兴背景下，贵州省各地区通过紧抓产业扶贫，助力脱贫攻坚，努力突破农户和现代种植业、养殖业的生产弱势、组织弱势和市场弱势。根据统计数据（见表 2、表 3）可以看出，2018 年贵州省主要农产品产量相比 2017 年总体处于增长状态。特别是水果总产量比 2017 年增长 31.7%，肉类总产量比 2017 年增长了 3%。现代种植业中马铃薯种植面积持续扩大，2018 年比 2017 年增长了 4.3%，产量比 2017 年增长了 4.2%。根据 2019 年《贵州统计年鉴》，在养殖业方面，生猪出栏数量 2018 年比 2017 年增长了 2.5%，牛出栏数量比 2017 年增长了 4.3%，羊出栏数量比 2017 年增长了 3.9%，种养殖产业整体处于上升趋势。在政策引领下，当地农户生计方式开始转型，实现以生态养殖业为主要生计方式。2018 年以来，Q 村坚持以市场需求为导向，以结构调整为抓手，紧紧依托一批龙头企业大力发展种植业、养殖业。逐步从粗放量小向集约规模转变，从“农户各自为政”向形成紧密相连的产业发展共同体转变。截至2019年已新修建养殖场3个，其中扶贫项目2个，县级奖补项目1个；新建特色青蛙养殖场1个；改扩建养鸡场1个，带动当地贫困人口142人，实现每人年增收3500元目标。2019年1月中旬Q村成立养殖农民专业合作社，截至2019年共有176户村民入社，其中建档立卡贫困户85户，实现贫困户入社100%。政府通过各种渠道给农户提供服务，组织技术培训帮助农户大力发展生态养殖，让农户共享发展成果。“政府会给我相应的补助，也会定期派专业的技术人员过来指导。我现在养的第一批山羊马上就要卖了，政府已经帮我联系了重庆的一家公司，过几天他们就会来收。这次卖山羊除了成本以外，我可以挣10万块钱”。

表4 Q村产业发展常见模式

产业发展模式	一、二、三产业	具体产业类型
村党支部+合作社+农户	第一、三产业	(1)特色种植业:方竹笋产业 (2)特色养殖业:山羊 (3)现代服务业:乡村农家乐
合作社+公司+贫困户+农户	第一产业	特色种植业:有机蔬菜(国脆萝卜、南瓜、红薯和土豆)
公司+村党支部+基地+农户+贫困户	第一产业	特色种植业:水果(车厘子、蜂糖李)、烤烟
村党支部+合作社+农户+贫困户	第一产业	特色种植业:辣椒
村党支部+合作社+基地+贫困户	第一产业	特色种植业:优质大米

资料来源：根据调查资料整理。

实现农户与现代农业发展的有机衔接，是政府部门和学界都较为关切的话题。近几年，这一问题显得越来越明晰和紧迫。从当前农户发展来看，农户有着自身的生产优势，这在家庭经营的精细管理中得以体现。各地积极推行土地经营权入股，形成“公司+农户+合作社”模式，推动建设农产品加工基地。通过基层党组织和“科技下乡”力量实现现代农业企业与农户“大手”牵“小手”的“手牵手”互助模式。Q村曾是省级一类贫困村，在政府引导下，2018年以来，准确定位发展方向，通过发展绿色种植业，主抓方竹笋产业，该村的方竹笋产量领跑全县，当年实现农户增产增收。Q村采用“村党支部+合作社+农户”的发展模式，成立农户专业种养殖合作社，这一举措不仅吸引了200多名在外务工人员回乡发展方竹产业，同时还吸引了其他地区的人来此就业。“通过村社合一模式，集中打造方竹育苗基地800亩，育苗3500万余株，能够满足县域内新造方竹林23万亩，涉及农户100多户，并以每袋1.75元保底收购，再出售给当地林业局，不仅让当地的农户直接受益，同时也壮大了集体经济，我们现在日子好很多了”（FT-20190608-ZGY）。政策鼓励是现实农户与现代农业有机衔接的重要措施，对于推动农户实现农业产业化发展具有重要意义。

Q村农民承包经营方竹、楠竹等产业，规模面积达到500亩以上农户，可享受当地政府“关于竹产业的政策”补助，这种激励措施推动农业产业化发展，实现农民从传统耕地农民向现代职业农民转型。随着政府公共基础设施的不断完善，村村通油路完成，农产品外销成为现实，给Q村的方竹笋销往云南、重庆等地提供了基础保障。Q村依托方竹产业发展，有效解决了当地村民的务工就业问题，直接带动就业1000人左右，Q村群众预计育苗纯收益1200万元、当地务工总收入300多万元。Q村在方竹育苗高峰期，工人每天需求多达1000多人，工人日工资在140~380元之间，甚至出现了“一工难求”的状况。2019年10月当地政府按照农业产业结构调整战略，以“方竹育苗、中药材、反季节蔬菜”三个产业项目进行布局，积极推行“坝长制”，即由县党政主要负责人担任“坝长”，负责组织领导相应坝区管理工作。截至2019年，已在全县共打造10个500亩以上的坝区，致力于将坝区培育成现代农业的“样板田、科技田、效益田”，Q村与邻村合作共同打造车厘子、蜂糖李等2700亩精品水果种植基地。已种植白芨50亩，车厘子和蔬菜350.6亩，方竹笋育苗190.5亩。自Q村“三品”种植基地成立以来，成功解决了当地40多户群众、14户贫困户以及外地务工人员的就业务工问题。

（二）生态旅游业，农户生计模式新常态

习近平总书记指出：“绿水青山就是金山银山”。从“四位一体”到“五位一体”，从中央到地方，生态文明建设已经成为衡量经济社会发展成效的重要指标。新时代背景下，推动生态文明建设，发展乡村生态旅游成为一种新的经济常态，并成为提高农民非农性收入的重要手段。生态旅游发展是单一种养殖业向一二三产业融合发展转变的重要体现。大力发展生态旅游，把自然资源与文化特色等优势资源转变为当地优势经济发展，是推动贵州省社会经济发展的重要内容。贵州省是世界旅游组织乡村旅游发展的重要观测点，是全国率先将国际乡村旅游理念引进并付诸实践的省份。生态旅游是以自然资源为基础，以吸引游客观光休闲消费为目的，以饮食、娱乐服务为手段，以城市居民为消费群体目标，融合第一产业和第三产业的新型现代产业。Q村依托当地旅游景点创建省级旅游度假区，积极围绕当地旅游项目建设，做大做强“吃、住、行、游、购、娱”配套服务，打好旅游产业发展牌，给当地农户开创生计来源。Q村通过产业链的横向拓展，即以农业生产和农村田园环境为基础，将农业产业链由一产向三产延伸，大力发展休闲农业、乡村文化产业、乡村旅游业，实现农业和旅游业的有机融合，打造新业态，开创出新型的农业经营模式——家庭型乡村旅游模式，即农户以家庭为单位，利用特色农产品资源优势为游客提供服务。这种旅游发展模式“门槛低、兼营性强、灵活性高”，给农户更多的自主发展空间。农户通过向游客提供乡村旅游餐饮服务、特色农产品、民宿休闲、农业种植体验等获得经营性收入，使家庭非农性经济收入大幅增长。Q村通过发展生态旅游，带动了农户农副产品和土特产的销售；促进了当地的竹笋产业发展，扩大种植面积；提高了农户家畜、水产等养殖规模，使农户家庭经营性收入明显增长。“我有自己的竹林，特别是春夏秋季节，来采摘竹笋的游客很多。我就和家人商量开农家乐，旺季我就回家来帮老婆，淡季我就出门打工，这样一来家庭收入就增加了。刚开始做的时候很艰难，自己没有钱，但是政府想方设法地帮我们解决”。“我家现在一心搞旅游，除了我们老人种菜吃或者卖

给游客，家里的年轻人都种地也不外出，就只开农家乐”（FT－20190608－JYX）。“我家现在种植了一大片方竹笋，今年刚育苗。老公负责在外面挣钱，我和父母孩子就在家忙活，感觉一年四季都在忙，有时候忙不过来了，就不种植了，今年忙不过来就没有种植辣椒。”

表5　2014～2018年贵州省旅游业指标发展情况

指标	2014年	2015年	2016年	2017年	2018年
旅游人数总计(万人次)	32134.94	37630.52	53148.42	74417.43	96858.12
旅游总收入(亿元)	2895.98	3512.31	5027.54	7116.81	9471.03

资料来源：贵州省旅发系统。

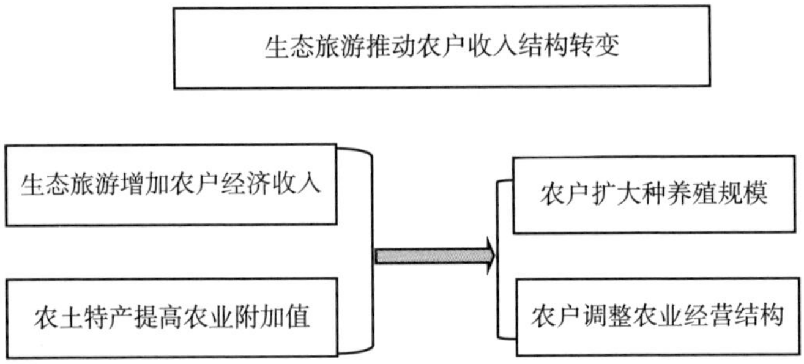

图2　Q村农户旅游收入增长机制

农业现代化带来农村种养结构调整，农户职业结构变迁，大量劳动力从传统农业中解放出来，劳动力出现剩余，反过来又进一步加快了农业产业发展和农民职业转型。从Q村调查发现，剩余劳动力主要有两种流向，一种是进城务工，成为农民工阶层；另一种是在家发展旅游业，成为创业者。而在家发展旅游的创业者们，主要有三种生计维持模式。第一种是只依托乡村旅游业的生计模式。这种模式下农户以当地部分中老年人为主，他们专门为旅游经营而种植蔬菜、方竹笋以及一些特殊农产品。围绕方竹笋生长周期形成季节性旅游，原来从事农业生产的劳动人口转型从事乡村旅游，他们要么自行创业，要么受雇他人。但无论是雇主，还是被雇者，与传统农业种植相比，这些农户都实现了经济收入的显著增加。第二种是以旅游业为主导，外出务工为辅的生计发展模式。这种模式主要是夫妻共同经营居多，男性户主会在旅游淡季外出务工或选择在本地从事其他非农性劳动。第三种是既坚持外出务工，又坚持发展旅游业的兼营生计模式。这种模式下的农户家庭劳动力较为丰富，经营效果较好。往往是家庭妇女、中老年劳动力经营旅游，而青壮年则外出务工。从收入效果来看，第三种模式大于第二种模式，而第二种模式又大于第一种模式。无论农户进行哪种模式的经营，都从不同程度上反映出农业现代化背景下农户生计策略已经实现从传统到现代的转型。农户为维持或追求更好的生活而不断进行自我调整，这既是一种农户适应的过程，也是一种转型的过程。这种适应与转型并存的过程，是农户对人力资本、自然资本以及现代化背景的充分认知与重构。Q村这种生态旅游发展结合农户实际情况的发展模式，把生态旅游作为农业的横向延伸，是农户生计方式从农业向兼业、非农职业的转变，体现出新时代背景下农民的科学思维与理性行动的实践逻辑。

四　农户生计转型的实践逻辑与反思

（一）精英缺失与人力资本再造

2020年中央一号文件明确指出，要不断深入实施农村创新创业带头人培育行动。这部分带头人往往是作为乡村社会中的精英存在，起着一定的引领作用。帕累托认为，精英循环是一类精英被另一类精英取代的政治现象，是精英之间的流动，这种循环和流动是保持社会平衡的基本因素。无论在任何时期，精英对社会发展都起着十分重要的作用。一方面，农村社会正在经历着从“人口输出”向“人口输入”的转型过程。农村劳动力的“换地区”流动从侧面反映出农户生计资本的扩大化，但并不能否定乡村精英当前所面临的现实困境。改革开放后，随着城镇化和工业化的不断发展，大量农村人口流向城镇地区，农村出现了旧精英衰落与新精英流失的双重困境。同时，新旧精英之间的转化又缺乏有效衔接，从而出现人才断裂。传统精英受年龄、身体、思想观念以及知识学习能力等因素影响，与现代农村发展对精英的要求出现差距，从而使其逐渐丧失在农村的优势地位。但新生代劳动力大量流向城市，使农村现代精英人才缺失，从而出现新旧精英人才“青黄不接”的困境。要想实现农业现代化、农民职业化、城乡一体化，那么就必须实现再造人力资本。另一方面，从Q村实际分析看，生计转型过程中对策选择多元化的农户，在劳动力总量上和文化程度上具有明显优势。人力资本作为可持续分析框架的重要一环，是生计可持续发展的重要驱动力。农民是乡村振兴的创造者、参与者和受益者，农村展现生机需要人的回归，要实现乡村振兴，必须促进旧精英的转化升级和建立新精英回流机制，积极培育农户的乡村创业、就业积极性，把农户的主体性与构建农村发展的现代性放入同一个框架中，走出一条农村从快速发展到更好发展的道路，激发农户自身动力，培养现代农业背景下的本土精英，发展农村经济，实现农业现代化和农民职业化。

（二）“趋同”性与产业链的重构

“趋同”现象是指在规范和压力之下的组织制度趋同以及不确定情况之下的模仿导致的趋同，这很好地解释了组织之间相互模仿、经济竞争所形成的特殊现象。在农村发展过程中，当一种政策的顶层设计不是很明晰时，人们会通过模仿好的示范点来谋求农户的生计发展。当前，不少地方打造特色农业示范区，这些示范区扮演着“先行者”的角色进行探索，取得良好成效，引起其他地区的学习和模仿。从农户发展的几种模式来看，主要体现出“合作社”和“公司+农户”模式，这两种模式在全国范围内具有普遍性。这些模式的主要目的在于突破农户的生产弱势、组织弱势和市场弱势，以规模化的方式将农户引入我国现代农业化的轨道。从农民专业合作社的角度出发，强调非市场化、非官僚制的合作原则，但仍然受农村的劳动力结构、农村宗族势力的影响。这样一来，农民专业合作社的初心便改变了，容易走向“异化”，不能很好地将农户与现代农业衔接起来，反而将二者分开。从公司+农户类型来看，主要有四种模式：公司与农户的松散联结型、订单农业型、公司+基地+农户型、公司和农户的股份合作型。调查发现，Q村在订单农业型发展模式中，公司和农户之间建立契约关系，各自履行相应的义务，这两年发展势头良好，但是也存在不少问题。这种模式受到市场经济的影响，公司作为利益最大化的追求者始终是站在成本收益的角度考虑问题，并且产品的价格经常处于上下波动状态；合同约束存在脆弱性，很容易导致双方的机会主义倾向，潜藏着一种不稳定和危机。公司+农户型模式受市场化因素或者行政强制因素约束，无形中埋下了企业侵蚀农户利益的隐患。产业发展模式也呈现趋同性，这种趋同性则体现出农村发展方式要进行革命性的转变。从贵州省全省的农业发展来看，在发展模式和农副产品的培育上大同小异，实质上是农业产品存在"趋同性"。这种趋同性导致农产品在市场竞争中的优势减弱，给产品的销售带来压力，出现价格恶性竞争，导致农户利益受损，直接影响农户的生计问题。革命性的发展方式要求很高，需要把种植方式、加工方式和现代市场竞争等统筹起来，让农民得到利益，是一种脱胎换骨的变化。因此，要坚持"一县一业""一村一品"的理念，找准发展定位，选对特色产品。坚持一张蓝图绘长远，有计划分阶段进行。首先，要打造地方知名农产品品牌，增加优质绿色农产品供给。其次，坚持产品多样化，产业发展多元化，产供销一体化。再次，要不断完善特色产业市场机制、重构产业链。要运用"互联网+农产品"交易平台，推进网上交易的发展，实现线上线下同步销售，让特色产业真正能够合理有序地运行起来，不断促进一、二、三产业融合发展，坚持"工业下乡""科技下乡"，增强农户抵御风险的能力和生计可持续发展的能力，确保不发生主观性引起的返贫问题。

（三）整体规划布局与旅游观念重塑

农村是人与自然关系最密切的区域，是我国生态文明建设的主战场。贵州省近几年通过发展乡村旅游，解决了不少农村劳动力创业就业问题，对增加农户非农性经济收入具有十分显著的效果，但也存在诸多问题。产业发展缺乏市场分析，旅游产品单一，资金投入少，基础设施不完善以及经营不规范等问题在乡村旅游中较为突出。很多地方旅游发展缺乏资源优势和游客市场，凭着一股热情盲目发展乡村农业旅游，既没有突出自己的特色，又造成同一地区内重复建设项目。此外，家庭旅游中农户缺少相应的法律法规意识。特别是针对农家乐的发展，农户具有兴办旅游的积极性，但政府对发展乡村旅游缺乏详细的乡村旅游管理法、“农家乐”管理法以及农户旅游接待相关要求标准，阻碍乡村旅游产业持续健康发展。像贵州省这样的西部地区省份要坚持支持作用型乡村旅游发展模式，使支持子系统在乡村旅游系统发展中起主导作用，从而推动乡村旅游的发展。在支持作用型发展模式中，要转变观念，提高认识，坚持以人为本，不断调整和优化产业结构，加大资金投入，大力发展以乡村旅游业为主的第三产业，促进农村剩余劳动力的转移。特别是在乡村振兴的时代背景下，需对乡村旅游发展进行再认识，要做到因地制宜，科学规划，坚持区位优势、资源优势、市场导向和综合效益的原则。

五　结语

中国作为一个典型的农业大国，农户很长一段时间里是以“乡”为底色，以“土”为气息，以乡规民约为日常生活准则。土地作为传统农业的根本资源，是农户生产生活以及相关活动的重要载体，自然资本、人力资本与农户生计密切相关。农户从依靠传统种植业、家庭养殖的生计方式到依靠政策推动下的农业产业革命，新的生计方式为农户的经济来源和乡村未来发展带来了更多自主性。自然资本的缺失与生存理性之间的矛盾从根本上决定了农户生计转型的必然性，生存理性决定着农户生计转型必然发生。农户生计的多元化取向不仅是基于自身“能力”选择的结果，也是未来生计发展所表现出来的重要趋势，是为了避免当地的自然灾害和市场经济不稳定带来的生计风险而做出的长期生计策略。产业兴旺是乡村振兴战略的首要任务，产业政策的实施也影响着农户的生计方式。如果没有产业的发展，乡村的内生动力将不足，发展也不会长久，可持续生计也就无从谈起。正所谓“产业兴，则百业兴、百事兴”，将产业兴放在乡村振兴战略的首位，通过农村一二三产业的深度融合，加速推进农村产业革命。因此，在乡村振兴的过程中，尤其是在西部地区农户脱贫攻坚中，要坚持因地制宜，注重县域特色产业发展，充分发挥市场机制效应，使乡村的地域特色资源能够通过直接和间接的方式转化为农户的生计资本，增加农民财富，充分释放乡村经济活力，农户将自身的主体性与乡村的发展相融合，呈现一个“产业兴旺、生态宜居、乡风文明、治理有效、生活富裕”的新乡村。

参考文献

〔法〕迪尔凯姆：《社会方法的准则》，狄玉明译，商务印书馆，1995。

《马克思恩格斯文集》（第4卷），中共中央马克思恩格斯列宁斯大林著作编译局，人民出版社，2009。

费孝通：《乡土中国》，上海人民出版社，2007。

〔意〕帕累托：《精英的兴衰》，宫维明译，北京出版社，2010。

叶敬忠、张明皓：《“小农户”与“小农”之辩——基于“小农户”的生产力振兴和“小农”的生产关系振兴》，《南京农业大学学报》（社会科学版）2019年第1期。

叶敬忠、豆书龙、张明皓：《小农户和现代农业发展：如何有机衔接?》，《中国农村经济》2018年第11期。

唐娜：《从刀耕火种到菜场务工——麻山苗族生计方式变迁》，《民间文化论坛》2017年第2期。

彭凤：《生计方式的改变对白族传统村落的影响——以大理沙村为例》，《荆楚学刊》2015年第6期。

马宁、周园朝：《西藏俊巴渔村村民生计方式变迁调查》，《西藏民族大学学报》（哲学社会科学版）2017年第5期。

杨云彦、赵锋：《可持续生计分析框架下农户生计资本的调查与分析——以南水北调（中线）工程库区为例》，《农业经济问题》2009年第3期。

束锡红、聂君、樊晔：《精准扶贫视域下宁夏生态移民生计方式变迁与多元发展》，《宁夏社会科学》2017年第5期。

邹超亚：《贵州农业历史发展与启示》，《耕作与栽培》2009年第4期。

《贵州省人民政府办公厅关于加快推进生态渔业发展的指导意见》，《农技服务》2019年第5期。

严火其:《中国传统农业的特点及其现代价值》,《中国农史》2015 年第 4 期。

张树民、钟林生、王灵恩:《基于旅游系统理论的中国乡村旅游发展模式探讨》,《地理研究》2012 年第 11 期。

张亚芝:《产业链视角下贵州山区乡村文化旅游发展路径探析》,《商业经济》2019 年第 5 期。

李斌、李小云、左停:《农村发展中的生计途径研究与实践》,《农业技术经济》2004 年第 4 期。

R. Chambers, G. Conway, "Sustainable Rural Livelihoods: Practical Concepts for the 21st Century," *Institute of Development Studies* 17 (1992): p. 296.

社会舆情篇

Social Public Opinion Reports

B.11
2019年贵州省易地扶贫搬迁舆情报告*

李 高　罗林海**

摘 要： 2019年是贵州易地扶贫搬迁助力深度贫困地区精准脱贫取得显著成效的一年。在易地扶贫搬迁舆情传播中，融媒体传播、全媒体互动态势明显，主流媒体的影响力、社交媒体的粘合力、政务新媒体的号召力全面彰显，贵州易地扶贫搬迁话题总体上积极、正面。但是，该年度相关敏感舆情依然存在，从热度排行榜看，干部作风问题备受关注，易地扶贫搬迁过程中及搬迁后的问题也引起媒体注意；从年度走势特点看，在2019年，以1、4、6、8月四个月为敏感舆情高发月份；

* 本文系贵州省社会科学院2019年度省领导圈示课题“贵州易地扶贫搬迁户后续生计问题研究”（项目编号：QS2019034）阶段性成果。

** 李高，贵州省社会科学院助理研究员，研究方向为应用社会学、宗教社会学；罗林海，多彩贵州网助理编辑，研究方向为网络社会学。

从年度主题分布来看，主要体现在七个方面，而以易地扶贫搬迁综合性诉求为最多，占敏感舆情总数的一半；从地域分布来看，则主要集中在毕节市、黔东南州和黔西南州。通过对2019年贵州易地扶贫搬迁舆情，特别是敏感舆情的分析，我们得到如下启示：从舆情处置来看，要做到“实、快、导、立”，从政府治理来看，要公开透明、强化监管、加大宣传、作风优良。

关键词： 精准扶贫　易地扶贫搬迁　舆情监测　贵州

引　言

众所周知，贵州是中国脱贫攻坚主战场。扶贫部门数据显示：截至2014年末，贵州全省尚有贫困人口623万人，占中国贫困人口的8.9%，数量位居中国第一。2015年12月，贵州把易地扶贫搬迁作为脱贫攻坚“当头炮”，对居住在“一方水土养不起一方人”的地方的贫困人口，开展了贵州历史上规模空前的易地扶贫搬迁工作。贵州计划实施易地扶贫搬迁188万人，其中建档立卡贫困人口150万人，占中国搬迁计划的15%；整体搬迁贫困自然村寨10090个。[①] 截至2019年12月23日，贵州全面完成了188万人易地扶贫搬迁这一光荣而艰巨的任务，取得了脱贫攻坚决战之年的全面胜利。

2019年，贵州脱贫攻坚成效卓著，可圈可点，受到国内外舆论高度评价。作为脱贫攻坚的重要手段之一——易地扶贫搬迁继续成为深度贫困地区精准脱贫的重要保障，相关部署举措受到舆论高度聚焦。贵州作为中国搬迁规模最大、人数最多的省份，已经成功探索出一条独具特色的易地

① 贵州全面完成188万人易地扶贫搬迁，《中国青年报》2019年12月23日。

扶贫搬迁路子。贵州根据自身特殊的地形地貌、贫困人口分布和经济社会发展特点，创造性地提出坚持省级统贷统还、自然村寨整体搬迁为主、城镇化集中安置、以县为单位集中建设、不让贫困户因搬迁而负债、以产定搬与以岗定搬的“六个坚持”搬迁实施路径和政策框架。[①] 当前，贵州正在全力构建基本公共服务、培训和就业服务、文化服务、社区治理和基层党建“五个体系”，努力做好易地扶贫搬迁“稳得住”“能致富”的“后半篇”文章。[②]

一　2019年贵州易地扶贫搬迁舆情概况分析

2019 年，贵州全省上下共同推动贫困地区易地扶贫搬迁户从搬得出、到稳得住，到最终能致富；贵州不仅让搬迁群众能出村、能进城，更能安居、能乐业，举全力来解决易地扶贫搬迁户文化适应、心理适应等困难，各方面都呈现良好的舆情效应，舆论纷纷点赞贵州易地扶贫搬迁新举措、新形势。与此同时，易地扶贫搬迁中存在的贫困户文化融入难、心理适应难、城镇就业难、小孩上学难等问题颇受热议，易地扶贫搬迁如何“稳得住，又致富”话题也引发了多方建言。

总体来看，舆论对贵州易地扶贫搬迁持续关注，全年新闻媒体相关报道和社交媒体相关帖文合计达 557235 万篇（条），从月度走势来看，1 月 44850 篇（条），2 月 41865 篇（条），3 月 53460 篇（条），4 月 57207 篇（条），5 月 49663 篇（条），6 月 43935 篇（条），7 月 63390 篇（条），8 月 8418 篇（条），9 月 47676 篇（条），10 月 46538 篇（条），11 月 42555 篇（条），12 月 57678 篇（条）。从媒体分布来看，新闻网站 67265 篇（条），门户网站 99459 篇（条），移动客户端 187812 篇（条），报刊 14709 篇（条），外媒 134 篇（条），微博 23939 篇（条），微信公众号 103350 篇

① 贵州全面完成 188 万人易地扶贫搬迁，《中国青年报》2019 年 12 月 23 日。

② 贵州全面完成 188 万人易地扶贫搬迁，《中国青年报》2019 年 12 月 23 日。

（条），论坛帖文14225篇（条），博客890篇（条），政务网站43967篇（条），视频1407篇（条）（见图1、图2）。①

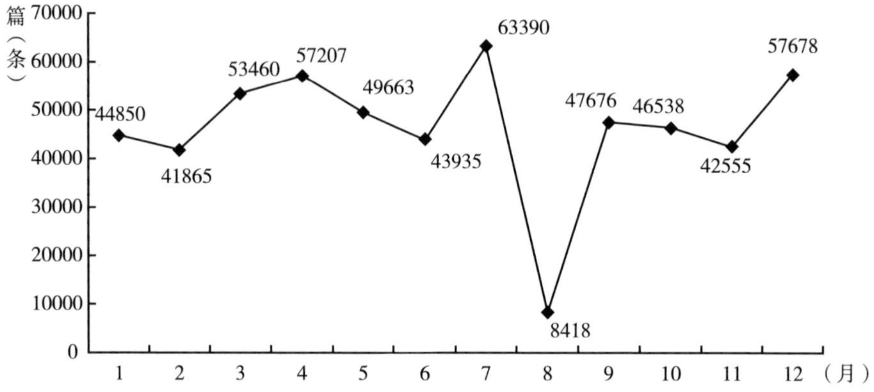

图1　2019年贵州省易地扶贫搬迁舆情热度走势

资料来源：2019年度多彩贵州网舆情简报。

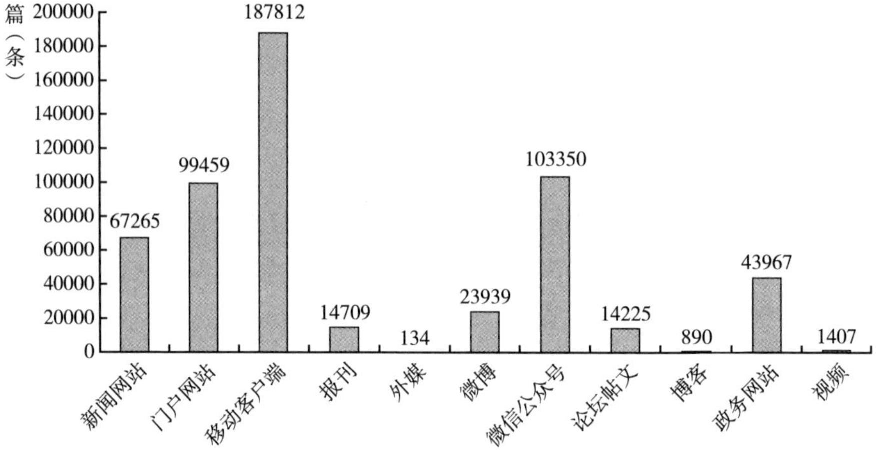

图2　2019年贵州省易地扶贫搬迁舆情首发（含转发）媒体分布情况

资料来源：根据2019年度多彩贵州网舆情简报数据进行整理。

① 多彩贵州网舆情月报（2019年1～12月）（内部资料）。

通过对图1、图2数据进行分析，我们可以总结出2019年贵州易地扶贫搬迁舆情态势的基本特点：一是除8月份相关报道在10000篇（条）以下外，其余月份均超过40000篇（条），月均报道超过46000篇（条），这说明全社会对于贵州易地扶贫搬迁高度关注；二是从舆情的媒体分布来看，移动客户端和微信公众号分别以187812篇（条）和103350篇（条）位居第一和第二名，而传统的报刊则仅有14709篇（条），位居倒数第五，仅超过外媒报道、博客与视频、论坛帖文，这又一次说明在舆情传播中，传统报刊业已走向衰落，新兴媒体如移动客户端、微信等异军突起，且来势汹汹，必须引起高度重视；三是从舆情发生的时间来看，全年都是热度不减，居高不下，且热度走势比较平稳（8月份除外），这说明在关乎民生的舆情方面，老百姓的关注是丝毫没有放松的，同时，这也警醒有关部门及工作人员在涉及民生的领域，千万不可马虎，否则就会严重影响党和政府在人民群众中的形象和威信，造成干群关系紧张，影响社会安定团结。

从2019年贵州易地扶贫搬迁舆情的总体发展形势来看，易地扶贫搬迁作为党和政府的一项伟大的民生工程，受到全社会高度关注，老百姓满怀期盼，因此，各级党委政府、各级党员干部，特别是基层政府和基层一线干部务必让实事做实，把好事做好。古人云：行百里者半九十，所以，越是接近胜利，越要戒骄戒躁，要谦虚谨慎，如履薄冰，如临深渊，既要对得起当代人，更要对得起千秋万代。

二　2019年贵州易地扶贫搬迁敏感舆情事件排行分析

通过对2019年1～12月贵州易地扶贫搬迁舆情的新闻、帖文等进行监测，并进行加权计算，得出了相关热点事件的舆情热度，据此列出排行前12位的敏感舆情事件（见表1）。

表1　2019年贵州省易地扶贫搬迁敏感舆情事件TOP12

排名	敏感事件	首发媒体	相关报道(篇)
1	中央纪委曝光8起违反中央八项规定精神案例	南京日报	1279
2	中央纪委国家监委网站通报元旦春节期间17起“四风”问题典型案例	浠水县纪委监委网站	836
3	沿河自治县生态移民局党组成员、副局长杨高昌受到党内警告处分	新浪微博	148
4	义龙新区农林水务和移民局科员李学书因违规收受礼品问题被处分	今日头条	66
5	六盘水易地扶贫“走样”旅游度假区违规占地25万平方米	中国房地产报	50
6	2019年伊始县级债务始现违约	新浪微博	47
7	贵阳市开阳县宅吉乡官庄村村民寻求易地扶贫搬迁无果问题	新浪微博	38
8	绥阳县后水河移民安置点村民反映移民安置问题	新浪微博	37
9	网友称盘州市盘关镇火烧田村移民搬迁存在黑幕	新浪微博	35
10	六枝特区关寨镇龙滩村易地扶贫搬迁工作乱作为	新浪微博	28
11	沿河县官舟镇爱新村村民质疑当地移民搬迁政策实施	新浪微博	21
12	锦屏两名干部因漠视群众利益和疾苦问题被通报	微信公众号	15

资料来源：2019年度多彩贵州网舆情简报。

本文对以上12个敏感舆情事件进行分析，总结出其走势特点。

（一）干部作风问题备受关注

2019年是精准扶贫的决战决胜之年。这一年贵州如期完成了188万人易地扶贫搬迁的历史性任务。当前，贵州易地扶贫搬迁的工作重点正逐步从“搬得出”向“稳得住”“能致富”转变，从“如何写好前半篇文章”向

“如何写好后半篇文章”转变，从如何“开好头”“做好铺叙”向“如何收好尾”完美收官转变，从“如何起”“如何承”向“如何转”“如何合”转变，事情千头万绪，问题复杂多元。毛泽东同志曾指出：“政治路线确定之后，干部就是决定的因素。”① 而在“干部这一决定因素”之中，作风问题则是其中关键因素之一；因为干部作风的好坏，关乎人心向背，关乎党的事业的成败。

2019 年以来，中央纪委国家监委多次发布精准扶贫中的腐败和作风问题典型案例，审计署对全国多个贫困县发布精准扶贫的审计详细数据，精准扶贫中的诸多形式主义、官僚主义、弄虚作假、侵害或漠视群众利益等问题被公开曝光、及时纠偏。舆论对此予以积极评价，呼吁继续以作风攻坚促脱贫攻坚、促精准脱贫，用作风建设的成果保障精准扶贫中各项举措落小落细落实；而贵州易地扶贫搬迁敏感舆情的走势特点，也正反映出这一趋势要求。

2019 年贵州易地扶贫搬迁敏感舆情中，关注度最高的两条舆情信息分别是“中央纪委曝光 8 起违反中央八项规定精神案例”“中央纪委国家监委网站通报元旦春节期间 17 起‘四风’问题典型案例”，前者的舆情热度很高、相关报道高达 1279 篇，后者的相关报道高达 836 篇。其中前者涉及的是“贵州省册亨县丫他镇党委副书记、政法委书记、人大主席杜应堂违规收受礼品礼金问题”。经查，“2017 年 7 月，杜应堂收受承接棚户区改造及生态移民等工程承包人曾某的茅台酒 2 瓶（1600 元/瓶）、高档香烟 1 条（1000 元/条）。2017 年 10 月，杜应堂收受承接美丽乡村建设及河道治理等工程承包人杨某某微信转账 1688. 88 元礼金”。最终，“杜应堂受到党内严重警告处分，违纪所得被收缴”。②

网民纷纷留言对当地纪委的及时处理表示支持，网民朋友认为此事件所涉金额虽小，但因涉及公职人员与公权力是否接入使用的问题，所以小

① 《毛泽东选集》第 2 版第 2 卷，第 526 页。

② 《贵州一镇党委副书记被查：违规收受 1688. 88 元微信红包》，《人民日报》2019 年 1 月 29 日。

事并不小。小中见大，处理一个，教育一批，惩前毖后，治病救人，正是党纪国法的目的之一。后者涉及的是“贵州省锦屏县水库和生态移民局原局长杨通钊，党组成员、副局长杨默漠视群众利益和疾苦问题”，由贵州省纪委监委提供消息。经查，2017 年 2 月，锦屏县水库和生态移民局为了完成省、州易地扶贫搬迁工作任务，在上报 2016 年度易地扶贫完成搬迁套数和搬迁入住率上存在弄虚作假。虚报完成 166 套，虚报率为 18.46%；入住虚报完成 121 户 482 人，虚报率为 92.69%。扶贫政策在贫困户中未真正得到落实，侵害了群众利益。杨通钊、杨默分别受到政务警告处分。[①] 网民纷纷留言表示：对于在脱贫攻坚中的弄虚作假行为、漠视群众利益和疾苦的行为，应当予以严查，一查到底，绝不手软。网民纷纷表示：党员干部的作风问题，归根结底是党性问题。作风方面出了问题，就是党性出了问题，如若放任不管，最终会危及党的事业的正常发展。此外，对于“义龙新区农林水务和移民局科员李学书因违规收受礼品问题被处分”“六枝特区关寨镇龙滩村易地扶贫搬迁工作乱作为”“锦屏两名干部因漠视群众利益和疾苦问题被通报”等作风问题的处理或查处，广大网民额手称庆，纷纷点赞。

（二）易地扶贫搬迁中与搬迁后问题较多

贵州山区大面积石漠化、地方病多发易发等，生存条件极端恶劣，导致“一方水土”难以“养活一方人”。易地扶贫搬迁则正是剑指这些疑难的问题，难啃的“骨头”，通过易地扶贫搬迁，改善其生产生活条件、调整其经济结构、拓展其增收渠道，最终使易地扶贫搬迁户走上致富路。易地扶贫搬迁是党和政府实施的民生工程与民心工程，是国家开发式扶贫和精准扶贫、精准脱贫的重要内容和有力抓手，是彻底解决“一方水土养不活一方人”的关键一招与根本之策。[②] 正因为易地扶贫搬迁关乎千百万群众的切身利益

---

① 《元旦春节期间“四风”问题监督举报曝光专区通报 17 起典型案例》，2019 年 1 月 17 日，http：//www.ccdi.gov.cn/toutiao/201901/t20190117_ 187297.html。

② 唐果：《易地扶贫搬迁需解决九个问题》，《当代农村财经》2016 年第 10 期，第 18 页。

与未来出路，群众对此高度关注，毫厘之失甚至可能会激起千层之浪。

2019 年贵州易地扶贫搬迁敏感舆情中，有关易地扶贫搬迁中与搬迁后的问题占比高达 50%，占比之高，热度之热，说明广大群众关注度之高。对于其中一条有关“六盘水易地扶贫‘走样’旅游度假区违规占地 25 万平方米”的敏感舆情信息，其首发媒体《中国房地产报》就指出：“按照贵州省‘三变 + 易地扶贫 + 特色旅游 + 民族文化’模式运作，梅花山项目原本是个兼顾社会效益与商业利益的多赢局面。但在梅花山生态文化旅游发展有限公司的运作下，最终却‘孵’出 67.21 平方公里的旅游度假区，留给梅花山削山毁林的狼藉，与精准扶贫和旅游资源保护的初衷渐行渐远。”[①] 有网民还指出，“梅花山旅游景区不但建设占地违法，垃圾填埋也存在问题。废石渣土如山，露天存储，无有任何安全防护设施。变味的扶贫开发，成为破坏生态环境的‘生死劫’”[②]。此外，有关“贵阳市开阳县宅吉乡官庄村村民寻求易地扶贫搬迁无果问题”“绥阳县后水河移民安置点村民反映移民安置问题”“网友称盘州市盘关镇火烧田村移民搬迁存在黑幕”“沿河县官舟镇爱新村村民质疑当地移民搬迁政策实施”等敏感舆情，网民纷纷留言表示：易地扶贫搬迁要公平公正公开，要让群众心服口服，要不留死角，不打死结，不要形成“肠梗阻”，要打通服务群众的“最后一公里”。有网民还指出：对于执行中出现的违法乱纪行为，政府应当对当事人予以严惩，要还老百姓公平正义。

三　2019年贵州易地扶贫搬迁敏感舆情走势特点分析

2019 年涉及贵州易地扶贫搬迁的敏感舆情信息共有 4359 篇（条），占

① 樊永锋、贾俊杰：《六盘水易地扶贫“走样”旅游度假区违规占地 25 万平方米》，《中国房地产报》2019 年 6 月 24 日，第 3 版。

② 樊永锋、贾俊杰：《六盘水易地扶贫“走样”旅游度假区违规占地 25 万平方米》，《中国房地产报》2019 年 6 月 24 日，第 3 版。

贵州全年易地扶贫搬迁舆情的0.78%。尽管占比不到1%，但是从传播学的角度而言，敏感且负面的舆情往往是呈几何级数扩散。因此，面对这类敏感且负面的舆情，我们必须高度重视，慎之又慎，不可轻视、放任，而是要正面积极应对，及时稳妥处置。因此，及时分析总结2019年贵州易地扶贫搬迁敏感舆情走势特点，对于促进未来更好处置应对，应大有裨益。

（一）月度走势特点

从2019年贵州省易地扶贫搬迁敏感舆情的月度走势特点来看，1月、4月、6月、8月这四个月份的敏感舆情比较集中，特别是1月和4月，敏感舆情热度较高，相关信息分别为2208篇（条）和1456篇（条），位居前两名，形成全年中的两个主峰波。从原因来看，1月主要是因为中纪委通报两起涉生态移民违纪典型问题，国内媒体大量转发推高关注度；4月是因为“贵州山村小学生走20公里山路溜索上学村民不愿搬迁”相关内容经《新京报》报道后备受社会各界高度关注，媒体、网民持续转发相关内容推高关注度（见图3、图4）。

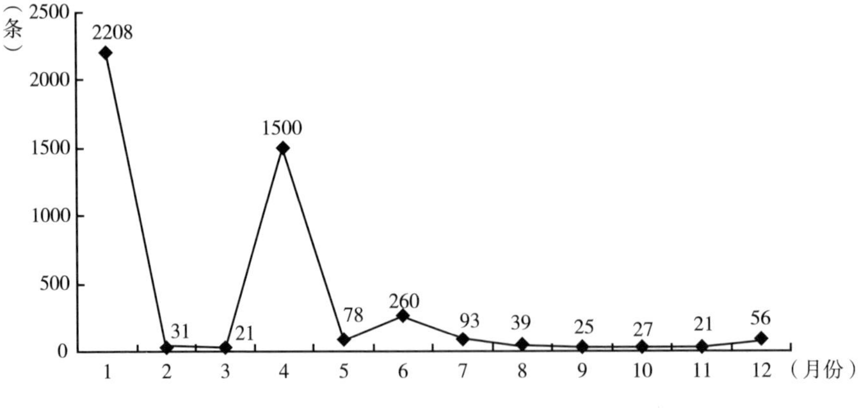

图3　2019年贵州省易地扶贫搬迁敏感舆情月度分布

资料来源：2019年度多彩贵州网舆情简报。

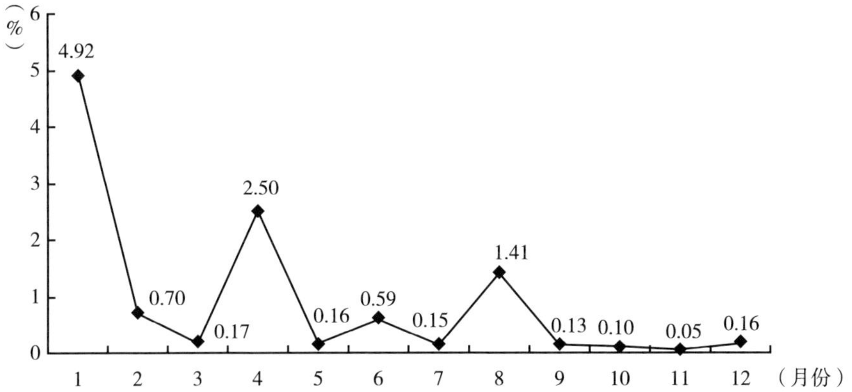

图 4　2019 年 1～12 月贵州省易地扶贫搬迁敏感舆情占月度舆情比例

资料来源：2019 年度多彩贵州网舆情简报。

（二）主题分布特点

从敏感舆情的主题分布来看，2019 年贵州易地扶贫搬迁敏感舆情主要分布在七个方面，其中，涉及易地扶贫搬迁的占比 50%，涉违纪违规的占比 17%，涉搬迁安置房的占比 12%，涉扶贫搬迁项目的占比 10%，涉劳资纠纷和生态移民的各占比 4%，涉服务管理的占比 3%（见图 5、图 6）。以下逐一分析。第一，涉及易地扶贫搬迁的敏感舆情之所以占比较高，从原因来看，大致包括两个方面：一方面为综合性原因，诸如易地扶贫搬迁中干部不作为、分配不公平等；另一方面是政策性原因，诸如群众不了解或不熟悉易地扶贫搬迁相关政策，或认为政策实施过程中存在某些所谓的黑幕等。自易地扶贫搬迁政策 2016 年实施以来，贫困搬迁户受益很大，群众反响也较大，甚至出现争当贫困户的现象。群众在不明政策的同时又在利益驱使的情况下，绝大多数诉求自然聚焦于易地扶贫搬迁，因此，有关此类主题的敏感舆情在全年占据高位。第二，涉及易地扶贫搬迁中干部违纪违规的问题，这也是群众紧盯的问题。因为干部在易地扶贫搬迁中违纪违规，就意味着群众利益受损，这是广大人民群众所不能容忍的事情。第三，易地扶贫搬迁中搬迁安置房的问题，主要是安置房的质量问题，这牵涉搬迁户的安居问题，这

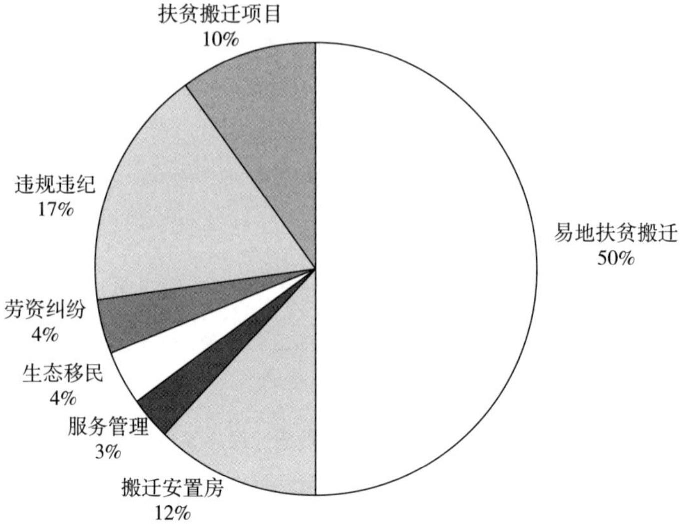

图5　2019年贵州省易地扶贫搬迁敏感舆情主题分布

资料来源：2019年度多彩贵州网舆情简报。

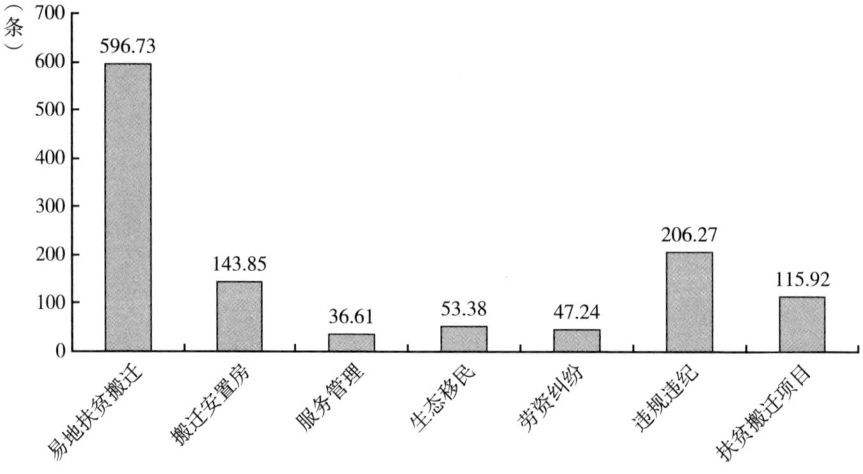

图6　2019年贵州省易地扶贫搬迁敏感舆情主题分布数量

资料来源：2019年度多彩贵州网舆情简报。

也是搬迁户最为关心的问题。第四，易地扶贫搬迁中扶贫搬迁项目问题，这是易地扶贫搬迁中的附属性、配套性资源，间接影响着搬迁群众的舒适度与幸福感，所以比较受关注。第五，分别是劳资纠纷和生态移民问题，劳资纠纷主要是易地扶贫搬迁工程建设项目拖欠农民工工资问题，生态移民问题则是易地扶贫搬迁引发的衍生问题，从舆情及现实来看，可以归入易地扶贫搬迁问题中。第六，易地扶贫搬迁完成后，移民小区的服务管理问题，诸如物业管理、水电问题、小孩入学、出行问题等等，普遍受到群众关注。

（三）地域分布特点

从敏感舆情的地域分布来看，2019 年贵州易地扶贫搬迁敏感舆情主要分布在“一市两州”，“一市”即毕节市，“两州”即黔东南州和黔西南州。该三地有关易地扶贫搬迁的敏感舆情信息共 3729 篇（条），占 2019 年贵州易地扶贫搬迁敏感舆情的 85. 55%。“一市两州”易地扶贫搬迁敏感舆情占比高，原因在于“一市两州”是贵州贫困程度最深、贫困人口最多、贫困面积最大的三个市州，历史欠账也比较多，同时又是少数民族人口聚居区，长期处于欠发达、落后的状态，多重不利因素叠加，形势复杂多元，致使其易地扶贫搬迁不仅任务重，而且搬迁过程中矛盾和问题都比较多，有的甚至非常棘手。因此，易地扶贫搬迁中的敏感舆情在“一市两州”就比较集中。相比而言，经济条件比较好的贵阳、遵义、安顺三地的敏感舆情就比较少。

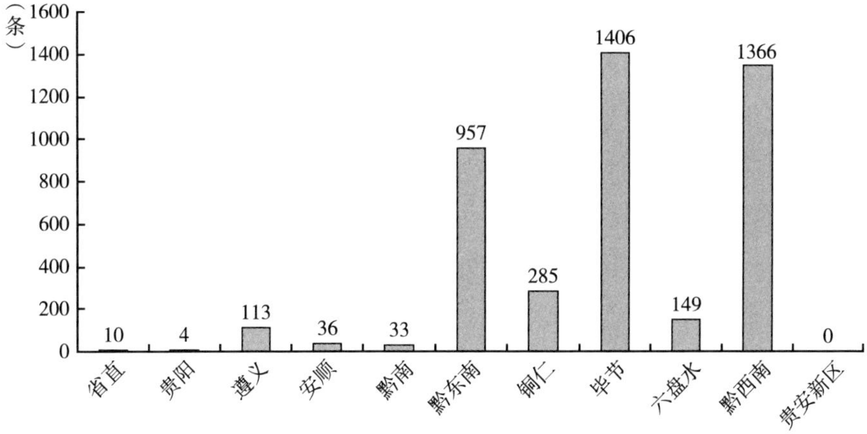

图 7　2019 年贵州省易地扶贫搬迁敏感舆情地域分布

资料来源：2019 年度多彩贵州网舆情简报。

四　启示

（一）舆情处置启示

研究分析易地扶贫搬迁年度舆情热度，并进行排行走势分析，特别是对敏感舆情做月度分析、主题分析、地域分析，可以为今后相关舆情处置以及舆论引导工作提供有益的经验借鉴。具体而言，舆情处置须把握以下几个原则。

一要实，舆情处置要说真话，出实招，才能见实效。正面的、积极的舆情要严防低级红、高级黑，要把握舆情发展方向，积极引导，对其进行升华。负面的、敏感的舆情要突出对线下最为实际的问题的解决，因为这些才是普通老百姓最为关心关注的。比如，事故救援进展如何、事情原因调查始末、追责问责是否落实、整改措施是否到位等等，而这些举措的落实到位，就是对普通老百姓最好的回应，也最能够缓和其情绪，最能够稳定社会秩序，充分发挥积极作用。①

二要快，要精准迅速地发布相关信息，要及时积极地回应社会关切。敏感舆情一般具有突发性的特点，其传播快、扩散广、影响大。同时，这又事关人民群众生命财产安全，事关社会安定团结。所以，舆情处置部门应在第一时间公开信息、释放信号、传递真相，以积极有效的作为，确保人心稳定；也只有人心稳定了，才能提振民众信心，才能增强民众对政府的信任。此外，对于敏感舆情不仅要主动引导、快速引导，更是要从正面来积极回应疑虑，不应拖拖拉拉、闪烁其词，更不应敷衍塞责，乃至施行关门主义；要以快速反应、主动发声、积极引导、正面回应等方式，争取群众的理解和支持，始终确保舆论导向正确。

① 沈陈盼、李舒婷：《上半年突发公共事件的舆情应对启示》，2019 年 8 月 13 日，http：//yuqing. people. com. cn/n1/2019/0813/c212888 – 31292701. html。

三要导，一方面要做好及时辟谣的工作，另一方面要做好主动澄清的工作，对于广大网民，要积极引导他们遵守法纪，做到理性发声。与各种敏感舆情相伴而来的总有网络谣言、主观臆测猜想、空穴来风的质疑、不怀好意的炒作等等，进而又会引发次生舆情灾害，这就会妨碍敏感舆情的积极处置。因此，舆情的相关部门要强化敏感舆情监测（动态）、及时辟谣与主动澄清，遏制敏感信息继续扩散与传播。另外，还要依法惩处个别造谣（传谣）者，引导网民理性表达、正面传播，凝聚最大共识，营造良好氛围。

四要立，建立两大机制，即舆情治理机制和舆论监督预警机制。尽快建立合乎省情的舆情治理机制和舆论监督预警机制，这也是深入“推进国家治理体系和治理能力现代化”的必然要求和重要抓手，是新时代社会治理的重大课题。因此，要从“推进国家治理体系和治理能力现代化”的战略高度，积极制定政府危机管理的监测机制、预警机制等，建立健全政府危机管理的长效机制，要不断加强各类舆情监测工作，要积极开展各类舆情风险评估工作。强化对敏感舆情风险源头研判与政府危机管理的预防机制，尤为重要。

（二）政府治理启示

一要公开透明。搬迁对象全公开，搬迁过程全透明。要尽最大可能扩大广大群众的知情权、监督权、参与权，确保易地扶贫搬迁工作在动态管理下实现精准识别、精准搬迁、公平公正。要把党和政府的力量挺在前面，把政策交到群众手中，确保易地扶贫搬迁对象的进退转并在阳光下运行。

二要强化监管。重点强化易地扶贫搬迁工程质量监管，切实做好易地扶贫搬迁住房质量问题排查整改工作。建议在全省范围内开展易地扶贫搬迁安置房及附属设施“大体检”“大整改”工作，进一步强化易地扶贫搬迁工程各参建责任主体的主体责任，确保全省易地扶贫搬迁工程质量合格、使用安全，构建易地扶贫搬迁工程质量安全管理长效机制，提升质量安全行业管理水平。

三要加大宣传。一是政策宣传的力度要进一步加强，二是政策的知晓率要进一步提升。易地扶贫搬迁作为一项凝聚民心的民生工程，加大政策宣传力度和提升知晓率也是必然要求。同时，政策知晓率的高低，直接影响干群关系、工作推进，往往能起到四两拨千斤的效果。因此，要以群众真懂政策、会用政策为核心，以不漏一户不漏一人为原则，多措并举，多管齐下，做到“政策宣传户户到、阵地宣传氛围浓、载体宣传全覆盖”，实现全方位开展易地扶贫搬迁政策宣传。

四要作风优良。要不断强化党员干部的作风建设，形成优良作风，营造风清气正的良好政治生态。要同“四风”做最坚决的斗争，要不断锤炼党性，增进党与群众的感情，激发群众干事创业的热情。要贴近百姓、要接地气，要能吃苦，要能奉献，要敢于担当，要始终坚持全心全意为人民服务。

B.12
2019年涉贵州财政舆情分析与应对策略

李迎喜　袁 莉*

摘　要： 2019年，涉贵州财政方面的舆情态势总体平稳，以积极健康向上的正面舆情为主，虽然也发生了一些敏感舆情，但多为区域性舆情事件，主要是关于独山县、三都县等地方政府的债务舆情事件，影响范围不大，能波及全省并影响全国舆论生态的事件较少。本文主要总结梳理了2019年涉贵州财政舆情的总体情况和特点，并对“贵州独山违规举债400亿”“贵州茅台无偿划转4%股份给省国资委”两个主要舆情案例进行了具体分析，从而提出应对涉贵州财政舆情的主要策略，即“重塑式”应对策略：一是线上线下联动，避免发生次生舆情；二是增强舆情危机意识，全面提升舆情应对能力；三是多元主体参与，不断完善舆情应对体制机制；四是千方百计化解地方债务风险，以现实问题的根本解决平息网络舆情。

关键词： 债务　财政舆情　贵州

2019年是贵州脱贫攻坚的决战之年，各级地方政府既要确保脱贫资金投入，统筹用好各方帮扶资源，又要着力保障和改善民生，并积极防范化解政府性债务和金融风险。因此，财政方面的问题容易刺激社会的敏感神经，

* 李迎喜，贵州省社会科学院传媒与舆情研究所副研究员，主要研究方向为媒体与社会；袁莉，多彩贵州网有限责任公司舆情服务部高级编辑，主要研究方向为网络舆情分析。

稍有风吹草动就会引发社会舆论热议，给地方政府和财政相关部门舆情监测、应对和处置带来了新的挑战。与此同时，贵州一些财政部门对社会网络舆情的认识还不够到位、舆情引导思路不够清晰、舆情引导能力欠缺，对整体舆情缺乏把控，对正面舆情（如惠民政策和措施）缺乏足够的宣传和推介意识，对敏感舆情（如地方政府债务）的处理应对手段技巧较为简单、处置措施有欠妥当，一定程度上有损政府的形象。因此，提升应对涉贵州财政舆情的策略显得十分重要。

一 2019年涉贵州财政舆情的状况

2019 年，贵州涉财政方面的舆情态势总体平稳，以积极健康向上的正面舆情为主，虽然发生了一些敏感舆情事件，舆论关注度较往年有所提高，但多为地域性舆情事件，影响范围不大，能波及全省并影响全国舆论生态的事件较少。具体情况如下。

（一）总体舆情概况

从多彩贵州网舆情监测的数据可以看出，2019 年涉“贵州财政”内容舆情走势起伏波动较大（见图 1）。与往年相比，网友关注度明显增高，关注度最高的月份为 8 月，相关舆情信息 142553 篇，最低为 2 月 45784 篇。全年单篇关注度最高的为 8 月 7 日，《中国纪检监察报》报道了黔南州独山县举债 400 亿元修建水司楼，引发社会各界高度关注，人民日报、财经头条、凤凰新闻、澎湃新闻、今日头条、网易新闻等多个媒体转载了该报道，受到舆论的持续关注，将舆论关注趋势推向了最高峰。

据多彩贵州网监测数据，2019 年互联网上涉“贵州财政”内容的舆情信息共 618563 篇（条）。其中，微信公众号文章 171777 篇，论坛帖文 114053 篇，网站报道 105070 篇，新闻客户端 74629 篇，政务报道 65644 篇，新闻报道 54366 篇，微博发帖 18283 条，博客文章 9336 篇，报纸杂志 4741 篇，视频 421 则，外媒报道 243 篇。相关信息主要通过门户网站、移动客户

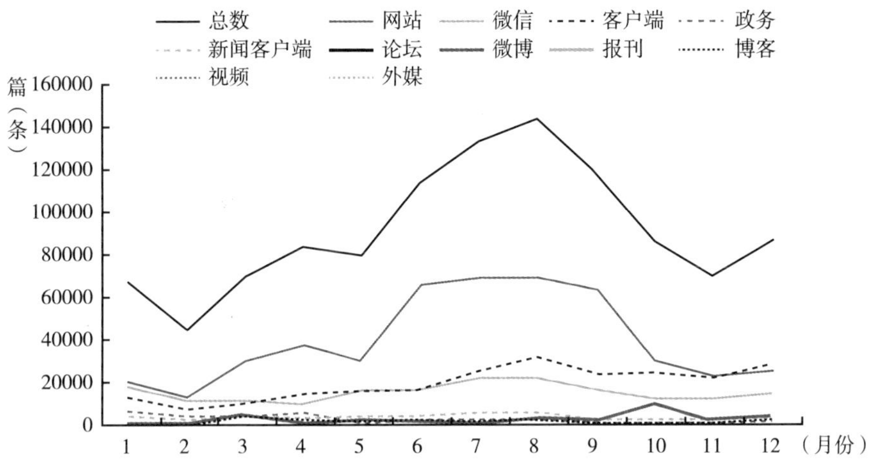

图1　2019 年 1～12 月各媒体涉“贵州财政”舆情变化趋势

端、微信公众号和新闻客户端等平台进行传播，数量分别占 45%、21%、18%、5%（见图2）。

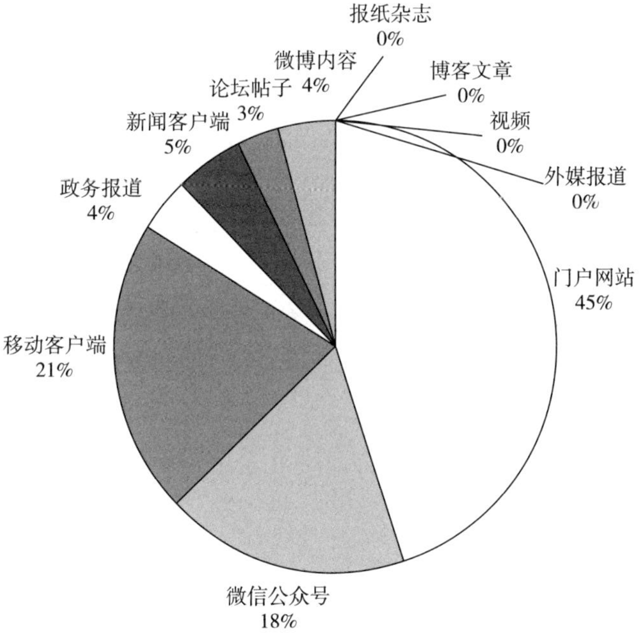

图2　涉“贵州财政”舆情信息来源分布

（二）主要舆情特点

1. 惠民政策等舆情获公众肯定

2019 年，贵州财政部门公开宣传报道以发布相关惠民政策，全省财政收入及有关经济数据，下拨扶贫救灾款项，以及财政部门的日常工作为主要内容，并受到多个主流媒体的积极转载，引起了社会舆论的关注。其中，人民日报、新华网、中国财经报、中新网、多彩贵州网、贵州日报、财经头条、云财经、新浪新闻、凤凰新闻、网易新闻、今日头条媒体刊发、转载报道数量最多。尤其是惠民政策获得了良好的社会反响，为贵州财政相关部门树立了健康积极、求真务实的正面形象。比如 10 月份发布的消息《省财政厅省应急厅紧急向沿河 4.9 级地震灾区下拨 300 万元应急救灾资金》，微博关注指数达到 10000 以上。

关注度较高并获公众肯定的舆情热点报道如下。

一是涉及财政工作、经济数据分析，如《31 省份今年 GDP 目标全出炉 推动高质量发展成聚焦点》《2018 年 31 省份经济排行：粤苏鲁增量领先贵州西藏增速第一》《13 省份经济半年报：四川总量首破 2 万亿云南贵州高增长》《贵州省召开债券投资人恳谈会：对全省公开市场债券发行兑付充满信心》《贵州全面实施预算绩效管理建立零基预算管理新机制》《平稳实现“开门红”下行压力需应对第一季度：贵州 GDP 同比增长 9.2%，高于全国 2.8 个百分点》等。

二是惠民政策，如《贵州财政厅等三单位出台机关事业单位带薪年休假文件，应休未休按工资 200% 支付》《已实施！贵州公布公职人员差旅伙食费最新标准》《贵州对就业补助资金政策进行全面调整和完善》等。

三是财政拨款，如《31.25 亿！贵州提前下达 2019 年中央林业相关资金》《贵州下达今年学生资助和营养改善计划资金逾 49 亿元》《贵州拟发行 51 亿元地方债，全部用于异地扶贫搬迁》《贵州提前下达 2020 年深度贫困县专项扶贫补助资金》《省财政厅省应急厅紧急向沿河 4.9

级地震灾区下拨300万元应急救灾资金》《贵州下达中央财政专项资金7亿元改造城镇老旧小区》《合计16亿元！贵州向这16县下达深度贫困县专项扶贫补助资金》《贵州安排12亿元专项资金发展12个特色产业农业》《财政教育成贵州财政第一大支出近三年总投入2805.77亿元》等。

其中，财政工作、经济数据分析方面的内容占比最大，为41%。其次是惠民政策、财政拨款方面的内容，分别占32%、27%（见图3）。

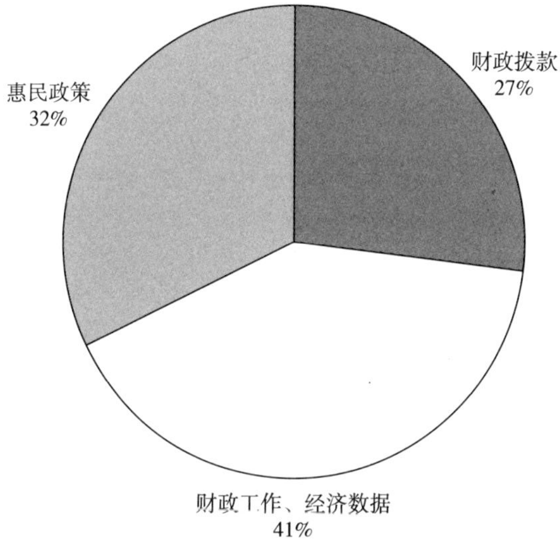

图3　正面舆情内容分布

2. 地方政府债务方面引起舆论较多关注

据多彩贵州网的监测，2019年共监测发现涉“贵州财政”敏感舆情事件480个26396条，并呈现如下特点：一是财经类媒体网站是敏感舆情信息来源、传播及发酵的主要平台，其次是手机移动客户端、微信公众号、新浪微博、论坛贴吧等。二是敏感舆情事件主要涉及贵州GDP下滑、旅游经济数据问题、地方债务违约、财政干部贪腐懒政等内容（见图4）。三是贵州地方债务相关敏感舆情信息尤为突出，是本年度敏感舆情关注的重点，并被不断转发炒作。证券市场红周刊、红刊财经等多个财经类媒体对贵州省多地债务违约事件持续发布了《贵州独山：一位引进干部留下的400亿债务》《地方城投债雪崩样本：贵州三都城投债违约再发酵》《贵州三都偿债困境凸显中国地方债问题日益严重》《三都债务危机发酵拷问地方政府信用风险》《身陷贵州债务危机长安资产多只资管产品展期》《贵州凯里棚改项目资金违约，中泰信托“踩雷”》《贵州安顺一政府融资平台债务未能按时兑付》等多篇文章，直指贵州多地陷入债务危机，引起了舆论对贵州地方财政的关注。

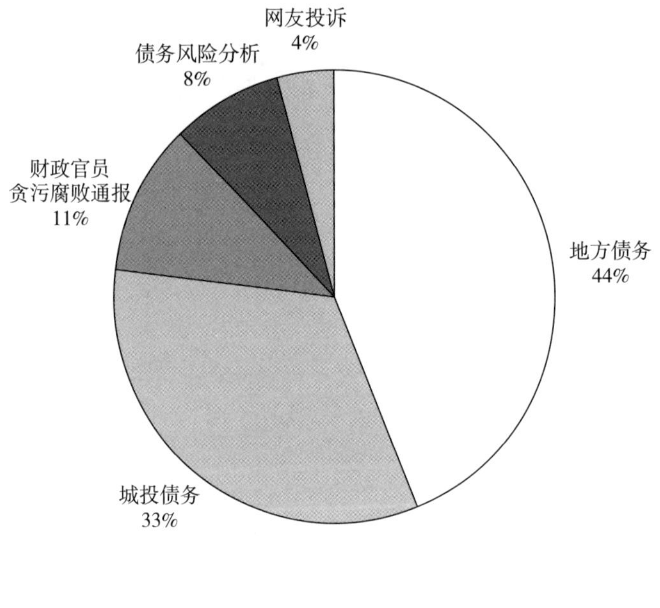

图4　热点敏感舆情分布

3. 敏感舆情分布呈现鲜明的地域性特征

敏感舆情除省直政府官员贪腐懒政方面外，主要集中在黔南州地区，呈现鲜明的地域性特征。黔南州成为舆论关注的焦点主要是因为独山县的地方债务和三都县的城投债务违约等敏感舆情。

二　2019年涉贵州财政舆情主要事件分析

在2019年涉贵州财政敏感信息中，“贵州省多地债务违约”“贵州独山违规举债”“贵州茅台无偿划转4%股份给省国资委”“财政部门官员贪污腐败”等相关内容为主要敏感舆情，被媒体多次反复炒作，部分文章还根据贵州地方债务问题，影射贵州经济落后，地方政府债务严重等，对贵州地方政府形象造成了一定的影响。

（一）“贵州独山违规举债400亿”舆情事件分析

1. 舆情事件回顾

2019年8月7日《中国纪检监察报》刊发题为《对照案例汇编把自己摆进去》报道，指出：“原独山县委书记潘某某罔顾独山县每年财政收入不足10个亿的实际，盲目举债近2亿元打造‘天下第一水司楼’‘世界最高琉璃陶建筑’等形象工程、政绩工程，使独山县债务高达400多亿元，绝大多数融资成本超过10%。”报道引发社会各界高度关注，《人民日报》、财经头条、凤凰新闻、澎湃新闻、今日头条、网易新闻等多个媒体转载了该报道，《人民日报》、《中国新闻周刊》等媒体相继刊发评论文章。

10月15日、12月10日，中国新闻周刊、网易新闻相继发布评论文章及图片新闻《贵州独山：一位引进干部留下的400亿债务》《贵州独山县豪掷22亿造山寨“紫禁城”》，再次报道了贵州独山地方债务的相关内容，直指独山县举债修建的高尔夫球场、独山大学城、“天下第一水司楼”“紫禁城”等多个大手笔投资项目及多只融资产品违约事件，再次引起了舆论关注。《新京报》在12月17日发布文章《贫困县举债数十亿造“紫禁城”融资何以失控?》，指出：“贵州省独山县北部的仿古建筑航拍画面被曝光。独山县是国家级贫困县，然而这座仿古建筑却气势恢宏，当地群众称之为独山版‘紫禁城’。如今，主推者虽然已经落马，但是在追责之外，如何遏制地方债务失控，如何解决地方融资平台泛滥的问题，显然更值得反思。”文章受到中国财经网、搜狐新闻、网易新闻、凤凰新闻等新闻媒体的转载，又推高了舆论的关注度。据多彩贵州网监测统计，截至12月31日，在互联网上共发现相关转载文章213篇。

2. 主要舆论观点

（1）主要媒体观点

《中国纪检监察报》刊发文章《县年收入不足10亿举债近2亿建“天下第一水司楼”》，指责独山县官员表面看是形式主义、官僚主义，但根本原因是不讲政治，是因为政治纪律这根弦松了，才出现党中央有要求，却阳奉阴违，执行打折扣、搞变通。

《中国青年报》也发布文章《欠债400亿的贫困县，县委书记竟举债2亿建造“水司楼”》，表示独山县根本不是一个富裕的县，负担占到年财政收入1/5的债务，去打造一个纯粹的“景观”，就是为了自己的政绩，将巨额资金用在了如此荒谬的地方，实在令人不齿。

《中国新闻周刊》刊发题为《贫困县年收10亿举债400亿，县委书记落马，期货公司踩雷》评论文章，指出：“2018年独山的财政收入为10.08亿元（含出口退税），债务规模是财政收入的40倍还多。不考虑利息以及财政支出的情况下，按照每年10亿元的财政收入全部还债来计算，独山县也要40年才能还完债。”

《新京报》发表评论文章《年收10亿举债400亿，“天下第一水司楼”盖得不值》提到，“作为权力支配者，这种雄心显然应该让位于现实情况，让位于公共利益。400多亿元的债务再加上10%的融资成本，对于每年财政收入不足10亿元的独山县来说，不吃不喝都不够还利息，偿还本金又从何谈起。”

和讯新闻发布的文章《年入不到10亿的国家级贫困县，却欠下400亿巨债！这位县委书记花钱手法超乎你想象》还提到，“据知情人士透露，近期独山县展期的资管产品金额约为10亿元，至少涉及9只定融、私募、资管计划和信托。中航期货发行的‘中航荣信资管计划’、迈科期货发行的‘迈科瑞茂资管计划’等多只投向独山县的产品都处于展期状态。”

（2）主要网民观点

网上舆论普遍认为地方领导罔顾民生盲目举债使地方债务风险不断上升。有网民指出，独山县作为国家级扶贫开发重点县，每年财政收入不足10亿元，竟盲目举债近2亿元，打造政绩工程，这样不切实际、完全不顾后果的“乱作为”给当地带来了灾难性的后果，也使贵州债务风险不断上升。

有网民表示，对于一个每年财政收入不足10亿元的国家级贫困县来说，22亿元绝非小数，该项目的立项和修建就是在搞形象工程和政绩工程，完全没有考虑过独山县的实际财政状况，应该严格调查、查处当地地方官员，决不能让潜伏的腐败分子蒙混过关。

也有网民指出：“这样的‘乱作为’或只是当地政府隐性债务兑付危机的‘冰山一角’，该县还有其他银行贷款、信托贷款、私募基金、融资租赁、定向融资计划等多笔融资产品面临违约。”

网民“北城扶青丝”认为：“会出现这种情况也是制度使然，因为只有政绩上去了才能被提拔，扶贫不会被提拔，所以他这么做也没有错。”

有网民指出，目前贵州各地都在大力发展旅游扶贫项目，但是也要立足地方特色，找准定位。像独山县这样拿22亿元盲目投资仿古建筑，不仅达不到想要的效果，反而加大了当地的地方债务危机。

有舆论认为，近段时间以来，黔南州、毕节、安顺等多地频频出现债务违约现象，说明贵州的地方债务压力非常大。多地还将地方债纳入了政府隐性债务中，并申请应急资金来应付已经到期的债务，看来贵州各地财政都非常依赖上级补助。

也有当地的网民表示：“潘某某任县委书记时，街上每一寸土地都能看到他的成绩，当地从不拖欠工资，教育和建设都发展起来了，现在才知道他是背债前行的，反而有点心疼。”

3. 舆情分析

该事件是2019年贵州涉财政方面的主要敏感舆情事件，且被持续不断地炒作转发，并呈“凹形”发展趋势。事件8月由《中国纪检监察报》刊发文章后引起舆论的广泛关注，将舆论关注趋势推到最高峰。9月相关舆情得到一定的缓解，开始渐渐回落。到12月10日，网易新闻刊发关于“独山紫禁城”的图片新闻后，再次引起了网民及媒体的关注，又一次推高舆论关注度。目前该事件负面舆情已基本平息，但事件对贵州形象造成了一定的负面影响，加深了群众认为贵州盲目举债的不良印象。

该事件中类似“贵州独山违规举债”以及所衍生出来的“贵州地方政务债务问题严重”这样的舆论，之所以从8月到12月历时4个多月在网上被持续不断炒作，直至目前都还没有完全平息，除去一些网络推手在不断地推波助澜、推陈出新外，还有一个重要的原因，即相关部门一味地采取回避的方式，没有及时主动出来回应舆论关切、稳定民心、修复政府公信力。

2020年是贵州脱贫攻坚的决胜之年，贵州一些地方政府又频发债务违约情况，地方债务更加备受舆论关注，业内人士普遍认为贵州省偿债风险持续上升，网上唱衰贵州省经济发展的声音时有耳闻，企图抹杀贵州经济社会发展、脱贫攻坚的成就，损害政府形象。因此，建议政府相关部门掌握舆情回应和处置的“时、度、效”，在进一步加大宣传贵州经济社会发展、脱贫攻坚的成就的同时，出台化解地方政府债务的有力举措，稳定群众信心，平息舆情事件，避免形成次生舆情。

（二）“贵州茅台无偿划转4%股份给省国资委”舆情事件分析

1. 舆情事件概述

2019年12月25日，贵州茅台酒股份有限公司发布公告称，控股股东中国贵州茅台酒厂（集团）有限责任公司拟通过无偿划转方式，将贵州茅台5024万股股份划转至贵州省国有资本运营有限责任公司，占贵州茅台总股本的4%。按12月25日的收盘价计算，该部分股权市值569.57亿元。该公告发布后引起了媒体的广泛关注。新华网、中国证券报、中国经济周刊、贵州网、多彩贵州网、澎湃新闻、财经头条、搜狐新闻、雪球网、理财周刊、新浪微博、百度贴吧等媒体纷纷转载、评论了相关内容。《600亿茅台市值被划转，贵州国资委称未介入》《茅台救贵州？茅台集团无偿划转570亿元股权加深城投“信仰”》《杯酒释债务，茅台给城投信仰充值!》《茅台神水——贵州的“独家化债方案”你学不来》等报道被持续转发不断推高舆论关注度。

2. 主要舆论观点

在该舆情事件中，网民主要对“国资委回应未介入无偿划转茅台股份”“贵州省国资运营公司是否会将4%股份减持变现缓解地方债务危机”等话题较为关注。

有网民表示，贵州省财政厅办公电话一直无人接听，也没有对于划转原因、后续安排等问题做出回答。而贵州省国资委工作人员却表示省国资委没有介入划转股份一事，这难道不让人怀疑？

舆论认为，贵州国资委称对贵州茅台无偿划转股份一事表示“没有介入、不清楚”，谁会相信呀？难道钱会自己跑到口袋里去吗？还是记者采访的工作人员级别太低，所以根本得不到真实、有价值的回答!

舆论表示，2018年贵州省的财政收入才1700多亿，而这次划转的4%股份就价值近600亿，相当于贵州省2018年财政收入的1/3，4%的股份也意味着可以随意减持，无须发公告。未来政府可能会利用4%的股权质押融资以缓解财政压力，也可能直接减持套现，但对于贵州茅台这种优质资产来讲直接减持套现简直就是“败家行为”。

网民纷纷表示，贵州负债累累，陷入债务危机，现在用贵州茅台股份减持还债，缓解财政压力，看来贵州财政真是没有办法了。

有网民表示，2018年贵州政府债务余额为8849.81亿，加上城投有息债务6000亿，约为1.5万亿，与茅台股份的总市值相差不大，现在贵州深陷债务泥潭，终于动用了“茅台”这个大杀器，这一国有资产对于当地政府偿还债务的帮助程度真是令人惊讶。

还有网民表示，股权划转消解了市场对于贵州金融安全的担忧，有助于省一级政府和以下各级政府从债券市场通过其他的金融方式进行融资，增强债券市场对金融安全的信心。

3. 舆情分析

“贵州茅台无偿划转4%股份给省国资委”相关事件关注度起伏较大。12月25日晚，贵州茅台酒股份有限公司发布相关公告后引起舆论的关注。12月26日9时，相关内容受到省内外各主流媒体及金融类商业网站转载评论，迅速引起了网民的关注，拉高舆论趋势达到峰值。直至12月28日，相关舆情趋势有所回落，但其间仍有部分自媒体及网友不断转载相关信息，引起舆情小范围波动。据多彩贵州网的监测，截至12月31日，互联网上共发现“贵州茅台4%的股权无偿划转给省国资委”相关信息15895篇（条），其中，新闻客户端6002条，微博信息3706条，网站信息2732条，微信公众号文章1769篇，论坛帖文934则，新闻报道580篇，博客文章94篇，视频25则，报刊报道20篇，政务网站文章6篇。

从目前监测结果来看，相关舆情趋势已逐渐回落平息，但仍有部分自媒体和网友持续转载、评论。在该舆情事件中，舆论主要对“贵州省国资运营公司是否会将4%股份减持变现缓解地方债务危机”“国资委回应未介入无偿划转茅台股份到底是真是假”等话题提出质疑。该舆情事件是一起典型的宣传不当引起的舆情风波，不仅没有达到社会对贵州茅台酒股份有限公司无偿划转4%股份给贵州省国资委这种做法的点赞和认同的正面效果，反而引起了舆论的强烈争议和各种猜疑，使其陷入“自我招黑”的尴尬境地。但其根源还在于贵州地方政府债务的舆情还没有完全平息，所以一些网民很容易把二者联想在一起，形成“贵州省国资运营公司是否会将4%股份减持变现缓解地方债务危机”的舆论导向。因此，建议相关单位做好事件调查工作，并针对网友提出的质疑做好回应，持续关注舆情的发展趋势，避免有些金融类媒体借此炒作贵州的地方政府债务问题，对政府形象再次产生负面影响。同时，建议有关部门在正面宣传素材的选取上要从社会各群体的感受的角度来综合评估，要具有代表性和典型性，才能达到获得认同、赢得支持的宣传目的。

三　应对涉贵州财政舆情的主要策略：“重塑式”

随着互联网技术的发展及移动互联网时代的到来，网民群体和社交媒体平台迅猛增加，从而使舆论的传播速度和覆盖面大大提升与扩大，很容易形成网民情绪“集群现象”，进而发展成为重大舆情事件，给网络舆情应对带来新的更大的挑战。因此，政府原来的一些舆情处置方式如“不回应”“冷处理”等，不仅不能使舆情得到真正的平息，有时还会引起更大的舆论“叠加”“升级”效应，甚至可能形成次生舆情。即使这些舆情事件只是政府行政过程中的一点失误，如果长时间得不到控制或处理，公众受“晕轮效应”的影响，也会形成对政府以偏概全的主观印象，从而严重损害政府公信力和权威性。因此，提升舆情回应与处置能力，就成为政府部门增强社会治理能力的内在要求。

本文根据贵州2019年涉财政舆情的现状和特点，针对主要案例“贵州独山违规举债400亿”舆情事件处理中存在的处理应对手段技巧较为简单、处置措施有欠妥当、一定程度上有损政府形象等问题，提出应该采取“重塑式”舆情处置方式和策略。从“贵州独山违规举债400亿”舆情事件的发生、发展演化过程看，这是一件典型的波动性网络舆情事件，由于地方政府舆情应对不力，这个事件不断被翻陈出新地炒作，使政府不断地被推到舆论的风口浪尖，舆情表现出明显的上升下降交替起伏状态。因此，应采取事后“重塑式”的舆情应对策略，即要提高政府相关部门网络舆情应对的能力，维护政府的公信力、权威性和公众形象。此外，还应该注重线下问题的根本解决，想方设法去化解地方债务，从源头上真正平息舆论。

（一）线上线下联动，避免发生次生舆情

虽然贵州2019年主要的涉财政敏感舆情事件“贵州独山违规举债400亿”以及由此而引发的对贵州地方政府债务质疑的舆情热度已经减退，舆论也逐渐消退，事件已无大的波动，但现实中贵州地方政府债务的问题还没

有得到根本的解决，涉事地方政府也没有在此次事件中表明解决问题的态度，因此，这类舆情不会真正地自然平息，如果其间网络又爆出新的不利信息，就会引起舆情反弹，形成新一波舆论热点，可能还会演变成为负面舆情事件。因此，为防止舆情反弹，地方政府尤其是黔南州涉事县的领导干部要就这个舆情事件及时进行反思，总结整个事件发生、发展特别是处置过程中存在的不足，汲取经验和教训，以免今后重蹈覆辙。

与此同时，涉事的地方要注重修复政府形象，努力挽回此次网络舆情事件所造成的不良影响。一方面，强化线上引导。平常要注重通过线上舆论正面宣传和引导，多渠道抢占舆论制高点。针对公众比较关心的政府每年财政拨款、资金投入使用的项目，应适时在主流新媒体上公布相关信息。同时，如果网络上出现对贵州地方债务新的质疑或不利的舆情，要汲取前期舆情应对中“不理不睬、不做回应”的教训，政府要快速反应、及时发声、积极回应网民关切，在线上果断发布地方债务实情信息，同时要消灭谣言，阻止负面舆论的大规模传播，最大限度地弥补纠正政府在前期舆情应对工作中的疏忽和错误，降低负面影响。另一方面，注重线下治理。政府相关部门要引以为戒，避免再次发生类似独山县这样的舆情事件，并通过权威媒体适时表明各级政府在化解债务方面的决心和积极态度以及公布已经采取或准备采取的相关措施，增强公众对贵州各级政府化解政府债务的信心，争取公众对前期贵州地方政府为改善基础设施建设和民生进行举债的理解和认可。通过线上线下的联动效应，重塑政府部门和地方领导干部的形象，增强政府的公信力。

（二）增强舆情危机意识，全面提升舆情应对能力

网络舆情是一把双刃剑，应对得当就是政府公信力和影响力提升的助推器，否则就成了负面影响的放大器。因此，贵州政府部门尤其是领导干部要不断提升网络舆情的应对能力。

一是强化舆情危机意识。贵州政府部门要提高对网络舆情重要性的认识，随时绷紧舆情危机这根弦，养成在日常生活和工作中积极主动关注舆情的习惯，特别是要把每一件和财政系统相关的舆情都放到危机管理的高度去

应对。同时，对网络舆论要有全面和正确的认识，对负面舆情要进行科学引导。当前，网络已经成为公众发表言论、表现自我、获得尊重和认同甚至是争夺话语权、表达诉求、参政议政的一种重要方式和途径，而网络信息传播的即时性和匿名性等又导致网络舆论的混杂。因此，要全面看待网民的非理性言论，正视网络上针对政府财政方面的质疑和负面舆情，透过网络负面舆情的表象反思现实工作中存在的问题，主动及时地做出回应和解释，做到信息公开、有礼有节、科学引导，化危机为契机。

二是多措并举提升舆情应对能力。定期对贵州政府部门进行舆情教育和培训，使其逐渐掌握网络舆情的发生演变规律，不断提升舆情发现能力、研判能力、引导能力，在舆情事件发生后，迅速对信息进行甄别和研判；定期邀请舆情专家将财政领域的潜在舆情风险点进行梳理和研判，并适时进行预警和应急演练，从而使大家在舆情事件发生时能不恐慌，并在演习中不断完善和提升应对技巧和策略。

（三）多元主体参与，不断完善舆情应对体制机制

网络舆情从发生到平息是一个复杂多变的过程。政府舆情处理有效，不仅依赖于政府部门舆情应对能力的提升，而且需要构建起政府舆情应对部门、涉事部门以及相关职能部门等多元主体参与的联动应对体制机制，只有集中协调各方的力量，才能保证舆情应对的效果。因此，贵州财政部门要加强同网信办、媒体以及相关部门的沟通合作，不断增加舆情监控、研判、引导、应对的渠道，形成协调联动机制。通过各方收集相关信息，掌握全省财政舆情动态，并形成科学合理流畅的舆情应对规程，即通过专门的舆情监控机构对全省财政舆情进行监测，对监测发现的涉财政网络舆情，先要根据网民态度和媒体反应进行研判，确定舆情的性质，进行分类分级（轻度、中度、重度），根据情况制定不同的处理方案。对于重大突发网络舆情事件，要协同相关单位舆情应对部门立即采取措施，成立网络舆情应急处置领导小组和办公室（并把它作为一个常设机构，专门负责协调相关部门共同应对重大突发舆情），各成员单位要摈弃信息壁垒，发挥各自优势、分工协作、

快速反应、尽早在网络持续发布权威信息，并根据舆情进展情况，适时召开新闻发布会、接受媒体采访等。“对于中度网络舆情事件，要采取积极措施加以引导，对于民众的疑问及时给予回复，防止事态蔓延，滋生谣言等负面情绪；对于轻度网络舆情事件，只要稍加引导即可，并保持对事件的持续跟进，以防跑偏。”①

（四）千方百计化解地方债务风险，以现实问题的根本解决平息网络舆情

互联网本身不是舆情事件的起点，同样也不会是舆情事件的终点。舆情事件往往暴露出我们平常工作中存在的问题。因此，要想真正防止贵州地方债务方面次生舆情事件的发生，就要从根本上、从源头上去“排雷”，即在现实中，各级政府要想方设法、千方百计化解地方债务风险。建议采取以下措施。

一是摸清家底，方能靶向解决。贵州各级地方政府不能再遮遮掩掩，必须正视债务问题。建议由各级政府金融办牵头，协调银行、银监局、审计等部门组成联合调查组，对债务进行全面的调查摸底，核实清楚实际的债务数额，尤其是隐性债务的数额，厘定风险等级及查找形成原因，并进行协商，制定科学的还款计划。

二是多管齐下，严格控制债务规模。建议贵州各级政府彻底改变债务资金多多益善的想法，根据自身财力状况和偿还能力来适度举债，应从大力投入基础设施建设逐渐转向产业发展，推行 PPP 模式化解存量债务。但配套的政策法律法规制度要及时跟进，合理划分政府和参与机构的责任、风险和收益，确保 PPP 项目的健康运行。

三是建立科学有效的政策制度，确保不发生局部债务危机。一方面，要制定严格的偿债准备金制度。各级政府要千方百计提升地方经济综合实力，

① 陈诚：《地方领导干部提升网络舆情领导能力研究》，黑龙江省委党校硕士学位论文，2019。

增强债务偿还能力，并根据当年到期债务的比例进行测算，专门安排财政偿债资金，防范政府债务危机。另一方面，要建立激励约束机制。贵州省政府可以采取一定的激励约束机制来督促各级政府自行化解存量债务。比如，建议把债务率来作为考核指标，如果当地政府不重视债务，导致债务到期无法偿还，将追究政府领导责任。与此同时，如果当地政府积极偿还债务，使债务率降低到一定比例，可以适当减少当地的转移支付资金。这样从上至下树立统一的目标，才能够真正化解存量债务。

参考文献

陈诚：《地方领导干部提升网络舆情领导能力研究》，黑龙江省委党校硕士学位论文，2019。

马鸿雁：《区域性金融风险的成因与化解——以辽宁省丹东市为例》，《中国经贸导刊（中）》2019 年 9 月 27 日。

胡媛：《贵州省地方政府债务问题及治理研究》，贵州大学硕士学位论文，2016 年 6 月1 日。

张春艳：《贵州省地方政府债务风险预警及防范研究》，贵州民族大学硕士学位论文，2019。

B.13
2019年贵州省突发事件应急处置的舆情观察*

沙 飒　苍 璐**

摘　要： 2019年是贵州省应急管理厅组建到位后全面履职的第一年，贵州省应急管理厅成功应对多起灾害事件和突发事故，全省安全生产和自然灾害形势保持总体稳定。本文从突发自然灾害和事故灾害舆情视角，分析了当前贵州应急管理的现状和应急处置经验，提出了突发事件舆情处置的对策建议。

关键词： 突发事件　应急处置　舆情　贵州

"突发事件是指突然发生，造成或者可能造成严重社会危害，需要采取应急处置措施予以应对的自然灾害、事故灾难、公共卫生事件和社会安全事件"①。贵州省是全国自然灾害高发区之一，面临诸多重大自然灾害的挑战。2018年11月20日，在国家机构改革的背景下，贵州省应急管理厅正式挂牌组建，2019年来，面对贵州省入汛早、出汛晚、暴雨多、洪灾重等复杂自然条件，贵州省应急管理厅强化指挥调度功能和应急管理职能，成

* 本文系贵州省哲学社会科学规划重点课题"媒介融合环境下贵州突发舆情事件应对研究"（项目编号：19GZZD11）研究成果之一。

** 沙飒，贵州省社会科学院传媒与舆情研究所所长，副研究员，主要研究方向为舆情治理、公共管理等；苍璐，多彩贵州网舆情事业部编辑，主要研究方向为网站舆情。

① 《突发事件应对法》，2007年8月30日第十届全国人民代表大会常务委员会第二十九次会议通过。

功应对多起灾害事件和突发事故，保持了全省安全生产和自然灾害形势的总体稳定。

一　2019年度贵州省自然灾害和安全事故概况

（一）自然灾害频发

2019 年，贵州省自然灾害以洪涝、地质灾害、风雹灾害为主。据贵州省应急管理厅发布的全省自然灾害基本情况，2019 年度，贵州省各类自然灾害共造成全省 85 个县（市、区）1025 个乡（镇）285. 11 万人次不同程度受灾，因灾死亡失踪 76 人，紧急转移安置 11. 19 万人次；农作物受灾面积 146. 65 千公顷，倒塌房屋 3426 间，损坏房屋 5. 02 万间，直接经济损失 47. 84 亿元。全年洪涝灾害直接经济损失占各类自然灾害的 91%，6、7 月份全省自然灾害造成的直接经济损失占全年总数的 53%；地质灾害造成死亡失踪 62 人，占全省因灾死亡失踪人员的 81. 2%。①

2019 年，贵州省自然灾害灾情较上年同期偏重，呈现以下特点。

一是低温冷冻和风雹灾害影响范围广。年初，全省出现两次大范围低温雪凝天气，最多时有 50 个县（市、区）出现冻雨，18 个县（市、区）出现凝冻，对交通运输、电力和农业生产等造成了不利影响；3、4 月份，多地出现多次大风、冰雹、短时强降水等天气过程；8 月中旬至 9 月下旬，全省部分地区出现雷暴大风、短时强降雨等强对流天气。受风雹灾害影响，相关地区农作物、蔬菜大棚、房屋不同程度受损。

二是入汛时间早、汛期长，降水频繁强度大。3 月进入汛期，至 10 月出汛，汛期较常年偏长，且秋汛较为严重。全省共出现 13 次区域性暴雨过程，部分地区出现极端日降水事件。强降雨导致局地洪涝灾情重，多地出现

① 《省应急厅发布 2019 年度全省自然灾害基本情况》，贵州省应急管理厅门户网站，2020 年 1 月 8 日，http：//yjgl. guizhou. gov. cn/xwdt/yjyw/202001/t20200108_ 41965040. html。

城镇内涝、房屋被淹，公路、水利、电力、通信等设施不同程度遭受损坏，转移安置人口多，因灾直接经济损失较大。

三是全省地质灾害险情多发，局地发生山体滑坡，地质灾害防治形势严峻。持续强降雨导致土壤水分饱和、土质疏松，全省18个县（市、区）32个乡（镇）发生地质灾害，出现地质灾害险情39起，成功避让地质灾害20起。其中水城“7·23”特大山体滑坡灾害损失重、影响大，因灾死亡43人、失踪9人，滑坡体掩埋房屋21栋，直接经济损失达1.93亿元。截至2019年底，全省已查明地质灾害隐患点9015处，受地质灾害威胁人数98.4万人。① 灾情较上年偏重，隐患点风险进一步加大。

（二）安全事故影响较大

2019年1～10月，全省安全生产形势相对平稳，据统计，1～10月全省发生生产安全事故1062起、死亡795人，主要分布在交通运输和仓储业、采矿业、建筑业、商贸制造业等行业，烟花爆竹、农业机械、渔业船舶、水上运输和航空运输等行业未接到生产安全事故报告。② 但11月、12月连续发生两起煤矿安全事故，引起较大关注。11月25日凌晨，毕节市织金县三甲煤矿发生煤与瓦斯突出事故，造成8人被困，其中1人获救，7人不幸遇难。12月17日，黔西南州安龙县广隆煤矿发生煤与瓦斯突出事故，造成16人不幸遇难。这是2019年贵州年产煤30万吨以下煤矿发生事故的第8起。12月19日，贵州省人民政府发布紧急通知，深刻汲取安龙县广隆煤矿“12·17”重大煤与瓦斯突出事故教训，进一步加强煤矿安全生产工作，年产煤30万吨以下煤矿立即停止生产。8个煤矿安全生产集中整治省级督查组，随即赴各地开展煤矿安全生产集中

① 《省应急厅发布2019年度全省自然灾害基本情况》，贵州省应急管理厅门户网站，2020年1月8日，http：//yjgl. guizhou. gov. cn/xwdt/yjyw/202001/t20200108_ 41965040. html。

② 《2019年1～10月全省生产安全事故情况》，贵州省人民政府网，2019年12月6日，http：//www. guizhou. gov. cn/zwgk/zdlygk/aqsc/aqsg/201912/t20191206_ 18378142. html。

整治。对于年产煤30万吨及以上的煤矿，立即开展瓦斯突出矿井等级复核和瓦斯参数测定，进行预防核查。①

二　贵州省应急管理体系建设成效

我国是一个自然灾害、事故灾难等多发的国家，我国应急管理经过几个阶段的发展，制度体系不断完善，特别是2007年11月《突发事件应对法》施行，对依法应对突发事件、加强应急体系建设起到积极作用。2018年3月应急管理部成立，其成为我国应急管理体系建设的重要里程碑，改变了以往应急管理资源分散、条块分割、各自为政的局面，对于推动应急管理现代化、建立中国特色应急管理体制意义重大。顺应国家机构改革的要求，2018年11月20日，贵州省应急管理厅正式挂牌组建。

2019年是贵州应急管理厅全面履职元年。应急管理厅组建一年以来，通过建章立制，狠抓安全风险防范，压紧压实责任，使贵州全省安全生产和自然灾害形势保持了总体稳定，应急救援能力显著提升，应急管理改革工作得到应急管理部的多次肯定，其中，冬春救助、大数据应用、“双控”、值班值守、会商调度等成功经验做法和建设成果在全国范围内推广②，显示出贵州应急管理体系及能力现代化建设取得一定成效。

一年来，贵州省应急管理厅共投入受灾群众冬春生活救助资金49850万元，救助受灾困难群众249.59万人次，先后6次下拨自然灾害应急救助资金13150万元，70次紧急调拨救灾物资保障救灾应急所需，保障了受灾群众基本生活和灾区安全稳定。③

---

① 《贵州发布紧急通知：30万吨/年以下煤矿立即停产》，《贵州日报》2019年12月19日，https：//mp.weixin.qq.com/s/h091MuAnhMYgOLgadQOeeg。

② 黄军：《多项成功经验被推广，贵州应急救援能力显著提升》，天眼新闻，2019年11月26日，http：//baijiahao.baidu.com/s?id=1651279124966605419&wfr=spider&for=pc。

③ 孟海：《贵州应急厅组建一年投入近5亿救助困难群众79万户》，央广网，2019年11月27日，http：//news.cnr.cn/native/city/20191127/t20191127_524874765.shtml。

（一）搭建贵州应急管理组织机构

省应急管理厅以全面深化组织机构改革为着力点，推进现代应急管理体系建设。

一是大力推动机构改革。调整完善省安全生产委员会、省减灾委员会、省抗震救灾指挥部、省森林防火指挥部等议事协调机构及其办公室职责；稳妥推动市、县应急管理机构改革，在34个省直单位“三定”方案中明确安全生产职责，确保改革过渡期间安全稳定。

二是打造应急管理责任链条。成立省应急救援总指挥部及23个专项应急指挥部，协同贵州省减灾委员会办公室、省应急管理厅会同省发展改革委、省教育厅、省工业和信息化厅、省财政厅、省自然资源厅、省住房城乡建设厅、省交通运输厅、省水利厅、省农业农村厅、省粮食和储备局、省地震局、省消防救援总队、省气象局、省通信管理局等省减灾委员会成员单位，细化责任链条分界点、衔接点，确保责任链条无缝对接。

三是深入推进“放管服”改革。全面推行“双随机一公开”“双公示”等事中事后监管措施，开展证照分离改革、权责清单动态调整、互联网+监管、工程审批制度改革。公布省应急管理厅权责清单101项，将公共服务事项减至7项，审批事项全部实现网上办理。

（二）完善应急管理制度体系

贵州省应急管理厅以制度建设为抓手，建立健全应急管理组织制度、责任制度、工作制度，探索应急风险评估、应急预案、应急响应、应急指挥、灾后重建等运行体系，逐步形成“统一指挥、专常兼备、反应灵敏、上下联动、平战结合”的应急管理体制，提升应急管理科学化和现代化水平。

一是率先启动地方立法。在全国率先开展《贵州省自然灾害防治条例》立法试点，推进《贵州省抗旱办法》《贵州省防洪条例》《贵州省森林防火条例》等地方性法规和政府规章立法与修订工作，出台支持综合性消防救援队伍的政策措施，从法治层面保障灾害风险防控。

二是加强应急机制建设。建立了应急值守值班、风险隐患情报、突发事件信息发布、防灾减灾救灾应急预案体系、应急救援指挥体系、应急通信和信息化、应急资源保障、救援队伍建设管理、应急战备和考勤体系等方面的一系列制度，加强灾害监测预警信息共享机制、灾害风险会商研判机制、自然灾害应对协同联动机制、快速处置应急响应机制等机制建设，强化应急管理工作的系统性、整体性、协同性。

三是完善应急预案准备。贵州省围绕事故灾害减缓、准备、响应、重建，修订了全省各级总体预案、专项预案、部门预案，分事故分灾种分等级编制起草专项预案，编制了煤矿、危险化学品、水灾、旱灾、地质灾害等灾害救助应急响应机制、行动方案、工作手册和保障措施，修订自然灾害应急预案，制定重特大事故灾害应急处置工作指南，并积极推动应急预案演练和应急知识宣传。

（三）创新贵州应急管理工作机制

一是建立协同应急联动机制。为了建立“专常兼备、上下联动、平战结合”的应急机制，贵州省应急管理厅与南部战区联合参谋部作战局、武警贵州总队建立了军地协调联动机制，与40家单位、企业、救援队伍签订应急协同联动合作协议，向20个行业领域的66名专家颁发证书①，并依托贵州省应急管理综合应用平台，实现省、市、县三级应急管理部门和乡镇党委政府平台系统互联互通，形成资源共享、覆盖全面、协作深入的应急管理协同联动工作格局。

二是风险防范前置部署。省应急厅提前预置救援力量，提早部署防汛备汛工作，成功应对13轮强降雨天气过程。汛期，组织相关部门召开“防、抗、救”会商会议，印发强降雨防范应对通知和工作提示30余次，

① 孟海：《贵州应急厅组建一年投入近5亿救助困难群众79万户》，央广网，2019年11月27日，http：//news. cnr. cn/native/city/20191127/t20191127_ 524874765. shtml。

发布山洪灾害风险预警近百期、暴雨洪水预警20余次、灾害风险预警提示信息35万余条；启动防汛Ⅳ级应急响应10次，精准调度紧急转移安置8.22万人次。[①]

三是将风险防范纳入脱贫攻坚主战场。贵州省在全国率先出台关于推进减灾扶贫、助力打赢脱贫攻坚战的实施意见，对14个深度贫困县、2个贫困发生率高的贫困县重特大自然灾害应急补助标准提高10%，[②] 提高易地扶贫搬迁点安全生产和自然灾害防治能力。

四是加强风险隐患排查督办。坚持开展风险隐患大排查大整治，对发生较大事故的县（区）政府和企业负责人进行约谈以及警示教育。2019年，停业整顿企业321家，关闭查封企业19家，将19家非法和严重违法违规生产经营单位上报纳入联合惩戒，2家纳入“黑名单”管理，对发生的15起较大事故全部挂牌督办。全省因事故问责13人，立案追究刑事责任28人，立案追究党纪政纪和组织处理31人。[③]

五是发动社会力量参与风险防控。为加强安全生产领域的社会监督，贵州省应急管理厅、贵州省财政厅2019年4月联合出台《贵州省安全生产领域举报奖励办法（试行）》，对实名举报安全生产重大事故隐患和非法违法行为的有功人员给予最低3000元、最高不超过30万元的现金奖励，以便及时发现并排除重大事故隐患，制止和惩处违法行为。[④]

---

① 黄军：《贵州省应急管理厅：今年成功应对多轮强降雨天气过程》，天眼新闻，2019年11月27日，贵州省应急管理厅：今年成功应对多轮强降雨天气过程 http://baijiahao.baidu.com/s?id=1651352417282068706&wfr=spider&for=pc。

② 《树牢安全发展理念防范化解重大安全风险》，新浪贵州，2019年11月27日，http://gz.sina.com.cn/news/2019-11-27/detail-iihnzhfz1978255.shtml。

③ 黄军：《贵州省应急厅：全省今年因事故问责13人，立案追究刑责28人》，天眼新闻，2019年11月26日，http://baijiahao.baidu.com/s?id=1651278803203227814&wfr=spider&for=pc。

④ 贵州省应急管理厅：《贵州省出台奖励办法 举报安全生产重大事故隐患最高奖励30万元》，贵州省人民政府网，2019年4月22日，http://www.guizhou.gov.cn/zwgk/zdlygk/aqsc/fxyj/201904/t20190422_2415026.html。

（四）探索大数据在应急管理中的应用

在贵州省“大数据”战略背景下，贵州省应急管理厅积极推进大数据与应急管理的深度融合，自主开发的“防汛抗旱监测预警系统”被国家应急管理部选为唯一优秀项目在全国推广应用；应用地质灾害防治系统，成功预防兴义市“2·17”地质灾害；在危化品行业应用“双控系统”，对企业风险分级管控和隐患排查治理实行全过程闭环管理；为全国应急管理信息化建设贡献了“贵州方案”。[①] 全力推进基层基础基本“三基”建设，扎实抓好乡镇（街道）基层应急管理能力标准化建设，将福泉市作为全国第一批综合减灾示范试点县之一，成功申报 2018 年度“全国综合减灾示范社区”35 个。[②]

三　主要突发事件的舆情分析

（一）2019年贵州省突发事件的舆情态势

2019 年，互联网上涉及贵州省突发事件和应急管理的信息较多，根据多彩贵州网的监测，除部分突发自然灾害事件和安全事故舆情发生当期出现传播峰值外，全年涉突发事件应急管理的舆情整体波动较为平稳，网民、媒体的言论多为正面或中性，关注焦点主要集中在灾害事故情况及应急处置方面，未出现全国范围内影响较大的舆情。

1. 传播载体

据多彩贵州网监测，全年涉“贵州应急”信息传播渠道中，移动客户端类型的传播量占比最高，约占各类信息发布载体的 30% 以上，其次是微

① 李静：《贵州省应急管理厅：贵州应急救援能力显著提升》，中央广电总台国际在线，2019 年 11 月 27 日，http：//gz. cri. cn/20191127/82c6b79a－200b－b9b5－9808－e7d639b076f6. html。

② 《着力提升应急管理体系及能力现代化，坚决防范化解安全重大风险》，贵州时事报道，2019 年 11 月 27 日，http：//mini. eastday. com/a/191127211544581. html。

博、微信公众号平台，信息传播分别占20%左右，门户网站传播量占10%以上，其他如新闻报道、论坛帖文、政务网站、报刊文章、博客文章、视频等传播渠道共占20%左右。

在贵州省社会科学院对2019年贵州灾害事故的舆情监测中，传播主要站点为新浪微博29.79%，腾讯17.05%，其他平台较为分散，可以看出微博、微信仍然是突发事件舆情传播的主要渠道（见图1）。

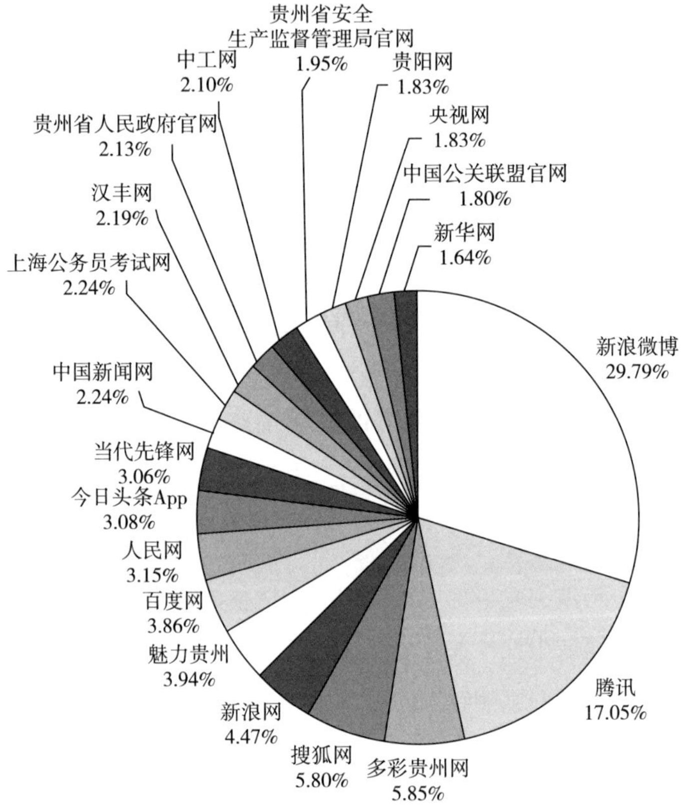

图1　传播站点分布统计

2. 传播特点

2019年，互联网上涉及贵州突发自然灾害和安全生产事故的舆情整体保持平稳，数据发展呈现单峰持续性趋势，在舆情发生时点出现明显峰值，关注度较高的事件或救援处理周期较长事件的舆情持续较长时段，并呈现小幅度波动。全年发生的局部洪涝、风雹灾害、山体滑坡等地质灾害虽然较为频繁，但由于应急处置及时，未造成很大损失和人员伤亡，根据监测结果，相关数据平稳，未产生较大负面舆情。

3. 热点词频统计

2019 年，贵州灾害事故应急舆情关键词是“应急救援”“应急管理”“协同机制”“应急响应”“应急联动”等应急处置行为，应急管理的主体“应急管理厅”以及相关主体“救援专家”“社会组织”等也频频出现在公众视野（见图 2）。从贵州灾害事故应急的热点词频可以看出，贵州突发事件应急管理已经形成规范化的体系，应急救援及时有效，未产生较大后续影响。

图 2　传播热点词频

4. 舆论倾向性分析

在监测内容中，应急管理新闻占了较大的比例，贵州省应急管理厅的相关新闻报道成为主流舆论，使舆论整体呈现正向或中性倾向（见图 3）。

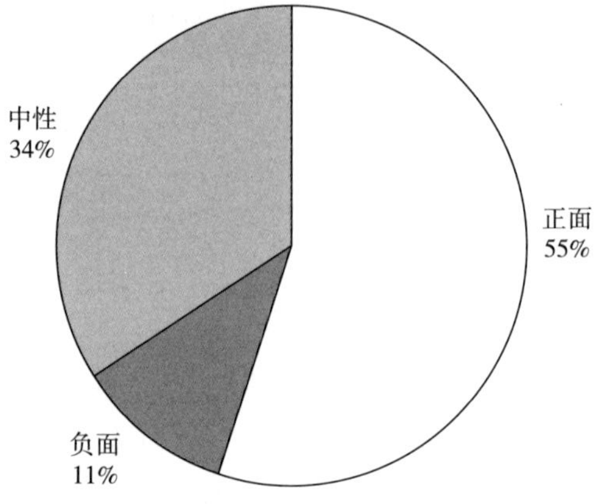

图 3　舆论倾向性分析示意

（二）自然灾害突发事件舆情特点

1. 自然灾害引发舆论持续关注，舆论呈正面积极态势

2019 年，贵州省发生多起自然灾害，引发舆论持续关注，省内外新闻媒体与社会各界群众对灾害造成的人员伤亡、搜救行动、财产损失以及灾后处置情况保持热切关注。从时间上看，1 月份，低温冷冻灾害较为严重；3～4 月，发生了风雹灾害；6～7 月，洪涝灾害集中发生；10 月 2 日，沿河县发生 4.9 级地震，造成沿河、印江两县 13 个乡镇受灾，社会关注度高，影响较大。从区域看，贵州省北部、西北部自然灾害灾情较为严重，据统计，遵义、铜仁、毕节的因灾直接经济损失占全省总数的 53%，东南部相对较轻①。

舆情监测显示，2019 年贵州发生山体滑坡等自然灾害的信息转发量居高，形成较大舆情反响，除了事件发生的相关信息，事件的应对处置也引发较大关注，如《习近平对贵州水城“7·23”特大山体滑坡灾害做出重要指示》，转发数为 18090 次，舆论对习近平总书记做出重要指示形成较高关注，

① 《省应急厅发布 2019 年度全省自然灾害基本情况》，贵州省应急管理厅门户网站，2020 年 1 月 8 日，http：//yjgl. guizhou. gov. cn/xwdt/yjyw/202001/t20200108_ 41965040. html。

网友普遍表示哀悼和慰问，祈愿灾区民众早日恢复安稳生活。

2. 自然灾害应急救援及时，正面宣传起主导作用

在应对突发事件时，贵州省应急管理厅能主动作为、积极应对，发挥统筹协调作用，及时赶赴灾害事故现场开展救援工作。同时，省内外各界媒体纷纷转发贵州省应急管理厅发布的灾害预警报道、灾害提示、预警信息，舆论对此给予较高的评价和认可。据大数据舆情系统语义分析，舆情整体呈正面积极态势，舆论观点整体为正向反馈，网民对贵州省突发事件应急处置的主要情感呈现良好的态势。比如六盘水水城县、毕节赫章县等两地连续发生山体滑坡灾害，其中“7·23”六盘水水城县山体滑坡为特大灾害。省应急管理厅积极应对，第一时间启动应急响应，迅速调动消防救援队伍赶赴现场开展救援，认真排查险情隐患，对灾害点周围的环境不留死角、不留盲区地开展摸排，加强预报预警，强化灾害防范，对需要转移安置的群众进行转移安置。省主要领导第一时间率工作组到灾害事故现场指挥，切实落实习近平主席对灾害做出的重要指示，保护好人民群众生命和财产安全，相关报道引发舆论的关注和认同。

（三）安全事故舆情案例分析

2019 年 1 ~10 月，全省安全生产形势相对平稳，但 11 月、12 月连续发生毕节市织金县三甲煤矿和黔西南州安龙县广隆煤矿煤与瓦斯突出事故，共造成 23 人不幸遇难，引起舆论较大关注。

1. 织金三甲煤矿事故

11 月 25 日凌晨，毕节市织金县三甲煤矿发生疑似煤与瓦斯突出事故，造成 8 人被困。截至 11 月 25 日 17 时，互联网上共有相关内容 3589 篇，主要集中在微博、资讯类移动客户端、门户网站和新闻报道中，在微信公众号、论坛、博客等平台也有传播。

统计时间范围内，相关舆情信息主要通过微博和移动客户端平台进行传播，信息量分别占 65. 07% 和 22. 58%，由此可见在该类信息传播中，新浪微博是网民对该信息收集关注讨论的密集区和聚集区（见图 4）。

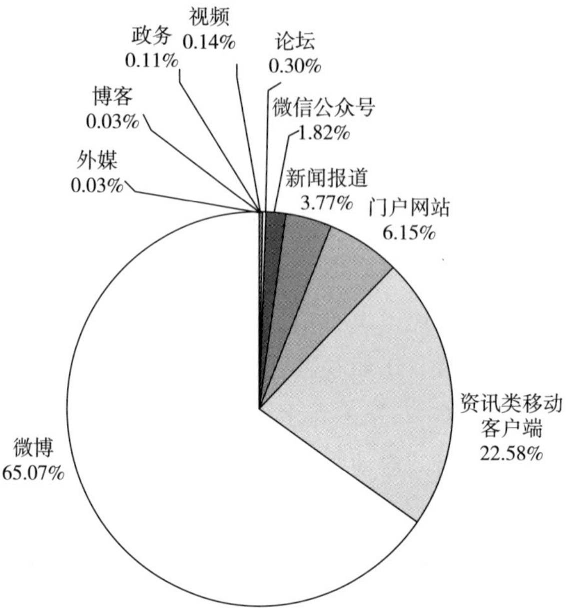

图4　信息传播途径类型占比示意

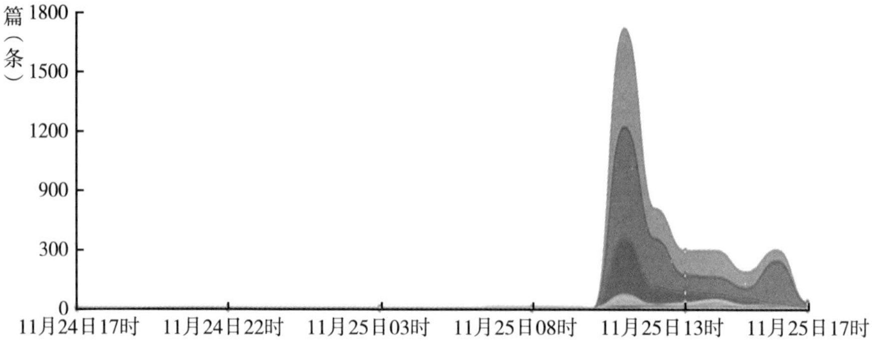

图5　舆论关注度变化趋势示意

事件关注度爆发节点主要在11月25日上午11时左右，新华社发布织金县一煤矿发生疑似煤与瓦斯突出事故通报，省内外多家媒体予以高度关注（见图5）。

舆论观点主要集中在对涉事企业的质疑和对事故的抢险救援。

媒体关注涉事企业曾遭多次处罚。有媒体报道称，贵州万峰矿业有限公司织金县三甲乡三甲煤矿成立于2000年6月，该企业曾多次被织金县有关部门予以行政处罚。相关内容被《南方都市报》、中国经济网、凤凰新闻、澎湃新闻、搜狐新闻、腾讯新闻等百余家媒体以《贵州织金发生疑似煤与瓦斯突出事故煤矿多次被处罚》《贵州万峰矿业一煤矿发生事故造成多人被困企业曾遭多次处罚》《贵州织金一煤矿发生事故八人被困，曾因安全等问题被多次处罚》等标题进行了深入报道。

网友关注煤矿安全生产，为被困人员祈求平安。在煤矿事故相关抢险救援工作持续报道中，网友们纷纷留言祈愿平安。此外，还有网友表示，安全生产无小事，近段时间煤矿安全事故频发问题必须严查，更要加强安全责任意识教育，针对一些不合规格的煤矿应该严厉处罚并予以关闭处置。

该舆情未引发较大范围的舆论关注及热议。

2. 安龙县广隆煤矿事故

2019年12月17日1时30分许，贵州省安龙县官方通报，贵州省黔西南布依族苗族自治州安龙县广隆煤矿发生一起煤与瓦斯突出事故。至17日9时，当班井下被困作业人员16人中，14人死亡；12月18日9时左右，该事故中最后2名被困人员遗体被发现并运送出井。此次事故共造成16名矿工遇难。

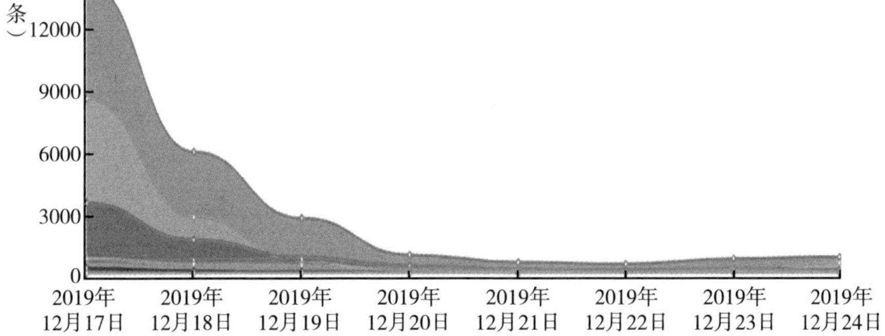

图6　舆论关注度变化趋势示意

从图6事故关注度走势看出，事件关注度爆发节点主要在2019年12月17日，央视新闻、新华视点、凤凰网等大V相继发布相关事故通报，引发网友的高度关注，随后趋于平静。

截至12月24日17时，互联网上共有相关内容26323篇，其中，微博12798条，资讯类移动客户端文章6896篇，微信公众号文章2695篇，门户网站文章1987篇，新闻报道766篇，论坛帖文446篇，视频414则，政务网站文章186篇，报刊文章124篇，外媒11篇。

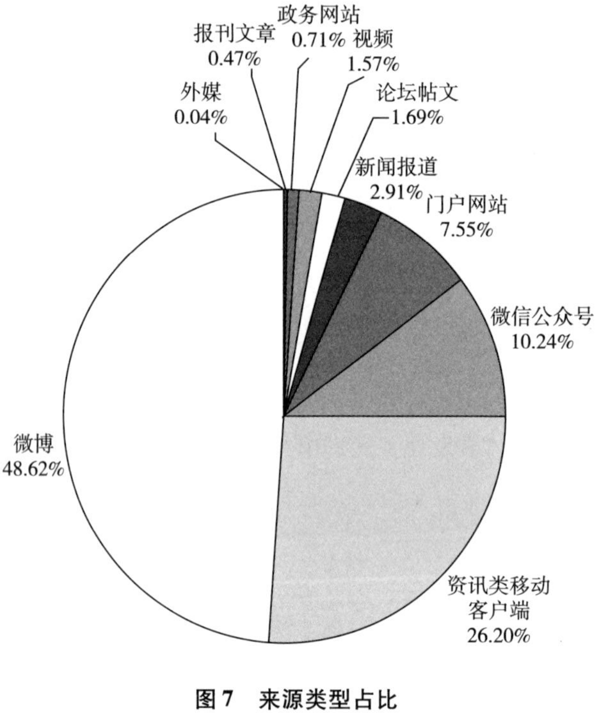

图7　来源类型占比

从图7看，统计时间范围内，相关舆情信息主要通过微博和移动客户端平台进行传播，分别占48.62%和26.2%，新浪微博仍是网民对信息收集关注讨论的密集区和聚集区，资讯类移动客户端是突发事件信息发布主要渠道。

从图8舆情关键词云图中可看出，媒体报道关注点主要集中在事故通报

图8　舆情关键词云图

方面，其中，“事故”“被困”“安龙县”“广隆”“煤矿”“核实”等词出现频率较高。

舆情信息来源地域分布情况。在有关“安龙煤矿瓦斯突出事故”的相关舆情中，信息来源清晰、信息量排名靠前的省市有北京、广东、贵州等。相关舆情报道中，省外关注量占93.63%，省内占6.37%，由此可见，事件舆论关注传播主要来自省外。

3. 贵州煤矿安全事故的舆论风险分析

国家煤矿安全监察局调查指出，贵州省广隆煤矿经鉴定为低瓦斯矿井，万峰矿业公司织金县三甲煤矿经鉴定为非突出矿井，都发生了煤与瓦斯突出事故，暴露出“一通三防”管理问题突出，瓦斯防治措施不落实，安全监控系统不完善，形同虚设。贵州省2019年的2起较大事故、1起重大事故都发生在以技改之名保留但并未进行实质性改造和提升的矿井，也反映出一些地方政府安全红线意识不牢固，煤矿安全监管监察部门执法不严不细不实，防范遏制煤矿重特大事故仍有死角和盲区。[①] 对此，贵州煤矿安全监管还面临相关舆论压力。

一是对政府监管不力的舆论追问。国家煤矿安全监察局2019年12月19日发布的《关于近期煤矿事故的通报》指出，“特别是四川、贵州

① 《国家煤矿安监局关于近期煤矿事故的通报》，中国政府网，2019年12月22日，http://www.gov.cn/xinwen/2019-12/22/content_5463041.htm。

2起事故发生在国务院安委会安全专项整治期间，影响恶劣、教训惨痛”。12月25日，国务院安委会办公室约谈了贵州省人民政府负责人、贵州省黔西南州和贵州省能源局主要负责人。约谈指出，近两年贵州煤矿事故多发频发，2018年、2019年连续两年煤矿事故死亡人数都居全国第一，是近两年全国唯一连续发生煤矿重大事故的省份，暴露出贵州煤矿安全生产工作存在安全红线意识不强、煤炭产业发展规划不科学、煤矿重大灾害治理不到位、安全监管监察执法不严不实等问题，煤矿系统性安全风险突出。

相关报道备受舆论关注。网民认为，贵州短时间内连续发生两起煤矿安全事故，反映出行业的安全措施和保障力度太弱，相关部门有不作为之嫌。网友表示，希望汲取事故教训，注意安全，提高矿工安全保障，安稳过年。

二是对涉事企业执法不严的质疑。有媒体报道称，“贵州煤矿事故致14人死亡：涉事老板疑与神秘亿万富豪关系密切”，除了被列入安全生产领域失信“黑名单”外，广隆煤矿还曾三次被列为失信执行人，拒不执行的标的金额总计80余万元。此外，广隆煤矿疑似与广东广隆集团有千丝万缕的联系。统计时间范围内，相关信息共有64篇，其中，资讯类移动客户端文章30篇，门户网站文章12篇，微博10条，微信公众号文章4篇，论坛帖文3篇。相关内容引发舆论较高关注，网民观点集中在要求对事故单位严查。

三是贵州煤矿安全的舆情叠加效应风险。12月24日，界面新闻刊发稿件《贵州安龙县煤矿16死事故：被忽视的危险信号》，记者通过采访其他曾经在广隆煤矿工作的矿工得知，大多数矿工曾向煤矿管理层反映煤矿安全隐患问题，却始终得不到重视，最终导致事故的发生。有网友表示，记忆里贵州老是发生煤矿瓦斯爆炸，也不知道以往的事故总结与防范是怎么做的，事故发生的频率也太高了吧。事故不断，监管机构，当地政府肯定有责任。希望政府企业事故总结反思追责不要只是走程序，要对以后的安全生产发挥更多的作用。

四　舆情视角下突发事件应急处置的建议

（一）突发事件应急处置关口前移

突发事件的演变一般有一个过程，从制度上预防突发事件的发生，就是要将防范关口前移，建立健全有效的突发事件预防和应急准备制度，及时消除风险隐患，防患于未然。

一是各级政府和有关部门应当制定并严格执行应急预案和安全生产管理制度。应急管理部门应当及时向社会公布危险源、危险区域，发布风险提示；企事业单位应当建立健全安全管理制度和风险应急预案，定期检查本单位各项安全防范措施的落实情况，及时消除事故隐患。

二是强化突发事件应急队伍建设。落实《国务院办公厅关于加强基层应急队伍建设的意见》，坚持专业化与社会化相结合的原则，整合应急资源，加强基层综合性应急救援队伍建设，完善基层专业应急救援队伍体系，强化专业应急救援队伍与非专业应急救援队伍的合作，联合培训、联合演练，提高合成应急、协同应急的能力。完善基层应急队伍管理体制机制和保障制度，推动基层应急队伍建设水平不断提高。

三是加强突发事件应急培训。应急管理部门应当开展有关应对突发事件应急知识的宣传普及活动，通过应急预案演练、模拟情景构建、灾情场景推演等方式，提升相关人员在突发情景下风险研判、会商决策、指挥联动、舆情管控等方面的能力。新闻媒体、学校等应当加强应急知识教育、突发事件预防与应急、自救与互救知识的公益宣传和教学，提高全社会应对危机的能力，强化全社会的危机意识和责任意识。

（二）规范突发事件应对的信息报送和披露机制

在突发事件应对中，除了对灾情本身进行高效处置和防控外，对相关信息的发布与管理，政府部门需要高度重视。

一要重视网络舆情管理，及时发布事件信息。要以真诚坦率的态度公开真实信息和事件进展，通过及时、透明、动态的信息发布，积极回应公众对灾情发展的关切，获得公众的理解与支持，稳定舆论环境，控制舆情发展。

二要聚焦民众关切话题，进行针对性回应。在进行突发事件信息通报时，要聚焦当下网民最为关注的话题，组织协调好多个信息发布渠道，确保对外发布信息口径一致，有效推进信息发布工作，把握传播的导向性，掌握舆论主动权。

三要治理谣言传播，以真相领跑舆论。在突发事件的信息传播中，不实猜测甚至谣言极易出现，其影响可能比事件本身带来的后果更严重，非常容易制造恐慌，政府部门要密切监测并及时进行回应。

四要运用好新媒体技术，加大应急处置的信息沟通。传统突发事件信息披露是从官方视角出发，单向发布救灾新闻，与受众的沟通交流不足，而部分自媒体从民众视角出发提供救灾类信息服务，或通过转帖、跟帖和@功能与受众形成良好互动，能获得更好的传播效果。建议在突发事件应对中，从受众信息需求出发，通过政务微博、官方网站、微信公众号等媒介率先发布权威信息，形成信息制高点，引导主流舆论。同时，注重解决民众实际问题，运用政务微博等具有点对点传播的特性，汇集和满足受众的个体救援需求，既有利于正能量传播和舆论引导，也有利于推动救灾工作向纵深推进。

（三）关注易引发次生舆情的舆论

突发事件可能引发次生负面舆论。比如针对地质灾害事件，有网友认为政府没有对危险地区住户进行移民搬迁，山体滑坡是政府工作的失职；有网友认山体滑坡是贵州过度开采导致的。在煤矿安全事故中，也有许多针对政府行为的质疑，这些舆论如引发较大范围的关注，极可能引发次生舆情，建议政府和相关部门对此类问题进行及时有效的回应。

（四）重视事后恢复与重建

网络不仅有时效性，更有记忆性，因此要做好善后工作，避免“烂尾新闻”削弱有关部门的公信力。突发事件基本控制后，应当及时解决处置突发事件过程中引发的矛盾和纠纷，组织开展事后恢复与重建工作，尽快恢复生产、生活、工作和社会秩序。要汲取当下灾害事件的经验教训，完善突发事件应急机制，进一步树立居安思危的忧患意识。

B.14

消费心理视角下“校园贷”事件舆论引导探析

——以2019年贵州省“校园贷”事件为例

王 娴 谢雨君*

摘 要： “校园贷”因其恶劣的社会影响，及其引发的诸多极端事件而成为当下媒体竞相报道的社会舆论热点。造成这些社会乱象的深层次原因在于大学生自身不理性、不健康的消费心理。消费心理的形成不仅取决于消费者的生活场景、经验背景、知识积累等，很大程度上还会受到舆论环境的影响。可以充分利用舆论引导遏制消极消费文化，同时也可以利用舆论引导传播理性消费观念，从而改善大众的消费行为。

关键词： 消费心理 校园贷 舆论引导 贵州

据麦可思研究院发布的《2019大学生消费理财观数据》①，2019年中国在校大学生每月平均花销（不含学费、家庭与学校间往返交通费）达到1197元，其中形象消费占比高达62%，其次占比较大的消费还体现为社交娱乐消费及学习消费等。数据同时显示大学生的生活费主要来自家庭，部分来自兼职收入。

---

* 王娴，贵州省社会科学院传媒与舆情研究所副研究员，博士，研究方向：文化传播、民间文艺；谢雨君，多彩贵州网助理编辑，研究方向：网络舆情。

① 转引自 https://www.maigoo.com/news/536242.html。

与此同时互联网的高速发展催生了网络借贷平台，其中以大学生为借贷对象的部分网络平台利用不法手段诱使大学生通过网络平台借款，并通过虚假宣传、降低门槛、隐瞒利息、暴力催收等方式运营，致使“校园贷”恶性事件频频发生，引起了社会各界的极大关注。

由于网络贷款在传播上具有一定的隐蔽性，也就带来了一定的监管难度。不少针对大学生的网络贷款平台存在虚假宣传、高利放贷、随意收费、违规经营甚至暴力催收等乱象。“校园贷”因其恶劣的社会影响，及其引发的诸多极端事件而成为当下媒体竞相报道的社会舆论热点。2019 年贵州省共发生“校园贷”舆情事件 8 起①，成为事关百姓民生的舆论热点。

2016 年 4 月教育部与银监会联合发布《关于加强校园不良网络借贷风险防范和教育引导工作的通知》，明确要求高校建立不良网络借贷日常监测机制、实时预警机制及应对处置机制。2016 年 8 月银监会也明确提出需要整改校园贷问题。2017 年 6 月 28 日银监会、教育部、人力资源和社会保障部联合下发《关于进一步加强校园贷规范管理工作的通知》，全面暂停网贷机构开展在校大学生网贷业务。2017 年 12 月 1 日，互联网金融风险专项整治工作领导小组办公室和 P2P 网贷风险专项整治工作领导小组办公室联合下发了《关于规范整顿“现金贷”业务的通知》，再次声明小额借贷企业不得面向在校学生、无还款来源或不具备还款能力的借款人提供借贷撮合交易。

“校园贷”问题在政府、高校及一系列监管单位的联合治理下貌似风平浪静，但许多“校园贷”在重压之下又开始变形为“整形待”“培训贷”“商品贷”等“套路贷”，这些不良贷款正持续危害着大学生及他们的家庭。

---

① 8 起舆情事件分别为：（1）大学生深陷“校园贷”借款八千还款几十万，被迫退学噩梦却没结束；（2）太吓人！贵阳女孩被网贷催款恐吓，“快递”让她到小区领花圈；（3）被禁一年半，校园贷为何还纠缠学生不放；（4）非法“校园贷”套路多大学生提前消费要多点理性；（5）遵义女大学生因贷款跳河自杀！警方出手打击校园贷；（6）贵州百名在校大学生做兼职身陷校园贷；（7）网友反映在贵阳一所职业学院不慎陷入网贷、校园贷陷阱；（8）花溪大学城校园贷案子登上央视社会与法频道。资料来源：多彩贵州网大数据舆情监测系统 2019 年全年数据。

追根溯源还是大学生在自身的消费行为上缺乏控制，才会导致“校园贷”有机可乘，而这种失控行为的出现就是在消费心理上出了问题。

心理学家马斯洛最具代表性的需求层次理论指出人的需求分为生理、安全、爱与归属、尊重及自我实现五个层次。消费作为人类活动之一，其内在动力是满足需求，也可以说需求就是促进我们消费的动因。

消费是个体在认知、行为、感情等方面与环境的一种互动关系，由此笔者认为消费行为和心理需求关系紧密。消费心理是消费行为背后隐形的重要因素，当今大学生多元化的消费心理是“校园贷”事件不断出现的重要原因之一，因此大学生必须清醒地认识自身的消费能力，建立所谓的财商。

新媒体时代大学生在海量信息刺激下消费行为常常偏离了应有轨道，而“校园贷”的出现无疑助长了这种现象的发生。归根结底造成这些社会乱象的深层次原因还在于大学生自身不理性、不健康的消费心理。

一　大学生不良消费心理主要类型

1. 从众模仿消费心理

大学生生活、消费在群体中，而且暂时还没有形成成熟、稳固的消费价值观念，这种特点导致大学生在消费习惯上很容易受到群体中其他成员的影响。从众心理是指个体缺乏独立判断，下意识做出与多数人一致的行为的心理。从众心理体现在消费行为上就是追赶当前大部分大学生的生活方式、行为方式、消费方式，从而在一种“随大流”的心理下取得群体认同，并获得相应的安全感。

与此同时经济的发展导致大学生群体出现巨大的贫富差距。除了大学生群体中一些经济条件较为优越的学生，社会上较多经济条件较好的人群也享有舒适的物质生活。这种生活模式对于刚刚脱离家庭生活的大学生极具吸引力，他们常常模仿这些人群穿戴名牌服饰，尝试高档消费。

这种从众模仿心理导致大学生的消费模式发生示范效应及趋同效应。群体中不同成员之间的横向模仿导致许多大学生超越自身消费承受能力范围。

当前不少知名电商纷纷推出网贷产品，部分同学出于对品牌电商的信任开始接受网络贷款。当自身的消费能力受到限制，不少大学生开始寻求其他网络贷款，从而陷入非正规网贷平台的陷阱。

2. 超前享乐消费心理

大学生在海量的网络信息中容易受到不良消费观念的错误引导。在网络社交及自媒体平台上，不少受到大学生追捧的网络大V、网红等纷纷鼓励年轻人贷款消费，甚至提出“超前消费不是罪，趁早拥有奢侈箱包、美妆护肤等产品及服务，认为只有拥有华丽珠宝、高档数码甚至豪车加持的精致生活方式才是个人追求的硬道理”，这种不良的消费观念极易影响大学生的消费心理。

超前消费是指超过自己所能承受的支付水平的一种盲目消费行为。超前消费心理常常伴随着享乐消费心理，是一种崇尚物质主义的心理表现。大学生还处于成长阶段，面对高级商品的诱惑，常常不顾自身能力及家庭现状而产生盲目占有、不计后果的消费方式。

同时在高度全球化的今天，很多大学生受到非主流社会文化的影响，把带有享乐特征的消费主义思想作为人生信条，不顾自身条件追求与自身经济状况不相符合的物质消费。

很多家庭条件比较困难的学生被迫提升自己的消费水平，在提前消费、物质享乐的同时饱受嫉妒羡慕、提心吊胆的煎熬。这一群体往往有强烈的仇富心理，但同时又极度向往高水平的物质生活，因此很容易发生心理的负面问题。

更为重要的是，这些看似传递精致生活理念的日常社交平台，时常隐蔽着消费品营销的推文与视频，甚至暗含不少“校园贷”的宣传信息，这种双重夹击致使大学生更易身陷“校园贷”陷阱。

3. 炫耀攀比消费心理

炫耀性消费心理是当今大学生消费心理当中的一种重要类型。大学生生活在群体之中，室友、班级、年级的同学都会对他们的消费心理产生很大的影响。经济条件相对富裕的孩子常常在吃穿用等方面炫耀自己的高物质条件。而如今的大学生很多是独生子女，即便经济不宽裕，许多家长也愿意节衣缩食将更好的物质条件提供给孩子。

同时现代社会精英阶层常常使用较为明显的身份标识（如名牌服饰、箱包、电子产品等）来提升自己的辨识度，而平民阶层同样想借用这些标识来提升自己的社会地位。对于大学生来说也一样，家庭条件较为优越的大学生总能快人一步地满足自身的各种物质需求，而当那些家庭不能为其提供相应物质支撑的大学生需要满足自身物质需求时就会尝试各种渠道筹措资金。特别是在攀比心理的叠加影响下，大学生更加关注群体中其他成员的消费行为，因而做出与多数成员较为一致的消费选择和行为。

而部分经济条件较差的学生由于虚荣心作祟，就会想尽一切办法筹措相应的资金去购买满足自己虚荣心的产品。“校园贷”的出现看似解决了他们的经济问题，而这些学生也轻松容易地选择了这种贷款消费的模式。但又常常因为资金的短缺、逾期还贷等原因而陷入陷阱，从而引发恶性事件。

4. 自我满足消费心理

消费成为彰显自身身份、品味、价值乃至地位的符号化行为。很多大学生的网络消费已经远远超出生活、学习所需的范畴，更多地追求自我认定的品牌价值和符号价值。大学生在挑选商品时更多关注的不是生存层面的需要，而更在意的是对商品的占有能否带来愉悦的感受。

大学生更加在意的是购买这件商品后能不能体现自身的“个性”、“身份”甚至“地位”，显然，这种消费行为附加了符号化的消费主义。[①] 大学生本身的家庭经济条件差异是客观存在的，但自我满足心理却催生了本身不具备消费能力的大学生强烈的消费欲望，综观大学生的消费行为，品牌、流行度、热门趋势成为比需求、实用性、产品质量更为重要的选择驱动力。

也就是说，大学生在购买商品时更加关注商品是否能为自己带来附加价值，这种附加价值体现在商品能彰显自身个性、体现自我品味、满足自己心理等方面。身处群体中的大学生不仅以这种标准衡量自己的消费行为，也用

① 侯雪松：《浅析大学生消费存在的问题》，《商场现代化》2015 年第 2 期。

同样的价值标准衡量他人的消费行为，在这种相互对比的情形之下极易导致消费行为发生偏差，加大“校园贷”引发的风险系数。

5. 情感补偿消费心理

大学生的心理建设尚未成熟，因此抗压力、抗挫折能力都较差。当学业、生活、人际、恋爱等遭遇问题时，大学生不能及时调整自己的心态，而是通过冲动型的消费来发泄自己对客观遭遇的不满情绪以达到排忧解难的效果。

而这种心理催生的冲动性消费，常常会打破大学生原有的消费计划。对大学生的经济支付带来一定压力，同时这种类型的消费常常换来的并不是大学生所真正需要的产品，既造成了无端的浪费，又增加了其陷入网贷陷阱的风险。

二　舆论引导在大学生消费心理建设上的重要作用

技术的发展、信息的多元使得大学生也开始面临选择困境，逐渐提升的消费水平和多样化的消费理念使得现阶段的很多大学生开始尝试涉及形象、情感、价值方面的发展型消费，因而出现了更加多元化及个性化的消费特征。

不少大学生通过社交平台发布消费相关信息、体验、感受等，导致大学生之间出现消费攀比行为，这是越来越复杂的新媒体情境促成的不良消费行为。新媒体高速发展的今天，大学生之间的人际互动日益频繁，个体生活的独立性也渐渐被剥夺。虚拟世界中的符号呈现造就了大家相互比较的可能性与必然性，大学生被迫生活在群体的符号世界中，心理剥夺感促使处于不利境地的大学生被迫寻求缩短心理差距的捷径。这种符号暴力导致长时间脱离家庭、缺失社会经验、初尝集体生活的大学生渐渐消弭了个体意识的独立性。

此外新媒体的高速发展带来商业广告的多元化呈现，不少商家深谙消费者的心理，采取线上直播、软文推送、分期支付等方式刺激、诱导消费。不少媒体传播奢靡的消费观念，导致大学生产生不良消费心理。但与此相对应的是大学生自身还不具备相应的消费能力，他们中的大部分生活所需花销来自家庭，即便有勤工助学的支撑，也不足以负担巨大的消费需求。这些不良的消费观念一旦对大学生造成影响，极易植入其生活的各个场景，直接影响大学生建立自身的价值观乃至世界观、人生观。

以往研究认为资本贫困是“校园贷”有可乘之机的根本原因，一部分“校园贷”的受害者是因为家境贫寒才落入网贷陷阱。家境贫寒的大学生之所以成为网络借贷受害者与他们的群体特征有一定的关系，他们的社会资源相对比较薄弱，社会网络也较为单一，在他们的社会网络中所具备的资本容量、援助能力都是极其有限的，这些具有同质特点的大学生群体更容易陷入网络借贷危机。

同时特定的群体所具备的思维范式也具有极高的相似性。与家庭环境较为优越的孩子们不同，这一群体的大学生往往缺乏民主教育，同时亲子交流也显得极为缺乏。这种社会认知方式，导致他们在遇到经济困难时极少与父母沟通。强烈的独立意识、消极的家庭氛围以及薄弱的原生支持都导致他们极易陷入网络借贷陷阱。同时面对“校园贷”的风险，他们更多地体现的是一种带有“无知”的认同，文化贫困同样使得他们在金融风险面前缺乏基本的辨别能力，从而导致他们的非理性选择。家庭是大学生物质基础的主要保障，现实生活中他们的家庭经济水平却各不相同。这是客观存在的现实问题，但媒体时常将这一群体的部分消费情形作为普遍准则。大学生很可能受到误导，因为潜在的心理压力而产生不健康的消费心理。群体之间的差异成为大学生相互比较的基础，为了在群体中获得“普遍”身份特征，并获得同伴的认可和接纳，很多大学生不慎落入“校园贷”的陷阱。

大学生的消费心理从“我有点想要”，到“我可能需要”再到“我必须占有”，当达到“我必须占有”这样一种消费需求时，他们就很容易脱离收入可供支撑的限度而陷入提前消费的怪圈。大学生的消费动机受制于他们的实践逻辑，而他们的实践逻辑是在社会制约下的与社会需求高度符合的实践逻辑。

布迪厄为了加深对实践活动深层次的理解，特意在实践研究过程中融入了对社会、文化、历史等因素的考察。[①] 可以说社会宏观的文化结构对个体的文化选择存在深层次的影响。而这一研究规律也启示我们，要深刻思考深陷“校园贷”危机的大学生在做出自己文化选择的时候，受到哪些社会宏观文化结构的影响。

生存在新媒体时代的我们无时无刻不被消费信息包围，这种文化氛围彻底颠覆了传统的消费理念。大学生的消费心理也在“及时”“快捷”“提前”的消费氛围当中被强烈地冲击着，在这种快节奏的消费情景之下，大学生中间也兴起一种世俗享乐文化。在电子支付逐渐取代货币支付的前提下，消费支付渐渐地变成了抽象的数字符号而失去了现金所特有的实存感，当然也就降低了大学生对经济负担的担忧。其实不仅仅是大学生，就连有了经济来源的成年人对自身的经济管理都显得缺乏规划。这就是为什么每到年终微信、支付宝等做年度账单总结时，常常会有人感叹自己怎么会欠这么多钱呢？其实许多人忽视了网络贷款“温水煮青蛙”的效应。

生存场域作为价值主体与交往对象彼此建构起的一个客观关系网络，在很大程度上界定了主体的个体认知和社会心理。[②] 当社会心理沉浸在以消费为基础的世俗享乐文化之中，人们的物质欲望会肆意膨胀。而这种消极文化对于没有稳定收入来源的大学生来说具有极大的冲击力。大学生追求高度个体化、自主化、多元化的生活体验，在这一被动社会心理的压抑下，也常常感到焦躁、盲从、嫉妒，更有甚者转向享乐、拜金的消费心理。归根结底，这就是在市场主义潮流冲击下社会核心价值观缺失的一种体现。大学生在这种核心价值缺失的前提下，演变为物品的从属者，因为过度的物质追求让人对物品的消费渐渐变成了物品对人的控制。

消费心理的形成不仅取决于消费者的生活场景、经验背景、知识积累等，更大程度还会受到舆论环境的影响。以贵州省 2019 年发生的八起校园贷事件来看，媒体的传播影响比较大，可以充分利用舆论引导遏制消极消费

① 〔法〕布迪厄：《实践感》，蒋梓骅译，译林出版社，2003。

② 王龙、范瑜：《高校意识形态话语权的社会学分析》，《当代教育论坛》2018 年第 2 期。

文化在校园蔓延，同时也可以利用舆论引导传播理性消费观念。通过正反两方面对大学生消费行为的关注，促使大学生不断修正自身的消费观念，从而改善自身的消费行为，为大学生消费群体的理性消费、合理消费提供重要的舆论保障。

表1　2019 年贵州省“校园贷”舆情信息情况

序号	名称	信息来源类型	信息数量	敏感属性占比(%)
1	大学生深陷“校园贷”借款八千还款几十万,被迫退学噩梦却没结束	贴吧、微信等	20	100
2	太吓人！贵阳女孩被网贷催款恐吓,“快递”让她到小区领花圈	微信、网站等	9	100
3	被禁一年半,校园贷为何还纠缠学生不放	网站、微信等	24	100
4	非法“校园贷”套路多　大学生提前消费要多点理性	网站、微信等	106	44. 34
5	遵义女大学生因贷款跳河自杀！警方出手打击校园贷	网站、微信等	26	50
6	贵州百名在校大学生做兼职　身陷校园贷	网站	2	100
7	网友反映在贵阳一所职业学院不慎陷入网贷、校园贷陷阱	人民网地方领导留言板	1	100
8	花溪大学城校园贷案子登上央视社会与法频道	网站、微博等	315	13. 33

资料来源：多彩贵州网大数据舆情监测系统 2019 年全年数据。

三　舆论引导在大学生消费心理建设上的路径分析

说到“校园贷”的预防与治理，传统观念都强调要加强以政府为主导的重要管理作用。除此之外，还要建立一个正确的价值观来确保大学生形成健康理性的消费心理，并以此更好地来匡正自身的消费行为。同时确立一个强制性的社会规范制度来维护大学生在校的消费利益也是至关重要的。

可以说舆论对“校园贷”风险具有较强的放大作用，因此也对现实的“校园贷”风险具有较好的化解效应。利用舆论引导大学生调整消费心理，并规范大学生消费行为，应从多个方面加强大学生对消费行为的认知。

1. 事实认知

媒体有责任帮助大学生认清自身消费行为背后消费心理存在的问题。只有明确评价消费价值的标准，让大学生真正认识消费的终极目的在于满足人们的实际需要，才能帮助他们在消费实践中不断修正自身的消费行为。

通过有效的舆论引导帮助大学生建立正确的消费心理。通过对“校园贷”事件的积极关注，正向引导、科学传播，帮助大学生形成健康的消费观念、习惯和行为。可以通过合理的消费计划及“校园贷”恶性事件的信息宣传、警示教育等帮助大学生形成一定防范意识。明确告知大学生看似轻松便捷的贷款不是天下免费的午餐，而这种准入门槛较低的贷款极有可能造成将来沉重的经济负担。

舆论在科学引导大学生理性消费时不能简单地更换内容或是改变形式，打造新媒体对大学生的吸引力帮助其调整消费心理，还应当融入服务理念。根据大学生的客观、具体、迫切的需求，有效传递具有时代性、规律性甚至创造性的信息。通过对大学生身边人事物的客观呈现为大学生的消费行为提供更加优质的咨询。通过创新传播方式、丰富传播内涵、提升传播价值的路径为大学生建立科学、理性、健康的消费心理，从而最大程度杜绝“校园贷”对当代大学生的危害。

同时应当积极利用舆论引导力，利用媒体互动的传播优势，了解受众的具体需要，通过话题讨论、交流、反馈等方式让大学生更加直接地参加到媒体的传播活动中去，充分发挥舆论对大学生消费心理的引导作用。从大学生的视角出发解读消费行为，探讨消费现象，剖析“校园贷”危害等，使得舆论引导在形式和内容上更加贴近大学生的校园生活，不仅利用传统媒体与新媒体的结合抵制“校园贷”陷阱，同时通过培养意见领袖、树立正面典型的方式，引导学生客观表达消费诉求，建立理性、健康的消费心理。

舆论引导可以结合与高校的互动合作引导大学生养成勤俭节约的传统美德。高校可以利用传统的宣传栏、校报、校园广播等宣传模式倡导健康的消费行为。舆论引导则可以通过新型的微信、QQ、微博、论坛等传播模式充分开展讨论、反馈和互动来切实了解大学生的实际消费诉求。

还可以利用大数据技术加大对校园消费信息的获取和分析，针对性地找出大学生在消费问题上的主要关注点、消费行为的主要规律，消费心理的主要特征等，针对数据搜集、整理、分类、分析出的主要问题进行“校园贷”治理，有的放矢地开展宣传教育及话题互动。

2. 文化认知

通过舆论引导调整大学生消费心理，通过建立理性、健康的消费心理规避“校园贷”的风险。媒体可以从文化整合的角度入手，即在意识形态中进行思想整合，通过对大学生价值观念的引导，把大学生思想、价值观、消费行为协同起来，增强大学生群体的向心力和凝聚力。这种文化整合是利用对大学生的价值观系统的影响来控制大学生的行为系统，这种隐形力量的影响是极为有效的，特别是在新媒体高速发展的今天，一些负面信息和消极价值观在新媒体发展的作用下快速传播，对价值观念尚未成熟的大学生来说影响巨大。通过对主导价值观不断地强化、确立、加深来树立大学生正确的价值观念极其重要。

可以利用社会主义核心价值观作为主导价值观对大学生的“校园贷”进行预防和干预。这一主导价值观念不仅有主流意识形态作为支撑，还具备深厚的文化传统和广泛的社会认可。将培养社会主义核心价值观作为解决“校园贷”的突破口有利于大学生自觉对照自身义务和责任调整自身消费心理，规范自身消费行为，也有利于大学生形成对于道德观、文化选择、价值取向的共识。

在传播内容上可以进行突破，不仅可以将现实生活中消极、负面、反向的信息进行传播警示，同时还可以注重对高雅文化、艺术、精神的基础普及。在挖掘大学生日常关注的消费话题之外，还可以引导他们将生活的重心部分转移到对文化的欣赏、接受艺术的陶冶上来。通过正反向双重的互动传播引导大学生不再沉溺于物质世界，转而追求更高层次的精神生活。

3. 经济认知

“校园贷”产生真正的根源在于资本力量的不平衡，放贷者、平台、大学生通过网络建立看似“合法”的债务关系。基于双方自愿的借贷手续作为一系列抽象化操作的前提，形成以资本流通为特征的债务关系网络，导致学校、金融、公安等行政部门难以对贷款学生进行现实救济。但这种看似“合法”的借贷关系却暗含着资本的极大不平衡，正是由于贷款方强烈的经济获取愿望才使得小额借贷有了生存的空间，可一旦进行网络借贷后，双方的不平等关系就开始显现出来。

可以通过舆论引导加强大学生对“校园贷”的全方位认知。“校园贷”的出现体现了金融业对高校的一种深刻影响。理性认识“校园贷”成为每个大学生应当具备的基本经济素养。可以说“校园贷”确实满足了部分学生求学、生活及创业的多样化需求，当大学生产生合理的经济诉求时，应当选择正规、合法的借贷平台。但还需要让大学生认识“校园贷”手续简单、放贷便捷、利率低等优势后面的风险陷阱，避免在有合理需求时掉入坑里。

此外要加强大学生对金融知识及相关经济法规的正确认知，舆论引导可以适当地向大学生普及金融相关知识，如金融风险的主要特征、形成规律及预防方法。通过对大学生在金融信贷、安全法规等方面的认知教育，帮助他们了解“校园贷”的相关规定。可以引导学生选择合法、合规的网络借贷平台，使其了解网贷流程、网贷利率、还款期限以及预期后果，杜绝网络贷款恶性事件的发生。同时当出现权益受损害、个人信息泄露等风险时，大学生要学会运用法律武器化解相应风险。此举有利于大学生的财商培养，把经济认知作为文化认知的补充，可以把俭德教育作为突破口，通过培养大学生俭以养德的良好品质来提升大学生消费群体的财商，推动大学生自觉提升自身经济素养。

4. 责任认知

针对大学生的消费心理、消费习惯及消费行为在新媒体时代的变化做出积极应对。舆论引导不仅要注意到对媒介中不良传播行为的有效把控，还要有意识地建立提升大学生自身消费责任及义务认识的信息环境，从而真正有效地帮助大学生建立一个积极、健康、正确的消费心理。

加强大学生诚信意识和责任意识的教育认知。让大学生认识到一旦网络借贷发生，自己就有责任和诚信进行偿还。因此当出现网络借贷时大学生应该科学、合理地拟定还款计划，并遵守借贷约定主动按时偿还贷款。但当大学生遭遇恶性网络贷款时，也应及时向家庭学校社会求助，寻求妥善的处理方式，杜绝悲剧发生。

社会治理篇

Social Governance Reports

B.15

"三变"改革背景下农村社区治理的新路径*

邢　澂**

摘　要： 在"三变"改革背景下研究我国农村社区治理新模式对激活农村社区低效资源，激发农村社区劳动者生产生活的积极性、主动性和创造性，化解基层社会矛盾具有重要作用，也为增加农村社区相关利益群体的资产性收入，营造一个风清气正的社区治理环境提供一种新思路。

关键词： 三变　农村社区　贵州

* 民政部 2019 年度部级课题"'三变'改革背景下农村社区治理新模式的路径研究"（项目编号：2019MZJ016）阶段性研究成果。

** 邢澂，贵州民族大学社会学博士研究生，研究方向：社区治理与反贫困。

一 问题的提出

人们对美好生活的向往是党和政府的奋斗目标。[①] 在我国一些农村社区，存在困难群体劳动能力缺乏，无力脱贫、无业可扶等情况，这与建设公平共享的创新型社区和满足人民群众对美好生活的愿望存在较大差距。历史和实践经验告诉我们，改革不是一种悬置、没有社会基础的利益调整，而是坚持以人民为中心的价值取向，其目的在于最大限度地实现人民的整体利益。在“三变”改革背景下研究我国农村社区治理模式将涉及诸多以切实增加社区居民，尤其是社区弱能、失能群体的收入为核心的项目，例如，帮助农村剩余劳动力解决就业，推动农村基本经营制度的革新等，这些做法对于激活农村社区大量沉睡的、低效的资源，激发农村社区劳动者的积极性、创造性与主动性具有重要意义。近年来，农村“三变”改革的深入推进，不仅使农村社区居民成为社区治理项目的“股东”，为社区治理创造了前所未有的有利条件，还把农村的公序良俗、道德表现、城乡经济合作组织章程与股份合作收益结合起来，不仅有效集聚社会资本，避免贫困户退出不及时的道德风险，还降低了政府举债发展的金融风险，为地方政府既要发展又避免风险提供了现实选择，为农村社区居民自治机制的健全与完善起到积极作用。

二 基本概念界定及理论基础

（一）农村“三变”改革的内涵

从政策背景来看。2010 年贵州省六盘水市最早探索把农村集体资产和农民土地入股，把财政项目资金和扶贫专项资金转变为股金，引导农民入股

① 习近平：《决胜全面建成小康社会　夺取新时代中国特色社会主义伟大胜利》，《人民日报》2017 年 10 月 28 日，第 1 版。

农业公司和农业合作社，这些探索性改革也逐步得到上级政府的认可。2017年农村“三变”改革第一次被写入中央文件《中共中央 国务院关于深入推进农业供给侧结构性改革加快培育农业农村发展新动能的若干意见》（中发〔2017〕1号）；2018年被写入《中共中央 国务院关于实施乡村振兴战略的意见》（中发〔2018〕1号）；同年6月被写入中共中央、国务院印发的《关于打赢脱贫攻坚战三年行动的指导意见》，该文件指出：“积极推动贫困地区农村资源变资产、资金变股金、农民变股东的改革，通过盘活集体资源、入股或参股、量化资产收益等渠道增加集体经济收入。”①

从学理内涵来看，农村“三变”改革主要是指“资源变股权、资金变股金、农民变股民”的农村综合性改革。② 它不是某种固定的农村扶贫模式，而是一种改革理念，其主要是以产业为平台，以股份为纽带，通过打造“股份农民”实现我国农村经营体制和治理方式的一次重构与再造。通俗地讲，“三变”即三个变化，一是“资源变股权”，即村集体通过把农民手中拥有的土地、荒地与村集体的山林、滩涂等自然资源转变成耕种经济作物的土地，通过入股等方式盘活已有的“死资源”，让土地长出经济果实；或是把土地租出去，收取租金，达到物尽其用，以践行习近平总书记所倡导的“让绿水青山变金山银山”的发展理念。二是“资金变股金”，即在不改变资金使用性质及用途的前提下，把农民手中的资金入股到企业以增加资金的投资渠道，到一定时间农户可以参与分红，获得一定比例的股金。三是“农民变股民”，即让农民以自愿的形式，将个人的所有物投入经营主体中，使自己可以参与分红成为股东，从中获取收益，以增加农民的资产性收入。特别是对于我国农村贫困人口而言，通过“个人自助变、组织帮助变”等形式让农户参与“三变”改革，可以有效帮助和引导他们参与“三变”改革，从而达到减贫的目的。

---

① 《中共中央 国务院关于打赢脱贫攻坚战三年行动的指导意见》，《人民日报》2018年8月20日，第1版。

② 《中共中央 国务院关于打赢脱贫攻坚战三年行动的指导意见》，《人民日报》2018年8月20日，第1版。

（二）农村社区治理的内涵

社区治理是社区治理主体将自身的治理理念运用于社区发展建设之中的一种创新性实践产物。通过将不同的社区公共服务资源作为保障，来实现社区治理主体的统一价值观。在我国农村社区，社区治理是指包括公共部门、私人部门在内的多元主体针对广泛的农村社区公共事务，通过持续的互动协调来实现共同价值和共享利益的社会管理过程。[①] 而社区内的政府组织、社会组织和居民委员会以及社区居民等则可以通过对社区内的公共问题进行优化处理来实现对社区社会事务管理和对公共服务的覆盖。[②]

（三）“三变”改革与农村社区治理之间的关系

著名社会学家郑杭生认为，社区结构转型和经济体制转轨推动了社区的发展。当今我国农村社区治理正逐渐实现从满足人的物质需求向提升社区治理水平和人的满意度转变。要想提高农村社区居民的满意度和幸福感，增加他们的财产性收入是一个重要指标。本文通过对农村“三变”改革主体存在的参与式困境和方法困境进行实证分析，揭示影响我国农村社区治理有效性的“三变”因素。从发展实践来看，近年来贵州省农村地区的社区治理模式在“三变”改革背景下取得了显著成效。例如，六盘水市始终坚持以股份合作为纽带，以产业平台为抓手，在原有以资源变资产、资金变股金、农民变股民的“三变”基础上，形成了明晰、规范的股权模式，这一创新方式有效激活了农村各类生产要素，增加了村集体和农民财产性收入；贵州省毕节市初步形成了“废弃矿山变绿水青山、残损资源变有效资产、矿区农民变产业工人”的矿山地质环境治理“三变”模式；贵州省贵阳市开阳县探索了“优质企业让股、扶贫资金买股、村集体经济占股、扶贫对象持

---

① 李诗悦：《农村社区治理创新的现实困境与对策研究——基于湖南 23 个实验区的调查》，《江西社会科学》2017 年第 37 期，第 236 ~ 243 页。

② 夏建中：《治理理论的特点与社区治理研究》，《黑龙江社会科学》2010 年第 2 期，第125 ~ 130 页。

股”的“四股聚力”模式，这些都是“三变”改革给农村社区带来的新发展思路。

（四）理论基础

习近平总书记曾经指出：“农业要素市场的建设严重滞后，发育迟缓、门类不全，土地市场、劳动力市场、金融市场、技术市场、信息市场远未形成……农村要素市场建设中存在的这些问题成为农村市场体系建设中最薄弱的环节。”[①] 因此，创新要素市场化理论的社会学研究，将其与“三变”改革背景下的农村社区治理模式相融合，对于推动农村社区治理模式的创新具有重要作用。习近平总书记曾经在其学术专著《中国农村市场化建设研究》中指出：“农村市场化是突破制约农村改革和发展的瓶颈、应对加入世贸组织所带来的挑战、开创农村经济发展新局面的必然要求。”[②] 而“农业要素市场的发展对农村市场体系建设和农村经济发展影响极大，其发育水平在一定程度上是农村市场化和农业现代化的标志之一”[③]，但是，我国农村要素市场建设中存在金融市场、技术市场、信息市场远未形成等问题，这些问题也成为目前我国农村地区市场体系建设中的薄弱环节。

三 “三变”改革背景下农村社区治理面临的困境

现阶段我国农村社区普遍存在资源分散、资金分散、农民分散等问题，这不仅制约了农村产业产权的发展，也使农村经济的规模化、组织化、市场化发展难以适应现代化的市场需求。[④] 其主要体现在以下几个方面。

---

① 习近平：《中国农村市场化建设研究》（第5版），人民出版社，2001，第81～82页。

② 习近平：《中国农村市场化建设研究》（第5版），人民出版社，2001，第5页。

③ 习近平：《中国农村市场化建设研究》（第5版），人民出版社，2001，第209页。

④ 王东京、王佳宁：《“三变”改革的现实背景、核心要义与推广价值》，《改革》2017年第8期，第5～15页。

（一）农村资产评估机制有待完善

我国农村社区普遍存在集体资产未聘请专业机构进行评估作价的情况。由于法律政策的限制，集体经营性资产尚未能进入市场交易。如果按照市场估价，集体经营性资产价值将成倍增加，这会导致量化到集体成员的资产绝对差值又成倍增大。另外，由于农村市场经济不像城市那么发达，许多农产品倾向于用“估价”来定价，并不过分追求精准，或者由于房地产等经营性资产评估报告有效期仅为半年时间，且评估的费用过高，许多村集体经济组织觉得没必要为此破费，这些问题都会对村集体资产进入市场交易造成一定的影响。

（二）传统生产观念制约了特色农产业的发展

传统的农业种植方式和习惯影响着农民的劳作积极性。以前老一辈农民大多受过资源极度匮乏的苦，经历过饥荒年代，以“啃树皮、吃草根”等方式艰难填饱肚子的过程，在他们的传统观念中，只有解决温饱问题才能从事其他生产活动，因而他们的生产劳动大多是以在有限的土地上精耕细作获得更多的粮食为动力。看着庄稼在地里一天天从生长到成熟，农民的心里觉得有盼头，因此，朴实的农民努力把自己能做的做了，剩下的就看老天是否赏饭吃了。但是这种因循守旧，不愿意采取种植经济作物代替农作物的习惯从某种程度上意味着许多不可控的风险，比如，这种过度依赖传统农作物的思想观念会使得农村地区特色农业经营收入和农民的财产性收入减少，因此，广大农民群体宁愿“保本保值”也不愿冒险让土地增值的传统耕作观念是时候转变了。

（三）农村社区基本公共服务体系不健全

我国农村社区基础设施落后已经是普遍现象，其主要体现在农村的道路、交通、娱乐休闲场所、医疗卫生场所等配套设施上。农村“三变”改革需要有一套完备的基础设施作为后盾，否则即使有丰富的资源如果难以将其运送出去也难以转变成经济资源。目前，我国地方政府为农村社区提供的基本公共服务普及化程度还不高，农民不仅“走出去”很难，“引进来”更是难上加难，因此，“三变”改革需要着力引进外部企业资金、技术、经验等。另外，一些农村地区会出现即使政府给予优惠政策，也会因为基础设施不完善而无法全面施展计划的情况。

（四）各农村社区治理主体存在利益制衡问题

在当前我国农村现有环境下，任何一种成型的利益分配制度都很难确保在农民利益完全不受损的情况下推行。比如，单纯的股份利益分配制度无法保证股份公司在利润为零甚至亏损的情况下使农民获得最基本的保障性收益；而且单纯的租赁收益分配方式也很难保证在资产增值后农民从资产增值部分获益，因此，在农村“三变”改革中，应对现有农村利益分配制度进行创新，在保证农民保障性收益的同时，采取多种利益分配方式相结合的方式来确保各主体利益均衡。另外，入股农户与当地的企业等经营主体之间也普遍存在利益失衡的情况。比如，虽然国家扶持农村发展的项目和资金日益增加，但是由于缺乏有效的制度约束，资金到村的分配和使用方面存在账目不清、用途不合理、效益低下等问题，在全面建成小康社会的关键期，亟须在农村“三变”改革背景下进行精准脱贫的制度创新。

四　“三变”改革背景下农村社区治理的实现路径

农村“三变”改革体现了价值理性与工具理性、理论逻辑与实践逻辑、长远利益与短期利益的有机统一。本文从我国农村实行“三变”改革前后社区治理的主体、治理机制、资源供给、治理方式的转变等方面全方位、立体化探索建立“政府、企业、居民”共商、共建、共治、共享的现代农村社区治理模式，即从农村社区的内部治理出发，将政府部门、社会组织、社区干部、社区居民以及所处社区环境纳入一个系统，突出个体行动者在系统内部发挥作用，从而构建一种“多元主体、居民参与、共享共治”的系统性现代农村社区治理模式。

（一）优化农村社区参与“三变”改革的保障机制

以股权为纽带构建农村社区共商共建机制，加强农村社区居民深度参与经济和社会发展的机会，这是包容性发展和提升人民获得感的重要体现。在我国农村社区的治理实践中，社区居民逐渐实现共建、共治、共享的目标，特别是因“共建”而“共享”，多劳多得、不劳者不得，这不仅体现了社会主义制度的优越性，还增强了社区居民的获得感，形成了“我参与、我付出、我收获”的良好氛围，为化解农村社区矛盾和纠纷，激发社会资本参与经济建设和扶贫等领域的活力提供了保障，也使社区居民、企业和政府形成了命运共同体。本文将从以下几个方面阐述优化农村社区参与“三变”改革的保障机制的实现路径。

1. 建立多元化的项目经营主体选择机制

农村社区各级组织应按照党的十九大关于“推进党的基层组织设置和活动方式创新”的要求，针对农村居住分散、资源整合困难、工作各自为政等问题，探索组建联村党委，即在不改变行政区划、基本职能的前提下，按照“力量联强、工作联抓、资源联享、产业联动”的思路，将地域相邻、产业相近、资源互补的村联合起来，建立多元化的项目经营主体选择机制。具体而言，第一，在联村党委的统一指导下，针对不同群体、不同的资源和资金，采用不同方式入股，让农民入股的资产能够实现保值增值，尽可能为各类人群，特别是为社区低收入群众创造更多的共建共享机会。比如，对于农村社区建档立卡的贫困户，通过选定部分产业扶贫项目，“折股量化，配股到户”，让贫困户以股权参股合作社或农业企业以获得长期收益。第二，积极探索土地股、资金股、林权股、技术股、自然风光股等股权形式，尽可能让广大农户成为股东从而获得股份收益。第三，应加强农村经营实体参与农村综合服务站的建设和运行，通过不断提高农村综合服务站连锁经营和商品配送的比重，让农村供销社的农产品能够更多地通过电商等网络服务平台销售出去。

2. 建立村集体经济组织资产评估机制

贵州省六盘水市主要是通过对农村集体土地所有权、集体土地建设用地使用权、“四荒”使用权、小型水利设施使用权、农村土地经营权、宅基地使用权、农业类知识产权等各种资源要素进行依法评估、确认，以此促进资产资源权属明晰化。[①] 笔者认为，在村集体经济组织与新型经营主体合作时，应聘请专业机构对集体资产进行专业评估，以保障农民的经济利益。另外，通过委托第三方专业评估公司的方式对村集体的土地、草地、滩涂、森林等地进行市场估价以及对其可营利性进行详细分析，在给出基本的价格建议且经公示无异议后方可将评估报告上交给相关部门备案，这样做既能够站在客观角度为村集体争取最大利益，避免村集体资产被低估，又能降低某些村干部的权力寻租[②]行为对村集体经济造成的损害。

3. 合理优化农村产权制度的框架设计

当前，我国农村地区产权制度改革面临阻碍的原因在于农村产权不清、市场流转不畅，这使得农民难以从农业资源中获得收益。笔者认为，通过产权确权颁证制度、产权折价入股制度将农村集体资源转变为资产，能较好维持现有的农村产权制度框架，使土地资源等所有权归属于集体。第一，完善农村产权交易流转平台。产权制度改革的核心是建立完善农村产权交易流转平台，地方政府的相关部门应尽量组织省、市、县农业专家到田间地头指导农业生产，再结合实际发现的问题进一步完善农村产权流转和交易渠道，吸引更多的城市资源向农村流动。第二，通过“合同书、股权证、分红单”保障农民权益。为保障农村产权制度改革有序发展，应按照市统筹、县为主、乡落实的原则，由市提供示范样本、县统一制作文本，并组建“三变”法庭、检察室、律师团队等，对“三变”改革合同规范、股权设置等开展服务指导。同时，为防范风险，各地财政每年应拨付一部分农业保险保费补

① 史红伦：《为“三变”改革厚植法治根基》，《贵州日报》2018 年 11 月 6 日，第 11 版。

② 权力寻租，是指握有公权者以权力为筹码谋求获取自身经济利益的一种非生产性活动的经济学术语。

贴和“三变”改革风险补偿金等，以降低农民的灾难损失或市场风险。将来我国各市、县、乡、村的农村产权交易机构应持续强化工作举措，加强平台建设、完善配套措施、理顺运行机制、规范交易行为、拓展服务内容，结合供销合作社综合改革实践，重点推进农村一二三产业融合发展示范项目、农村综合服务社项目、农村电商提质项目建设和加强供销合作社系统，旨在为我国农村“三变”改革提供更高质量的服务。

（二）搭建优质的农产业发展平台

我国农村“三变”改革应始终坚持引进有实力、有社会责任感的龙头企业，发动农村居民以土地入股，投入劳动，采取按股分红与按劳取酬相结合的方式，提高村民的收入水平，同时拉动农村劳动力就近就业。贵州省六盘水市的“三变”改革实践证明：政府以“平台公司”为支点，用PPP模式[①]投资农村基础设施[②]，能有效提高农民的资产收益。比如，贵州省贵阳市开阳县的“水东乡舍”项目就是让当地农村劳动力经培训后实现转产就业，而其他社区的“三变”项目也大多将区域内劳动力（特别是困难群体劳动力）就业问题放在重要位置，让当地社区居民共享就业和增收的双重机会，从而带动股份实现增值。六盘水盘州市亦资街道广泛为农村产权转让、出租、抵押、入股等搭建平台，为当地老百姓创造了很多的岗位。

（三）完善农村社区基本公共服务体系

加大农村社区的基础设施建设能推动农民的土地升值，让农村基础设施不再成为“三变”改革工作开展的阻碍，为“三变”改革顺利实施创造良好环境。地方政府应加大财政支持、改善农村基础设施条件、引进更多优质企业入驻。民间流传一句俗语“栽种梧桐树，引来金凤凰”，农村的基础设

① PPP（Public-Private-Partnership）模式，是指政府与私人组织之间，为了提供某种公共物品和服务，以特许权协议为基础，彼此之间形成一种伙伴式的合作关系。

② 王东京、王佳宁：《“三变”改革的现实背景、核心要义与推广价值》，《改革》2017年第8期，第5~15页。

施就如同“梧桐树”，只有先完善农村的各项基础设施建设，准备好农村“三变”改革需要的配套政策体系，才能引来企业这个“金凤凰”，逐渐打通“三变”改革的后续通道。

1. 建立新型农村社区综合服务社

应充分发挥供销合作社服务“三农”的独特优势和重要作用，以农村专业合作社为基础，以农村供销社为依托，以农村信用社为后盾，加快构建党建、村建、社建“三建结合”和村务、商务、服务“三务合一”的农村综合服务新体系。具体而言，应采取“五依托”[①] 有效整合农村人力、财力、物力，全面盘活农村资源、资产、资金。另外，应打造“基层组织牵头型”合作社，即由村委会、村党支部、基层部门利用引导优势和资源优势，围绕某一特色产业或主导产业，牵头创办农民专业合作社，以“三权分置、因地制宜、股份合作、多元创办、盘活资源”为基本思路，积极探索资源性资产股份合作的有效形式，通过激活沉睡资源、利用闲置资产、整合各类资金、巧用生态环境、提供多元服务、开展异地置业等方式有效推动农村社区综合服务社的建设。

2. 探索将村规民约纳入合作社章程

应根据农村经济发展需要组建联镇联村党委，强化入股群众的组织动员力，探索将村规民约纳入合作社章程。另外，地方政府部门的积极引导和社区干部角色发生的变化对于提升农村社区居民参与社区事务的主体意识具有重要作用。在我国一些农村地区，居民以网格员的身份参与社区治理活动，比如，在农村社区一般事务的管理过程中，广大村民也借助村民自治小组等活动平台，积极参与和讨论居住环境、社区服务、环境治理、制定规则、文化生活、居民纠纷等与居民切身利益相关的公共事务，为推动社区自治的转型建言献策，这些居民自治活动不仅能够提升农村社区居民参与社区治理的信心，还能使当地社会组织自发形成广场舞队、书法班、舞蹈班等团体，如

① 五依托，是指依托城镇建设搞发展、依托旅游资源促发展、依托产业覆盖助发展、依托脱贫攻坚带发展、依托社会治理推发展。

此一来，既有利于增强居民和邻里之间的亲和力和信任感，也有利于动员农村社区居民自主参与社区自治活动。

（四）创新入股农户与企业之间的利益制衡机制

农村“三变”改革的价值不应仅仅局限于帮助农村脱贫，还应包括让农民通过获得资产性收入成为社会的中等收入者。本文提出建立健全入股农户与企业、农村合作社等经营主体之间的利益联结机制，让农村建档立卡户能够加入农村合作社来推动农村资产增值，增加农户资产性收入，具体体现在以下几个方面。

1. 创新入股资金收益分配方式

在农民的传统观念里，土地一直以来都是他们的命根子，是农民可以依靠的主要生活来源，出租土地而不入股成为大多数传统农民的理想选择。近年来，随着我国农村“三变”改革的深入推行，很多农村地区的农户们开始转变以往的思维模式，通过各种形式加入“三变”改革中来。其中，在众多的入股资金分配方式中，实物分红的方式能降低投资风险，减少其中的交易费用，是广大农户普遍接受的一种入股方式。因此，在实际的操作过程中，各农村社区应结合自身实际的发展需要，在明晰和尊重产权的基础上建立科学合理的股权结构、股金收益分配制度和贫困农户利益联结机制，以保证贫困农户能实现按股分红。近年来，六盘水市六枝特区梭戛乡就以“公司＋合作社＋农户”模式推动当地蔬菜种植业的项目发展，有效实现了通过农村资源价值资本推动农村资产增值的目标。

2. 提升农村社区闲散资源的利用率

由于我国农村部分地区有生产绿色优质农产品的生态资源和气候优势，因此，应综合开发与利用农业资源推动农村经济发展。但是随着工业化、城镇化步伐的加快，大量农民外出务工，而在农民外出后有的承包地撂荒，房屋、生产工具等闲置。鉴于“空巢”资源闲置现象的日渐增多，通过盘活“沉睡”的农村资源，为权益人创造更多财富成为激活农村社区闲置资源的方式。具体而言，第一，创新入股资金的筹措方式。农村地区的入股企业应根据当地的农业发展情况以分红的方式让农村居民适当参股，农村社区居民也可根据自身的资产、技术、资源等与社区入股企业签署合作协议以享受按股权合法分红。第二，运用现代技术优化整合农村社区资源，让低保户也能参与共享分红。比如，利用互联网、大数据等现代技术，为农村社区实现资源共享、加大社区资源的利用提供了更多的可能。第三，为了让农村闲置和低效利用的资源、资产发挥更高效率、产生更大效益，应充分挖掘农村社区经营潜力，吸引城市资金、管理技术下乡，发展农村民宿经营和体验式农业等项目，以达到让农村社区的“冷资源”变“热资源”的目的。

3. 创新政府服务方式，提升政府服务水平

近年来，随着居民收入水平和消费水平的不断提升，农村社区居民对公共服务的需求在不断增加，因此，应创新地方政府的服务方式，全面提升地方政府的服务水平。具体而言，第一，完善服务功能，拓宽服务项目。农村新型合作社应以生产合作方式将农民的闲置资源变为资产，以供销合作方式将农民闲散资金变为股金，以信用合作的方式对资金、资源统一运用，发展产业，再以社员变股东的形式进行入社分利、入股分红。第二，开展农技专家服务农业活动，以农业专家服务三农行动为载体，组织省市县的农业专家到田间地头指导农民从事生产劳动。第三，应围绕农村社区经营方式转型，着力打造“网上供销社”，以形成“网上网下、仓储物流、终端配送”一体化的农村新型供销经营体系。

B.16

贵州民族地区城乡社区治理体系构建研究[*]

梅小亚[**]

摘　要：　城乡社区治理体系是国家治理能力和治理体系现代化重要组成部分。笔者基于实践探索，从政策变迁、历史成就与现实问题、对策三个方面，探讨了贵州民族地区城乡社区治理体系建设问题。研究发现，贵州民族地区城乡社区治理政策经历了初步探索、丰富完善、创新提高三个历史阶段。其间村委选举制度完善、治理模式创新、基础设施改善、村规民约作用凸显等实践创新，为民族团结进步和民族地区繁荣稳定发展奠定了基础。建议从充分发挥基层党政组织作用、培养和发展多元治理主体、推进城乡社会组织创新、推广城乡“大数据+社区”管理模式、强化农村自治组织建设、充分利用村规民约稳定器作用等入手，形成系统、科学、有效的社区治理体系，打造共建共治共享的社会治理格局。

关键词：　城乡社区　治理　贵州

社区治理是国家治理体系的重要组成部分。党的十八大报告在完善基层

---

* 本文系贵州省社会科学院2019年省领导指示、圈示课题“贵州民族地区推进社会组织改革路径研究”（立项号：QS2019079）部分研究成果。

** 梅小亚，贵州民族大学社会学博士研究生，主要研究方向为民族地区社会政策和交通社会学。

民主制度部分指出："在城乡社区治理、基层公共事务和公益事业中实行群众自我管理、自我服务、自我教育、自我监督，是人民依法行使民主权利的重要方式。"① 党的十九大报告也指出要"加强社区治理体系建设，推动社会治理重心向基层下移，发挥社会组织作用，实现政府治理和社会调节、居民自治良性互动"②。城乡社区治理已成为国家治理能力和治理体系现代化的核心内容之一，其在新时代的国家治理体系中的重要性日益凸显。民族地区的社区治理作为国家治理体系的重要组成部分，其治理状况直接关系国家治理的成败。因此，回顾历史进程，认识基本规律，总结少数民族地区创新社会治理的基本经验和成果，探求新时代民族地区城乡社区治理体系构建的基本理论，不断丰富国家治理体系和治理能力现代化理论与内涵，是实现民族团结进步和民族地区繁荣稳定的基本举措。

根据研究需要，笔者对贵州民族地区社区进行了实地考察调研，采取实地考察、座谈、访谈、文献分析等方法，研究民族地区乡村治理基本情况，探索城乡社区治理体系建设路径。

社区是由一定数量成员组成的、具有共同需求和利益的，形成频繁社会交往互动关系的且产生自然情感联系和心理认同的地域性的生活共同体。根据社区结构及其特点，可以分为城市社区和农村社区两类。作为一个区域性人类活动和生活的共同体，民族地区社区成为民族聚居区的基本单元，在促进社会发展、服务民生的过程中，承担和呈现特定的社区功能。民族地区社区治理有值得探索的丰富的特殊内容。

一　民族地区城乡社区治理的政策变迁

创新民族地区城乡社区治理，是贯彻落实党和国家大政方针、增

① 胡锦涛：《坚定不移沿着中国特色社会主义道路前进为全面建成小康社会而奋斗——在中国共产党第十八次全国代表大会上的报告》，人民出版社，2012，第 27 页。

② 习近平：《决胜全面建成小康社会　夺取新时代中国特色社会主义伟大胜利——在中国共产党第十九次全国代表大会上的报告》，人民出版社，2017，第 49 页。

强社会发展活力、维护群众切身利益、保障城乡社会安定有序的现实需要。民族地区城乡社区治理的发展过程，就是党和国家开展社区建设的过程。

（一）民族地区城乡社区治理政策的初步探索阶段

党和国家十分重视社区治理工作。经过长期探索和实践，我国逐步确立了社会治理理念和思路，构建了社会治理体系，取得了突出成就。1982 年 12 月通过的《宪法》明确了居民委员会和村民委员会属于“基层群众性自治组织”的性质。[①] 国家民政部于 1986 年底提出了在城市开展社区服务。1987 年 9 月召开的“全国城市社区服务工作座谈会”首次在政府管理中引入“社区”概念。1990 年 1 月 1 日起开始施行的《城市居民委员会组织法》明确界定了城市居民委员会的“群众性自治组织”性质。[②] 1997 年 9 月，在十五大报告中明确了“依法治国，建设社会主义法治国家”的治国方略。1998 年 3 月 6 日，国务院《关于国务院机构改革方案的说明》首次将社会管理和公共服务列为政府的重要职能之一。[③] 2000 年 12 月，国家民政部《关于在全国推进城市社区建设的意见》强调城市社区建设是社会建设的重要措施。这些政策法规出台为民族地区城乡社区治理奠定了基础，对一些根本性制度进行了设计。

（二）民族地区城乡社区治理政策的丰富完善阶段

2002 年 11 月 8 日，中共十六大报告明确地将我国政府职能定位为“经济调节、市场监管、社会管理和公共服务”。2003 年 10 月，在《中共中央关于完善社会主义市场经济体制若干问题的决定》中，强调完善政府社会管理和

---

① 《宪法》第一百一十一条规定：“城市和农村按居民居住地区设立的居民委员会或者村民委员会是基层群众性自治组织。”

② 第二条规定：“居民委员会是居民自我管理、自我教育、自我服务的基层群众性自治组织。”

③ 该说明也明确提出，“把政府职能切实转变到宏观调控、社会管理和公共服务方面来”。

公共服务职能和发挥其在全面建设小康社会中的重要作用。[①] 2004 年 9 月，在《中共中央关于加强党的执政能力建设的决定》中明确提出“推进社会管理体制创新”理念。[②] 2006 年 10 月，在《中共中央关于构建社会主义和谐社会若干重大问题的决定》中对社区治理的要求更为具体，强调“健全党委领导、政府负责、社会协同、公众参与的社会管理格局”[③]。2007 年 10 月 15 日，中共十七大报告提出“健全党委领导、政府负责、社会协同、公众参与的社会管理格局”。2008 年 10 月，在《中共中央关于推进农村改革发展若干重大问题的决定》中确定的“2020 年农村改革发展基本目标任务”之一，是“农村社会管理体系进一步完善”，突出了完善农村社会管理的重要性，丰富了社会管理的内涵。[④] 2011 年 7 月 5 日，《中共中央、国务院关于加强和创新社会管理的意见》（中发〔2011〕11 号），作为我国第一份关于社会管理创新的正式文件，将“社会管理体制”定义为“党委领导、政府负责、社会协同、公众参与”。

（三）民族地区城乡社区治理政策的创新提高阶段

2012 年 11 月 12 日，中共十八大报告提出：“打造共建共治共享的社会治理格局。加强社会治理制度建设，完善党委领导、政府负责、社会协同、

① 该决定指出“完善政府社会管理和公共服务职能，为全面建设小康社会提供强有力的体制保障”，要求“完善基层群众性自治组织，发挥城乡社区自我管理、自我服务的功能”。

② 该决定强调：“要坚持最广泛最充分地调动一切积极因素，不断提高构建社会主义和谐社会的能力，不断增强全社会的创造活力，妥善协调各方面的利益关系，推进社会管理体制创新，加强和改进新形势下的群众工作，维护社会稳定。”

③ 该决定强调：“必须创新社会管理体制，整合社会管理资源，提高社会管理水平，健全党委领导、政府负责、社会协同、公众参与的社会管理格局，在服务中实施管理，在管理中体现服务。”该决定还要求“全面开展城市社区建设，积极推进农村社区建设，健全新型社区管理和服务体制，把社区建设成为管理有序、服务完善、文明祥和的社会生活共同体。完善居（村）民自治，支持居（村）民委员会协助政府做好公共服务和社会管理工作，发挥驻区单位、社区民间组织、物业管理机构、专业合作经济组织在社区建设中的积极作用，实现政府行政管理和社区自我管理有效衔接、政府依法行政和居民依法自治良性互动”。

④ 要求“健全农村民主管理制度。坚持党的领导、人民当家做主、依法治国有机统一，发展农村基层民主，以扩大有序参与、推进信息公开、健全议事协商、强化权力监督为重点，加强基层政权建设，扩大村民自治范围，保障农民享有更多更切实的民主权利”。

公众参与、法治保障的社会治理体制，提高社会治理社会化、法治化、智能化、专业化水平。”[①] 明确了较为全面的乡村社区治理框架和方向，形成了具有中国特色的社会主义城乡社区治理体系。2013 年 11 月 15 日，在《中共中央关于全面深化改革若干重大问题的决定》中提出了一系列有关社区治理的新举措。[②] 2015 年 5 月，中共中央办公厅印发的《关于深入推进农村社区建设试点工作的指导意见》（中办发〔2015〕30 号）要求“创新农村基层社会治理”。[③] 2017 年 6 月，中共中央、国务院《关于加强和完善城乡社区治理的意见》（中发〔2017〕13 号）要求“完善城乡社区治理体制”[④]。2017 年 10 月 18 日，党的十九大报告要求：“打造共建共治共享的社会治理格局。加强社会治理制度建设，完善党委领导、政府负责、社会协同、公众参与、法治保障的社会治理体制，提高社会治理社会化、法治化、智能化、专业化水平。加强预防和化解社会矛盾机制建设，正确处理人民内部矛盾。”[⑤] 这意味着党在国家发展进入历史新阶段之后，结合时代特征和要求，把握和顺应历史发展趋势，推动城乡社区治理上了新台阶。

---

① 胡锦涛：《坚定不移沿着中国特色社会主义道路前进　为全面建成小康社会而奋斗——在中国共产党第十八次全国代表大会上的报告》，人民出版社，2012，第 27 页。

② 该决定提出“推进国家治理体系和治理能力现代化”，“创新社会治理体制”，“改进社会治理方式。坚持系统治理，加强党委领导，发挥政府主导作用，鼓励和支持社会各方面参与，实现政府治理和社会自我调节、居民自治良性互动”，“激发社会组织活力”，“创新有效预防和化解社会矛盾体制”，“健全公共安全体系”，明确了居民参与政治生活的重要形式——“居民自治”。

③ 该意见要求：贯彻落实党的十八大和十八届三中、四中全会精神，创新农村基层社会治理，提升农村公共服务水平，促进城乡一体化建设。

④ 该意见强调：“城乡社区治理事关党和国家大政方针贯彻落实，事关居民群众切身利益，事关城乡基层和谐稳定。”要求“完善城乡社区治理体制，努力把城乡社区建设成为和谐有序、绿色文明、创新包容、共建共享的幸福家园，为实现‘两个一百年’奋斗目标和中华民族伟大复兴的中国梦提供可靠保证”。

⑤ 习近平：《决胜全面建成小康社会　夺取新时代中国特色社会主义伟大胜利——在中国共产党第十九次全国代表大会上的报告》，人民出版社，2017，第 49 页。

二　贵州民族地区城乡社区治理的实践探索与问题阐释

国家所制定的一系列政策法规，为贵州全面推进社区治理提供了重要的依据，是贵州民族地区城乡社区治理迅速推进、城乡社区治理取得明显成效的重要动力源泉。

（一）贵州民族地区城乡社区治理的实践探索

1. 贵州民族地区城乡社区治理稳步发展

贵州省城乡社区建设自2000年启动以来，呈现持续发展的良好势态。2008年深入推进城乡社区建设，在6个市（州、地区）开展了社区服务信息化网络建设。2010年，各地通过全面贯彻落实《村民委员会组织法》，积极推进村务公开民主管理以及"难点村"治理工作，提前一年完成治理任务，使464个"难点村"面貌发生了根本性变化。建立完善城乡社区建设工作联席会议制度，制定了《城乡社区建设工作联席会议成员单位职责分工》办法，在4个国家级、14个省级农村社区建设实验县（市、区），建立健全了由党委政府领导的工作机构，完善工作方案，积极探索农村社区建设有效途径。[①] 2011年，贵州省提出加强和改进城市社区居民委员会建设工作的实施意见，并开展建立村务监督委员会试点工作，制定了《贵州省农村社区规范化建设基本标准（试行）》，白云区、汇川区、余庆县成功建成全国农村社区建设实验及推行全覆盖示范区、示范县。2011年和2012年，省委办公厅、省政府办公厅先后出台《关于加强和改进城市社区居民委员会建设工作的实施意见》《关于加强城乡社区建设的意见》等文件，为全省城乡社区建设工作提出政策引导。2012年底，省政府办公厅出台

---

① 贵州省人民政府办公厅主管，贵州年鉴社主办：《贵州年鉴（2011）》，贵州年鉴社，2011，第167页。

《贵州省城乡社区服务体系建设规划（2011～2015年）》，在此规划指导下，省民政厅等三部门于2015年12月联合印发了《关于加强村规民约建设的指导意见》，启动贵州省社区服务体系标准制定工作。2017年8月，贵州省民政厅等16个部门联合制定了《贵州省城乡社区服务体系建设规划》（2016～2020年）。2018年，省委省政府出台《关于加强和完善城乡社区治理的实施意见》，为全面提升城乡社区治理法治化、科学化、信息化水平和组织化程度，促进城乡社区治理体系和治理能力现代化，提供了政策支持和保障措施。在省委省政府的政策指导下，贵州城乡社区得到稳步发展，社区组织体系逐步健全，社区干部队伍结构不断优化，社区服务领域不断拓宽，社区基础设施持续改善，社区工作领导体制和运行机制逐步理顺。到2017年底，已建成城乡社区服务站17327个（其中：农村13312个，覆盖面为99.8%；城市4015个，覆盖面为98.9%）①，城乡社区服务设施进一步完善，社区服务功能进一步优化；社区服务队伍逐步壮大；“十二五”期间通过“志愿贵州”云上信息平台注册人数达186.2134万人，志愿者组织1.0686万个，志愿服务时长391.8万小时，志愿服务项目6785个；城乡社区信息化建设启动；到2015年底，共有15个县（区、市）建设了社区公共服务综合信息平台。全省“城乡社区基层民主自治建设完善率”从2012年的65.1%提升到2015年的93.7%，城乡社区建设和村（居）务公开工作得到全面发展②；省内各主要民族聚居区的城乡社区治理亦取得明显成效。黔南布依族苗族自治州创新城乡社区建设载体，紧扣“平安型社区、便民型社区、和美型社区、康民型社区”构成的“四型社区”，分步推进，到2018年，80%以上的城市社区和40%以上的农村社区达标。③ 毕节市针对城市社区服务阵地不够、队伍不稳、

① 孟祥帅：《贵州省加强城乡社区治理健全社区服务》，http：//ddcpc.cn/news/201811/t20181116_ 296440.shtml，最后检索时间：2019年11月2日。

② 贵州省城乡社区服务体系建设规划（2016～2020年），www.gzsmzt.gov.cn，最后检索时间：2019年11月2日。

③ 张达：《黔南州创新载体建设提升社区治理能力》，http：//www.qnz.com.cn/news/newsshow－28771.shtml，最后检索时间：2019年11月2日。

功能不足等问题，着力构建场所、队伍、财力、制度“四有”社区工作体系，为加强社区治理体系建设提供有益经验。加强乡镇政府服务能力建设工作全面实施，推动乡镇政府转变职能、创新机制，进一步提高服务能力和水平。①

2. 基层党政组织主导作用显著，村（居）民委员会选举制度不断完善

在贵州民族地区城乡社区治理中，城镇社区和乡镇党政组织发挥了主导作用。村（居）委会党政组织机构逐步建立健全，并不断创新管理模式，适应社会发展趋势，推进民族地区治理决策的科学化、民主化、法治化，使党和政府的方针政策在少数民族地区落地生根。村“两委”充分发挥为上级党委、政府联系社区居民的纽带作用，及时将上级党委、政府的决策部署传达到社区，动员社区力量为实现共同目标而努力。村“两委”在民主选举、民主决策、民主管理、民主监督能力方面也不断提升，各项工作成效明显。在基层组织选举方面，一些地方采取了由具有选举资格的村民提名候选人、直接投票选举产生村民委员会成员的方式（俗称的“海选”）。2008年，城乡基层民主政治建设深入推进，第七届村（居）委会换届选举工作顺利完成，选民平均参选率和村委会“海选”率分别达到86.3%和22%，居委会“海选”实现零突破，达10.1%。各级政府对新当选的8万余村（居）委会成员进行了法规政策培训。② 2011年，村民自治和社区建设加快推进。第八届村（居）委会换届选举中选民参选率达85.47%，“海选”率和“直选”率分别增至24.48%和31.83%。③

3. 社区治理模式在实践中创新

在国家现有治理制度框架下，各地因地制宜地确立了符合当地社区

① 罗宁：《在2018年全省民政工作会议上的工作报告（2018年1月18日）》，http：//mzt.guizbou.gov.vn/xxgk/xxgkml/ghjh/201801/t20180118_ 21479089.html，最后检索时间：2019年11月2日。

② 贵州省人民政府办公厅主管，贵州年鉴社主办：《贵州年鉴（2009）》，贵州年鉴社，2009，第131页。

③ 贵州省人民政府办公厅主管，贵州年鉴社主办：《贵州年鉴（2012）》，贵州年鉴社，2012，第179页。

特点的治管理模式，提高了社区治理水平。具有代表性的模式有：贵阳市的“一委一会一中心”（社区党委、居民议事会、社区服务中心）模式，实行“一社多居”或“一社多村”。遵义市的“一居一社区”模式，将社区定位为基层群众性自治组织，以红花岗区和汇川区为例，每个社区平均配备工作人员24人，其中社区“两委”成员9人由社区党员和群众选举产生，其他15人为从事社区服务的专职社区工作者（包括高校毕业生、复员转业军人等），社区志愿者、职业社会工作人员、公益性岗位人员等。[①] 近年来，一些地方又探索了不少行之有效的新模式，如余庆县的“四在农家”模式，以改善农村生活设施为切入点[②]，引导农村走上文明发展、发展文明的全面小康之路。湄潭县创建了“群众会+”模式，在湄潭县复兴镇两路口社区，以“群众会”为载体，形成共识，集中民智民力，推进各项工作开展，逐渐形成了“群众会+宣传教育”“群众会+村民诉求”“群众会+新风培育”“群众会+阳光村务”等“群众会+”的农村社区社会治理“湄潭模式”。道真仡佬族苗族自治县创建了“自管委”组织模式，在村民中成立“自管委”，成员由村级警务助理、组长和本组德高望重并能起带头作用的村民组成，由群众通过“自我管理”调解处理矛盾纠纷，将矛盾纠纷由事后处置转变为事前化解，将案件苗头消除在萌芽状态，实现了“小纠纷不出组，一般纠纷不出村，大矛盾不出镇”的目标。[③] 桐梓县则利用“智治+自治”模式推进移民社区治理。在蟠龙社区，将大数据和居民自治融入社区管理之中，形成了“机构设置科学化、社区治理网格化、居民自治规范化、治安防控一体化”的

① 贵州省直有关部门调研组：《关于加强和创新社区管理有关问题的调研报告（2012年11月1日）》，中国社会出版社，2013，第259页。

② 改善农村生活设施包括通水、通路、通电、通电话、通广播电视、改灶、改厕、改环境，建图书阅览室、建文体场所、建宣传栏等。

③ 道真自治县2018年实现社会治安“四个零发生”，http://gz.people.com.cn/n2/2019/0117/c389149-32543784.html，最后检索时间：2019年11月3日。

移民社区治理模式。[①] 黔西南州创新了网格化治理模式。[②] 比如在社区设置网格化管理站，建立一站式网格服务平台，共划定网格 2971 个，网格覆盖率 99.69%。铜仁市碧江区创就“一核为主、多元共治”模式，即多元主体共联，通过优化治理结构，发展自治组织，明晰功能定位，加强社区治理保障；多元平台共建，搭建便民服务平台、信息办公平台、志愿互助平台，构筑社区治理平台；多元组织共商，建立多元主体参与的联席会议制度、县级领导联系社区制度，发动社区多元主体参与商议解决社区事务，激发社区治理活力；多元资源共享，通过多头并进解决好社区治理中的硬件问题，整合社区治理资源；多元服务共担，通过优化志愿服务，开展公益活动，推进平安建设，创新社区治理载体。[③] 贵阳市创建了“五力”共治和“大数据社区”模式，以社区党委为核心，社区服务中心、居民议事会、居委会、驻社区企事业单位、社会组织等多元主体共同参与，构建“一核多元”城市基层社会治理体系，形成了“五力共治”的良好格局[④]，“大数据 + 社区”的网格管理模式，利用贵阳市社会治理大数据云平台进行社区管理，不仅提高了行政执行率，而且提高了治理水平，2019 年 8 月第一周中，收到市民投诉案件 20829 件，结案案件 16524 件，综合的结案率在 90.2%。

4. 基础设施建设成效明显

社区基础设施建设是社区治理的物质保障。近年来，民族地区城乡社区综合服务设施建设速度加快，社区服务办公场所、文体活动场地、文化设施建设等均有明显推进。2015 年以来，黔东南州社区建设工作扎实推进，全州挂牌 1091 个社区服务中心（站）。麻江县开展了“三到社区”和“六步

---

① 卢志佳：《贵州桐梓“智治 + 自治”模式推进移民社区治理》，http：//www.gz.xinhuanet.com/2019 -06/28/c_ 1124685260.htm，最后检索时间：2019 年 11 月 3 日。

② 网格化治理，作为社区治理模式之一，是依托城市管理系统和数字化的平台，将管理范围划分为单元网格，形成街道—社区—网格管理服务体系，每个网格确定专人管理，落实责任。通过网格管理实现社区的有序管理。

③ 李汉华、申越发、夏强：《社区治理的碧江探索》，《当代贵州》2016 年第 43 期，第 56 ~ 57 页。

④ “五力共治”，即“党委全力、政府主力、社会协力、群众得力、制度给力”。

工作法”，提升了社区服务能力和水平。[1] 铜仁市碧江区为推进社区社会治理，积极推进社区基础设施建设，区委常委会专题研究和解决社区公共服务用房，拓展社区居民的公共空间，整合了2万平方米试点活动场地，在社区内设健身室、舞蹈室、书画室等社区居民活动场所，辖区单位将文化、教育、卫生、体育等活动设施向社区居民开放，实现“有居民文化家园、有文化活动场所、有文化小广场小舞台、有管理使用规章”的“四有”目标。[2] 2017年，沿河土家族自治县在社区治理中狠抓社区标准建设，规定社区内悬挂统一的社区标识，标明“社区服务站”，制作“社区服务设施分布图”“社区建设组织网络图”和“共有、共商、共建、共治、共享”标识，社区内设便民服务大厅、公开栏、劳动就业服务站、民政和社会保障服务站、居家养老服务站、慈善爱心超市、党员活动室、志愿者服务室、社区医务室、计生卫生室、防灾减灾室、综治调解室、图书阅览室、多功能电教室，实行“一站式、敞开式”服务，重点开展司法、民政、农牧、科技、计划生育、信息中介、劳动保障等工作。[3] 六枝特区新华镇党委、政府大力推进农村社区建设，落实农村社区服务站门牌、制度、标牌等制作安装，建立警务室（矛盾纠纷调解室），完善通村道路、村委办公、水利、文化等基础设施，促进了社区经济、基础设施、文化和医疗卫生改变。[4]

5. “村规民约”的作用凸显，各类社会治理力量整合

村规民约是全体村民根据国家政策法规、结合本村实际制定的，以维护本村的社会秩序、公共道德规范等，属于内部管理制度，是村民自发组织自我管理、自我约束的一种有效形式。近年来，贵州很多苗族聚居区，运用这种形式，就村民生产、生活做了很多规定，维护了地方社会秩序。在进行违

---

① 黔东南州年鉴编纂委员会编《黔东南年鉴（2016）》，中国文史出版社，2016，第270页。

② 李汉华、申越发、夏强：《社区治理的碧江探索》，《当代贵州》2016年第43期，第56~57页。

③ 《沿河“多元共治”构建五大为民社区》，http：//www.trxw.gov.cn/2017/1220/125487.shtml，最后检索时间：2019年11月3日。

④ 赵丽萍：《六枝特区新华镇农村社区治理调查报告》，《贵阳市委党校学报》2017年第6期，第56页。

纪处罚时，注意发挥寨老的作用，监督规约执行，对违犯者实施处罚。[①] 注重发挥民族习惯法在社会治理中的辅助作用，注重少数民族干部、民族宗教界人士在社会治理中的引领作用。例如，威宁彝族回族苗族自治县双龙镇的杨湾桥清真寺管理委员会，始终把爱国爱教的教育放在首位，经常向信教群众宣传中国共产党的方针政策、国家的法律法规，积极引导回族群众树立法制观念，提高法制意识，进行形势教育，引导群众顾大局、识大体，使宗教事务管理逐步规范化、法制化。

（二）贵州民族地区城乡社区治理存在的问题分析

贵州少数民族地区资源优势明显，发展潜能巨大。但是由于种种条件限制，其经济发展迟缓，与发达地区差距进一步拉大。受到自然条件、文化因素、宗族势力、宗教问题和传统习俗的影响，少数民族社区治理面临不少特殊问题，严重影响着城乡社区社会治理活动的实施和社区治理能力与水平提升。

1. 基层党政组织机构建设相对滞后

一些基层党组织弱化、虚化、边缘化问题突出，基层党政组织机构建设相对滞后，社会治理格局和机制不完善。有的乡镇党委和街道办事处党工委与村“两委”（村支部委员会和村民委员会）和社区“三委”（社区党总支、党支部，社区居民委员会和社区居民监督委员会）的关系未理顺，职责不明，行政干预过多，制约了社区组织作用的发挥。有的村党支部面对新形势，不能及时转变观念，工作中越俎代庖，包办代替村民委员会的工作；有的村民委员会干部处理村内重大事务不与党支部协商。一些地方村党支部对村委会依照自身职责做出的决定横加干涉，加剧了“两委”间矛盾，导致“两委”关系不融洽，影响了工作开展。制约基层党政组织机构建设的问题还有：社区基础建设薄弱，资源投入不足，社区的社会化、自治化程度

① 文新宇：《少数民族乡村治理的本土资源问题研究：以贵州苗族传统法文化为例》，贵州人民出版社，2007，第 70 页。

较低；社会矛盾预警与应对机制缺乏。贵州许多乡镇政府人员少、任务重，通常要承担上级数十个部门交办的任务；乡镇财力有限，仅能维持人员工资和日常办公所需，很难支撑乡村的公共服务，对少数民族聚居区基层农村社区治理的指导、参与力不从心，许多具体事务只能量力而行。

2. 居民委员会和村民委员会“小政府”现象较为突出

贵州民族地区传统的社区管理观念仍妨碍着社区治理创新，尤其是少数民族聚居的区域，城乡社区治理体系的行政化色彩较为浓厚。《村民委员会组织法》（2018 年 12 月 29 日出台）中的第二条明确规定“村民委员会是村民自我管理、自我教育、自我服务的基层群众性自治组织，实行民主选举、民主决策、民主管理、民主监督”。但是现实中，在一些地方，村民委员会实际上承担了大量应由政府承担的公共事务职能，越来越像一级政府，不仅村民视之为乡镇政府在村里的代理机构，国家各级党政机构也把村委会当成了贯彻自己工作目标的“工具”，经常给村委会下派各种各样的工作。① 社区组织相当于乡镇政府的派出机构或“小政府”，导致了社区自治组织功能的“缺位”或“错位”。社区承担的工作有 100 多项，涉及党建、计生、综治、精神文明、卫生、就业、妇联、青少年教育、老龄、普法、低保、助残、警务等十余类。②

3. 社区社会工作者队伍素质偏低，人员不足

社区社会工作者严重匮乏，现有人员待遇较低，总体素质不高，与承担的服务面和工作量失衡。由于受人员编制的制约，乡镇文化服务中心主任和工作人员兼职的情况比较普遍，专职人员少，队伍不稳定；部分乡镇文化服务中心主任和工作人员专业技术服务能力较低，总体服务质量不高。③ 都匀市社区“两委”成员为 5～7 人，其他专兼职人员 5 人，而社区共有 0.6 万

① 孙韡：《黔东南苗族村寨村规民约研究》，西南交通大学出版社，2014，第 205 页。

② 庄西真等：《社区治理与社区教育》，苏州大学出版社，2016，第 6 页。

③ 贵州省政协办公厅主编《贵州政协工作实践与创新（2008～2012）》，贵州人民出版社，2013，第 89～90 页。

人，工作难度极大。[①] 在贵阳市中心城区划分的3044 个网格中，共配备社工4063 名，基本上满足了每个网格1 ~2 名社工的配备要求。待遇方面，经济条件较好的贵阳市云岩、南明两城区大部分社区工作人员，每人每月工资待遇为1030 元（2013 年），有的社区网格社工工资甚至低至每月600 多元。[②] 大部分村干部能力有限、精力有限，服务能力在弱化，其在村民心里的威信在逐步降低，84% 的村民认为村里支部和村委没有号召力，村民自治流于形式。[③]

4. 登记注册的社会组织与民间组织较少，作用有限

贵州民族地区城乡人口基数大，人均服务资源少。截至2018 年底登记注册的社会组织13413 个，建立党组织的为3270 个。民间组织发挥作用面临一些实际困难。例如，贵州省大方县红丰村村民委员会按照乡上的要求下设调解委员会、治保委员会、计生协会、老年协会、合作经济组织、科普协会、妇代会等8 个组织，每个组织都有健全的机构，但是，除了调解委员会之外，其他组织都是空有其名，基本上不开展工作。因此，农村基层组织建设不但要建立组织，更重要的是要保证组织的正常运行。[④]

5. 社区居民参与积极性不高

社区治理中，社区缺乏凝聚力，居民对社区的归属感和依赖感不强。居民参与机制不够完善，社区不能为居民提供合适的参与渠道，即使居民想参与，也难于介入。社区居民成分复杂、需求多样，社区活动很难满足所有居民的需求。居民参与能力普遍较差，参与的主体作用没有得到应有的发挥，“民主决策”在多数情况下只是一句口号，社区许多决策居民根

① 民政部基础政权和社区建设编《全国农村社区建设重要资料选编（2012）》，2013，第263 页。

② 顾荣刚：《贵阳市新型社区治理的问题、原因及对策》，《中共贵州省委党校学报》2015 年第2 期，第75 页。

③ 赵丽萍：《六枝特区新华镇农村社区治理调查报告》，《贵阳市委党校学报》2017 年第6 期，第57 页。

④ 张晓辉、李天元主编《仡佬族　贵州省大方县红丰村调查》，云南大学出版社，2004，第88 页。

本不知情。另一个现实情况是，因为农村青壮年大部分常年在外务工，农村社区治理的主体为留守的妇女、老人，他们在参与农村社会治理决策时，限于其知识面和社会经验，对一些社区重大事务也很难发表意见和做出正确选择。

6. 农村村委会选举等方面的问题

部分地方农村村委会选举等方面存在一些问题：第一，找不到合适人选。村民主体以妇女、老人、儿童为主，很难推荐出合适的人选。第二，选举中拉票、贿选在一些地方依旧存在。从形式上看，选举是公开的、民主的、充分体现民意的，但实际上暗中确有种种不法行为。第三，家族势力左右村委会。表现在选举中，有的地方家族势力掌控着选举，使选举不能充分体现民意；而家族人数少者，即使当选了，其在与其他大家族的村民协商处理问题中也会遇到诸多阻力。

三　构建贵州民族地区城乡社区治理体系的对策建议

随着走进新时代，中国社会发生了历史性变革和取得历史性成就，民族地区社区治理日益受到政府和社会关注，创新民族地区城乡社区治理体系，已成为促进民族地区城乡社会和谐的重要措施。所以，积极推进民族地区城乡社会治理，已经成为新时代民族地区的重要使命。

（一）加强党的领导，充分发挥基层党政组织的作用

基层党组织是党和政府实施社区治理工作的关键，要充分发挥基层党政组织在少数民族地区城乡社区治理中的主导作用，不断创新社区治理模式，持续推进民族地区治理决策的科学化、民主化、法治化，使党和政府的方针政策在少数民族地区能够落地生根。“加强农村基层基础工作，健全自治、法治、德治相结合的乡村治理体系。培养造就一支懂农业、爱农村、爱农民的‘三农’工作队伍”，“加强社区治理体系建设，推动社会治

理重心向基层下移，发挥社会组织作用，实现政府治理和社会调节、居民自治良性互动。”① 乡镇党委和街道办事处党工作委员会要主动理顺与村“两委”（村支部委员会和村民自治委员会）和社区“三委”（社区党总支、党支部，社区居民委员会，社区居务监督委员会）的关系，规范对“两委”授权事务的范围和责任，由直接管理向指导、监督转变；减少对“两委”过多的行政干预，简政放权，帮助“两委”搞好自主管理，不断提升社区治理能力。发挥驻村“第一书记”政治引领、示范监督等作用，宣传好党的政策，夯实党的基层组织，架起社区与外界桥梁，帮扶引进生产要素等，实现第一书记“贴得近”“干得下”“留得住”的目标。完善城乡社区民主选举、民主决策、民主管理、民主监督制度，提升社区居民自治能力。依法保障社区居民知情权、参与权、表达权、监督权，健全民主决策机制。创新有效预防和化解社会矛盾机制，提升社区矛盾预防化解能力。

（二）加快推动城乡社区多元治理主体的创新

第一，多方参与，协同推进。推动社区、社会组织和社会工作者间的联动，坚持以人民为中心、以民生为本、多方参与、统筹兼顾、科学管理、提高效能的理念，探索社会组织、社会工作者、社区居民之间的有效对接和良性互动，促进社区事务决策的科学化、民主化，努力满足社区居民的多元化需求。尤其是乡村民族聚居地社区，要积极发展生产，增加村民收益，提高民众的获得感和归属感。第二，健全自治、法治、德治相结合的社区治理体系。以法治保障自治的正常实施和目标达成，以德治培育社区文化，塑造伦理道德精神，在社区居民中开展社会公德、职业道德、家庭美德、个人品德教育，提升社区居民的整体素质。第三，做好社区组织人才培养。努力改变社会工作者队伍人员少、总体素质不高的状况，对现有人员进行社区治理政

① 习近平：《决胜全面建成小康社会　夺取新时代中国特色社会主义伟大胜利——在中国共产党第十九次全国代表大会上的报告》，http：//cpc. people. com. cn/19th/n1/2017/1027/c414395－29613458. html，最后检索时间：2019 年 11 月 6 日。

策法规、专业知识和社会工作知识培训；同时，积极有效地解决社会工作人员的待遇、工作条件和生活条件，建立激励机制和保障机制，切实改善社区党组织和居民自治组织的工作条件。根据社区人口规模和分布特点，调整充实社会工作者配备。第四，提升城乡居民社区参与意识。政府主管部门要通过宣传、教育以及以身示范，增强居民参与社区治理的意识，培养和提升公民参与社区治理的能力和水平，不断扩大参与面。积极有序地引导社区居民积极参与社区治理政策制定、规划编制和项目设计实施，不断促进社区服务供给与居民实际需求的有效对接，培养村民主动、积极、健康的社会参与意识。重视村寨民间社团组织的创建和发展，鼓励农民新型合作组织、经济共同体发挥在乡村治理中的积极作用。建立健全居民参与机制，努力保持民意表达渠道畅通。推进社会治理体系开放，实现社会治理信息资源在社区的共享。通过形式多样的活动，建立起与居民互动网络，通过活动了解居民关切点与需求，培育居民对社区共同体的认同感、责任感，形成推动社区自治的合力。

（三）加快推进城乡社区社会组织创建与创新

社区社会组织是由社区居民发起成立，在城乡社区开展为民服务、公益慈善、邻里互助、文体娱乐和农村生产技术服务等活动的社会组织。[①] 要加快引导社会组织创建、建立，强化管理工作。根据重点培育和优先发展行业协会商会类、科技类、公益慈善类、城乡社区服务类社会组织的原则，根据社区实际和社区居民的要求，指导社区组织创建。完善社区治理架构，在社区党组织领导下，以村（居）委会为主导，居民为主体，依托社区便民服务中心及各类社会组织，形成“共建、共治、共享”的社区治理格局。通过引导，健全和完善社会组织，不断加强社会组织服务社会的功能，提升社会组织服务能力和服务水平，严格社会组织管理制度，规范服务程序，支持

① 《民政部关于大力培育发展社区社会组织的意见》（民发〔2017〕191号），http://www.mca.gov.cn/article/gk/wj/201801/20180115007214.shtml，最后检索时间：2019年11月12日。

社区各类社会组织的建立和发展，为社区组织开展社区服务、慈善公益等工作提供必要保障。加快建立健全社区服务管理平台，建立社会组织、社区社会工作者和志愿者、社区居民联动机制。通过平台的组织，整合社区力量，共同做好关爱社区、邻里互助、尊老扶幼、扶贫济困等社会服务工作，提升社区居民服务、公益互助能力和水平。

（四）加快统筹数据共享，推进城乡“大数据+社区”的管理模式

大数据应用的快速发展不断冲击着当今社会，无论是“互联网+”席卷下的产业革命，还是电子政务治理下的政府无缝隙对接，对社会“再造”产生着重要的影响，应用大数据推动民族地区城乡社区治理体系建设，是未来的发展方向。发展“大数据”成为贵州的“三大战略”之一。“大数据+社区”的治理模式已经开始初步探索，如贵阳市花溪区的“大数据+社会治理”、毕节市黔西县杜鹃街道乌骡坝同心布依族村的“智能化管理”，都通过大数据管理平台实行智能化管理，节约了人力、物力和财力，大大提升了服务村民的能力、水平和效率，创新了城乡社区治理模式，实现了社区的有序和有效治理。因此，在新时代，站在新的历史起点上，需要进一步丰富和完善“大数据+社区”的管理模式，不断提高城乡社区治理水平。根据政府科学谋划、社区居民积极参与、因地制宜的原则，结合贵州城乡特点和社区资源禀赋优势，制定和持续完善社区治理体系，实施有效的社区多元化治理。进一步发挥政府的服务和引导功能，制定翔实可行的实施方案，从政策、人才、物质等多方面提供保障，确保大数据促进社区治理和服务效能不断提升。从技术支撑体系建设看，需要丰富和建立城乡社区管理的大数据服务平台，开发和更新社区管理应用软件，在服务项目类型、技术条件保障、精细程度提升上不断有新突破，不断破除技术瓶颈和障碍，实现“数据+精准+服务”的全面提升，实现“全方位、全天候、全过程、全覆盖、全联通”管理目标，在内容和形式上均显现效果。促进人的现代化，进一步全方位提高管理者和服务者的

“数据”应用能力，跨越“技术鸿沟”，进一步加强社区管理者的技能培训，全面提升管理者素质。

（五）充分发挥农村自治组织在农村社区治理中的作用

充分发挥村委章程、村规民约、社区居民公约在城乡社区治理中的积极作用，弘扬优良传统，发扬良俗家风，加快法治、德治、自治有机融合。民族地区农村村民自治组织在基层社会治理历史上曾经发挥积极作用。例如，历史上纳雍县苗族村寨实行“寨老制”，这种制度在基层社会治理中曾经发挥重要作用，后来随着时间的流逝而慢慢消失，逐渐形成了另一种被称为“明白人”或“能干人”的具有少数民族特色的基层管理和纠纷调解组织。“明白人”熟悉所在村寨的情况和村规民约，有影响力，知识面广，公道正派，与村民关系和睦融洽，一般在一个村民小组（自然村）中有一至两名“明白人”，在村民小组内发生纠纷时他们出面调解，在调解不成的情况下，再按村规民约进行决断。此举若再无效，则移交村委会或政府机构等进行解决。①② 又如锦屏县隆里乡华寨村，苗族、侗族占总人口91%。2010年，华寨村两委为了治理村内治安环境，通过多次村民大会协商，通过了《华寨村村民自治合约》。为了保证该合约得到贯彻落实，华寨村成立了平安村寨创建工作领导小组、劝和工作小组、监督小组、理财小组、治安联防队、村规民约执行工作小组等12个自治组织，促进了该合约的落实，维护了村寨的秩序和社会的稳定。其中，劝和工作小组有组长1名、信息员5名、成员22名，一旦发现村民发生纠纷，劝和小组便抬着“家和万事兴”的“劝和匾”，敲锣打鼓、放鞭炮到当事人家里“劝和”。③

综上所述，民族地区社区治理体系是一个涉及诸多方面的综合性议题，

① 徐晓光、徐斌：《“明白人”在民族村寨社会治理中的作用——以贵州纳雍县姑开苗族彝族乡为例》，《贵州民族大学学报》（哲学社会科学版）2017年第4期，第19~20页。

② 郭茜倩：《贵州多民族地区社会治理探索——以黔西南州为例》，《改革与开放》2016年第13期，第30~31页。

③ 陈光斌、张顺林：《新时代依法治国背景下的民族习惯法功能增效研究——以贵州锦屏县华寨村为样本》，《湖北第二师范学院学报》2018年第3期，第50~51页。

不同民族地区虽有其共性但也有其特殊性。本文对贵州民族地区城乡社区治理体系进行了初步探索，但还有许多问题有待进一步研究，诸如贵州民族地区社区治理有哪些特殊性？不同民族聚居、混居的社区治理有何不同？城市社区治理和农村社区治理有何区别等等。

B.17
乡村旅游背景下贵州乡村治理研究

罗　艳*

摘　要：　近年来，贵州旅游业持续呈井喷式发展，推动了贵州旅游基础设施不断完善，并为贵州乡村旅游提供了基础。贵州乡村旅游以传统村落、中国少数民族特色村寨等为依托，在带动乡村发展的同时，也成为贵州脱贫攻坚的重要助力。在乡村旅游市场化、规模化、专业化的要求下，仅靠村民的力量运营和管理乡村，已经不能适应旅游景区的发展，因此政府、旅游公司的加入也成为必然，由此推动了乡村治理格局向多元治理主体格局演变，新的治理格局推动了乡村旅游的发展，但也衍生出利益分配不均、治理权限交叠等问题。因此西江苗寨应从明确政府职能、完善治理机制，兼顾多方诉求，均衡利益分配，健全法律法规、完善村民自治，发挥组织作用，协调各方矛盾等方面来完善苗寨治理。

关键词：　乡村旅游　乡村治理　西江苗寨　贵州

一　问题的提出

党的十九大提出要实施乡村振兴战略，指出按照产业兴旺、生态宜居、乡风文明、治理有效、生活富裕的总要求，建立健全城乡融合发展体制机制

* 罗艳，贵州省社会科学院城市经济研究所助理研究员，研究方向：旅游经济、生态经济。

和政策体系，加快推进农业农村现代化，并明确提出“健全自治、法治、德治相结合的乡村治理体系”，进一步明确了产业发展和乡村治理在乡村振兴战略中的基础作用。当前旅游产业已成为乡村振兴的重要抓手之一，在助推乡村治理上也发挥了积极的作用。乡村振兴与乡村旅游、乡村治理是“一体两翼”的关系，乡村兴需要乡村游、乡村治；乡村游、乡村治才能乡村兴。乡村旅游是推动乡村治理重构的重要驱动，能够提高乡村治理现代化水平。作为乡村振兴的主要产业途径，乡村旅游一方面为乡村治理水平提升提供了契机，另一方面也催生了乡村治理水平提升的内在动力。总体看来，乡村旅游的发展打破了乡村的封闭性，推动其走向开放，把乡村的经济发展与外部的广阔世界联系在一起，村民超越乡村自治提出了更高的民主参与要求，这些要求推动了中国乡村从传统的村民治理向现代公民治理发展，乡村治理在乡村旅游发展的推动下开始了重构，并且重构后的乡村治理反作用于乡村旅游，与乡村旅游的发展形成了一个良性的循环。当前乡村治理面临诸多问题和困境，乡村治理也亟须从传统管理向现代治理转变，在如今中国农村基层治理中，如何将自上而下的资源输入与农民自下而上的需求结合起来，通过资源输入来提高农民的组织能力，从而让农民具有自我改善基本生产生活条件的能力，是乡村治理有效的关键。同时，将农民社会权利置于乡村治理的核心，重建农民主体，通过社区组织能力建设实现国家治权与乡村治权间的协商共治，是破解乡村治理困境的重要思路。

近年来贵州旅游持续“井喷式”发展，乡村旅游在其中发挥了重要作用，2018 年，贵州旅游总收入达到 9471.03 亿元，占 GDP（1.48 万亿元）比重为 63.99%，累计接待游客 9.69 亿人次①，其中乡村旅游总收入和乡村旅游接待游客量分别为 2148.33 亿元、4.62 亿人次，② 分别占全省旅游总收入和全省游客接待量的 22.68%、47.68%。本文以西江苗寨为视角，在乡

① 资料来源：www.gog.cn/zonghe/system/2019/01/22/017070745.shtml，最后检索时间：2020 年 4 月 2 日。

② 资料来源：https：//www.gzstv.com/a/b5e8ecc9e2424512815dddb98011133b，最后检索时间：2020 年 4 月 2 日。

村旅游发展的背景下，探讨多元主体治理的特征和问题，并提出优化对策，以期为助推贵州乡村旅游和乡村治理协同发展提供一定参考。

二　乡村旅游与乡村治理相互影响分析

（一）乡村旅游推动乡村开放发展

随着乡村旅游的发展，乡村从封闭走向了开放。一是推动了人口在城市和农村之间的流动，许多外地人来到农村感受山水田园风光，体验民族文化，回忆乡愁。二是推动城市资本向农村地区流动，许多外来资本加入乡村旅游开发，加强了农村经济与外部市场经济的联系。三是推动了文化的交融，在外地文化的影响下，乡村也会吸收外地优秀的文化，融入自身的农耕文化、少数民族文化，这种文化的融入是潜移默化的。最终在频繁地与外部经济、文化、人际交流和互动过程中，乡村的封闭性被打破，走向了开放。

（二）乡村旅游改善乡村产业结构

随着乡村旅游的发展，农村的产业结构得到改善。一是开发了旅游商品，农户农产品如大米、蔬菜、家禽，以及传统手工艺品等通过加工、包装成为旅游商品对外销售。二是带动旅游住宿、餐饮业的发展，以农家乐、民宿为基础，以绿色有机农产品和特色小吃为依托，推动旅游住宿业和餐饮业的发展。三是推动农业观光和农业科普的发展，产生了观光农业、快乐农场、农业科普园等旅游业态，优化了农村产业的结构。通过不断创新业态，推动农村的产业结构向一二三产业融合发展。

（三）乡村旅游推动乡村文化培育

一是推动服务理念的培育，通过从业者参加培训、提升服务理念、学习先进管理模式等途径优化乡村旅游软件设施，逐步培育乡村旅游服务理念。

二是推动环保理念的树立，通过配置垃圾箱、建立垃圾池、设立环保人员等措施，制定环保制度，加大环保宣传，鼓励开发商、游客和本地居民严格遵守环保制度，共同维护环境安全和环境卫生。三是推动法治观念的提升，在与游客频繁交流中，难免出现一些冲突，在这个过程中经营者或者游客学会利用法律途径来解决问题，同时也通过法律来约束自己，推动乡村旅游法治化发展。

（四）乡村旅游推动农民身份地位转变

乡村旅游的发展，拓宽了农民的收入来源，农民从依靠种植、变卖农作物获得单一的收入，向通过经商、就业等获得工资性收入转变，农民劳动强度变小，收入增加，生活变得自信。另外，在“三变”改革的带领下，农民通过土地租赁、土地流转入股等方式参与到新型经营组织中去，参与到乡村的管理工作中，从被管理者转变为管理者或者员工，在乡村治理中有了话语权、决策权。

（五）乡村旅游推动新型经营组织建立

以往的农村多是以家庭联产承包责任制为主要经营模式，随着乡村旅游发展走向成熟，这种模式无法适应市场化、规模化、组织化发展的需要，因此推动新型经营组织的建立迫在眉睫。这些组织多是以农村土地流转入股，农民成为组织的成员，参与到乡村旅游和乡村治理中去。例如，很多乡村旅游地区成立乡村旅游合作社，一方面可以提高旅游发展的质量和服务的品质，另一方面还可以推动乡村治理向民主化、现代化发展，合作社的成立能够弥补乡村治理中政府失灵和市场失灵存在的不足。

（六）乡村旅游改善个人和集体的关系

通过发展乡村旅游，村民们对村集体资产掌握得更加透彻，并以新型经营组织为纽带，加强了个人和村集体的联系。许多年轻人返乡创业、就业，支持村集体发展，壮大了村集体经济。同时，在乡村发展过程中，村民以村集体作为自身发展的坚实后盾，有效保障了自身利益。个人和集体融洽的关系，不仅改善了乡村治理的结构，还提升了乡村发展的内生动力。

（七）乡村治理推动乡村旅游可持续发展

随着乡村旅游的发展，许多外部力量开始参与乡村旅游开发，介入乡村治理，乡村治理结构发生重构。在多元治理的背景下，通过加强党组织、政府、村（居）民自治组织、社会组织等各类不同治理主体的凝聚力，发挥市场和政府的作用，运用科学的、先进的管理手段，有效整合资源，发展农村经济，保障农民利益，通过制定规章制度、村民公约等形式，协调好各治理主体之间的关系，实现各治理主体优势互补、资源共享、利益共享。在治理有效的前提下，以科学的治理手段、多元共治的途径，最终形成乡村旅游和乡村治理的良性互动，乡村旅游推动乡村治理结构重构，使其更好地为乡村旅游服务，推动乡村旅游可持续发展。

三　贵州省乡村旅游发展现状

（一）贵州省旅游发展总体概况

1. 旅游持续井喷式发展

基于独特的地理区位，贵州省蕴涵类型多样的旅游资源，2018 年，贵州共有 359 家国家 A 级旅游景区，其中 5A 级旅游景区 6 家，4A 级旅游景区 111 家，3A 级旅游景区 231 家，2A 级旅游景区 11 家；国家级风景名胜区 18 家，省级风景名胜区 53 家；全国重点文物保护单位 71 家。[①] 类型多样的文化旅游资源，带动了上下游行业的发展，旅游总收入占全省 GDP 比重越来越高（见图 1、图 2），2008 年贵州旅游总收入 653. 13 亿元，占 GDP 比重

① 资料来源：《贵州统计年鉴 2019》。

18.34%，到2018年贵州旅游总收入达到9471.03亿元，占GDP比重高达63.99%。① 由此可见，旅游业在贵州经济发展中的地位越来越高，具有越来越强的综合带动性。

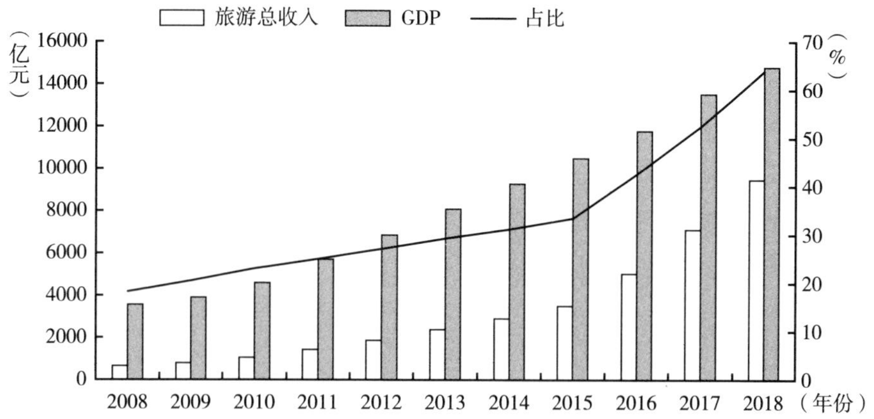

图1　2008～2018年贵州旅游总收入占GDP比重变化情况

资料来源：历年《贵州统计年鉴》。

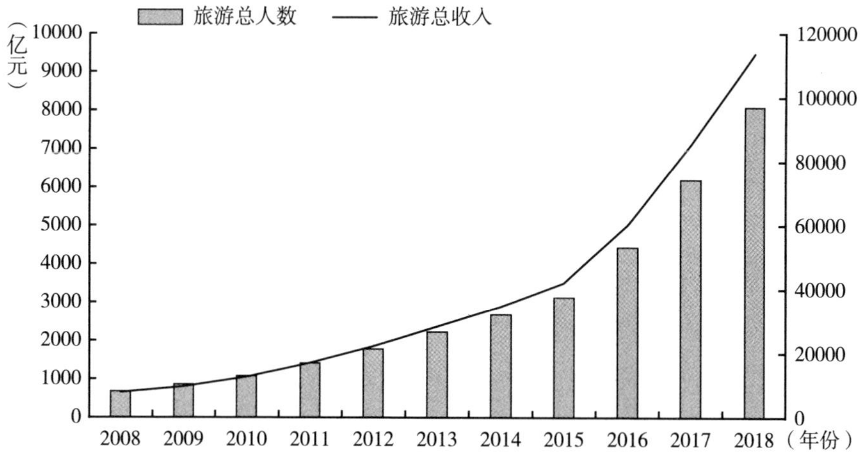

图2　2008～2018年贵州省旅游业发展情况

资料来源：历年《贵州统计年鉴》。

① 资料来源：《贵州统计年鉴2019》《贵州统计年鉴2009》。

2. 立体交通网络基本建成

近年来，贵州省强力推进高速公路攻坚决战、农村公路建设三年会战、农村“组组通”公路三年大决战等一系列会战、攻坚决战行动。当前，全省已建成公路、水路、高铁、机场构成的立体交通网络（见表1），畅通的交通路网无疑是推进“快旅慢游”的重要基础保证，有效节省了游客“行”的时间成本。

表1　2008～2018年贵州交通网络发展概况

年份	机场个数（个）	铁路营运里程（公里）	高速铁路营运里程（公里）	公路线路里程（公里）	内河航道里程（公里）
2008	6	1962	—	125365	3563
2009	6	1983	—	142561	3563
2010	6	2002	—	151644	3563
2011	6	2070	—	157820	3563
2012	6	2058	—	164542	3563
2013	9	2093	—	172564	3563
2014	10	2373	234	179079	3661
2015	10	2810	560	186407	3661
2016	10	3270	835	191626	3664
2017	11	3285	860	194379	3664
2018	11	3560	1127	196908	3745

资料来源：历年《贵州统计年鉴》。

3. 旅游基础设施逐步完善

贵州着力完善旅游基础设施，不断提升旅游综合接待能力，全力完善和优化“吃、住、行、游、购、娱”旅游六大环节。以立体交通网络为纽带，以贵阳市为主要旅游解散中心，打造东、西、南、北精品旅游线路产品。加快引进全国知名旅行社入驻贵州，扶持本地旅行社创新发展，加强旅行社规范发展，治理不合理低价旅游，推动旅游市场健康发展。加快星级饭店创建，结合地方特色，为游客营造一个舒适的度假空间。加快推动“厕所革命”，自2015年我国实施“厕所革命”以来，到2018年，贵州省共投资

16.07 亿元，新建和改建 4574 座旅游厕所①，有效补齐贵州旅游公共服务短板，为游客提供更优质的服务。近年来，贵州多举措优化旅游基础设施，助推贵州旅游经济繁荣发展，游客旅游体验的舒适性和满意度不断增强（见表 2）。

表 2　2009～2018 年贵州旅游基础设施建设情况

旅游基础设施	2009 年	2010 年	2011 年	2012 年	2013 年	2014 年	2015 年	2016 年	2017 年	2018 年
旅行社职工人数（人）	2258	2285	2541	2613	2924	3068	5540	6229	6866	4572
旅行社数量（个）	247	240	263	273	301	318	353	364	392	339
星级饭店数量（个）	291	272	286	310	326	333	343	308	286	203
五星级饭店数量（个）	1	4	4	4	5	6	6	6	6	—
四星级饭店数量（个）	26	24	32	46	55	58	66	66	65	—
限额以上住宿业法人企业（个）	181	234	260	318	395	464	494	573	642	704
限额以上餐饮业法人企业（个）	110	134	153	183	304	385	385	511	603	611

资料来源：历年《贵州统计年鉴》。

4. 旅游安全保障不断提升

旅游目的地安全与否，直接影响该地旅游经济发展。在贵州大旅游发展战略和全域旅游发展的背景下，在旅游“井喷”式发展的势头下，在游客对旅游安全保障的强烈诉求中，贵州省于 2017 年成立了贵州全域旅游安全保障服务中心，该中心主要为政府、游客和旅游企业提供包含旅游安全事前、事中、事后三方面的综合服务，目前，该中心基本形成了覆盖全国旅游安全调处服务网络和行业大数据平台②，为游客旅游安全提供有效保障。此

① 资料来源：http：//www.gz.xinhuanet.com/2019－05/04/c_ 1124447626.htm。最后检索时间：2020 年 4 月 2 日。

② 资料来源：http：//www.gz.chinanews.com/content/2017/12 －23/78874.shtml. 最后检索时间：2020 年 4 月 2 日。

外，2016年以来，贵州在黄果树风景名胜区、西江苗寨、遵义会议旧址等知名景区挂牌旅游法庭，有效维护游客合法权益。同时，在兴义万峰林景区、安顺黄果树景区、荔波小七孔等景区还设立了旅游警察，有力地维护了景区治安和旅游秩序，保障了游客旅行安全，确保游客“游得安心”。

（二）贵州省乡村旅游发展概况

1. 乡村旅游效益日益凸显

为适应旅游者休闲度假的需求，近年来贵州大力发展乡村旅游，在乡村振兴的背景下，贵州将发展乡村旅游作为解决“三农”问题的重要抓手之一，把乡村旅游作为贵州农村人口增收致富、就业创业的新途径，作为地区脱贫致富的新引擎，不断推出新的乡村旅游村寨，通过“三改一整”、创业就业培训等方式，大力提升乡村旅游品质，不断突出乡村旅游在贵州旅游经济中的地位。伴随着贵州旅游“井喷”式地发展，贵州乡村旅游也在如火如荼地开展，尽管近年来贵州乡村旅游总收入占贵州省旅游总收入的比重较少，2018年占1/5左右，但贵州乡村旅游接待的游客量占贵州省游客接待总量的比例由2011年的30%左右上升至2018年的近50%，由此可见贵州乡村旅游已然成为贵州旅游的主要组成部分（见图3、图4）。

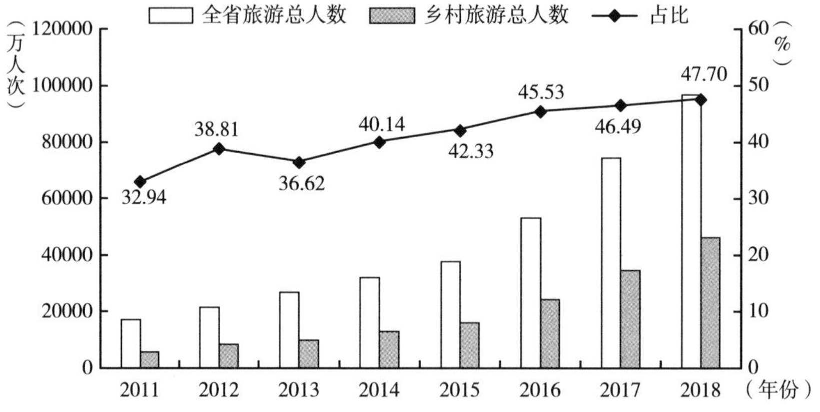

图3　2011～2018年贵州乡村旅游总人数发展情况

资料来源：历年《贵州统计年鉴》。

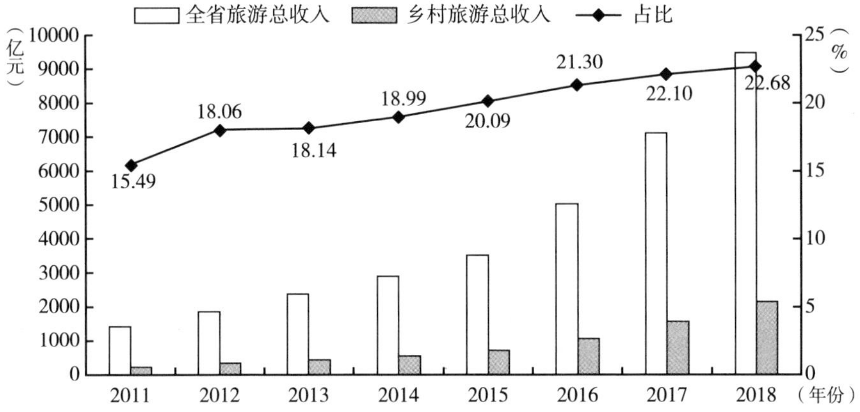

图4 2011～2018年贵州乡村旅游总收入发展情况

资料来源：历年《贵州统计年鉴》。

2. 传统村落助力乡村旅游

传统村落是指拥有物质形态和非物质形态文化遗产，具有较高的历史、文化、科学、艺术、社会、经济价值的村落，传统村落承载着中华传统文化的精华，是农耕文明不可再生的文化遗产。[①] 贵州由于城镇化、工业化发展进程相对较慢，加之境内少数民族文化资源丰富，有效地保存了大量的传统村落。2012年住房和城乡建设部等部门开始重视传统村落保护工作，并公布了第一批传统村落名单，全国共计646个，其中贵州有90个，是第一批公布名单数量最多的省份，到2019年共列出五批中国传统村落名单，全国总计6819个，其中数量最多的是贵州省，共724个，其次是云南省708个（见表3）。贵州传统村落成为贵州乡村旅游的一个热点，同时，务川自治县丰乐镇田村通过打造传统村落，发展乡村旅游，探索出了“党总支+合作社+农户+贫困户”的乡村治理模式，值得借鉴。

① 资料来源：https：//baike. baidu. com/item/中国传统村落名录/1647247？fr = aladdin，最后检索时间：2020年4月2日。

表 3　贵州传统村落数量

单位：个，%

	第一批	第二批	第三批	第四批	第五批	总计
贵州	90	202	134	119	179	724
全国	646	915	994	1598	2666	6819
占比	13.93	22.08	13.48	7.45	6.71	10.62

资料来源：住房和城乡建设部公布的中国传统村落名录。

3. 中国少数民族特色村寨推动乡村旅游

近年来，我国大力支持少数民族特色村寨的保护和发展，全国各地涌现出了一批批在民居建筑、产业发展、民族文化等方面有特色的少数民族村寨，并逐渐形成一批具有品牌效应的村寨。2013 年，《国家民委关于印发开展中国少数民族特色村寨命名挂牌工作意见的通知》（民委发〔2013〕240 号）指出，要挂牌成立“中国少数民族特色村寨”，先后挂牌了两批“中国少数民族特色村寨”，其中首批 340 个，第二批 717 个，共计 1057 个，两批挂牌名单中，贵州共有 213 个，占全国比重 20.2%，成为全国挂牌“中国少数民族特色村寨”最多的省份。此外，贵州还通过挂牌省级少数民族特色村寨推动贵州省少数民族特色村寨发展，截至 2019 年，贵州共挂牌成立了 514 个省级少数民族特色村寨，助力乡村振兴。①

4. 标准化建设提升乡村旅游品质

得益于得天独厚的生态环境和多彩的民族文化风情，近年来贵州乡村旅游发展得如火如荼。在贵州省文化和旅游厅的引领下，以《贵州省乡村旅游村寨、经营户（农家乐）、客栈质量等级评定管理办法（试行）》和《贵州省乡村旅游村寨建设与服务标准》（DB52/T1173－2017）、《贵州省乡村旅游客栈服务质量等级划分与评定》（DB52/T1174－2017）、《贵州省乡村旅游农家乐经营户服务质量等级划分与评定》

① 资料来源：国家民委网站，http://www.seac.gov.cn/seac/xxgk/201410/1072809.shtml，最后检索时间：2020 年 4 月 2 日。

（DB52/T1175－2017）[1] 等为依据，各地乡村旅游向标准化、规范化发展，有力地提升了乡村旅游的品质，提高了游客舒心体验。2018 年，贵州省标准级以上乡村旅游村寨共有 124 家，三星级以上乡村旅游经营户（农家乐）348 家，标准级以上乡村旅游客栈 151 家，贵州着力推进乡村旅游经营单位（户）厨房、卫生间达标建设，并对达标情况进行通报。2019 年还开展了贵州省乡村旅游质量等级评定活动，拟评定的甲级乡村旅游村寨 26 家，拟评定的精品级乡村旅游客栈 45 家，拟评定的五星级乡村旅游经营户 30 家。[2]

5. 乡村旅游扶贫助推乡村脱贫

当前，贵州省共有 3000 多个自然村寨开展乡村旅游，乡村旅游不断向标准化、品质化推进，拥有以桐梓县娄山关杉坪村为代表的贵州省标准及以上乡村旅游村寨 124 个，有以花溪区青岩镇翰林苑酒楼为代表的贵州省三星级以上乡村旅游经营户（农家乐）348 家，有以花溪区青岩镇爱书山房文化客栈为代表的贵州省标准级以上乡村旅游客栈 151 家。[3] 此外，2016 年，国家旅游局联合其他部委出台了《乡村旅游扶贫工程行动方案》，其中贵州有 2442 个贫困村被纳入扶贫行动计划，并涵盖建档立卡贫困户 324014 户，包含贫困人口 1076563 人，扶贫覆盖面广。2018 年贵州旅游总收入达到 9471.03 亿元，接待旅游总人数 9.69 亿人次，其中乡村旅游总收入为 2148.33 亿元，占全省旅游总收入的 22.68%，乡村旅游共接待游客 4.62 亿人次，占全省旅游接待总人数的 47.68%，共带动 25.4 万贫困人口就业。[4] 截至 2019 年 9 月，贵州通过发展旅游带动 98.64 万人就业，帮助 89.7 万贫

---

① 资料来源：贵州省文化和旅游厅网站，http：//whhly. guizhou. gov. cn/ggfw/whlyml/xcly/201909/t20190925_ 6819952. html，最后检索时间：2020 年 4 月 2 日。

② 资料来源：贵州省文化和旅游厅网站，http：//whhly. guizhou. gov. cn/ggfw/whlyml/xcly/201811/t20181101_ 6642364. html，最后检索时间：2020 年 4 月 2 日。

③ 资料来源：贵州省文化和旅游厅网站，http：//whhly. guizhou. gov. cn/ggfw/whlyml/xcly/201811/t20181101_ 6642364. html，最后检索时间：2020 年 4 月 2 日。

④ 资料来源：《贵州统计年鉴 2019》及贵州省文化和旅游厅公布的数据。

困人口增收脱贫。[①] 贵州通过发展乡村旅游，让贫困村民通过从事旅游业提高了收入，乡村总体经济也因为开展旅游而得到提升，旅游是脱贫攻坚、乡村振兴的重要力量。

四　贵州旅游乡村治理的模式分析——以西江苗寨为例

西江苗寨作为贵州省少数民族村寨的代表，在国内外具有较高的知名度，并在国内外政治、经济和文化等因素的共同影响下，发展成为独具特色的“西江模式”，因此对其旅游开发影响下的乡村治理进行研究，对贵州省其他开展乡村旅游地区优化乡村治理方式，具有一定的借鉴。

（一）西江苗寨基本概况

西江苗寨位于贵州省黔东南州雷山县境内，是我国最大的苗寨，全村共有住户 1432 户，苗族人口占 99.5%。[②] 西江苗寨随着 2008 年贵州省第三届旅发大会的开展，知名度得到快速提升，推动了当地旅游的迅猛发展，获得了“全国农业旅游示范点”“最佳景观村落”等荣誉称号，并于 2013 年被列入首批中国少数民族特色村寨，旅游经济总量快速增长，西江苗寨旅游总收入由 2008 年的 1 亿元增加到 2017 年的 49.91 亿元，约增长了 48 倍，接待游客量由 2008 年的 78 万人次增加到 2017 年的 606 万人次，约增长了 7 倍[③]，旅游发展迅速。

西江苗寨旅游业的快速发展，也推动了西江苗寨治理结构从传统的模式向多元治理转变，形成了政府、村委会、旅游公司、村民等为主体的多元共治模式，不同主体在西江苗寨治理过程中起到不同程度的作用。

---

① 资料来源：economy.southcn.com/e/2019-10/05/content_189154589.htm，最后检索时间：2020 年 4 月 2 日。

② 资料来源：https://baike.baidu.com/item/西江镇/7922847?fr=aladdin，最后检索时间：2020 年 4 月 2 日。

③ 资料来源：https://new.qq.com/omn/20180919/20180919A0Q27Y.html，最后检索时间：2020 年 4 月 2 日。

（二）西江苗寨治理主体分析

1. 政府

现阶段，西江苗寨也如同国内其他农村一样，由政府引领乡村治理，并引导乡村的经济、政治、文化、社会和生态建设，负责向农村宣传贯彻落实国家的方针政策，具有统筹城乡发展、提供公共服务、平衡农村各方利益诉求、维护农村社会稳定、保障农民权利等责任。各级政府在西江苗寨治理中的作用虽然有差异，但均具有引领作用。比如镇一级的政府主要包括西江镇党委、西江镇人民政府等层面的机构，在西江苗寨的治理过程中，政府作用主要体现在宣传贯彻落实国家政策、发展地方经济、推动地方公共服务发展、指导村委会工作等方面，并按照法律法规管理西江苗寨的党政工作。

2. 村党支部

村党支部是党在农村开展各项工作的重要基础，在乡村治理中发挥着核心作用，是农村组织建设和各项工作开展的领导核心。农村基层党支部通过定期走访联系农户，切实掌握群众诉求，帮助群众解决困难，是打通党联系群众“最后一公里”的重要载体。

3. 村委会

村民委员会是村民自我管理、自我教育、自我服务的基层群众性自治组织，是村民“自治”的重要体现，有效保障人民群众行使民主权利，在乡村治理中具有不可替代的作用。村委会作为基层群众性自治组织，是联系政府和村民的重要纽带，能够协助政府工作，宣传贯彻国家方针政策、管理村庄事务、调解群众纠纷、提供公共服务、反馈群众意见等。

4. 西江景区管理局

2008 年 11 月成立，主要负责景区执法、环卫、规划等监督工作。

5. 雷山县文体广电旅游局

西江苗寨规模比较庞大，并在雷山县旅游经济中地位突出，因此县文体广电旅游局参与其乡村治理，并在治理过程中扮演重要角色，主要负责西江苗寨的旅游发展规划、旅游扶贫等行政管理工作。

6. 西江千户苗寨文化旅游发展有限公司

公司于2009年成立，由雷山县出资成立，是一家国有独资公司。公司类似于政府机构，具有经营职能，并进行部分公益性管理。经营范围涵盖景区票务系统、景区宾馆系统、旅游商品开发与销售、农副产品生产与销售、景区车辆的经营和管理，经营性国有资源的开发、经营和管理，以及景区旅游业招商引资项目的合作、经营、管理等方面。

7. 寨老

在传统的村寨治理中，西江苗寨的寨老是寨子的领导核心，在如今村寨治理模式中，尽管寨老的管理地位弱化，但他们在村寨治理中对传统文化的维护、村民的教化等仍然发挥着重要作用。

8. 村民

村民通过参与乡村治理活动，分享乡村治理成果，例如村民通过参与民主选举、参与民主管理、参与民主决策、参与民主监督等，参与到乡村治理过程中。

9. 外部监督力量

以媒体、外来游客、专家学者等为代表，通过关注西江苗寨发展的各方面，发现问题，并对相关管理部门提出西江苗寨治理意见，促进西江苗寨更好地发展。

（三）西江苗寨治理的特征

2008年在西江召开贵州省第三届旅游产业发展大会后，西江旅游业迅猛发展，促使不同主体参与西江发展，导致西江治理呈现多元化特征。

1. 治理主体多元化

上文分析了参与西江苗寨治理的九大主体，包含了内外部多种力量，他们在西江苗寨治理过程中，通过不同的方式和途径，发挥着不同的作用和影响。

2. 治理内容多元化

西江苗寨作为一个旅游景区，其治理的内容不同于一般的少数民族村寨，除了对村寨村民管理、村庄发展、村庄安全和稳定等事宜进行基本的管理外，对村寨的产业发展、环境保护、文化传承、游客安全保障等方面的治理要比一般少数民族村寨复杂得多。

3. 治理对象多元化

随着旅游的发展，西江苗寨的治理对象除了本地村民，还有外来商人、游客，人员结构复杂多样，对平衡村民、外来商人和游客的利益提出了更高的要求。

4. 治理手段多元化

西江苗寨随着旅游开发，除了政府主导治理外，旅游公司也介入，还引入市场化的治理手段，同时还有外部力量的监督治理。

（四）西江苗寨治理主体多元化可能带来的问题

西江苗寨作为贵州省民族村寨旅游的代表，是贵州省重点打造的旅游项目之一，具有一定的品牌影响力，因此对其开发和管理仅靠村民自治是不能促进苗寨长远发展的。所以，政府参与西江苗寨的管理成为必然，随着旅游公司也参与苗寨发展，多元治理的模式可能出现诸如治理主体权限重叠、政府目标异化、影响村寨稳定等问题。

1. 治理主体权限重叠的问题

前文分析了参与西江苗寨的九大治理主体，随着这些外来主体的介入，西江苗寨延续多年的传统治理模式被打破、重构，传统的自治力量如寨老等作用被弱化，演变为以政府为主导的西江苗寨的运营和管理。尽管多元治理主体都具有一个共同目标——推动西江苗寨旅游可持续发展，但在诸多治理主体下，难免出现职能交叉和重叠，如地方政府和旅游公司可能存在部分职能交叠的情况，最终导致多头管理或者无人管理的局面。

2. 政府目标异化的风险

西江苗寨作为贵州省重点打造和发展的民族村寨之一，仅靠村民自治很难取得大跨步前进，因此政府、旅游公司等外界力量参与开发、运营和管理成为必然。在多元治理主体下，旅游公司的目标是利益最大化。而地方政府在实现地方财政增收、回收前期成本等因素的影响下，可能会对西江苗寨旅游发展目标异化。比如，地方政府对西江苗寨的管理应该属于一种公共性服务，但随着西江旅游的发展，因地方政府具有自利性即要谋取自己的利益，如增加财政收入等，从而将西江的管理的公共性目标演变成自利性目标，导致在旅游发展中可能会忽视苗寨村民的利益。

3. 多元主体参与引发的矛盾

多元主体参与西江苗寨的治理，共同推动了西江苗寨旅游业的发展，但多元利益很难平衡，因此会导致一些新的矛盾。一是政府和村民的矛盾，政府实施门票制之后，散客量减少，一些农家乐的收益大不如前，影响部分村民的收益。二是旅游公司和村民的矛盾，随着旅游公司的加入，在经济利益分配上，旅游公司获取的收益远远高于本地村民，村民通过门票分红、表演分红获得的收入很少。因此村民为了获得更多的收入，在火车站等交通站点，争相拉客（他们的价格要比景区门票低很多）以此提高自己的收入。由于利益分配不均，村民与旅游公司的冲突时有发生，如影响力最大的2012年“8·10”群体事件。

（五）完善西江苗寨治理的路径

1. 明确政府职能，完善治理机制

一是要明确政府服务型职能，树立服务理念，全面实现从控制苗寨发展到服务苗寨发展的转变，在苗寨治理过程中始终以为民服务和以人为本为理念，充分发挥政府公共服务职能，引导乡村组织、乡村经济发展。二是完善治理机制，一方面要落实好国家的相关法律法规，另一方面要建立相关制度，如村两委工作制度、旅游公司发展制度、村民监督制度等等，通过制定苗寨自治章程，提高村民的法律意识。

2. 兼顾多方诉求，均衡利益分配

一是建立利益分配机制，随着苗寨旅游的发展，保障苗寨村民的政治、经济、文化和生态利益尤显重要，在多元主体利益分配中，一旦存在严重失衡，就会产生冲突，只有建立了良好的利益分配机制，才能促进多元主体共生局面。比如可考虑适当提高村民门票抽成，提高村民收益，或是增加苗寨村民的就业人数。二是建立利益协调机制，通过成立利益协调小组，收集不同利益主体即政府、公司、村民和游客等诉求，及时调解各方利益冲突。

3. 健全法律法规，完善村民自治

一是细化苗寨治理的法律法规，通过结合自身情况，进一步细化法律条文，使之在苗寨治理中实现可操作。二是健全民主决策制度，按照民主管理的方式对与村民相关的公共事务进行管理，通过召开相关会议进行讨论，吸收各方意见，最后在村两委和村民的监督下实施。三是强化民主管理，通过制定自治章程，以法律制度约束村组织和村民行为。此外，还要加强村民在苗寨事务中的话语权和决策权，充分实现民主。

4. 发挥组织作用，协调各方矛盾

一是要加强村委会在协调村民和旅游公司、村民和游客之间冲突中的作用，村委会作为苗寨村民的利益代表主体，在村民利益受到威胁的情况下，要及时做出决策，安抚村民情绪，联系旅游公司代表进行沟通，避免冲突升级。二是加强村党支部在推动苗寨发展、维护苗寨稳定等方面的作用，通过举行就业创业能力培训、法治宣传等活动，增强村民在法律约束下开展旅游活动的能力，同时加强与旅游公司沟通，为贫困户增设就业岗位，促进苗寨稳定发展。

五　结论

在贵州大旅游战略背景下，贵州旅游业井喷式发展，同时带动了基础设施的进一步完善，为贵州乡村旅游夯实了基础，推动贵州乡村旅游同步发展。随着乡村旅游的发展，一些规模较大的旅游乡村仅靠村民运营和管理并不能适应旅游发展需求，因此在政府的领导下，旅游公司、旅游合作社等相继加入乡村旅游开发中，并成为乡村治理的主体。随着乡村治理主体的多元化，利益分配不均、管理权限交叠等问题也出现了，需要予以破解。总体而言，多元治理主体下，只有实现利益和治理权限的分配和调整以达到各方都满意的状态，才是乡村治理最满意的状态。但达到这种状态不是一蹴而就的，需要经过多方主体长期的磨合才能产生，这也将成为今后研究的一个重点。

参考文献

贺雪峰：《乡村治理 40 年》，《华中师范大学学报（人文社会科学版）》2018 年第 6 期。

郭凌：《重构与互动：乡村旅游发展背景下的乡村治理》，《四川师范大学学报》（社会科学版）2008 年第 3 期。

李劲夫：《乡村振兴背景下的文化旅游与乡村治理》，《湖南省社会主义学院学报》2019 年第 1 期。

马良灿：《中国乡村社会治理的四次转型》，《学习与探索》2014 年第 9 期。

叶强、钟炽兴：《乡建，我们准备好了吗——乡村建设系统理论框架研究》，《地理研究》2017 年第 10 期。

张春敏：《新型社会组织参与乡村治理的实践及价值研究——基于贵州印江村级乡贤参事会建设经验考察》，《华中师范大学研究生学报》2017 年第 2 期。

B.18
贵州省“社区矫正”存在的问题分析及对策
——以贵阳N区为例

杨胜勇　阳　卓*

摘　要： 社区矫正是将罪行较轻、对社会危害性较小的服刑人员放在社区内进行矫正的一种非监禁性刑罚。为系统研究探索贵州省社区矫正工作开展的情况，笔者采用了问卷调查法对社区矫正人员、管理者、专业机构等进行抽样调查，通过调查发现社区矫正工作中存在社区矫正人员“入矫评估难”、“社会融入难”、社区矫正管理人员“工作开展难”等问题。针对这些问题，课题组提出实施“入矫”前的社会调查评估指标体系、改善管理人员工作环境、引入社会工作方法与理念等措施来提高社区矫正工作质量。

关键词： 社区矫正　社会融入　矫正社会工作　贵州

一　问题的提出

（一）开展社区矫正调研的背景

1. 社区矫正

为促进N区开展社区矫正工作，贵州民族大学作为第三方对N区开展

* 杨胜勇，贵州民族大学社会学与公共管理学院副教授，社会工作专业硕士研究生导师，主要研究方向为社会工作实务。阳卓，贵州民族大学社会学与公共管理学院2018级社会工作专业研究生，研究方向为社区社会工作。

的社区矫正工作进行评估，以期为解决社区矫正中存在的困难，合理化开展“社区矫正适用前调查”提供有价值、可供参考的措施建议。贵州民族大学课题组通过阅读文献、论证调研方案、组织调查队伍、设计调查问卷、设计访谈提纲、组织实施调查等调研工作，对问卷进行统计和整理访谈资料，分析N区社区矫正的现状，提出社区矫正前调查的参考指标，从社会学、法学层面总结N区社区矫正实践经验。

社区矫正是一种与监禁矫正相对的非监禁性刑罚执行活动。2003年，最高人民法院、最高人民检察院、公安部、司法部出台《关于开展社区矫正试点工作的通知》，提出社区矫正的概念，“社区矫正是与监禁矫正相对的行刑方式，是指将符合条件的罪犯置于社区内，由专门的国家机关在相关社会团体和民间组织以及社会志愿者的协助下，在判决、裁定或决定确定的期限内，矫正其犯罪心理和行为恶习，并促进其顺利回归社会的非监禁刑罚执行活动。”社区矫正是对罪犯在社区中实行非监禁刑罚，在矫正期限内通过教育、监管、帮扶等手段，矫正犯罪的心理和行为，帮助其顺利回归社会。针对这一概念的解释基本概括了社区矫正的性质、矫正的对象、工作主体及工作目标，在我国社区矫正工作的实践中被广泛适用。社区矫正人员有五类人：“被判处管制的、宣告缓刑的、暂予监外执行的、裁定假释的、被剥夺政治权利的。其中暂予监外执行包括了有严重疾病需要保外就医的；怀孕或者正在哺育自己婴儿的妇女；生活不能自理，适用暂予监外执行不致危害社会的人。”[①] 因此有学者提出“社区矫正是指由矫正机构根据法律判决结果，把被判为非监禁刑以及替代监禁刑的罪犯安排在社会环境中进行矫正和行刑的总称”[②]。

2. 贵州省社区矫正工作的试点情况

2010年贵州省启动社区矫正工作，在一些社区开展了社区矫正的试点工作，社区矫正工作机制在实践中得到不断探索，但目前却仍未出台相关

① 沈娟：《社区矫正影响要素分析和机制研究》，合肥工业大学硕士学位论文，2009。

② 王顺安：《社区矫正的法律问题》，《政法论坛》2004年第3期，第106页。

的法律法规来规范，在各地开展的社区矫正工作缺乏统一的评估指标，社区矫正工作难以在操作层面上铺开。与上海、北京等发达城市相比，贵阳市N区位于贵州省中部，总体而言，经济发展水平还不高，社区矫正工作的开展面临经费不足、交通不便、有的乡走访难度大等困难，不能简单照搬“北京模式”“上海模式”等社区矫正模式。

本报告调研的N区社区矫正中心（以下简称社矫中心）设立于N区法律服务中心内部，于2015年12月经N区编办批准成立，2016年8月29日正式投入使用，是全国第二批、贵州省第一批社区矫正试点区县之一。社矫中心工作人员工资、办公经费等资金均由政府财政负担。

该社矫中心内设“五室、一厅、一中心”，即“宣告训诫室、心理矫治室、警务检察室、教育培训室、档案资料室，报到登记大厅，监控指挥中心”。该中心集教育、帮扶、管理和指挥调度等功能于一体，下设14个司法所，司法所和社矫中心分工合作，通过大数据手段，致力于建立N区社区矫正中心的“数据矫正模式”。“数据矫正模式”包含：一是统一评估尺度，严把社区矫正“入口关”；二是建立量化考评机制，实现日常管理数据化；三是全天候无死角管控，实现定位监管精准化；四是建立公检法司数据交换平台，实现政法衔接无缝化。该模式加强了各部门之间社区矫正工作开展的衔接，实现了数据共享、信息整合并有效衔接。社矫中心充分发挥矫正中心的职能作用，实现从“管得住”到“管得好”的目标，坚持以问题为导向，通过“心理矫治”与“行为矫治”相结合，探索社区矫正工作的“贵州模式”。

（二）国内外社区矫正发展情况

1. 国外社区矫正的发展状况

社区矫正于20世纪30~50年代在欧美国家兴起，“目前英、美、日、澳大利亚、加拿大、新加坡等国社区矫正已经发展得比较成熟。”①

① 金小红、徐莉：《当前社区矫正中存在的问题及相关对策刍议》，《法制与社会》2007年第11期，第867页。

西方国家社区矫正，大体上可以分为3种模式：第一种模式以英国为代表，通过执行法院的处罚和指令，支持对罪犯的更生改造，帮助其改变生活，从而保护公众并防止罪犯再次犯罪的“刑罚模式”；第二种模式，即以日本为代表的“更生保护模式”，该模式从人道主义理论出发，强调维护受刑者在社会中的尊严，有效地将人道主义与防卫策略两者有机结合；第三种模式，即以美国、加拿大和澳大利亚为代表的“公众保护模式”，相对于英国，美国更重视公民对社区矫正工作的参与，强调矫正工作主要由社区矫正工作者和社区矫正志愿者负责实施。

2. 国内社区矫正的探索

我国对社区矫正的研究始于1999年。社区矫正最初是作为监狱行刑社会化改革的相关话题进入学术界视野的。在社区矫正实务领域，2002年8月份，上海市首先开展社区矫正工作，2005年1月，最高人民法院、最高人民检察院、公安部、司法部又联合下发了《关于扩大社区矫正试点范围的通知》，将试点扩大到河北、贵州等12个省（区、市）。截至2010年6月，社区矫正工作已经在全国30个省（区、市）展开。社区矫正工作实践经过多年的探索与试点，推动了2011年《刑法修正案（八）》以及2012年最高人民法院、最高人民检察院、公安部、司法部《社区矫正实施办法》（司发通〔2012〕12号）的颁布与实施，标志着社区矫正制度作为一种法定非监禁刑罚执行制度在我国正式确立并得以落实。

我国从2003年7月10日正式开展社区矫正试点工作以来，摸索出可推广的经验，在管理层面由市司法局成立专门的社区矫正工作领导小组，结合社区、乡镇、村居委会基层司法所，发挥社区矫正领导小组各成员单位的职能作用，规范执法行为。同时利用社会资源和社会力量，通过服务形式帮助社区矫正人员修复社会关系，增强抗逆力。比如“北京模式”主张政府主导建立联席会议，建立健全考核机制，将社区矫正纳入社区管理，让大众参与、与高校联合共建，共同助力社区矫正。

二　贵州省社区矫正工作的现状及问题

为全面了解N区社区矫正工作开展的情况，项目组通过对社区矫正管理人员、社区矫正人员、社会组织负责人等进行问卷调查，一方面了解社区矫正的管理状况，另一方面了解社区矫正人员社会融入状态，为此调研组采用问卷调查的形式收集资料，调查样本则采用随机抽样的方式产生。针对N区“社区矫正人员”类型和分布情况，课题组决定采用分层抽样法进行抽样，这样抽取的样本具有层内同质、层间异质的特征，与本次调查的目的相符合，保证了抽样样本的代表性，减少抽样误差。具体抽样的操作是使用不按比例抽样的方法产生样本，即按照各种社区矫正人员类型均抽取20%的比例进行抽样，并没有按照每一种类型占总体的比例来抽样。为保证样本的代表性，课题组将社区矫正人员名单按社区矫正类型进行编号排序后，使用随机数表开始抽取样本。抽取结果如表1所示，总共抽取样本55人，此外再抽取备用样本10人，排除了4名因身体原因不能作为调查对象的样本，实际抽取样本61人。

表1　样本构成情况

单位：人，%

矫正类型	人数	样本总体占比	抽样比例	样本数值
缓刑类	209	76	20	42
假释类	36	13	20	7
管制类	5	2	20	1
暂予监外执行	24	9	20	5
总人数	274	100	20	55

问卷调查内容主要集中在社区矫正对象的家庭关系、生活、工作、人际交往等方面，且从社会融入、身份融入、社区矫正人员再就业、社会工作介入的可行性等方面进行了调查分析，调查结果为本文的论点提供了支撑。以下是本次调查中发现的主要问题。

（一）社区矫正人员"入矫评估难"

社区矫正审前社会调查是社区矫正制度的起始环节，该项调查是对可能被判处社区矫正的对象（被判处管制、缓刑、假释、暂予监外执行的罪犯）进行的社会调查。主要调查的内容包括"罪犯居所情况、家庭和社会关系、一贯表现、犯罪行为的后果和影响、居住地村（居）民委员会和被害人意见等各方面的情况"①，通过调查形成调查评估意见，为法院裁判提供重要参考。

社区矫正审前社会调查可以为申请社区矫正的罪犯提供社会调查评估，通过评估来判断其是否能进入社区矫正，但在实践中缺乏规范的评估办法，找不到行之有效的调查指标，因此社区矫正审前社会调查在制度设计、制度执行和执行保障方面存在着一系列问题，也对社区矫正工作的顺利开展造成了障碍。

2012 年贵州省贵阳市 N 区司法局在《社区矫正前社会调查评估存在的问题与对策》中提到在调查评估工作中存在以下问题：一是由于无专门的调查评估办法进行规范，先决定后评估；二是评估力量薄弱；三是被调查走访的单位和人员支持配合不够。这些问题直接导致社区矫正人员"入矫评估难"的现象。

因此需"制定一套有效的社区矫正前社会调查评估办法，完善社区调查与研究矫正制度，避免调查评估工作中的漏洞、随意性和不严谨性，使调查评估工作走上法制化、规范化、制度化轨道"②。

（二）社区矫正管理人员"工作开展难"

N 区的社区矫正中心于 2016 年 9 月正式投入使用，属于 N 区司法局下属机构，机构内工作人员的工资和办公经费等资金均由政府财政负担，中心

---

① 费宁：《我国社区矫正审前社会调查研究》，西北大学硕士学位论文，2017。

② 吴啟华：《我区社区矫正前社会调查评估存在的问题与对策》，《人民调解》2012 年第 11 期，第 32 页。

有一名主任和四名工作人员，但是五人均不是专业的社会工作者，在进入社矫中心之前从未接触过社区矫正与社会工作，只能在工作后一边工作一边学习，尝试从社会工作专业中寻找到一些方法技巧来运用到社区矫正工作中。司法所工作人员一般是两名，最多是三名，根据笔者调查所知，这些基层工作人员皆不是社会工作专业毕业，有的工作人员对于“社会工作”这个专业不甚知晓，缺乏对于社会工作的认识是他们普遍存在的问题。笔者通过和社矫中心工作人员的谈话得知，中心曾经有过一名社会学专业的工作者，但是不在正式编制中，岗位是属于公益性岗位，薪资待遇不高，后来由于生活所迫离开了社矫中心。

现行的社区矫正机关的基层单位多设在街道、乡镇司法所。这些基层单位往往面临着社区矫正人员数量多，但工作人手少的问题，工作人员一方面要对矫正人员开展矫正工作，另一方面还要负责其他的日常事务管理工作以及一些行政任务，通常是一人身兼多职，身上承担着极其多的任务，在这种情况下，社区矫正工作往往流于形式，并不能真正起到作用。

以贵阳市 N 区为例，社区矫正工作是由 N 区司法局下属的社区矫正中心（社区矫正科）和 14 个乡镇司法所共同完成的。社区矫正中心内有 5 名工作人员，社矫中心的工作主要是联系法院、监狱等司法机关，接收新的社区矫正人员，并对其开展入矫、解矫宣告，给矫正人员建立档案，对不服从管理的社区矫正人员进行个别谈话教育；每月开展不低于 8 小时的集中学习、教育、培训；每月组织社区矫正人员不低于 8 小时的义务劳动；开展心理测评、心理咨询和心理矫治；组织协调有关单位、部门和社会志愿者为社区服刑人员提供帮扶等。而乡镇司法所的工作人员一般是两名，两名工作人员除了负责所里十几名甚至几十名矫正人员的日常管理（每天的电话汇报，每周的思想汇报等等）之外，还要承担起法制宣传教育工作、人民调解指导工作以及一些行政性工作等。

在这种双方数量极为不对等且工作繁杂的情况下，社区矫正所能够取得的效果可想而知。而事实也是如此，对于忙都忙不过来的工作人员来说，他们只需要矫正人员做到听话不出格、不闹事，顺利按期完成矫正任务，实际上社区矫正人员难以达成矫正目标，矫正人员的犯罪心理也难以消除；对于矫正人员来说，他们只需要按部就班地做好司法所以及社矫中心所安排下来的任务，并做好思想汇报和日常报道，在矫正期间只要没有过错，等到矫正期限满了就解除社区矫正，而他们由于自身作为服刑人员的身份，不会主动地追求自己的权利，也不愿受到更多的约束。矫正工作已经变成任务式的、指标式的工作，社区矫正机关对于矫正人员的支持网络有待构建。

（三）社区矫正人员“社会融入难”

1. 矫正人员的身份融入难

社区矫正人员在矫正期间既是处在服刑期间的服刑人员，也是生活在社会环境中的社会人，具有双重身份，他们首先要接受自己目前是社区矫正人员的身份，认可自己双重身份的存在。如果他们对于自我身份产生错误的认识，就会使他们产生压力，消极地面对所处的环境，不积极接受社区矫正教育，容易再次犯罪。

在调查中询问到关于社区矫正人员对于未来生活的考虑和打算时，大多数的矫正人员表示期望能够尽快摆脱矫正身份，过上和普通人一样的生活。但是由于社区矫正工作开展的特殊性，社区矫正中心对他们的行为会提出要求，如每天需要按时进行电子报道、在行动上不能超出一定的地域范围、每月需要到司法所或社区矫正中心报到和参加学习等。这些工作的开展会使得矫正人员感到自己与其他社会人存在差异，导致他们在回归社会时在“身份融入”方面存在一些问题。

（1）自我认知边缘化

社区矫正人员由于其犯罪经历，或多或少地都遭受过拘留或者监禁的处罚以及法院对其罪行的宣判，这些经历导致他们心理遭到一定的创伤，这些经历也会打击其自信心、自尊心，当他们结束社区矫正，重新返回社会以后，社会身份的变化会引发他们内心的失落感和孤独感，从而产生自我认知边缘化的情况，自己也看不起自己，想要寻求改变却无从做起，产生“习得性失助”心理状态。

（2）社会归属感低

社会归属感是一种主观感受，是指社会成员对特定群体的认同、喜爱和依恋的心理感受，是对于自己在社会中的身份的一种认同。

对于刚从监狱出来的矫正人员来说，长时间的监狱生活使得他们与社会的发展产生脱节，导致他们对于社会的变化感到陌生，虽然很想融入主流社会生活中，但是社会大众对于矫正人员的身份认识不清，对于他们依然以犯罪分子来看待，导致他们认为自己是为社会所不容的，影响了他们的社会归属感的形成与提升。

（3）自卑心理严重

当人处于消极的情绪状态时，容易悲观、失望甚至产生攻击性行为。受到外界环境的影响，社区服刑人员自我认知出现偏差，不能很好地认识自我。他们的自我认知受到他人的影响，当他们得知自己在别人眼里与自己所认知的情况有差别，没有达到自己预期的时候，他们对自我评价比较消极，认为自己没有用。尊重需要得不到满足，会让他们产生强烈自卑感。社区矫正人员基于自身身份的特殊性，会更加注重家人和朋友的看法，当家人和朋友对他们产生排斥，他们会产生自我怀疑，使得他们在身份认同中出现偏差，影响他们的身份融入。社区矫正人员在与普通人交往过程中，会有意识地隐瞒自己是矫正人员的身份信息，不会主动向别人介绍自己的矫正身份，在交往的过程中也会刻意避开同属社区矫正的人群。

表2　矫正人员是否介意别人知道自己参加社区矫正

单位：人，%

	介意情况	人数	百分比	有效百分比	累计百分比
有效	介意	14	23.0	26.9	26.9
	不介意	38	62.3	73.1	100
	合计	52	85.2	100	
缺失	系统	9	14.8		
	合计	61	100		

在对矫正人员访问的过程中，26.9%的人会非常介意别人知道自己在参加社区矫正，73.1%的人不介意别人知道自己正在参加社区矫正，当我们谈到是否主动和别人说起自己正在参加社区矫正时，多数访问对象表示不会主动向他人说起。

2. 矫正人员的职业融入难

工作单位是人社会化的一个主要载体，对于社区矫正人员而言，更是他们再社会化的一个关键点所在，通过工作单位的帮助，矫正人员可以更快地建立起新的人际关系网络，获得新的支持和帮助。

而对于社区矫正人员来说，他们没有一技之长，被工作单位歧视，这导致他们在重新融入社会的第一步就遇到困难。

表3 社区矫正人员拥有职业技能证书（手艺）情况

单位：人，%

	人数	百分比	累计百分比
有	34	55.7	55.7
没有	26	42.6	100
合计	60	98.4	
系统缺失	1	1.6	
总计	61	100	

根据调查到的数据来看，该中心管理下的社区矫正人员拥有职业技能证书或手艺的情况为：有证书或手艺的占受访者的55.7%，没有的占42.6%。他们当中有部分矫正人员的技能证书已经丧失用途，不能再继续使用，如教师资格证，因此为这部分没有其他技能的社区矫正人员提供技能培训，帮助他们提高自身的硬件条件是很有必要的，让他们拥有更好的再就业竞争优势，帮助他们尽快实现再就业。

但现实情况是，社区矫正人员具有罪犯的身份。“人们对罪犯的态度历来是把他们当作社会的对立面，把罪犯看成是不适应社会生活的敌人加以排斥和拒绝，将其恶魔化、去社会身份化。”① 加之受传统观念的影响，即使是同处一个社区，社区居民依旧会对社区矫正人员有所防范，或是避而远之。在某些不得已的情况下，迫于无奈与社区矫正人员有接触，大多数人也只是进行表面上的应付。有的社区矫正人员是有过收监经历的，他们在接受社区矫正之前接受过监狱的改造，由于经历过监狱生活，他们在社区接受矫正时，会对自己的行为进行反思，大多数人拥有强烈的弃恶从善心理，只要能在社区生活，他们愿意好好改造、迎接新生活、重新做人。然而由于他们拥有“社区居民”和“罪犯”的双重身份，他们的身心比“正常人”更为脆弱一些，当他们面对歧视与排斥时会十分敏感。但如果社区居民传递给他们的是信任、关怀与接纳，而不是负能量的排斥的话，那么他们一定能重拾自信。但如果他们接收到的是排斥的信息，那么将严重影响他们的自我效能感，影响他们的正常生活与再就业，甚至有可能会再次把他们推向犯罪的边缘。

（1）再就业困难

再就业，是指失业人员的重新就业。社区矫正人员再就业特指有就业经历的劳动者，当其具有非本人所能控制的原因（因其某些行为触犯法律法规，正在接受社区矫正）失去了工作机会，从而处于中断了劳动报酬状态时，想要恢复就业状态的社区矫正人员的重新就业。②

表 4　社区矫正人员受教育情况

单位：人，%

文化程度	人数	百分比	有效百分比	累计百分比
小学及以下	8	13.1	13.1	13.1
初中	23	37.7	37.7	50.8
高中(中专)	13	21.3	21.3	72.1
大专或本科及以上	17	27.9	27.9	100.0
合计	61	100.0	100.0	

① 张红：《社区矫正对象就业问题实证研究》，华东理工大学硕士学位论文，2011。
② 张红：《社区矫正人员就业问题实证研究》，华东理工大学硕士学位论文，2011。

我们在调查中了解到社区矫正人员的受教育程度，发现只有27.9%的人受过大专或本科及以上的文化教育，这说明了大多数的社区矫正人员存在着受教育程度普遍较低、文化素质不高等情况，他们想要实现再就业就需要和比自己优秀且无犯罪记录的人员进行竞争，这对他们来说再就业无疑是困难重重。

工作的价值不仅仅是它能够提供工资，它也能提高人们的生活质量，并为人们提供获得知识的机会以及参与工作场所的机会、获得有意义目标的机会、获取社区地位和认同的机会，以及结交朋友的机会。①

因此，实现社区矫正人员的再就业是很有必要的，我们需要为这部分没有技能的社区矫正人员提供技能培训，帮助他们提高自身的硬件条件，让他们拥有再就业竞争优势，帮助他们尽快实现再就业。

（2）工资收入水平低

在调查过程中，调查组对社区矫正人员的职业情况进行了调查，如表5所示。

表5　社区矫正人员目前职业分布情况

单位：人，%

职业	人数	有效百分比	累计百分比
无	27	44.3	44.3
餐饮行业	4	6.6	50.9
废旧品回收	1	1.6	52.5
服务行业	4	6.6	59.1
会计	1	1.6	60.7
技术员	2	3.3	64.0
临时工	3	4.9	68.9
销售员	2	3.3	72.2
业务员	5	8.2	80.4
装修行业	4	6.6	87.0
自主创业	5	8.2	95.2
商人	3	4.8	100.0
合计	61	100	

① 徐丽敏：《“社会融入”概念辨析》，《学术界》2014年第7期，第88页。

从表5可以看出，有高达44.3%的矫正人员截至调查时是没有工作的，而在有工作的矫正人员当中，大部分的工作类型是餐饮业、服务业、临时工、业务员、自主创业、销售员等低收入、不稳定、辛苦劳累的工作。由此可以推断，矫正人员中的大部分人所从事的工作是较为普通常见、技术含量较低、工作难度低、工作强度高、工资收入低的工作。

表6　社区矫正人员的工资薪酬状况

单位：人,%

	工资(元/月)	人数	百分比	有效百分比	累计百分比
有效	1000以下	3	4.9	8.9	8.9
	1000～2000	5	8.2	14.7	23.6
	2000～3000	10	16.4	29.4	53
	3000及以上	16	26.2	47.0	100.0
	合计	34	55.7	100.0	
缺失	无工作	27	44.3		
合计		61	100.0		

此外，我们还调查了拥有工作的社区矫正人员的薪酬状况，在拥有工作的34名矫正人员中，月收入低于3000元的人员占53%，不仅如此，在调查中我们还得知，工资高于3000元的人员中，也有好几位月收入仅仅是3000元出头，相比起2017年贵州省在岗职工5243.7元的人均工资来说，他们是远远落后于平均水平的。

（3）工作单位信任度不高

在调查中，我们还发现了一个特殊的情况，那就是社区矫正人员不会主动地将自己的矫正身份告知工作单位，根据我们的调查结果，在有工作的矫正人员中，只有52.9%的工作单位对于他们参与社区矫正的事情知晓，而其中有很大一部分是因为要参与社区矫正中心的矫正活动，需要请假时才被迫告知工作单位的。

从矫正人员提供的信息中，我们可以看出，矫正人员对于就职的工作单位还是有一定不信任感，他们担心工作单位知晓自己矫正身份后会歧视自己甚至开除自己，使得自己好不容易找到的工作丢失，也担心单位同事知晓自己的情况后会排斥自己、孤立自己、使得自己无法正常地参与工作。

表7 工作单位对你参加社区矫正是否知情

单位：人，%

	知情情况	人数	百分比	有效百分比	累计百分比
有效	知情	18	29.5	52.9	52.9
	不知情	16	26.2	47.1	100.0
	合计	34	55.7	100.0	
缺失	没工作	27	44.3		
合计		61	100.0		

在访谈中，有一个矫正人员也给我们举了一个例子来证明她自己为工作单位不信任所伤害：

安某，女，32岁，初中文化，盗窃罪，由于狱中表现良好得以假释参加社区矫正，矫正期限为6个月。“当初出来后，我想到以后要重新做人了，因为政府给我这么好的一个机会嘛，还有中心（社区矫正中心）来帮我更好地做（融入社会）。我小时候贪玩，文化水平又不高，出来后找不到啥子好的工作，后来朋友介绍我去一家酒店做服务员，一个月也有2000多，辛苦点的话也可以挣到3000左右。我们平时没事都是待在一个房间里面休息的，有一次有个同事的钱包不晓得咋个掉在沙发下面，她发现钱包没在了就问是哪个拿的，没人拿肯定一个都不会承认嘛，但是有些同事就在那拿话刺我，就讲啥子狗改不了吃屎啊，以前就偷东西，现在还在偷，一点都不长记性啊等等的，我就让他们搜我的身，搜我的包包嘛，他们肯定搜不出来咯，又开始说啥子除非是憨包，不然哪个会偷了东西还放在自己身上啊这些话，然后我就和他们吵起来了，后面就把经理喊来，经理来了以后说她还是相信我的啊，但是每个人都会犯错，只要拿出来就没事的巴拉巴拉的，意思就是让我拿出来，他们不告我不抓我。反正就是认为是我拿的了嘛，我又没拿肯定拿不出来了，然后我就说大家都搜，互相搜身检查，搜不到就开始在房间里面找，最后才在沙发下面找到，找到后他们也没跟我道歉啊讲一句啥子的，只是经理叫那个掉钱包的同事以后小心点。后面过了段时间，我就没在他家做了，这些人都瞧不起人。”

从案例中我们可以看出，安某虽然已经受到法律的制裁，也下决心要改变自己，但是在工作中却受到单位上领导和同事的不信任和歧视，这使得他们在遭受一次伤害之后，去其他单位工作时，会主动隐藏自己的矫正身份，不利于他们得到其他社会成员的帮助，也难以实现在社区中的再社会化。

3. 矫正人员的家庭融入难

社会是由无数个小家庭组成的，而家庭又是由个人组成的，社区矫正人员想要更加迅速地融入不断变化的社会，离不开家庭的帮助。家庭不仅能够为个人提供物质上的帮助，更能够为个人提供精神上的支撑。当社区矫正人员再次回到这个社会的时候，他首先要面临的就是自己的家人，这个时候，家人对他的态度很重要。在本次调查中，我们发现社区矫正人员在家庭融入方面也存在一些问题。

（1）无法面对家人

家人对待社区矫正人员的态度很重要，犯罪的经历对于矫正人员来说是不堪回首的，家人对待自己的不同态度会让矫正人员的心理和行为产生不同的应对方式，如有些矫正人员由于自己的家人很轻易地就接纳了自己、包容自己以往的过失，更加感觉对不起家人，对不起父母长辈，形成自己是家庭的麻烦、自己使家庭蒙羞、自己是家庭的耻辱等观念，在相处中不知道怎么去面对自己的家人，总是很小心翼翼，唯唯诺诺的。

在调查中，我们询问了社区矫正人员这样一个问题：“当他们遇到一些烦心事时，会不会选择向家人倾诉”，其中有 41.7% 的人选择不会向家人倾诉，当我们问起他们缘由时，大多数的回答是：不想给他们说；怕麻烦他

表 8　是否会向家人倾诉

单位：人，%

	是否会向家人倾诉	人数	百分比	有效百分比
有效	不会	25	41.0	41.7
	会	35	57.4	58.3
缺失值		1	1.6	100
	合计	61	100.0	

们；本来自己就已经是家里的麻烦了，不想再增加他们的烦恼，等等。

（2）不被家人接纳

有的矫正人员则是不被家人接纳，可以从两个方面表现出来，一方面是矫正人员过去犯罪的事情，导致家人对他们失望透顶，认为他们已经是无药可救了，因此不愿意再继续相信他们；另一方面则是他们的犯罪，导致家人难以承受外界异样的眼光和社会歧视，从而被迫与他们断绝联系，想要因此而获得稍微好一点的正常的生活。

（3）难以建立新的家庭

也有部分矫正人员在犯罪事实发生后，因此发生离异的情况，无法再次组建新的家庭。对于未成家的矫正人员来说，一个幸福美满的家庭是他们美好的向往，但是他们却对自己的过去充满了顾虑，担心自己被对方嫌弃；而对于因犯罪而家庭婚姻破裂的矫正人员而言，则可能会有更加大的伤害。

表 9　社区矫正人员婚姻情况统计

单位：人，%

婚姻情况	人数	百分比	有效百分比	累计百分比
已婚	37	60.7	61.7	61.7
未婚	14	23.0	23.3	85.0
离异	8	13.1	13.3	98.3
丧偶	1	1.6	1.7	100.0
其他	1	1.6		
合计	61	100.0	100.0	100.0

根据我们的调查发现，未婚的矫正人员有 14 人，占了总人数的 23.3%，离异的矫正人员有 8 人，占了 13.3%，而我们在进一步的询问之后，发现离异的 8 人中，有 7 人是在犯罪之后才离异的，只有 1 人是犯罪前离异。这说明正是矫正人员的犯罪经历，导致了其婚姻的失败。

4. 矫正人员的社会交往融入难

社会交往通常指在一定的社会条件下，人与人之间借助工具相互来往联系，从而进行的有关物质、精神交流的一种社会活动①。社会人一般会通过社会交往来建立起自己的社会支持网络，社会支持网络一般可以分为两种类型：由政府和正式组织主导的正式支持和由个人社会网络提供的非正式支持。

（1）正式社会支持情况

在贵阳市 N 区，社区矫正工作是由 N 区司法局下属的社区矫正中心（社区矫正科）和 14 个乡镇司法所共同完成的。乡镇司法所的工作人员一般是 2 名，两名工作人员除了负责所里十几名甚至几十名矫正人员的日常管理（每天的电话汇报，每周的思想汇报等等）工作之外，还要承担起法制宣传教育工作、人民调解指导工作以及一些行政性工作等。

社区矫正中心一直在努力探索新的道路，寻求社会组织的帮助，以此来对社区矫正工作进行补充。N 区社区矫正中心建立了“四叶草”志愿者工作室，中心聚集了 20 余名三级以上的心理咨询师，为社区矫正人员提供心理疏导、开展心理测评等服务。矫正中心还与法律援助中心达成合作协议，由法律援助中心的 30 余名律师定期给社区矫正人员举办法律知识讲座，提供普法课堂等专业的服务性支持，让社区矫正人员知法懂法，安心接受社区矫正，从而预防和降低社区矫正人员的重新犯罪。并且还让援助中心的律师参与到矫正工作中来，从法律的角度引导矫正人员通过合理的途径争取自身合法权益，此外还积极引入社会工作专业的高年级学生参与到社区矫正工作

① 张丽芬、朱颖、张才安：《社会工作介入刑满释放人员社会融入问题研究》，《社会工作实务研究》2012 年第 1 期，第 70 页。

中来，协助矫正中心工作人员对矫正人员开展个案工作、小组工作等服务，力争早日建立起一支专业化的志愿者服务队伍。

（2）非正式社会支持强化“标签效应”

非正式的社会支持主要包括矫正人员的亲属、邻居、朋友、同事等给矫正人员提供的帮助与支持。调查中发现社区矫正人员在遇到自身无法解决的困难时，关于求助渠道的调查结果如表10所示（此题为任选题）。

表10　矫正人员求助渠道

单位：人，%

求助渠道	人数	百分比	累计百分比
向亲属求助	35	41.7	41.7
向朋友或邻居求助	22	26.2	67.9
向同事或工作单位求助	8	9.5	77.4
向社区矫正中心或司法所求助	12	14.3	91.7
其他渠道	7	8.3	100
合计	84	100	

而在这些帮助中，亲属和家人大多数会给予其经济上和精神上的帮助，同事、邻居和朋友会提供信息和精神鼓励的帮助，只有少部分的朋友会给予经济支持，而社区矫正中心（司法所）则会视情况而定，有时会给予信息支持，帮助解决困难，有时则只能提供一些心理上的安慰。

在调查过程中发现，亲属和家人的支持大多体现在经济、物质帮助和情感的慰藉方面。矫正人员在刚离开监狱、回归社会的时候，会面临着种种的不适应，如生活节奏加快、就业压力、社会交往不适等，而这些不适应都需要在家庭这个第一社会化的场所中慢慢消除。在这段日子里，家庭需要给矫正人员提供物质和经济上的支持帮助，必要的时候提供精神和情感上的安慰与鼓励。因此，矫正人员需要的不单单是物质层面的帮助，更加需要的是亲属的关心与鼓励，为其提供一个温暖的环境来帮助其完成再社会化。

由于我国传统文化的“报应”思想，人们大多数习惯于从“恶”的角度来看待矫正人员，把被法院判刑的人员都看成是对社会有危害性、对于人们来说是有危险性的。笔者通过在调研期间与矫正人员的交谈发现，矫正人员不熟悉的朋友、同事或者邻居对于矫正人员的行为处事总是习惯于用负面的看法来对待，强化了矫正人员作为“坏人”的标签效应，人们会渐渐地减少与矫正人员的来往与交流，同时会以矫正人员为反面例子来教育孩子。这种社区环境不利于矫正人员的回归，会让矫正人员感受到来自他人的排斥与歧视，对矫正人员的心灵造成伤害。为了保护自己，他们会在无意识中减少与社区居民的交往，逐渐退出交往的主流空间，将自己封闭起来，与其他人隔离开来，这将大大减少其重新社会化的机会，不利于社区矫正工作的完成，进一步阻碍了社区矫正人员社会交往，呈现社会交往融入难。

三　对策与分析

（一）制定合理的评估指标体系

根据调研结果，我们尝试对原有的调查评估模块提出参考建议，并尝试构建“N区社区矫正调查评估指标”，重点是强调对社区矫正人员的社会融入能力因素的测评，强调把导致社区矫正人员重新犯罪的因素作为评估指标，增加了工作技能情况、性格以及心理情况三项指标，根据调查结果，增加了被调查者在单位的一贯表现。在以往调研中，惯犯、累犯基本不适宜进行社区矫正；“犯罪行为及后果”这一项指标中把“有被害人的取得被害人谅解、积极赔偿”内容移出，作为悔罪态度的分指标，并增加了分值，强调有被害人的取得被害人谅解，有利于构建和谐社会，达成谅解。

（二）强化管理人员业务能力，改善管理人员工作环境

1. 转变社区矫正工作者价值观念

在现有的社区矫正工作中，大多数的工作人员和矫正人员是处于不平等的地位的，这不仅仅是因为双方是矫正与被矫正的关系，还因为在工作人员眼里，矫正人员就是一个罪犯，并不是一个拥有完整人格的人，而矫正人员也因为自

身的经历而具有自卑感。而这种情况很明显是不利于矫正工作的成功开展的。因此，运用社会工作的理念和方法介入社区矫正工作，首先需要社区矫正工作者端正对矫正对象的看法，能在价值观层面做到尊重、接纳、同理矫正对象，提高专业化水平，经常对非社会工作专业背景的工作者开展社会工作价值观的培训，帮助他们获得并内化基本的社会工作价值理念，并在实务中把社会工作中所倡导的尊重、接纳、保密、个别化、案主自决等原则运用到社区矫正工作中去，协助矫正人员完成社区矫正工作，顺利重塑符合社会规范的行为。[①]

2. 改进社区矫正工作方法

除东部发达地区的社区矫正工作取得一定的成果外，中西部欠发达地区的社区矫正工作往往流于形式，社区矫正人员只需要完成基层司法所交代的任务，在矫正期间不犯错误，待到矫正期满就可完成矫正。这样的矫正方法虽然对于工作者和矫正人员都比较省事，但是并没有真正地解决问题。应提倡将社会工作缜密、科学的工作程序运用于矫正工作，使得社区矫正的惩罚性、强制性与社会工作的福利性、平等性、针对性等特性相结合，更加专业地完成社区矫正工作，促使社区矫正对象顺利地回归社会。

3. 建设社区矫正专业人才队伍

目前负责社区矫正工作的都是基层司法所工作人员，但是他们却没有矫正社会工作的专业的知识与技巧，因此，建设一支专业的社区矫正人才队伍是势在必行的。

社区矫正工作包含管理工作和帮教工作。因此，应吸收心理学、社会学、社会工作专业人员，改善从业人员的专业结构，避免发生重管理轻帮教的现象，这对提高社区矫正工作成效是十分必要的。

同时，要求工作人员在接受专业的培训、拥有一定的理论水平和实践能力之后才能上岗。加强对社区矫正工作者的技能培训，培训重点应涉及法学、社会学、教育学、犯罪学、心理学等学科知识，加强在职培训，以面对社区矫正工作不断出现的新问题、新挑战。

---

① 赵丽宏：《构建社会工作视角下的社区矫正模式》，《学术交流》2009 年第 5 期，第 130 页。

4. 增加人员编制，提高待遇保障

调研中发现管理人员工作量大、待遇低、工作成就感弱，这对于稳定社区矫正工作队伍是不利的，为提高社区矫正工作成效，可以吸纳更多的社会工作者，扩大社区矫正人员队伍，完善矫正机构的人员配备，让矫正机构的工作人员能够各司其职，专心地完成工作任务，给社矫对象提供更有效的帮扶和指导，从而达到矫正目的。在建设专业人才队伍的时候，也应当注重后备力量的培育，如让高校社会工作专业的学生通过实习、社会实践等形式参与到社区矫正的实践中来，组织一些志愿者队伍参与到社区矫正活动中来，积极利用社会力量，为社区矫正工作的开展助力。

参考文献

沈娟：《社区矫正影响要素分析和机制研究》，合肥工业大学硕士学位论文，2009。

骆群：《社区矫正对象在劳动力市场的社会排斥》，《青年研究》2008 年第 5 期。

寇铁军：《财政学》，东北财经大学出版社，2002。

冯建仓、闫佳：《国外社区服刑人员权利保障对我国的借鉴》，《犯罪与改造研究》2017 年第 7 期。

靳利飞：《矫正对象社会支持网的重构》，中国青年政治学院硕士学位论文，2010。

庞连华、陈杨：《论犯罪前科消灭制度》，《法制与社会》2010 年第 12 期。

郑志永：《社区服刑人员再社会化问题研究》，中国社会科学院研究生院硕士学位论文，2016。

陈姝宏：《社区矫正对象再社会化研究》，吉林大学博士学位论文，2014。

陈姝宏：《从“排斥”到“支持”矫正对象回归社会的嬗变》，《社会科学战线》2013 年第 12 期。

宝红胜：《我国服刑人员劳动权法律保障研究》，内蒙古大学硕士学位论文，2013。

B.19 当代贵州基层女性政治参与行为及其影响因素研究

陆卫群　田 昆*

摘　要： 本研究立足经济欠发达的贵州省，以基层妇女干部为主要调查对象，辅以对女大学生的调查研究，调查内容涉及其现阶段的参政议政状况、存在的问题以及女大学生的参政意愿等。本研究结合系统理论、冲突理论和性别等相关理论，分别从政策（宏观）、环境（中观）及个人（微观）层面分析影响当前贵州省妇女参政议政的因素，为提高贵州妇女参政议政行为提供可参考的对策建议。本研究成果也将为省委、省政府提供决策参考。

关键词： 贵州基层女性　政治参与　参政意愿

一　研究内容与设计

1. 调查地点

在贵州省江口县、麻江县、贵阳市观山湖区、贵州大学、贵州民族大学和贵州财经大学展开调查。

---

* 陆卫群，贵州省社会学会副会长、贵州大学教授，博士，主要研究方向：性别研究，人口社会学；田昆，贵州大学社会工作研究生，主要研究方向：社会工作。

2. 调查对象

调查涉及两类人群：基层女性干部和在校女大学生。具体而言：（1）问卷调查对象：1000 名基层女干部；300 名在校女大学生。（2）深入访谈对象：随机选取 12 名基层妇女干部。（3）座谈会对象：30 名妇女干部分 3 次进行座谈。

3. 研究内容

通过封闭式问卷、面对面访谈和观察等科学调查方法对基层妇女干部和在校女大学生，就女干部基本情况、女性干部参政议政现状、存在的问题以及女大学生的参政意愿等进行调查，结合系统理论、冲突理论和性别等相关理论，从政策（宏观）、环境（中观）和个人（微观）层面分析当前影响贵州省妇女参政议政的因素，提出有针对性的对策建议。

4. 研究方法

（1）收集资料的方法

①文献法：收集最近 5 ~ 10 年全国及贵州省有关妇女参政议政的文献、年鉴、妇女儿童发展纲要和相关研究论文。

②问卷法：在调查点随机选取 1000 名基层女干部、300 名在校女大学生，就人口学特征、参政议政意识、参政议政行动、参政议政困难、参政议政诉求等进行问卷调查。

③深入访谈与座谈：在调查点随机选取 12 名妇女干部，就妇女参政议政的动机、主客观条件、困惑、建议等展开调查讨论。

④观察：通过非参与式观察，了解妇女政治参与行为表现。

（2）资料解析与研究

用定性研究与定量研究结合的方法来研判与分析资料，并利用 SPSS 22（Statistical Product and Service Solutions）应用软件对数据进行分析、获取频数分析相关数据，利用频数分布交叉表分析两变量间的相关关系。

分析定性研究资料的方法则是归类 - 分析总结 - 分析 - 总结。将访谈记录进行翻译后，将定性调查数据录入计算机软件程序中，将所得数据总结汇总后进行分析。

5. 研究框架

本研究采取定量研究与定性研究相结合的方法，将目标人群（妇女干部）与后备人群（在校女大学生）相结合展开调查研究，以求更全面客观地反映当前贵州省女性政治参与的状况、问题和诉求等。

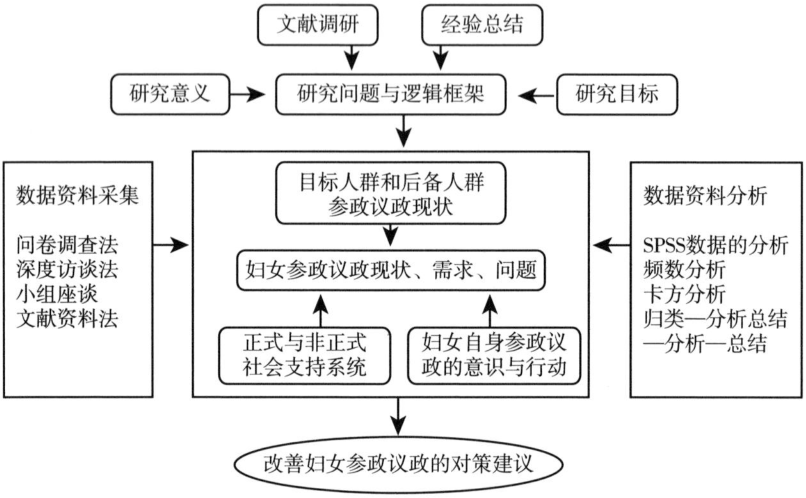

图1　研究框架

二　调查结果

（一）基层女干部政治参与现状调查

在各调查点一共发放1000份基层女干部政治参与现状调查问卷，回收932份，问卷有效回收率为93.2%。共面对面深入访谈32名基层女干部（包含3次专题座谈会）。调查主要围绕人口学特征、参政议政意识、参政议政行动、参政议政困难、参政议政诉求等展开。

1. 对象的基本情况

（1）面对面访谈对象的基本情况

面对面访谈对象一共有32名基层女干部，平均年龄38.9岁（24～54

岁）均来自县或区各机关职能部门、乡镇和居委会，92%的对象已婚，90%的已育，受教育程度均在大专以上。其中对32名对象进行了面对面深入访谈，进行座谈会三次，每次座谈人数在10个左右。

（2）问卷对象的人口学特征

调查对象的平均年龄为35岁（19～60岁），如表1所示，最为集中的是19～30岁年龄段，其次是31～40岁，即40岁之前的占到75.1%，50岁之前的占93.2%，相对来说调查对象是比较年轻的。对象中少数民族占比高于汉族，少数民族占57%，汉族占43%，这可能由于三个调查点中有两个点少数民族均占大多数，麻江县的少数民族占全县人口的75.2%，江口县的少数民族人口占总人口的68%。

表1　对象的年龄分布

单位：人，%

年龄段(岁)	人数	有效百分比	累计百分比
19～30	379	40.7	40.7
31～40	321	34.4	75.1
41～50	169	18.1	93.2
51～55	50	5.4	98.6
56～60	13	1.4	100.0
Total	932	100.0	

调查组也发现调查对象的受教育程度普遍较高，如图2所示，大专以上文化程度的就占91%，有本科文凭的占半数以上（63%）。调查对象中党员占40.9%，团员占9.8%，群众占44.2%，5.0%的对象选择“其他”，如民主党派等。其中科级干部仅占7.7%，科员占30.1%，其他占61.4%。之所以“其他”占比如此之高，是因为我们问卷设计不足，问卷中仅设计了三个选项：正/副科长、科员、其他，但问卷主要针对基层女干部，大部分的基层女干部是股长或股员或不按此称呼，很多对象就选择“其他”且未加以说明，但全部对象是基层女干部。调查对象无职称的占到51.7%，初、中级职称的各占10.2%和11.2%，高级职称的仅占1.7%。

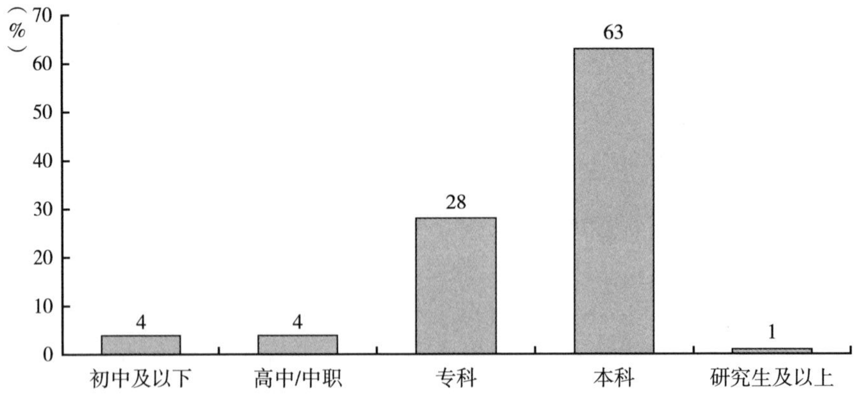

图2　调查对象的受教育程度

调查发现：绝大多数对象已婚（72%），未婚的占23%，其他（4%）包含了丧偶和不愿意回答的。而且，调查对象有1个孩子的占52.9%，为多数，有两个孩子的占13.5%，有3个以上孩子的仅占1.9%。有31.7%的调查对象没有孩子。调查对象在事业单位工作的较多，占50.2%；其次是在党政机关，占34.7%，其他（包含居民委员会、企业、社团组织等）占15.1%。调查对象平均月收入4079元，最少300元，最多60000元，最多的是最少的200倍（个例），多数（占75.0%）月收入在3000~5000元。

2. 参政知识、态度与意识

本研究希望通过如“您是否知道每届人大的任期”、“对参加政治活动的态度”和“与男性相比，女性是否具有参政优势”等11个问题来考察对象的参政知识、态度与意识。

通过调查发现：对象的参政知识掌握得较好，如对于每届全国人民代表大会的任期，有近77.4%的受访对象是知道的，通常积极参加政治活动的占到66.5%。

调查对象认为女性应关注“家务事和孩子”与“自我提升”的较多，分别占到34.2%与45.9%，而认为应该关注“工作”的仅占16.4%。家庭和自我面貌对于大多数基层女干部来说都很重要。笔者也发现对于参加单位的管理，有57.5%的人是希望参加的，不希望参加的也占10.5%。41.7%

的女性对象认为，与男性相比，女性更具有参政优势，20.9%的认为男性的参政优势更明显，33.2%的认为男女在参政方面没有太大的差别。高达76.6%的对象支持女性参政，占大多数，不支持女性参政的只占2.5%。调查也反映出大多数对象是愿意参政议政的（62.4%），表示“不愿意”的占37.5%。愿意者其参政议政的动机排在前三位的是“发挥个人力量，为社会、国家和人民做一点事”、“参政可以开阔眼界，学到很多东西”，“妇女参加一个政党对自己的事业、学习都有利”。“更喜欢专业工作”和“官场太复杂，这方面应付不来”和“我只求经济上自立，参政与否无所谓”是受调查女性不愿参政议政的重要原因。

调查对象认为女性参政的优势主要有（排在前三位的）“心地善良，更能为他人着想”、“工作耐心细致，善于处理纠纷和矛盾”和“具有亲和力”。认为女性参政劣势较多的有“易为家庭分心，有时不能专注工作”、“优柔寡断、决策魄力不够”和“喜欢感情用事，不够理性”。

当问到“您认为当选干部最主要的标准是（请按重要程度选3项，并标出1，2，3）”时，认为重要的前三项分别为“个人能力强”、“有社会责任感和自信心”和“群众基础好”（见表2）。

表2　调查对象认为当选干部的标准

单位：%

当选干部的标准	回答者占选择答案总数的百分比	回答者占样本总数的百分比
群众基础好	17.2	51.5
个人能力强	22.3	67.0
廉洁公道	16.9	50.6
有丰富的工作经验	15.9	47.7
有社会责任感和自信心	20.7	62.0
同等条件下,男性优先	1.5	4.6
与领导干部关系好	2.0	6.0
家庭背景好	0.8	2.5
其他	2.7	8.1
总计	100.0	300.0

3. 参政行为

当问道："通常您喜欢关注哪类新闻？（请按重要程度选3项，并标出1，2，3）"时，调查对象喜欢关注的新闻类型依次为："经济管理"、"文化娱乐"、"社会民生"等（见表3）。

表3 对象平时关心的新闻类型

单位：%

新闻类型	第一	第二	第三
军事政治	17.4	2.1	3.1
经济管理	23.2	9.8	6.4
科技教育	19.1	22.0	10.6
文化娱乐	18.7	30.9	13.1
体育卫生	4.2	10.0	10.8
社会民生	16.8	22.8	33.4
其他	0.6	2.3	22.6

调查对象获取政治信息的主要渠道为"网络"（40.7%）和"手机"（40.2%），其他包含电视广播（12.4%）、报纸杂志书籍（3.3%）、人际交流（2.1%）等。45.4%的女性干部会在茶余饭后，经常与家人议论当前社会问题，但不议论的为多数，占54.6%。当问到"是否经常给单位提意见"时，56.3%的调查对象回答会给单位提意见，但能经常给单位提意见的仅占12.0%。

调查中当问到"在本单位决策中，您认为您的实际影响程度如何？"时，认为自己对本单位决策有影响的人数比例小，仅为5.6%，认为影响"小"和"很小"的占到42.4%，认为"一般"的占34.7%。调查对象中加入过社会团体或民间组织的占54.6%，为多数，没有加入过的占30.9%。参加最多的社会团体为"工会"，其次为"妇联"，职代会、政协、工商联、妇女小组等。

4. 妇女参政的环境

为了考察妇女参政环境对女干部的影响，我们特地设定了以下问题：

“您认为影响您学习进修提高自身素质的最主要因素是”“您对待家庭与事业的态度”“您的家庭是否支持女性参政?”“目前我国领导岗位上女性数量相对较少，您认为主要原因是?（可多选）”“您认为女性参政的主要障碍是（请按重要程度选3项，并标出1，2，3）”“您认为通过哪些途径能促进女性参政议政?（可多选）”等等。

调查发现影响对象提高自己的因素依次为：“没时间”（32.0%）、“家庭羁绊”（24.19）、“没机会”（23.4%）、没钱（10.0%）和其他（4.8%）等。在对待家庭与事业的态度上，调查对象多选择“家庭与事业两兼顾”（72.8%），“以家庭为重”的比例（18.3%）多于“以工作为重”的比例（8.1%）。

图3显示家人对女干部参政的支持程度，可见62%的家庭对女性参政持支持的态度，不支持的仅占5%。

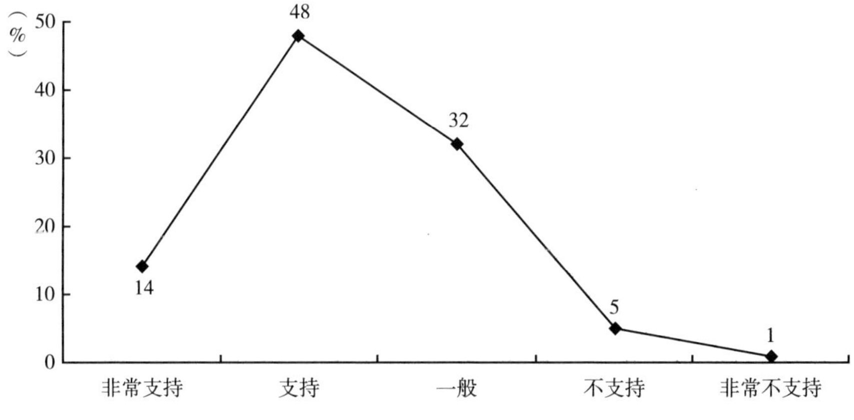

图3　家庭对女性参政的态度

表4显示多响应变量分析结果。针对我国目前领导岗位上女性相对较少的问题，调查对象认为“女性参与度不高”“女性家务负担重”“对女性培养、选拔不够”“社会对女性有偏见”是目前我国领导岗位上女性相对较少的主要原因。访谈的结果也支持这个结论，正如一个被访者所说：

当时本身我们的领导是想让我接手秘书部，但是由于我结婚生了小孩之后呢，真的是一孕傻三年，现在我都觉得我是一个傻大妈，没有在秘书部工作，而是负责当地的一个门户网站的维护，负责审稿子之类的文字工作。我们单位女同事有十多个，其中除了两个不是做秘书外，其他都是跟领导的秘书，都因为生了孩子之后，被打入了“冷宫”，最后都是从事出纳、后勤啊这些工作了，就是因为生了小孩。我们单位也有那种为了工作不要小孩，最后也确实是提拔了，但是再要小孩的话，由于年龄大了还是会面对很大的困难。

表4　我国目前领导岗位上女性相对较少的原因

单位：%

原因	回答者占选择答案总数的百分比	回答者占样本总数的百分比
女性能力不够	6.4	15.4
女性不愿当领导	7.1	17.2
女性参与度不高	19.1	46.1
选举中的性别不平等	8.2	19.9
政策支持不够	9.4	22.8
女性家务负担重	16.2	39.2
社会对女性有偏见	12.9	31.1
对女性培养、选拔不够	16.6	40.2
不清楚	1.5	3.7
其他	2.4	5.8
总计	100.0	241.3

就国家对女性参政的支持力度来说，调查对象多数认为我国选拔机制、政治机制提供给妇女的机会还不够，有66.6%的对象就支持“参政机会还不多”这种说法，63.1%同意“锻炼挂职机会极少”的说法，62.8%认同“干部选拔和政策落实之间还有差距”观点。

调查发现，排在前三位的妇女参政议政的障碍为“女性自身竞争意识不强”、“家庭阻力”和“传统性别歧视”。记得一位访谈对象就说：“女生在结婚之前都还是比较独立的，但是组建家庭之后，就更会考虑两个人、小孩之间的事情等等，顾虑很多，就会更加关注自己的小孩和身体，还是会对自己工作的投入有影响的。”

最后，调查结果也揭示，对象认为促进女性参政议政的有效途径排在前四位的为：“促进女性参政议政可以通过循序渐进做好女性的培养工作，逐步提高其工作能力和社会影响力”、“促进女性参政议政可以通过法律支持，如规定女性应参选或当选的名额或比例”和“促进女性参政议政可以通过增强女性自身的参政议政意识”、“促进女性参政议政可以通过宣传活动，营造女性参政议政的良好社会氛围”等。

（二）女大学生参政意愿调查

研究妇女参政议政问题，必须考虑当代女大学生的参政意愿，因为，女大学生作为女干部的主要后备力量，其参政意愿和议政基础，对于未来女干部的素质提升是非常重要的，因此有必要加以研究。本研究在贵州省三所大学——贵州大学、财经大学和贵州民族大学随机选取300名在校女大学生进行结构式问卷调查。结果回收有效问卷287份，有效回收率95.7%。

1. 基本情况

调查对象的平均年龄为21.20岁，最大27岁，最小18岁。56.8%来自农村，来自城镇的占43.2%。10.5%为中共党员，共青团员占87.1%，民主党派人士占0.3%，群众占1.7%。调查对象中学生干部占比32.4%，相对较大。调查对象中文科类和低年级女学生占比相对较大。其父母从事农业工作的占比最高，超过半数。父母的文化程度以小学和初中为主（70%），整体上母亲的学历要低于父亲。

2. 政治常识知晓程度

调查对象认为自己“了解”和“非常了解”我国政治体制的占到68%，为多数，一点都不了解的仅占0.7%。对于全国人民代表大会每届任期，有51.9%的对象表示“知道”，但仍有18.1%说“不知道”。“不了解”的也占了三成。大多数对象（80.1%）知道“中国公民拥有选举权和被选举权的法定最低年龄”。

当问到是否关注即将召开的党的第十九次全国代表大会时，接近半数（46.7%）的女大学生表示“关注”和“非常关注”；“一般”的占44.3%；“不太关注”和“完全不关注”的占9.1%。

3. 参加组织意愿与活动情况

有高达55%的同学表示自己“愿意”加入党组织。对于加入政党和组织的目的，占比较大的是“自身的发展”（占34.8%），其次是“为了共产主义”的伟大目标和理想，“寻求志同道合”的同事和利于“就业”的各占了大约一成。

调查发现女大学生参加政治活动的积极性不高，有接近一半（44.9%）的同学表示自己只是“偶尔”参加政治活动，9.4%的同学“经常”参加政治活动。

在日常生活中，同学们认为自己“关心时事”的占37.6%，“参加（过）签名活动”的占16.4%，“学习政治理论”的比例较高，为41.5%，“参加投票、选举”的占27.9%，“参加政治团体”的占12.5%，“发表政治见解”“参加游行”等的同学很少，占比均在5%以下。

同学们参加政治活动的目的以“享受权利与履行义务”为主（46.0%）。“追求理想信念”的占34.8%，应当说比例也较高。“利益驱动”和“他人暗示”不纯动机的各占5%略强。

对于是否愿意参加政治类的学生社团，有61.7%的同学表示“愿意”，占多数，只有16.0%的同学表示“不愿意”，还有22.3%的同学表示“无所谓”。

关于参加社团的目的，34.8%的同学认为是“兴趣爱好”，18.8%的同学是“献身公益”活动，17.4%的同学是“增长见识”，“扩大社交圈”的同学占7.3%，出于“对仕途有利”“寻找爱情”等目的的只有4例。参加过基层选举的同学占到54.7%，这当中认为参加基层选举是为了行使“权利”的占到45.9%，为了“信任和自愿”的占22.9%。“随大流”和被“暗示和强迫”等非自愿参加选举的各占约10%。没有（或不能）参加基层选举的同学给出的理由主要是“不知道这件事”（61.4%），看来选举的宣传做得不到位，表示“没有时间”和“当时有事”的各占5.5%，“不感兴趣”而逃避的不到11%。

对于“学生是否应当当选人大代表”，同学们给予了较高的期望。其中多数同学（69%）认为“应当”。

4. 对周围发生事件的态度

就社会发生的重大政治社会生活事件在网上发帖子的同学不多，“不曾发”的为大多数，占81.2%，经常发帖子的仅有2.1%。对于学校发生的不良现象，多数（60.6%）的同学表示要向相关部门反映（间接干涉），“自己出面制止”（直接干涉）的只有5.9%。冷漠旁观、表示“不予理睬”的占到33.4%。

对于自己的行为对学校的重大决策的影响，多数同学（59.6%）表示多多少少会有些影响，31%的同学认为“没有影响”。88.5%的对象认为当代大学生对政府活动多少也有些影响。

5. 对社会事务看法和关心国家事务的程度

对于自己参与国家事务的满意程度，多数同学回答“一般”，“满意”和“不满意”的各占大约20%。

女大学生中，认为女性的政治素质和能力与男性相比“二者相当”的为多数（62.%），有15.3%认为女性会高于男性，还有22.7%的认为女性会低于男性。调查同时发现大多数同学（64.6%）认为党支部在高校是有作用的。本次调查也发现，家长支持和不支持孩子参与政治的各占一半。

当调查员请女大学生按重要程度选择影响自己参政议政第一、第二和第三位的因素时，所得结果依次为：“经济因素（24.0%）”、“时间和精力（23.7%）”、“兴趣（20.9%）”等，“参与渠道”“参与效果”等也有影响。有相当一部分同学“期待”或“十分期待”步入政界，有18.5%的同学厌恶政治，“不期待”和“完全不期待”步入政界。

6. 影响当前女大学生参政意愿因素分析

下文以“你是否期待自己未来步入政界、登上政坛”作为女性大学生参政意愿的因变量，分别将所学专业、年龄、政治面貌、父亲职业、母亲职业、父亲学历、母亲学历、父亲政治面貌、母亲政治面貌作为自变量，进行交叉列联表分析，以探索影响当前女大学生参政意愿的因素。

（1）参政意愿与专业的相关性分析

从大学生所学专业看，不同专业对从政的愿望没有影响（$P>0.05$）。

以往的学者通过研究和日常观察认为文科生参政的意愿会强于其他专业的学生，但本次调查没有出现这样的结果，可能是样本量较小等原因，以后要加大这方面的研究力度。

表5　从政期待与所处年级的关系

单位：%

	十分期待	期待	一般	不期待	完全不期待
大一	17.6	31.9	40.7	8.8	1.1
大二	6.8	34.1	40.9	10.2	8.0
大三	0.0	28.6	40.0	14.3	17.1
大四	8.3	26.4	41.7	15.3	8.3
合计	9.8	30.8	40.9	11.5	7.0

注：相关系数0.271，P=0.030。

（2）不同年级女大学生的参政意愿

本次调查结果显示，不同年级的大学女生对今后的从政愿望不同，$P<0.05$。其中：大一年级的从政愿望最高，总体来说随着年级增长从政愿望呈下降趋势（见表5）。

（3）政治面貌对参政意愿的影响

女大学生的从政愿望与当前政治面貌有一定关系，$P<0.05$。中共党员的从政愿望高（50.0%）（见表6）。

表6　从政期待与政治面貌的关系

单位：%

	十分期待	期待	一般	不期待	完全不期待
中共党员	10.0	40.0	36.7	6.70	6.7
民主党派	0.0	0.0	100.0	0.0	0.0
共青团员	9.2	30.5	41.8	11.6	6.8
群众	40.0	0.0	20.0	40.0	0.0
合计	9.8	30.8	40.9	11.5	7.0

注：相关系数0.294，P=0.041。

（三）女大学生参政意愿与其父母特征的关系

本次调查显示：女大学生的从政愿望与父亲的工作性质有关系，$P<0.05$。其中：父亲在党政机关工作的从政愿望明显要高，占50.0%；其次是父亲从事农业工作的，有从政愿望的占46.3%；父亲在社会团体工作的女儿有从政愿望的占40.0%；父亲在企业、商业部门工作的，女儿从政愿望较低，分别为33.3%和32.0%；父亲在事业单位工作的女儿有从政愿望的比例更低，仅为21.1%。但是，母亲的职业与女儿的参政意愿没有明显的关联性。此外，女大学生参政意愿与父母学历和父母政治面貌在统计学上均无必然的关联性（$P>0.05$）。

三　对策建议

经过以上数据资料的分析，本研究尝试从正式支持体系、非正式支持系统和自身三个方面提出一些有关提升当代贵州基层妇女政治参与的对策建议。

（一）完善正式社会支持系统

1. 进一步健全社会政策与参与机制

应逐步消除计划经济时代“刚性”制度设置的印记，减少政策过多的行政化，不断明确妇女群众的政治权利与义务，进而提高妇女的政治素养与能力，以适应经济社会转型的需要，适应工业化、城镇化、市场化、国际化发展形势的需要。妇女发展的特殊性，决定其相关制度政策改革的难度较大、困难较多。因此，深化男女平等政策的改革，必须自觉结合国情、省情的发展实际进行科学的探索与实践。逐步推进妇女发展过程中的组织管理、监督、评估等领域的改革与优化。这是进一步提升妇女政治参与水平、提高妇女社会参与能力的有效手段。

在现有的社会化维权机制制度下，继续进行挖掘与强化，发挥其独有的“稳定”作用。在妇女权益保障层面，需要建立完善的协调、矛盾调解、妇儿权益保障的三重作用机制。“妇女能顶半边天”，积极发挥女性应有的作用，调动其积极性，扩大女性优势动能。另外，也要切实保障女性权益，有效激发妇女生命力。在基层妇女组织层面，得益于妇女代表大会直选制、妇女大会代表提案制等新型妇女代表制的有效设计与积极摸索，妇女诉求可以得到积极回应，基层妇女的生产力可以得到进一步解放。总而言之，各级妇女组织需要坚持对解放妇女生产力的有效形式进行探索，不断完善组织方式，有力推广对妇女工作有利的机制。

2. 着力培养忠诚干净担当的高素质年轻有为女干部

应加强学习习近平主席在 2018 年 7 月 3 日在全国组织工作会议上的重要讲话。全面贯彻新时代中国特色社会主义思想，以组织体系建设为重点，着力培养忠诚干净担当的高素质年轻有为女干部，着力集聚爱国奉献的各方面优秀人才，坚持德才兼备、以德为先、任人唯贤，为坚持和加强党的全面领导、坚持和发展中国特色社会主义提供坚强的组织保证。

3. 健全和强化监督机制

先进的政策，必须有良好的执行环境，才能惠及老百姓。因此，一个强有力的政策执行监督机制是落实政策的前提条件。在现实中我们既要防止公开的男女不平等现象的发生，更要揭露各种隐性的男女不平等现象，同时应加强监督机制，消除或缩小党和政府相关政策与执行之间的距离。

4. 积极运用新媒体工具，营造女性参政议政的友好舆论环境

社会需要建立正确的男女平等性别观念，而这个观念的建立除了需要传统大众媒体的引导外，还需要靠新媒体的加持，新媒体具有传播速度快、分享范围广、消息获取便利的优势，通过新媒体渠道发声，建立一个有利于城市女性的环境。增强女性在新媒体中的参与度，发出属于妇女自己的声音，强调对个体权利的尊重。利用新媒体方式，积极宣传我国女性在社会经济发展中所起的作用，宣传妇女解放的积极意义、条件和道路，充分肯定女性在历史长河中，对于推动人类政治进步的巨大作用。通过新媒体宣传，民众可以自觉认知男女平等，各级政府以男女平等的标准去遴选、培养、发展优秀妇女人才。“女人回家不回家应当由她们自己决定，这是女性的基本人权之

一”。女性是否回家、是否参政变成关系个人价值和生活方式的自主选择。此外，妇联干部应重视新媒体的运用，通过新媒体反映当地女性优秀风采、收集参政女性的意见，为女性参政议政创设友好舆论环境。

5. 重新建构性别社会化

社会化的场景是多种多样的，家庭、学校、社会作为不同的场景，对于个人或群体的社会化在共同产生作用。性别社会化同社会发展息息相关，从传统到现代，不断变化的社会注入性别社会化的源源动力。当今社会，性别认同的固定模式同以前相比大有不同，性别平等的知识不断普及，父母尤其是城市父母，对待男孩和女孩的态度基本一致。但在父母给孩子选购诸如玩具、家具、图书等物品时，以及父母对孩子的教育过程中，均会根据传统的性别观念分别赋予男孩和女孩不同的角色、目标和理想。

6. 构建妇女友好型政策及法律环境

法律由国家制定，并由国家强制力保证实施，作为国家制度的重要组成部分，公平的法律制度可以有效提高社会运行的效率。完善妇女积极参政的保障机制，可以提高女性群体的主体意识，从而提高妇女文化素质。马克思主义女权观聚焦于妇女经济独立的重要性，并认为经济独立可以促进平权主义的发展、增强女性工作实践能力，最终达到解放生产力的目标。《宪法》第 48 条第 1 款就男女平等问题明确指出：“中华人民共和国妇女在政治的、经济的、文化的、社会的和家庭的生活等各方面享有同男子平等的权利。”在《宪法》基础上，2005 年，我国通过并实施了《妇女权益保护法》这一保护妇女权利利益的法律法规。但仍然需要注意的是，在立法层面，我国妇女参政依然具有一定不足，这种不足体现在参与形式、参与途径的规定不够明确；在司法层面，实际侵犯女性参政议政权的违法行为难以界定，立法机构应该多关注保障女性权益，多采纳女人大代表和妇女组织的意见和建议，使妇女的立法真正代表妇女的利益。

7. 关注妇女诉求，解决妇女干部实际困难

积极落实好、解决好事关妇女发展的民生问题，这是广大妇女参政议政的出发点和落脚点。从根本上讲，关注妇女诉求，解决妇女干部实际困难，

就是从实践上推进妇女参政的有效方法。

综合各方力量，尤其是妇女所在单位、社区和社会组织力量建立午托班、下午4点放学后托管班、0～3岁儿童托育班、社区托老班等社会服务机构，以实际减轻妇女家庭负担，让她们从家务劳动中解脱出来，解除其后顾之忧，更有精神和活力参政议政。

及时了解妇女发展的诉求，解决女干部的实际困难，为女干部的成长营造有利的条件。加快解决落实基层妇女干部，尤其是乡镇妇女干部的待遇问题。

（二）优化非正式社会支持系统

1. 家庭支持女性参政，去除家国同构中的男性家长气质

在中国传统文化里，家庭被视为社会的最基本单位，在家庭内部男性家长权力是最高统治权力。男性应该摒弃父权制度下对女性的压迫，鼓励女性参与到公共事务中去。另外，针对当前男女两性在家务分工中严重失衡，需要从宣传、政策等层面入手，倡导家庭成员共同承担家务劳动，让“男女平等”的分工模式得以普及，进一步解放妇女生产力、提高妇女同胞参政议政的积极性。

2. 改进女性参政意识、培养女性的参政能力

学校教育需要结合国家及国际时事政治等有关的课程，鼓励女学生积极讨论国家大事，可以组织女性讨论小组，并对参与讨论的女性给予分数奖励等支持措施。

鼓励女性参与合法的社团、组织等，通过妇联扶持或孵育的支持性措施，培养妇女干部后备人才，提高妇女参政议政的能力。

在国家层面，加大舆论宣传，提升参政女性的形象，扭转对于女性参政议政的错误社会认知，加强城市女性参政动机意愿，使社会成员意识到：女性参政议政不仅是个人的权利，而且是女性实现人生价值的一种方式。

B.20

社会组织在流动人口公共服务中的作用研究*

杜双燕**

摘　要： 我国人口进入自由流动阶段之后，社会组织在满足流动人口公共服务需求中发挥着重要作用，表现为：弥补政府公共服务不足；优化流动人口公共服务供给模式；促进流动人口改变和发展；缓解流动人口后顾之忧；提高社会治理现代化水平等。同时社会组织在发展过程中也存在一些问题：社会组织发展不足、缺口巨大，服务对象集中度过高，精准性不足，整体服务的专业性和服务质量有待提高，组织间交流不畅，对政府的依赖性较强等。为此本文初步提出以下对策建议：政府投入向社区服务倾斜，公共服务向流动人口倾斜；摸清流动人口社会组织情况，通过政府购买服务进行因地制宜的支持；构建政府与社会组织间、社会组织之间的交流机制；促进社会组织可持续发展能力建设；构建和优化社会组织发展环境等。

关键词： 社会组织　公共服务　流动人口

---

* 本文系国家社会科学基金项目（项目编号：14BRK023）"跨省流动人口（流出地）计划生育服务管理协调机制研究"部分成果，贵州省社会科学院人口学重点学科研究成果。

** 杜双燕，贵州省社会科学院副研究员，博士，研究方向：人口与社会发展，喀斯特资源管理与区域发展。

改革开放40多年来，流动人口对国家经济发展、社会建设和城镇化推进等都做出了巨大贡献，但是流动人口享受的公共服务水平却相对低下，甚至某些领域的公共服务出现空白，其相关权益得不到有效保障，未能真正共享改革发展的成果。近年来社会组织在服务流动人口、促进社会融合领域已经开始发挥作用，社会组织以其区别于政府的群众性灵活性、区别于市场的专业性公益性等优势为流动人口提供精准到位的服务，满足流动人口的真实诉求和服务需求，也能以更加灵活多样的方式和途径为流动人口提供有效服务，找到服务流动人口的工作突破口和制度创新空间。社会组织将成为承接政府职能转移、参与社会治理、改善政社关系的重要力量，是打造共建共治共享社会治理格局中不可或缺的组成部分。

一　为流动人口提供公共服务的社会组织现状

本文中所指的社会组织不仅包括由政府引导、社会推动和流动人口群体自发组成的由民政部门登记备案管理的流动人口社会组织，也包括以流动人口服务为宗旨或者提供某些针对流动人口群体社会公益服务的社会组织，总之，只要涉及流动人口服务的组织都囊括在内，不管是官方背景或是社会性代表力量。

（一）流动人口社会组织的发育

与流动人口服务管理相关的社会组织大致经历了“准社会组织——自治组织——融合型社会组织——专业型社会组织”的发展历程。

准社会组织，是指以一定的血缘、地缘为基础，以满足个体的需求和情感归属为目的，没有明确组织目标的、结构较为松散的群体。[①] 例如最初的“同乡会”“老乡会”“同业公会”等。自治组织，是指在政府无介入情况

① 陈丰、纪晓岚：《流动人口管理的一种体制创新：从准社会组织到自治组织》，《内蒙古社会科学》（汉文版）2006年第4期，第89页。

下流动人口群体自愿组成的，具有健全规则和组织结构，能够实现自我管理、自我服务和自我约束的群体。例如浙江东阳杨家村农民工工会，将农民工吸纳进工会组织，引导其参与常住地的公共生活，并为会员提供相关的权利保障和社会服务，如技能培训、文化娱乐、计生服务等。融合型社会组织，是指在政府的介入和支持下，以促进流动人口与流入地本地居民两个不同社会群体共同参与、平等交流为宗旨的组织形式。例如浙江慈溪和谐促进会，通过议事会、民意恳谈会、村事共商等形式加强流动人口与当地居民之间的互动、交流和融合，所起到的作用和功能远远大于准社会组织。专业型社会组织，是指以为流动人口（包括留守老人、儿童）服务为宗旨或者提供某些针对流动人口群体的社会公益服务的，具备严密规范的组织结构和规则，具备较强的人才、资金和资源支持的专业型社会组织，包括各类公益慈善组织、法律援助社会组织、工青妇组织、基金会等。

（二）社会组织为流动人口提供服务的特点

1. 公共服务覆盖面广，服务对象相对集中

社会组织对流动人口所关心的领域都有所涉及，如教育、就业、住房、文化体育、医疗健康、卫生计生等多方面，但侧重点有所不同，其中涉及教育的机构占比较大，在调研样本中占比最大，达 75%，涉及家庭发展的占比 58.75%，健康卫生占比 46.25%。在健康卫生服务中以生殖健康服务最多，占比 59.46%。服务对象上，涉及流动儿童的占比最大，达到 89.04%，涉及青少年的占比 67.12%，涉及流动老人的占比 26.03%。[①] 有关流动人口的诸多生活、发展需求社会组织都有涉及，但是仍然存在一定的局限，服务对象上也存在一定的“重幼轻老”倾向，主要集中在儿童和青少年。

2. 服务模式向多元化、精细化发展

一是服务层级的明显区分。社会组织服务流动人口的项目呈现典型的金

---

① 肖子华、林颖、赵小平：《社会组织参与流动人口服务的现状、问题与政策建议——基于对 80 家社会组织的调研》，《人口与社会》2018 年第 6 期，第 46 页。

字塔形特征，分为不同层级，越往塔尖难度越大专业性越强，作用越明显。二是需求分类更加细化。针对服务对象的需求类型要么选择单一服务对象集中提供服务，要么将所有对象纳入服务体系中综合服务。三是在服务方式上兼具单一型、复合型、综合型等。纯服务型、“服务 + 动员”复合型，“服务 + 动员 + 研究 + 倡导”等综合型都存在。四是在空间上既有单纯以流入地流动人口为主要服务对象的，也有将流入地人口和流出地留守人群二者结合起来进行双向服务的。

3. 服务场所较为集中，资金来源相对固定

社会组织的服务场所多集中在社区，包括流动人口集中居住的居民社区和工人集中生活的工厂社区，其次则是流动儿童较为集中的学校。当前服务于流动人口的社会组织资金来源以政府资助为主，其他的诸如社会捐赠、基金会资助的也有一定比例，总体上靠自己自主运营的相对较少，也即市场化参与程度低。据相关调研结果：社会组织中收过会费的仅占比 1.4%[①]，大多靠政府资助。并且社会组织的资金规模在全国各大城市分布极不平衡，在卫计委调研的 16 个城市中深圳最高，其次是广州、上海和北京，天津最低。[②] 总体上社会组织的资金规模与城市的经济发展水平和流动人口集中度呈现正相关关系。

4. 社会组织的发育程度与流动人口分布情况基本一致

流动人口越多越集中的地方，社会组织越发达。我国跨省流动人口主要集中在广东、浙江、江苏、上海、北京等地，而服务于流动人口的社会组织也集中在这些地区。从 2018 年全国省级层面流动人口的分布来看，流动人口集中在珠三角、长三角和成渝圈三大区域，这与 2018 年底全国社会组织数量分布高度一致，证明了流动人口越多的地方社会组织分布越密集越发达。

① 肖子华、林颖、赵小平：《社会组织参与流动人口服务的现状问题与政策建议——基于对和家社会组织的调研》，《人口与社会》2018 年第 6 期，第 49 页。

② 16 个城市为：北京、天津、上海、南京、杭州、福州、青岛、武汉、长沙、广州、深圳、重庆、成都、昆明、西安、兰州。

二 社会组织在流动人口公共服务中的作用

社会组织作为“政府缺位”和“市场失灵”的有效补充，实质上就是流动人口主体与公共服务客体之间的一个有效联系平台和沟通通道，通过社会组织这一平台和通道公共服务能够顺畅通达流动人口群体，实现流动人口与户籍人口享有公共服务均等化的目标。

（一）弥补政府公共服务的不足，促进公共服务供给主体多元化发展

1. 弥补政府公共服务的盲区

首先，社会组织以其与政府截然相反的“自下而上”介入路径和以“社区”为着眼点的微观视角，能够充分发挥其改善公共服务质量的作用，弥补政府宏观层面的不足。其次，社会组织作为流动人口和政府部门之间的沟通纽带，在帮助政府有效落实公共服务政策的同时可以对政策中的不适部分进行调整，起到一个“上情下达”和“下求上传”的有效互动，从宏观微观两方面共同弥补流动人口公共服务的不足。①

2. 促进流动人口公共服务供给主体的多元化

社会组织对公共服务供给领域的及时介入有利于对流动人口公共服务资源进行优化整合，建立长效的合作协调机制，克服单一供给主体缺陷，寻求与政府平等协作与互动的关系，同时满足流动人口对公共服务不断增长的多样化需求。社会组织与政府、市场三者之间形成一种合作关系，既能保证资源的有效配置、市场竞争的良性循环，也能确保政府政策的合理执行，同时政府和市场对社会组织也能做到有效监督，三方合作的最大好处就是保障了整个基本公共服务均等化的良好态势。

① 曹丽娜：《社会组织参与流动人口公共服务问题研究——以三林镇“新市民生活馆”为例》，华东理工大学硕士学位论文，2014，第 24 页。

（二）搭建流动人口公共服务平台，提高公共服务的可及性

1. 实现分散人群的组织化

首先社会组织能够以组织化手段将流动人口及其相关利益主体，如房东业主、当地居民、同事工友、私营企业主、个体老板等纳入服务管理中。将其吸纳进入组织使其成为服务管理的主体，充分发挥其主观能动性，也能最大限度地将流动人口聚拢在一起，实现组织化的目标。其次，实现流动人口与本地居民之间的组织化。加强两个群体间的联系、交流和沟通，有助于建立流动人口群体之外异质性较强的社会网络，有助于流动人口享受平等的公共服务以及更深层次地融入社会。

2. 提高流动人口公共服务的可及性

社会组织只有通过组织化将流动人口有效聚集起来，才能对受益群体进行宣传教育和产品服务的供给，增强公共服务的可及性。正如调研中“皖江红”负责人所说：“以前都是组织的工作人员追着找他们（流动人口），难度相当大，他们本身为了生存生活打拼确实很辛苦，闲暇时间也很少，你通知干什么都懒得来，或许也没有时间来。经过长期的接触组织，现在的状况就改变了很多。通过各小组负责人发通知基本能来，对政府政策、组织的看法有了很大改观，自身的心声、需求也愿意吐露了，工作也就好做多了”。

（三）提供有力的载体支撑，促进流动人口的改变和发展

1. 极大提高了流动人口群体的卫生健康意识和行动力

从前流动人口群体多忙于生计，巨大的生活压力及其原生环境使其卫生健康意识较为薄弱，大多是基于计划生育控制而被动采取节育措施，而今他们不仅对基本的避孕常识、优生优育理念有很大程度的理解和提高，而且会主动接受健康教育并且对自己、对家人的健康主动关注且行动力极大增强。据调查，在流入地居住半年及以上的流动人口中，35.4%的流动人口在所在社区建立了健康档案。接受过健康教育的流动人口中，47.3%接受过“性

病或艾滋病防治”相关教育，14.3%接受过“精神障碍防治”相关教育。[①]健康教育的广度和深度都不断拓展，在流动人口中孕产妇和儿童保健、儿童预防疫苗接种等已呈现常态化。

2. 对某些问题人群的心理和行为产生较大改变

社会组织不仅重点关注流动青少年的失范行为并对其进行行为干预，而且其他诸如流动少数民族人口、流动儿童、留守儿童、留守老人等都是其重点关注的对象，其中还包括众多遭遇歧视、不公待遇之后产生极端行为或报复社会、欲轻生的人群。社会组织通过持续的帮助、干预、教育等使某些在心理和行为上有偏差的人群逐步理性地接纳自己、看待生活、解决问题、融入社会，降低对社会的危害。例如福州台江区鲲鹏青少年事务服务中心和云南连心社区照顾服务中心都做过有关流动青少年犯罪的干预项目，采用“权威影响取代权力控制”的方法，引导游走在犯罪边缘的未成年流动人口重新找回尊严和自信。[②]

3. 提供更多社会资本，促进流动人口发展

社会组织通过建立各种横向纽带，促进流动人口的社会交往和联系，传播友好、信任、包容、尊重的良好社会价值观，将对弱势群体的关爱与公共服务人性化联系起来。例如许多社区组织通过各种夕阳红项目、组建老年文娱团队等形式加强流动老年人与本地老人群体之间的联系，在增进流动老人社会融合的同时，对于拓展流动人口的社会网络、提升其社会资本也有很大促进作用。例如南昌市永人村“广丰籍同乡互助会”“赣南旅沪客家联谊会”等，都通过不断扩大会员规模、有序参与社会事务及公共生活极大增强了社会资本，组织的形成、发展和壮大每一步都离不开组织内部的地缘网络和组织外部政府支持网络有效结合而孕育出的强大社会资本。[③]

---

① 国家卫生和计划生育委员会流动人口司：《中国流动人口发展报告2017》，中国人口出版社，2017，第90页。

② 国家卫生和计划生育委员会流动人口司：《中国流动人口发展报告2017》，中国人口出版社，2017，第135页。

③ 梅芳：《现代流动人口同乡组织社会资本的生产与再生产：社会网络视野研究——以赣南旅沪客家联谊会为例》，华中师范大学硕士学位论文，2015，第14～16页。

（四）延伸关爱留守群体，缓解流动人口的后顾之忧

留守人群和流动人口是两个密不可分的群体。除了直接服务于流动人口的组织机构外，还有大量的社会组织在关爱留守人群。例如诸多在中西部地区从事救助、扶贫、教育等领域的社会组织，很多已经形成全国先进示范典型的帮扶模式。

例如，“橙计划”是中华少年儿童慈善救助基金会旗下聚焦服务留守儿童的公益项目，也是天港公益基金的核心项目，是国内留守儿童慈善项目的先行者，它集“助学”“成长辅导”“快乐体验营”三大核心模块为一体，从 2011 年正式推出至今已持续多年，帮扶对象范围覆盖大半个中国，项目内容也从留守儿童本身逐渐延伸至留守儿童家长、志愿者、公众等群体，“橙计划”已打造出一条“企业发起、政府扶助与支持、社会力量参与”的完整公益生态链，并用实际行动为解决“如何帮助留守儿童”这一社会问题提供模板，被政府部门评价为关爱留守儿童的“宁波模式”“宁波方法”。

（五）担任政策讨论组织者，促进流动人口诉求的理性化

健康的社会诉求表达需要相对完整的组织过程，民众向政府传递的信息必须经过梳理、过滤、消化和提炼，保证信息的真实性和精练性，指向明确、诉求精准。社会组织以其“社区”基层视角深入群众，对社会事务可以组织相关公民进行公开、真诚的讨论，实施“头脑风暴”，这种方式既促进了政社之间的相互理解，又可以增进公民自我学习和民主习惯的培养，促进有益政策建议产生。社会组织恰好能为公民参与和理性提出建议搭建一个合适的组织平台，使流动人口微观层面上的诸多需求都可通过这一方式表达，在很大程度上提升了诉求的理性化表达，减少冲突和矛盾。

子女的教育问题是流动人口家长最为关心的问题之一，然而诸多家长由于工作时间过长及缺乏规律性无暇管理自己的孩子。广东省河源市源城区流动人口互助联合会会员经过讨论发现，一般而言，外来务工人员的子女放学

时间与父母下班时间相差将近两小时，因此建议在流动人口聚集社区通过社会义工和专业教师开办“新客家人 4∶30 时学堂”，让务工人员更安心地工作，更好地看护流动人口子女，地方政府通过服务购买的形式并号召企业和社工适当提供此项服务。①

（六）充当流动人口与利益相关者间的沟通桥梁，化解群体性事件

大规模的流动人口会给流入地带来一定社会问题，主要表现之一就是以流动人口为主体的群体性事件频发，表现形式日趋激烈，严重影响流入地正常运行秩序。流动人口群体中劳务纠纷、讨薪、意外死亡、子女教育问题等经常引发群体性事件，社会组织在其中起到一个矛盾调处缓冲器的作用。

2017 年 5 月 11 日晚 19 时在杭州市江干区九堡三村发生了一起流动人口居住权引发的群体性事件，起因是杭州为迎接 G20 峰会需要大规模地拆迁，导致房租暴涨，几平方米房屋的月租金由年初的几百元上涨到一千多元，诸多流动人口没有合适的栖身之所，甚至被动返乡，引起了租客的极大不满。而政府采取了处置群体性事件的常规手段，直接出动武警、特警部队等 800 多人到现场维持秩序。此后，一些长期关注流动人口问题的社会组织参与进来，例如“杭州市西湖区皖江红流动人口计划生育服务站”，代表流动人口群体与房东、政府之间进行合理诉求的沟通，最后劝解业主停止乱涨价的行为，给予流动人口居住空间，和平解决冲突问题。

此次事件中社会组织出于对涉事群体各方利益的深入了解和沟通，更能以“共情”心态客观理智地看待矛盾和冲突，从协调各方利益、化解矛盾的公心出发，部分改变了以往单靠政府硬性行政手段处理各种纠纷的状况，

① 王巍、张文忠：《社会组织融入流动人口服务管理体制的改革尝试和规律发现》，《岭南学刊》2012 年第 6 期，第 53 页。

以柔性的方式和自治成分化解很多矛盾，提升社会自治水平，成为社会矛盾调处的缓冲器。

（七）发挥优势，优化流动人口公共服务供给模式

社会组织在参与流动人口公共服务供给中有其特殊优势，例如对流动人口的需求定位准、反应快、扎根深、易调整、动员能力强等，因此能提供更为优质的服务，达到良好的服务效果。首先，社会组织扎根基层，能够深入流动人口群体中，倾听他们的心声和需求，能够提供符合实际的公共服务项目，同时根据需求变化调整具体内容，能够代替政府更微观地开展服务，例如个性化的情感支持就是政府无法企及的。其次，社会组织的服务意识和服务精神更加健全。它区别于政府受各种制度、绩效考核的制约，也区别于市场受经济利益的驱使，社会组织皆以公益性为主，组织目标非常明确，就是为流动人口提供切实有效的高品质公共服务产品，较少出现偏差。再次，社会组织从业人员都具有较为完善的专业知识和服务理念，能够以最小的成本通过项目运作、志愿服务、相关赞助等形式实现公共服务目标，既能节约成本，高效配置公共服务资源，又能提供高品质公共服务。社会组织的参与在很大程度上改变和优化了流动人口公共服务的供给模式，使得供给主体多元化、供给方式多样化、供给效果优良化。

（八）不断探索和创新服务，提高社会治理的现代化水平

社会组织不断地针对流动人口服务重点、难点以及突出的社会问题等进行探索，在化解群体冲突、增进社会信任，建立流动人口社会融合机制等方面都具有较高的社会治理创新水平。随着“政府、社会、市场、公众多元主体共建共治共享”社会治理格局的构建，政府职能进一步向社会转移，社会组织在运作机制、服务水平、专业能力等方面都在不断提升以适应社会需求，对于提高社会治理现代化水平作用将更加凸显。未来流动人口问题随着其规模、流向、个体素质以及工作生活需求等方面的变化都会变得更加纷繁复杂，社会组织也能根据变化不断调整自身的组织结构和服务水平，充分

激发自身的发展潜力，对构建现代化社会治理结构、平衡政社关系、促进“大社会”格局形成具有不可替代的重要作用。

三　社会组织参与流动人口公共服务存在的问题

（一）社会组织机构和服务仍存在巨大缺口

目前针对流动人口较为集中的城市，为流动人口提供公共服务，将其作为主要服务对象的社会组织已有一定规模，但是相对于庞大的流动人口和社会需求而言，专门针对流动人口提供服务和将其作为主营业务的社会组织总体数量还较少，亟须发展壮大。2018 年底，我国每万人社会组织数量为 5.86 个，距离发达国家水平（一般 50 个以上）还有很大差距。[①] 另外笔者对《中国发展简报》上 5195 个社会组织进行梳理，发现以服务流动人口为主业的社会组织占比在 6% 左右，仅有三百多家，这个数量相对于我国 2 亿多庞大的流动人口而言，供给规模及能力缺口巨大。诸多社会组织都将流动人口纳入“外来务工人员”中，且融合在防艾、公共卫生、社区发展、妇女儿童发展、老人保障等领域中共同服务，并未对流动人口进行专门的细分和单列。

（二）与流动人口快速变化的新情况不相吻合，服务对象集中度过高

社会组织一旦确定服务领域和制定章程后基本按照“规定动作”行事，对于急剧变化的新趋势不能做到快速反应和调适，服务效果相对滞后。比如在人口新政之前大量存在的区域协作组织、人口计生协会等在形势变化之后对工作重心的转变仍无法适应，从“管理”到“服务”的转变过程也较为

① 国家卫生和计划生育委员会流动人口司：《中国流动人口发展报告 2017》，中国人口出版社，2017，第 135 页。

漫长。人口流动的“家庭化”发展新趋势对社会组织提出了新的要求，随迁子女、流动老人、新生代农民工等都是其亟须关注的对象，服务需求也跳出了计生卫生的基本服务框架，然而当前社会组织对全国近1800万流动老年人的关注较少，对流动妇女身心健康需求的服务支持也还有很大提升空间。

（三）服务的精准性不足，整体服务的专业性和服务质量有待提高

服务的精准性必须根据服务对象的需求而定，即使是社会组织具有较高的灵活性也不可能兼顾每个个体的具体需求，导致提供服务的有效性和精准性有一定偏差，流动人口的满意度不高。例如杭州市西湖区“皖江红”卫生计生工作站，作为一个专门为皖籍流动人口服务的省级工作站，也是安徽省财政力量支持最大的工作站，专职人员仅有3个（卫计委外派），招聘人员困难。该工作站按照政府购买的方式进行服务，主要职责还是“疏通与当地卫计部门的协作渠道”，全面二孩政策后其工作重点逐渐向流动人口的卫生、社保、生活、学习等方面转移，但进展较慢。项目服务不能充分满足流动人口的深层次需求。基于组织规程要求，该工作站工作进程安排不合理，集中在一段时间内密集性开展活动，某些活动又是临时性、娱乐化、形式化的表现，带有一种赶任务的意味，这种服务欠缺深度，也没什么影响力和积累性。其服务技术总体上也不够成熟，专业性不足，存在组织间相互模仿或跟风等现象，不能够真正为流动人口提供及时高效高质量的服务。

（四）社会组织缺乏分类管理，组织间交流不畅

一是政府对社会组织的细分管理机制尚未建立。当前我国缺乏对不同类型的社会组织进行分类管理的机制，要么“严控”要么“放任”，产生的后果都是“一刀切”，对社会组织的管理局限在“依法登记”和“合法取缔”方面，过程管理严重不足。二是社会组织之间的交流不畅。事实上不同社会组织之间有很大的资源对接和功能互补空间，然而他们都是各自为政，形成

一种“各自探索、缺乏交流、资源竞争”的关系，更高层次的超越区域性、利益性的大型组织很少，专门致力于社会组织人才和能力培养的社会组织就更为缺乏。三是针对流动人口一体化的服务越来越多，然而这些社会组织之间的信息沟通和交流平台较少，缺乏有效的联动机制，在一定程度上造成较高的探索成本和资源浪费。

此外，社会组织对政府的依赖性较强，独立性较弱；社会组织对市场机制的利用极少，影响生存发展等问题不仅是流动人口社会组织存在的问题，也是其他社会组织面临的普遍问题。比如严重依赖政府财政支持、控制型政府采购模式导致的“事业单位化”倾向等极大限制了社会组织作用的发挥。社会组织很少开展收费服务，导致资金断裂、出现破产或者中断服务等情况，使得社会组织的地位十分尴尬。

四　促进社会组织在流动人口公共服务中发挥作用的对策建议

社会组织在流动人口公共服务中的作用是十分明显的，但是社会组织的潜力发挥、能力提升等都需要政府的大力支持和相关体制机制的构建。

（一）摸清流动人口社会组织情况，进行因地制宜的支持型政购

我国社会组织发育较晚且发展历程曲折，政府相关管理部门对专门参与流动人口公共服务的组织情况不清楚。国家和各级政府应当进一步认识充分发挥社会组织在服务流动人口、推动社会治理创新中的作用的重要性。一是要摸清当地服务流动人口的社会组织情况，因地制宜地将流动人口健康体检、流动人口优生优育、流动儿童和流动老人的关怀照顾、社区健康促进、医养结合等项目通过支持型的政府采购模式转移给相关的专业社会组织。二是各级卫生健康部门也应高度重视并发挥社会组织在流动人口卫生计生和健康服务中的作用。通过政府购买服务的形式将相关项目委托给合适的社会组织运作实施。在政府购买中加强“支

持型”购买，更加注重社会公益效果和组织机构的人员培养及能力提升等。

（二）构建政府与社会组织、社会组织之间的协作机制

一是建立社会组织细分管理机制。大力鼓励和促进治理型社会组织的发展和壮大，出台行政、财税、金融等各种相关支持政策，加大对治理型社会组织的支持力度，更加注重此类组织的人才培养和能力建设。对“分羹”型社会组织要加强引导，提高其向治理型社会组织转化的能力；对“抗争”型社会组织则要严格把控。同时应对社会组织进行过程性的监督和管理，充分发挥政府的服务功能。二是构建政府与社会组织之间的长效沟通机制。构建一个政府与社会组织之间的交流机制，通过政府搭建一个平台，由政府部门、专家学者、社会组织和其他相关人士共同参与，通过恳谈会、通气会、公益基金资助、公益诉讼等方式，让社会组织以中介角色参与到市民社会的流动人口服务中来。三是加强建立社会组织之间的联动合作机制。将服务流动人口的社会组织整合起来，有利于避免社会资源的浪费，提高服务效率。例如在项目采购和设计上，将流动人口家庭所需服务系统化全面打包，以解决社会问题为核心，采取公开招标形式，鼓励有关社会组织组团申报、集体攻关，既打通了组织间的信息交流渠道，又加强了组织机构间的资源共享和服务转接，提升服务效率。四是探索建立社会组织市场化运作机制。社会组织可以探索建立适宜自身的一些市场运作机制。要牢牢把握市场规律，提高自身的应变能力，主动参与到更多的项目投标、设计、建设运营中去，将政购项目运作的经验推广到市场化运作中去，主动对接市场，加强自身能力建设，提供更多市场化产品，也可一定程度减轻对政府的依赖性。

（三）加强社会组织可持续发展能力建设

社会组织对政府采购的依赖性极强，现行采购制度又会产生“劣币驱逐良币”的不良后果。“优胜劣汰”是自然规律，然而更需要加强社会组织自身的可持续发展能力建设。一是改善政府购买服务的方式和考评机制，优

化购买服务的评估指标体系，更加注重效果导向，倒逼社会组织提升自身能力和水平。二是引入具有承接社会组织能力建设项目资质和专业能力的机构，通过第三方直接针对社会组织的短板提升其能力。在政府购买服务中适当采取“外包”服务，在社会组织之外形成良性的竞争机制和发展空间。三是搭建更多的同行业竞技、交流平台，鼓励同行业机构的良性竞争，通过经验交流分享、实训等方式提升组织的专业能力。四是适度通过市场化的运作去检验和提升社会组织的应变能力、生存发展能力，减缓组织对政府的依赖性。

（四）构建和优化社会组织成长环境

一是从顶层设计上出台更多有利于社会组织发展的政策制度，创造相对宽松和成熟的发育环境。包括改变政府传统的强势角色，充分发挥引导和监督作用，对不同的社会组织进行细分化管理；通过法律保障、基金扶持、财政补贴等方式，大力发展社工、义工和志愿者队伍，激发更多社会力量参与社会组织建设，真正使社会组织成为政府提供公共服务的有力补充。[①] 二是改变当前流动人口服务管理部门分割过多的状况，降低沟通协调成本。例如可以建立类似于国外移民局职能定位的相关机构，统一对流动人口进行服务和管理，如浙江嘉兴新居民局。将流动人口的诸多需求整合起来，更有利于社会组织的对接和参与，也能提供更多人文关怀和社会救助，帮助流动人口更好地融入城市社会。

我国流动人口社会组织面临的诸多问题都会随着政社关系的发展得以缓解，流动人口公共服务均等化的实现需要全方位系统的“政社关系”“社市关系”的调整，通过“自上而下”和“自下而上”两条路径结合才能促使社会组织在我国流动人口公共服务中发挥更加高效优质的作用。

① 广东省社会科学界联合会、华南理工大学联合课题组：《培育流动人口社会组织创新泛珠区域公共服务》，2012 年泛珠三角区域合作与发展社科专家论坛（第十届）论文汇编。

B.21
贵州民族地区推进社会组织改革路径研究*

赵玲玲　李安连　梅　陈　曾凯琴**

摘　要： 在党委领导和政府主导下，贵州民族地区社会组织发展成效显著：社会组织党建工作水平显著提升、法规制度基本建立、管理体制日趋规范、服务能力不断提高，在社会治理创新中优势逐渐显现和在尊重民族性和传承发扬民族文化方面贡献突出。然而，社会组织在发展过程中面临社会组织法规制度建设滞后、管理体制不健全、优势发挥不充分、自身建设不足和社会认知度与认可度不高等困境。针对如何缓解贵州民族地区社会组织发展困境、推进社会组织改革发展，课题组提出如下建议：加强党委领导和政府主导，加大对社会组织支持力度；加强监管队伍建设，充分发挥和健全社会组织管理机构职能；发挥社会组织参与社会治理的优势，促进地方经济社会发展；提升社会组织服务能力，促进社会组织专业化、职业化和规范化发展；以志愿服务为载体，培养民众社会参与意识，提升社会参与能力等。

关键词： 社会组织　民族地区　贵州

---

* 本文系贵州省社会科学院2019年省领导指示、圈示课题“贵州民族地区推进社会组织改革路径研究”（项目编号：QS2019080）部分研究成果。

** 赵玲玲，贵州民族大学2018级社会学博士生，井冈山大学讲师，主要研究方向为民族地区社会工作；李安连、梅陈、曾凯琴，贵州民族大学2018级硕士研究生，主要研究方向为社会治理与社会政策。

社会组织是我国现代化建设的重要力量，是打造共建共治共享社会治理格局的载体，对协助政府提供公共服务、满足人民日益增长的美好生活需要等具有重要作用。社会组织在民族地区社会治理创新中发挥独特作用，有利于不断创新社会治理方式和手段，提升民族地区社会治理创新水平。[①] 党的十八大以来，以习近平同志为核心的党中央高度重视社会组织改革发展，并明确提出“走中国特色社会组织发展之路”。党的十九届三中全会审议通过的《中共中央关于深化党和国家机构改革的决定》，明确提出要推进社会组织改革，加快实施政社分开和激发社会组织活力。贵州民族地区社会组织如何产生活力，发挥其在民族地区创新社会治理中的作用，如何走出贵州民族地区特色社会组织发展之路，推进贵州民族地区社会组织改革，是重要议题。

一 贵州民族地区社会组织发展现状及成效

进入新时期以来，社会组织迎来了新的发展与契机，在贵州省委省政府的高度重视以及相关部门的高度支持下，贵州民族地区的社会组织发展良好，发展成效显著，发展潜力巨大，为进一步明确民族地区社会组织发展方向和探索贵州民族地区特色社会组织发展之路奠定了坚实基础。

（一）贵州民族地区社会组织的发展现状

贵州民族地区社会组织管理工作由贵州省民政厅社会组织管理局和各州民政局牵头领导，全面贯彻落实中共中央办公厅、国务院办公厅印发的《关于改革社会组织管理制度促进社会组织健康有序发展的意见》（中办发〔2016〕46 号）精神，中共贵州省委办公厅、贵州省人民政府办公厅印发的《关于改革社会组织管理制度促进社会组织健康有序发展的实施意见》（黔党办发〔2017〕33 号）以及贵州省民政厅《2018 年度厅对市州和省管县民

① 吴开松、杨芳：《社会组织在西部民族地区社会治理创新中的价值研究》，《贵州民族研究》2014 年第 9 期，第 9 ~ 12 页。

政工作绩效目标管理考评常规工作评分细则》精神，始终坚持“四个意识”，按照“四个全面”，着力提高社会组织发展质量，认真开展各项工作，把任务逐项落实到位，推进社会组织健康有序发展。

贵州民族地区的社会组织发展良好、优势突出。一方面，社会组织在数量上呈现较大的优势。截至2018年底，黔西南州共有社会组织1070个，包括505个社团和565个民办非企业单位；黔南州共有社会组织1071个，包括768个社团和303个民办非企业单位；黔东南州登记在册的社会组织1088个，包括824个社团和264个民办非企业单位。另一方面，社会组织质量不断提高，通过访谈了解到，各地区的社会组织总体上服务质量水平较高，管理体系成熟，服务范围广泛，已经成为贵州民族地区社会治理中独具优势的重要社会力量。

（二）贵州民族地区社会组织发展成效

1. 社会组织党建工作水平显著提升

贵州民族地区各级党委组织和管理部门通过理顺思路，将社会组织党建工作的体制机制盘活，大幅度提升了社会组织党建工作水平。一是以突出上级党组织领导为重点，扎实提高社会组织党建工作整体水平，基本形成党委统一领导、社会组织综合党委具体指导、有关部门齐抓共管的工作格局。二是以突出党建全覆盖为重点，扎实提高党组织凝聚力。按照“建得起、稳得住、干得好、管得活”的工作要求，真正做到哪里有社会组织哪里就有党的组织和党的工作。三是在日常管理工作中将党建工作作为重点，完善社会组织党建工作。各州在对社会组织注册登记过程中要了解社会组织党员情况；在年检审查中对应设而未设党组织，或党组织作用发挥不明显等的社会组织需下达年检整改建议书；在社会组织的评估工作中，把党建工作作为重要指标进行考核，使党建工作成为社会组织评估指标体系中的重要得分项。四是以突出建立健全长效机制为重点，扎实推进社会组织党建活动正常化、制度化。建立和完善社会党组织基层党支部各项规章制度，有力推进社会组织各党支部党建工作走上制度化、规范化、正常化、常态化的轨道。五是以突出表彰先进树立典型为重点，扎实推动社会组织党建工作深入开展。通过表彰先进，树立榜样，进一步激发社会组织各党支部、党务工作者及广大共产党员干事工作激情，推动社会组织党建工作深入开展。目前，各州州级社会组织基本形成了州社会组织综合党委统一领导、业务主管单位各负其责的社会组织党建工作格局。

2. 社会组织法规制度基本建立

法治是保证各项措施完成到位的基本条件和有效途径，贵州民族地区牢牢把握这一原则，以法先行，促进社会组织的发展壮大。贵州民族地区除依法执行《社会团体登记管理条例》《民办非企业单位登记管理暂行条例》《基金会管理条例》《取缔非法民间组织暂行办法》等法规外，还结合中共中央办公厅、国务院办公厅印发的《关于改革社会组织管理制度促进社会组织健康有序发展的意见》（中办发〔2016〕46 号）以及中共贵州省委办公厅、贵州省人民政府办公厅印发的《关于改革社会组织管理制度促进社会组织健康有序发展的实施意见》（黔党办发〔2017〕33 号）等相关规章制度，充分考虑贵州民族地区的现实基础，出台了一系列具体的可操作的实施意见与行动准则，逐渐填补民族地区社会组织相关法规漏洞，夯实了民族地区社会组织的法规基础，优化了地方社会组织法规的数量和质量，为地方社会组织发展提供了政策依据和有效指导。比如黔南州出台了《黔南州党建引领城市基层治理的实施意见》（黔南委〔2019〕9 号）、《关于加强和改进农村基层治理体系建设的实施意见》（黔南委〔2019〕15 号）等法规都对社会组织进行了法律上的规定与要求。贵州民族地区从省委、州委，从上到下，由粗及细都致力于将社会组织法治化，用法律维护社会组织的合法权益和重要地位，并严格依法执法，加强对社会组织的法治化监督和管理。

3. 社会组织管理体制日趋规范

科学管理是社会组织永葆生命力的重要手段。贵州民族地区将社会组织管理体系与法治挂钩，加强社会组织登记、事中监管、定期评估等管理，逐渐形成较为成熟的监管模式。具体说来，一是把握准入门槛，加强组织登记管理。比如黔西南州的 1070 家、黔南州的 1071 家、黔东南州的 1088 家社会组织都是按照标准，科学依法登记注册的。二是严格事中管理，采取年检、抽检等多种方式进行。一年一检有利于动态追踪社会组织的发展情况，表彰先进，敦促落后的社会组织，如黔南州的年检率高达95%，充分说明了社会组织在该民族地区受到的监管严格规范。此外，还采取抽检的方式进行突击检查，使警钟长鸣。三是定期评估，保证社会组织可持续发展。定期对社会组织服务项目和社会组织机构本身进行评估，及时了解社会组织服务和发展动态，综合全面掌握社会组织发展情况，积极引导其改进不足和开展工作，优化社会组织发展。

4. 社会组织发展迅速，能力不断提高

据统计，截至2019年6月，贵州民族地区社会组织超过3000个，包括州级、县级社会组织。社会组织数量增加，在民族地区分布广泛，其类型包含经济、科学研究、社会事业、慈善及综合等五大类，涉及行业协会商会类、学术类、研究类、教育类、体育类、慈善公益类、社会工作类等，基本涵盖社会组织各个类型。社会组织在贵州民族地区发展基础良好，增长势头迅猛，发展潜力巨大。根据中国社会组织公共服务平台的大数据统计，贵州民族地区的社会组织呈现明显的逐年上升趋势。近年来，贵州民族地区社会组织服务能力显著提升。一是通过宣传、学习培训等多种形式增强社会组织的服务意识，将服务群众意识贯彻到每个社会组织工作中，社会组织的服务意识和社会责任感显著提升；二是运用现代科学技术，社会组织服务能力获得大幅度提升。利用网络技术形成社会组织服务平台、搭建社会组织大数据库、构建服务标准体系等，很大程度上提升了社会组织的管理效率和服务能力，更有利于服务人民，为人民群众办实事。

5. 社会组织在社会治理创新中优势逐渐显现

社会治理创新强调的是政府与社会组织通过平等协商、共同合作、互惠互利的方式最大限度地增进人民利益。贵州民族地区社会组织的社会参与，促进民族地区经济发展、社会安定和文化繁荣，促使各民族更加团结进步和谐。社会组织自身特性使得它先天带有横向联结的功能，并且社会组织形式多样、数量丰富、手段灵活，服务意识强，适应了民族地区独特的社会文化环境，活跃于民族地区基层，从实处解决基层问题，在社会治理中生发出独特的优势。比如黔西南州积极引导社会组织根据自身优势参与全州脱贫攻坚工作，截至 2018 年 12 月 20 日，共实施项目 80 个，投入资金 11532 万元，帮扶贫困人口 39348 人。黔东南州 50 多家州属社会组织共引投入资金 1.4 亿余元，帮扶产业项目 100 多个，帮扶建档立卡贫困户 13.84 万户 30 余万人，帮扶困难学生 3000 余人，慰问留守儿童 700 余人，走访困难群众 3100 余人。民族地区社会组织用其独特形式参与社会治理，成为新时代参与国家建设的重要力量。

6. 社会组织在发挥民族特色和传承发扬民族文化上贡献突出

贵州民族地区社会组织立足于当地实际，秉承民族特色并因地制宜，充分考虑其人文历史、风土人情、自然环境等，发掘、传承和发展优秀的民族文化，有针对性满足民族地区人们对美好生活的需要。贵州民族地区社会组织充分利用当地丰富的自然资源和文化资源，在宣传民族传统、发扬地方特色的过程中，形成了独具特色的服务内容和服务范围。这些社会组织对贵州民族地区怀有深厚感情，致力于保护传承、发展壮大民族文化。比如三都水族自治县卯文化旅游协会是水族村寨自发形成的社会组织，它紧紧围绕水族风情开展了旅游观光、民族风俗表演、品尝农家宴等活动，不仅保护了自己的民族文化，更在一定程度上发展了旅游业，为当地农民增加了收入。黔南州民间文艺家协会对布依族独特的古文字语言进行系统研究和深入排查，对布依族古文字形成过程、应用范围、音义特点、类型特征都有了较为明确的认识，并在此基础上开展保护、传承布依族古文字的文化遗产挽救活动。

二　贵州民族地区社会组织发展困境

（一）社会组织地方性法规制度建设不完善

目前，贵州民族地区社会组织主要根据行政法规和部门规章制度管理和监督社会组织，如《社会团体登记管理条例》《民办非企业单位登记管理暂行条例》《基金会管理条例》《取缔非法民间组织暂行办法》等，但这些法规规章制度具有一定的笼统性，在地方特别是民族地区具体落实的时候存在一定的困难，主要表现在：一是地方性社会组织登记制度不完善，现有社会组织登记制度门槛相对较高。贵州民族地区经济社会发展水平普遍较低，社会组织注册资金筹集相对不易，部分社会组织在筹建中常因为资金不足而以失败告终，因此，相对而言贵州民族地区社会组织数量较少。在调研中，部分社会组织负责人反映现行的社会组织注册资金要求对部分小型和公益性社会组织登记确实会造成一定影响，他们较难自筹经费，当地政府又没有相关补助和优惠政策，登记注册难，开展组织活动更难。二是社会组织监管法制不完善。非法社会组织以各种形式存在，活动地点不固定，隐藏方法多样，较难发现其存在，打击整治非法社会组织任务重。即使发现非法社会组织，因为缺乏相关法律法规的明确规定和执法机构及执法程序，打击非法组织的工作难度大。而对于合法社会组织的法治监管，因为社会组织多元，事务多样，也较难有明细的法规进行规范监管，造成了社会组织的法治化监管存在一定困难。三是社会组织多方监管部门的权责界限模糊，权责和问责机制缺乏。社会组织诚实守信联合激励和失信联合惩戒工作，需要多部门的配合，但目前主要是民政部门在负责，多方协作管理社会组织工作推进难。因为没有明确的责任分担和共担机制，社会组织管理部门出现了多管不如少管甚至不管的现象。当相关行政单位管理不当时，也没有明确应该承担何种责任的规定，社会组织管理问责机制缺乏。

（二）社会组织管理体制不健全

贵州民族地区社会组织管理体制在注册登记、日常监管、培育扶持等方面都存在一定困境。一是管理制度缺乏明细化和具体可操作的规定和标准，如缺乏对社会组织登记管理机构的日常工作规定，监督管理范围和内容规定以及社会组织管理部门的工作人员业务素质规定等详细规范。访谈中，有调查对象调侃："社会组织管理就是一个筐，什么都可以往里面装"，如从负责社会组织登记注册、年检工作扩大到社会组织党建工作、社会组织参与社会治理工作、“放管服”改革行政审批登记工作、社会组织意识形态工作、打击非法社会组织工作、社会组织名称规范工作等等。在实际工作中，因为没有刚性的依据和明确的标准，社会组织管理部门工作重点是如何降低政治风险和逃避责任，而非服务社会组织发展。二是双重管理体制导致民族地区社会组织内部管理存在诸多问题。双重管理可能导致无视社会组织或者把社会组织行政化①，不利于社会组织的可持续发展以及独立性和自主性的保持。三是社会组织培育发展相关制度不够健全，特别在放权赋权、财政税收以及权益保障等方面相关的制度不完善，同时在民族地区的落实缺乏民族性和地方性，不利于地方社会组织的全面健康发展。

（三）社会组织的支持和引导力度不够

社会组织有自身独特的优势，可以弥补政府在社会治理过程中的不足。但就目前对贵州民族地区社会组织调研的情况来看，仍然存在社会组织优势发挥不足、支持引导力度不够的问题。一是社会组织参与社会治理的数量比较少，参与服务的能力有待提升。贵州民族地区社会组织目前侧重对贫困地区和弱势群体的硬件建设和物质援助，对社会组织软服务较为忽视。截至2018年底黔东南州登记在册的社会组织达1088个，其中有50多家在政府引导下参与到脱贫攻坚工作中，而且大多是对贫困地区给予经济上的帮助，绝大多数社会组织的优势未充分发挥出来，参与社会治理的范围和能力均受到一定限制。二是对社会组织的宣传不够充分。政府和社会大众对社会组织的认知度低、认可度不高，一方面是没有将社会组织及时公开公示，使其面向政府和社会大众；另一方面，对社会组织开展的服务和服务成效也没有及时广泛地向政府或者社会发布，从而导致政府和社会大众对社会组织不支持、不配合，甚至产生误解。三是缺乏对社会组织的激励性措施。社会组织在社会治理中发挥重要作用，涉及社会的方方面面，力量虽小但作用极大。

---

① 周红云：《中国社会组织管理体制改革：基于治理与善治的视角》，《马克思主义与现实》2010年第5期，第113～121页。

然而，对社会组织的成效激励措施却鲜见，这不利于社会组织保持可持续发展。

（四）社会组织自身建设不足

贵州民族地区社会组织自身建设不足主要表现在：一是资金来源渠道少，政府资助数额有限。调研发现，贵州民族地区大多数的社会组织存在资金短缺的问题，他们的活动经费主要来源于会费收入，缺乏自我造血能力，政府财政拨款和购买服务较少，社会捐赠更是少见。贵州民族地区经济薄弱，政府财政有限，很多地方还没有脱贫，地方财政优先解决脱贫问题，对社会组织发展无力扶持。二是专业技术人才外流多，专职专业人才缺乏，主要表现在社会组织岗位兼职多，专职少；从事社会组织专职专业人才少；从事社会组织工作后转行现象多等。贵州民族地区具有专职人员的社会组织约占40%。专职专业人才的缺乏会影响社会组织的专业化、职业化、规范化发展，制约社会组织充分释放活力。三是内部管理不完善。贵州民族地区部分社会组织管理是采取法人治理，单位所有事务由个人决定；部分社会组织不同程度地存在着党建工作不积极、组织机构不健全、决策不民主、职责边界不明晰、内部管理制度不完善、活动开展不常规、财务管理不透明、监督机制不到位、信息不公开、会员参与度低、违法违纪等诸多问题。四是法治意识淡薄，违法违规现象时有发生，如黔西南州印刷行业协会、黔西南州博融兴仁中学、黔南州医药行业协会、黔南州民营企业协会、黔东南州汽车摩托车自行车运动协会、黔东南州雅特民族艺术学校等经常出现违法违规行为，损害了社会大众的合法权益，影响了社会组织公信力，给社会造成了不良影响。

（五）社会组织的社会认知度和认可度不高

相对于政府和企事业单位等而言，贵州民族地区社会大众对社会组织的认知度和认可度非常有限，主要表现在：一是对社会组织的认知度存在差异。一方面缺乏对社会组织的认知，当地社会组织在开展活动时或完全听从政府的指令，活动表现出很明显的行政色彩，容易被认为是政府行为。部分社会组织服务范围有限，更多是服务于组织内部会员，较少参与到更为广泛的社会服务中，因此难以被社会大众熟知，当社会大众遇到社会问题时，一般也不会想找社会组织解决。另一方面是盲目相信部分社会组织，不加辨识也参加社会组织活动，如报名某些资质不足的培训机构，参与某些社会组织违规收费的服务等，权益受到一定侵害。二是对社会组织的认可度较低。社会组织参与社会治理的权力空间和服务能力有限，因而社会影响力不足，加之报纸、电视、网络等媒体对社会组织宣传不足，导致社会大众对社会组织的认同度较低。三是民族地区社会民众参与不足，较少参与社会组织活动，因而对社会组织的认知度和认可度偏低。

三　贵州民族地区社会组织改革发展路径的对策建议

社会组织在贵州民族地区社会治理中发挥了重要作用，是贵州民族地区加强和创新社会治理不可替代的重要力量。如何缓解贵州民族地区社会组织在发展过程中面临的困境和问题，进一步激发社会组织活力，发挥社会组织作用功能，为此本文进行以下探讨。

（一）加强党委领导和政府主导，加大对社会组织支持力度

1. 坚持党的领导，加强社会组织党建工作

民政部下发的《关于在社会组织章程增加党的建设和社会主义核心价值观有关内容的通知》（民函〔2018〕78 号）要求各地民政部门在社会组织登记管理工作中，社会组织的章程要凸显党的建设和社会主义核心价值观有关内容，并在成立登记和章程核准时加强审查。所以，首先，要对社会组织的法定代表人进行广泛的宣传教育，使其增强对党领导的认可，完善社会组织章程关于党建的规定。其次，加强社会组织引导和监督管理。在满足条件的社会组织中成立党支部，在不满足成立党支部条件的社会组织中采取联合建立党支部的形式，对少数民族组成的比较特殊的社会组织采取指派专人跟进

监督。坚持党的领导，引导和监督社会组织贯彻执行党的方针政策，发挥党员的先锋模范作用，维护各方合法权益，促进社会组织的健康有序发展。最后，激发社会组织党建工作人员的积极性，贵州民族地区少数民族对党的认知有限，应支持社会组织吸收少数民族积极分子申请入党，加强对党的理论知识的学习，使其对党有深入的了解和深刻的认识。对在社会组织中负责党建工作的人员，给予物质的奖励和精神的鼓励，使社会组织内党建工作有人抓、愿意抓、乐于抓，从而促进社会组织内部人员的成长成才，不仅服务于社会组织本职工作内的业务对象，也服务于民族地区有需求的社会成员。

2. 增强政府职能，发挥社会组织优势和作用

社会组织作为一种重要的社会力量，在社会发展中发挥着不可替代的作用。政府应加强对社会组织的重视，使社会组织充分发挥参与社会公益事业，提供公共服务以及承担公民与政府沟通的桥梁的作用[①]。第一，多举措培育社会组织。政府应采取大量的社会政策以及多种途径来发展和培育社会组织，包括为社会组织在初创期、孵化期、成长期和成熟期等不同发展阶段提供针对性的扶持。对为社会发展做出重大贡献的社会组织给予奖励和宣传，对不规范的社会组织加强监管，对非法社会组织进行严厉打击。第二，加大政府购买社会组织服务范围和力度。在贵州民族地区，由于各民族文化和历史差异，以及政府人力有限，政府仅凭自身的力量服务地方仍有一定的难度。因此，政府应适当增强对社会组织服务的购买力度，使社会组织的作用得到更好发挥。第三，政府鼓励支持和引导具有民族特色的社会组织。贵州民族地区受文化、风俗和宗教信仰的影响，各民族对社会的服务需求是多样化的，需要多样化的民族性社会组织提供不同服务，不断满足民族地区人们日益增长的美好生活需要。

3. 完善贵州民族地区社会组织发展制度，进行社会组织制度的顶层设计

第一，明确权责，稳妥推进社会组织发展。政府在对社会组织的管理过

① 陈旭清、侯远高主编《中国民族地区社会组织参与公共服务研究》，中央民族大学出版社，2013，第14页。

程中，面临权责不清的困境。建议健全权责明确、统一登记、各司其职、协调配合、分级负责、依法监管社会组织管理体制①。第二，因地制宜，完善民族地区社会组织发展的制度。社会组织要正常地运行和发展，就必须有相应的制度对其进行规范和制约。首先，要加强社会组织立法，让社会组织发展有法可依。民族地区社会组织有其民族性和特殊性，完善民族地区的法规和规章制度对民族地区社会组织来说，具有里程碑式的意义。其次，完善和明细化民族地区社会组织管理制度，包括注册登记制度、日常管理制度（党建工作、行政管理制度、评价制度等）、培育和扶持政策、政社合作制度、社会组织参与制度、社会组织协商制度等，在制定和完善相关民族地区社会组织制度基础上，适当考虑为民族地区社会组织制定相关的优惠政策。最后是在制度监管上，社会组织的运作机制也应进行改革，在加强多个部门合作共同对社会组织齐抓共管的前提下，要明确具体社会组织管理部门的执法权，做到社会组织管理有法可依，执法有部门。严格建立章程制度，尤其是狠抓社会组织的公信力，提高与扩大社会组织的服务能力和服务范围，同时，加强社会组织失信惩罚制度。

（二）充分发挥和健全社会组织管理机构职能，加强监管队伍建设

1. 配齐配强工作人员，发挥机构管理职能

针对贵州民族地区登记管理部门人少事多、管理和执法压力大，工作人员不熟悉业务等问题，建议把贵州民族地区民政局管理社会组织的工作人员配齐配强，或者至少保障有专岗专职专人负责地方社会组织管理。对不熟悉业务的工作人员在上岗前和上岗过程中，不断加强专业业务培训和对社会组织的调研，使其熟悉社会组织管理。只有充实了社会组织管理部门的工作力量，才能更好地引领和监督社会组织健康有序发展。完善社会组织管理人才库的建设和社会组织管理人才培养政策，为优秀的社会组织管理人才提供激

① 刘忠祥：《充分发挥社会组织在社会治理中的积极作用》，《社会治理》2018 年第 7 期，第 20～23 页。

励和创造提升空间，使其更好地服务于社会组织。

2. 加强动态管理，及时排查处理社会组织潜在问题

对社会组织实施动态监督管理，完善全国统一社会信用代码系统数据，确保登记事项与全国统一系统即时对接，做到及时发现和解决问题。首先，严格事中事后监管，加大对“双随机一公开”的抽检力度。进一步激发社会组织的责任感和活力，使社会组织的守法意识得到提升，同时，强化社会组织的管理和监督。其次，坚持严格执法，严厉打击非法社会组织。成立专项小组，多部门收集资料，联合制定行动方案。对非法社会组织进行核实，对其负责人约谈，不满足条件的社会组织依法注销，对社会造成不良影响的将被纳入“异常名录”和“黑名单”。最后，对名称不规范的社会组织进行排查，监督其整改。完成社会组织统一社会信用代码的核查报批和社会组织信息统一公开工作，加强社会组织的信用建设。

3. 强化社会组织规范化运作，推进社会组织管理工作

社会组织的规范化运作不仅有利于组织本身工作有序开展，也能够为社会组织的管理工作减轻一定的负担。首先，要严格社会组织注册登记的程序，对可以直接由民政部门登记的社会组织，民政局要广泛听取意见，并请有关专家对其进行评估，确保社会组织的名称、章程、管理制度、业务范围等在法律认可的范围内。对民政部门直接登记范围之外的社会组织，在登记之前，业务主管单位需要对其进行严格的审查。对符合条件的给予支持，对有违法违规行为的社会组织坚决不予登记。其次，加强对社会组织年检，重视年检结果，发挥监管机制，维护社会组织的合法权益。最后，开展“创先争优”活动，对为社会做出巨大贡献的社会组织的先进做法、管理方式以及运作模式进行总结并推广。

4. 进一步加快实施政社分离，脱钩不脱管

第一，探索一业多会，去除行业协会商会垄断现象。当前，贵州民族地区普遍推行一业一会，而根据各地方的实际情况，一业一会已经导致行业协会商会垄断的苗头出现。建议推行一业多会，引入竞争机制。第二，进一步推进社会组织与政府机关脱钩，推动社会组织的“去行政化”。社会组织具

有自我管理、自我约束，为社会提供服务，规范自身行为和促进社会和谐稳定的作用，厘清政府机关与行业协会商会的职能边界，可加快推进社会组织与政府机关脱钩。第三，脱钩不等于脱管。部分业务主管单位未能真正理解所谓的脱钩，误认为政府机关与社会组织脱钩之后就可以对其不管不问，这就要求民政部门加强对业务主管单位进行政策解读，说明脱钩的目的是使社会组织去行政化，并不是放弃对社会组织的管理，反而是要求社会组织的业务主管单位要承担管理和监督的职责。第四，出台社会组织扶持政策，推进社会组织完善和发展。培育权责明确、运转协调、制衡有效的法人主体，提升社会组织的自我管理和自我监督能力，使其独立承担法律责任。

（三）发挥社会组织参与社会治理的优势，促进地方经济社会发展

1. 整合民族性社会资源，提供多样化服务

社会组织是社会治理的基本单元，它相对于政府部门来说较为灵活，是一种自组织，比较便于开展活动。因此，社会组织应以贵州民族地区社会的实际需求为取向，结合民族地区特有的多元民族性，在每个社区打造多民族互动互助平台，整合民族人力资源、民族地区场域、民族传统产品、民族资产、民族文化智慧等，在尊重民族性和传承发扬优秀的民族文化基础上，为民族地区提供更符合实际需要的帮助，为社会提供多样化的服务，增加民族地区人们的获得感和幸福感。社会组织用其职能与政府的职能形成互补关系，成为政府社会治理的有力助手。因此，社会组织应发挥自身优势，为政府部门提供必要的人力和物力补充，减轻政府执政压力，把政府做不了或做不好的事情分给社会组织来协助办理，如社会公共服务的提供，包括社区治安巡逻、空巢老人和留守儿童等特殊人群照顾等。

2. 参与脱贫攻坚，促进地方发展繁荣

当前，进行贫困治理是社会的当务之急。尤其是贵州民族地区，聚集了大量的贫困县和贫困村，社会组织应积极参与到贫困治理中，带动民族地区经济社会的发展繁荣。第一，在产业扶贫项目方面，社会组织帮助构建“线上线下”爱心互通平台，打通农产品销售的“最后一公里”，同时，尽

量将民族文化元素融入产业开发，打造出民族特色产品，形成民族地区的品牌。第二，在教育精准帮扶方面，资助贫困学子实现大学梦，改善民族地区边远山区的学校办学条件，更加关爱留守儿童和困境儿童。第三，在精准医疗帮扶方面，社会组织对村民开展义诊和健康体检，提供健康咨询服务，为白血病、先天性心脏病等重病大病的贫困患者提供救助资金。同时，社会组织也要尽可能帮助改善民族地区医疗硬件设施落后的现状，鼓励社会组织中的专业人才自觉投入民族地区的医疗事业。第四，在易地扶贫搬迁方面。搬迁地方的建筑尽量避免与城市的完全统一，社会组织介入移民搬迁住房的修建，尽量保留移民原有住房的民族风格，从而引导民族地区搬迁移民尽快融入城市，适应城市的生活。

3. 完善“三社联动”机制，推动社会治理重心向基层下移

党的十九大报告强调指出：“加强社区治理体系，推动社会治理重心向基层下移，发挥社会组织作用，实现政府治理和社会调节、居民自治良性互动。”[①]“三社联动”社区治理模式有利于社区力量整合，增强社区居民参与社区治理的能力和促进社会发展。因此，贵州民族地区应通过完善“三社联动”机制，深化社区居委会、社区社会组织、社会工作者的联合，促进社会组织和社会工作发展，拓宽资金来源等措施，保障“三社联动”的有效进行[②]。同时，积极推动社会组织发挥其在社区动员中的作用，通过社会组织活动动员社区居民积极参与社区治理，真正做到社会组织激发社区活力，实现有效社区治理。

（四）促进社会组织专业化和职业化发展，提升社会组织服务能力

1. 加强学习培训，提升专业化和职业化程度

首先，在政府层面，政府部门坚持“引进来”，即开展社会组织岗位

---

① 《习近平在中国共产党第十九次全国代表大会上的报告》，人民网－人民日报，http://cpc.people.com.cn/n1/2017/1028/c64094－29613660.html，最后检索时间：2019年12月18日。

② 李文静、时立荣：《“社会自主联动”：“三社联动”社区治理机制的完善路径》，《探索》2016年第3期，第135～141页。

培训和请专业人员对社会组织的工作人员进行集中培训，培训内容包括培养敬业奉献精神，提升专业意识和实际操作能力。其次，社会组织层面，坚持“走出去”，即社会组织成员要主动走出去学习，接受新思路、新方法、新内容。注重自觉学习和自我革新观念的培养，充分发挥社会组织内部成员的优势，不断注入新鲜血液，相互学习，提升专业技能。最后，社会组织的负责人还应加强对内监督和管理，使社会组织依法有序开展相关活动，促进组织规范化发展。

2. 搭建供需平台，畅通社会组织服务渠道

社会组织登记管理部门每年进行社会组织注册登记、监督管理以及注销等工作，可谓最了解当前社会组织的业务范围以及专长，同时，也熟知了解社会需求，因此，社会组织登记管理部门应主动搭建供需平台，发挥桥梁作用，努力将社会组织与需要服务的对象联系起来，为民众提供方便、快捷、优质的服务。这不仅避免了“僵尸型”社会组织的存在，而且畅通了社会组织参与社会服务的渠道。

3. 充分发挥社会组织的资源优势，为社会发展提供服务

社会组织具有人力、财力、物力、市场等多种资源优势。首先，人力资源优势，社会组织凝聚了大量人力资源，特别是专业性强的社会团体、民办非企业单位、基金会等，当社会组织开展社会服务时，不仅能发挥组织内部人员优势，而且能够调动社会大众资源，为社会问题的解决提供人力和智力支持。其次，财力优势，对于一些行业协会商会来说，他们基本上已形成产业链，呈现抱团发展的态势，维护会员企业之间的利益，他们对社会的经济贡献是非常大的，尤其是近年来，积极参与脱贫攻坚，对贫困村庄和家庭进行包保，对口帮扶。当然，这类组织不仅是经济上对社会进行回馈，也给予极大的精神文化回馈。市场优势，如比较突出的贫困地区产品如何对外销售问题，社会组织可以通过自己的社会关系网络帮助销售产品。充分发挥社会组织多方面的优势，可促进社会的良性运行和可持续发展。

（五）以志愿服务为载体，培养民众社会参与意识，提升社会参与能力

1. 培养志愿服务意识，推进服务可持续进行

加强《志愿服务条例》的贯彻落实工作，营造健康良好的志愿服务氛围，激发贵州民族地区社会大众的志愿服务意识，鼓励其参与到社会治理当中来。同时，在注重志愿者数量增长的同时要注重志愿者质量的提升。可以考虑：一是将非专业志愿者培养成为专业技能志愿者，二是直接招募有专业技能的志愿者。在志愿者服务评价上，根据志愿服务时长可分为不同等级，如一星级到五星级，分别对应不同服务时长。在志愿服务激励上，志愿者凭服务时数可获得一定的社会回馈，如可享受对等的养老服务，作为品德的考核指标，作为旅游休闲的优惠凭证等。所有的关于志愿者的培养、考核、评价、激励等措施，保障社会大众参与社会组织活动，具有社会参与意识，共同参与社会治理，共建美好家园。

2. 健全志愿服务管理和激励的制度，促进其健康发展

首先，仍需加强对志愿服务的管理，包括对志愿者进行招募的注册制度，培训管理和完成志愿服务的量的统计，建立健全志愿服务的考核标准，制定相关的激励政策，因为已有研究表明志愿服务的激励制度与志愿者参与服务活动的积极性有着直接的关系。其次，适当的激励可以提升志愿者的责任感和使命感。建立综合的激励体系，包括物质的和精神的，避免片面化；加强对志愿服务的技能培训，避免一味地凭经验办事。最后，志愿者参与服务的某些活动可能需要经费的支持，地方政府应想办法满足和支持志愿活动的开展，不能把这些成本都转嫁到志愿者的身上，否则可能带来服务的中断，最终导致志愿服务的可持续和稳定发展受到威胁。

3. 提升志愿者服务水平，增强其参与社会治理的能力

社会组织管理部门积极贯彻落实《志愿服务条例》，履行好志愿服务行政管理工作职责，积极推动广大志愿服务组织和志愿者参与社会治理工作。第一，动员志愿者参与社会工作职业水平考试，免费为其提供培训，并对报

考人员给予一定奖励政策。第二，社会组织管理部门发挥桥梁的作用，加强多个志愿服务组织之间的联系，使其既可以相互学习和交流经验，又能够有效使用资源，扩大资金的筹措渠道。第三，完善志愿服务组织的身份标识工作，便于对其进行管理和监督，严禁打着志愿者的旗号，做违法犯罪的事或开展营利性活动。

参考文献

陈旭清、侯远高主编《中国民族地区社会组织参与公共服务研究》，中央民族大学出版社，2013。

李文静、时立荣：《“社会自主联动”：“三社联动”社区治理机制的完善路径》，《探索》2016 年第 3 期。

刘忠祥：《充分发挥社会组织在社会治理中的积极作用》，《社会治理》2018 年第 7 期。

吴开松、杨芳：《社会组织在西部民族地区社会治理创新中的价值研究》，《贵州民族研究》2014 年第 9 期。

《习近平在中国共产党第十九次全国代表大会上的报告》，人民网 - 人民日报，http：//cpc. people. com. cn/n1/2017/1028/c64094 – 29613660. html，最后检索时间：2019 年 12 月 18 日。

周红云：《中国社会组织管理体制改革：基于治理与善治的视角》，《马克思主义与现实》2010 年第 5 期。

专题研究篇

Special Research Reports

B.22 贵州省对接粤港澳大湾区产业新构研究

林岚涛　王月娥*

摘　要： 粤港澳大湾区是由香港及澳门两个特别行政区，联同广州、深圳、佛山、东莞、惠州、珠海、中山、江门及肇庆九个广东省内城市组成的城市群。湾区经济是一种独特的经济形态，粤港澳大湾区跻身世界级湾区，发挥着巨大的发展引擎和辐射带动作用。随着湾区产业结构的调整和产业的梯度转移，贵州的区位优势和发展潜力得到凸显、产业势能在加快集聚，对接粤港澳大湾区产业新构带来发展空间，贵州产业布局和产业升级迎来新机遇。本文通过分析粤港澳大湾区发展将带来的辐射效应和联动效应，结合贵州发展和产业特点、主动对接湾区产业、积极融入粤港澳大湾区的建设、承接关联度

* 林岚涛，贵州大学管理学院教授，主要研究方向为市场经济理论和市场营销管理；王月娥，贵州大学2018级MBA，专业方向为市场营销管理。

强的产业转移，为推动贵州的跨越发展提出思考和建议。

关键词： 粤港澳大湾区　贵州产业发展　湾区经济

一　湾区的沿革及比较

湾区是由一个海湾或相连若干个海湾、港湾、邻近岛屿共同组成的区域。目前，世界上最发达的区域往往集中在湾区周边。从全球来看，全球共有湾区2万多个，世界级的湾区有4个，包括纽约湾区、旧金山湾区、东京湾区，加上新成立的粤港澳大湾区。湾区经济既是港口城市都市圈与湾区独特地理形态相结合聚变而成的一种独特经济形态，也是港口经济、对外经济和服务经济高度融合而成的一种独特经济形态。

（一）世界湾区的空间格局

纽约湾区、旧金山湾区、东京湾区、粤港澳大湾区是当今全球最具影响力的四大湾区。随着粤港澳大湾区的设立和《粤港澳大湾区发展规划纲要》的出台，以及《中共中央国务院关于支持深圳建设中国特色社会主义先行示范区的意见》的发布，粤港澳湾区开始崛起，成为全球湾区中令人瞩目的中国高地。

1. 纽约湾区

纽约湾区①，位于美国东北部的大西洋沿海平原，横跨美国北部的缅因州到南部的弗吉尼亚州。该地区的总面积约为21500平方公里，占美国总面积的1.5%，总人口2000多万，占美国总人口的7%，是世界金融中心和国际运输中心。核心城市纽约市，是世界金融中心、总部经济贸易中心，并拥

① 鲁志国、潘凤、闫振坤：《全球湾区经济比较与综合评价研究》，《科技进步与对策》2015年第11期，第112~116页。

有美国最大的贸易港口、众多举世闻名的跨国公司以及许多著名银行总部。其他主要城市包括费城、华盛顿和波士顿。其中，费城是一个以钢铁、造船、国防、电子和航空为主要产业的制造和运输中心；华盛顿是一个政治和金融中心，拥有最重要的政治、经济和军事指挥中心；波士顿是世界银行和美洲开发银行等全球金融机构的总部，是一个技术教育中心拥有100多家大学以及众多高科技公司和研究机构。纽约湾区城市之间合理分工与统筹合作，以及职能划分定位清晰，从而形成多样化和互补性的产业结构生态。

2. 旧金山湾区

旧金山湾区是加利福尼亚州北部的大都市地区，位于萨克拉曼多河下游的旧金山湾周围，有9个县和101个城镇，面积约17900平方公里，总人口715万人。海湾分为北湾，旧金山市，东湾和南湾，主要城市为旧金山、圣何塞和奥克兰。湾区三大城市的定位不同，以实现区域协同发展。旧金山的主要产业是金融、旅游和生物制药；圣何塞依靠硅谷专注于高科技产业，如电子制造业和电信业等；奥克兰主要发展制造业及临港运输业。整个湾区主要形成了以高科技产业为驱动力的产业体系，与金融紧密结合，支持其他服务业的发展。

3. 东京湾区

东京湾区是以日本关东平原为中心的区域，包括东京、横滨、川崎、千叶和横须贺等几个大中型城市，面积为36800平方公里，人口为4347万。它由横滨港、千叶港、川崎港、东京港、木更津港和横须贺港等六个港口相连形成，在庞大的港口群的带动下，形成了两个主要的工业区，即京滨和景业。钢铁、石化、现代物流、设备制造和高科技产业得到高度发展，港口的年吞吐量超过5亿吨。东京是经济和政治中心，神奈川县是工业和物流中心，玉县是运输枢纽，千叶县是商业和货运中心。

4. 粤港澳大湾区

粤港澳大湾区是由香港、澳门两个特别行政区和广东省的广州、深圳、珠海、佛山、中山、东莞、惠州、江门、肇庆九市组成的城市群（9+2），其特征是“一个湾区、二种体制、三个关税区、四个中心城市”。2017年，粤港澳大湾区 GDP 突破 10 万亿元，总量规模超过俄罗斯，按 GDP 排在世界国家排行中第 11 位，是中国经济最活跃的地区。粤港澳大湾区的设立，是包括港澳在内的珠三角城市群融合发展的升级版，是从过去的经贸格局升级为科技创新产业和多元服务业有机融合的经济强区的思考，是从区域经济合作上升到全面对外开放的国家战略的实践。

（二）四大湾区综合比较

湾区是当今国际经济版图中的重要亮点，湾区经济具有开放的经济结构、高效的资源配置能力、强大的集聚效应、发达的国际交往网络和世界一流城市聚集的特征。四大国际湾区又具有经济高速发展、创新资源集聚、生活环境优质、交通设施完善、区域发展功能明确等领先优势。在湾区内的城市群，人才集聚、创新能力集聚、金融中心集聚、资源聚集和功能释放都有极大的能量。

比较四大湾区的发展模式，都具有以少数高度发达城市为核心、带动一组城市群发展、形成经济增长合力，并最终在一定区域内形成经济协同、产业依存的共同特点。

以纽约湾区为例，产出占美国 GDP 的 13.2%[①]，同时作为世界金融中心与商业中心，为世界经济发展创造着条件并产生推动作用：全球 500 强企业中有 40% 落户在纽约湾区，纽约曼哈顿中城云集了 100 多家国际著名的银行与保险公司的总部，成为世界上最大的 CBD 区域。在曼哈顿，第三产业的比重超过了 90%。

在旧金山湾区，18 世纪西部淘金热使美国全国人口向旧金山附近集聚并迅速形成以旧金山为核心的湾区城市群，大量的人口红利为经济发展提供了动力，带动了湾区和整个美国西部的发展。

在东京湾区，核心增长极为东京都，“二战”结束后其周边区域人口快

① 沈子奕、郝睿、周墨：《粤港澳大湾区与旧金山及东京湾区发展特征的比较研究》，《国际经济合作》2019 年第 2 期，第 32 ~42 页。

速向这里集聚，加上东京都作为政治与经济中心的产业政策引导，制造业在此发展迅速，同时由东京中心区域快速向京滨、京叶地区辐射迁移，东京也完成了中心城市向服务业的转型升级。

粤港澳大湾区位于我国南部沿海地区，是开放前沿、先发地区，且内地与港澳联为一体，具有巨大的内部互补性和资源集聚效应，与世界三大湾区一样具有港口优势并因此形成发达的海港经济区。粤港澳大湾区人口数量约7112万人，区域面积约5.59万平方公里，人口与土地面积在四大湾区中均居首位。2018年粤港澳大湾区GDP低于东京湾区和纽约湾区，位于第三，约为10.87万亿元（约1.64万亿美元），但高于旧金山湾区。目前，粤港澳大湾区第三产业占GDP的比重还低于其他三大湾区，开发密度是其他湾区的46%、尚处于较低水平。中国社会科学院数据测评显示：2018年粤港澳大湾区经济影响力居四大湾区首位，创新影响力则居第二，整体影响力指数位列第三，整体影响力仍需提高。从人均GDP来看，粤港澳大湾区与其他三大湾区相比有较大差距，原因一是人口基数大，二是9+2城市群中城际经济落差大。港、澳、广、深四城领跑全国水平，而肇庆、江门远低于珠江三角洲的平均水平，因此人均值被拉低（见表1、表2）。

表1　2018年四大湾区比较

指标	纽约湾区	旧金山湾区	东京湾区	粤港澳大湾区
占地面积(万平方千米)	2.15	1.79	3.68	5.6
人口(万人)	2340	715	4347	7112
GDP(万亿美元)	1.4	0.8	1.8	1.36
人均GDP(万美元)	5.98	11.19	4.14	2.04
港口集装箱吞吐量(TEU)	465	227	766	6520
机场旅客吞吐量(亿人次)	1.3	0.71	1.12	1.75
第三产业比重(%)	89.4	82.8	82.3	62.2
世界100强大学数量	2	3	2	4
世界500强企业总部数量	22	28	60	16

资料来源：美国统计网站、现代日本经济。

表2　四大湾区主要产业

湾区名称	主要产业
纽约湾区	金融保险业、房地产业、专业和科技服务业、医疗保险业、批发零售业
旧金山湾区	房地产业、金融保险业、制造业、批发零售业、信息产业和医疗保健业
东京湾区	服务业、制造业、不动产业、批发零售业、金融保险业和通信传媒业
粤港澳湾区	工业、进出口贸易、金融业、批发和零售、房地产业、交通运输仓储和邮政业、信息传输及计算机服务和软件业

资料来源：美国统计网站、现代日本经济等。

二　粤港澳大湾区的产业结构

（一）粤港澳大湾区产业结构现状

粤港澳大湾区中的广州、深圳、香港等城市都是中国改革开放的先行地区，其加工制造和产品出口水平均位于世界前列。在这里不仅有石油化工、服装鞋帽、玩具加工、食品饮料等中低端产业集群，还有通信、电子信息产业、新能源汽车、无人机、机器人等高端产业集群。此外，由于香港的金融服务、航运和澳门的文化服务、旅游服务以及深圳和香港的现代综合服务等多种服务业崛起，粤港澳湾区服务业比重显著提高，领先的制造业和现代服务业成为粤港澳大湾区主要发展驱动力。

根据第三产业结构，粤港澳大湾区主要集中在服务经济上，每个城市的产业发展阶段稍有不同。大湾区三次产业结构比已从 2011 年的 1.5∶35.8∶62.7 变为 2017 年的 1.2∶32.7∶66.1。第三产业占 GDP 比例逐年增加。在城市层面，香港和澳门以第三产业为主，第三产业占 90% 以上。另外两个中心城市广州和深圳则具有典型的“三二一”产业结构，其中第三产业所占比例最高。东莞、珠海、江门、中山的二、三产业所占比例相似。惠州、佛山和肇庆主导产业仍然是第二产业。这基本上反映了同一地区不同城市当前的发展差距。

从第二产业结构看①，粤港澳大湾区新旧动能转换加快，深珠惠莞高新技术制造业快速发展。从2011年到2017年，大湾区主要城市的高科技制造业增速保持在高位，深圳、珠海、惠州和东莞的高科技制造业增加值年增长率分别为10.9%、8.1%、9.7%和16.6%。2018年，四个地区高技术制造业的增加值占工业增加值的比重是67.3%、29.3%、40.4%和38.9%，比全国平均水平高53.4个、15.4个、26.5个和25个百分点。以深圳、东莞和惠州为代表的珠江东岸的海湾地区，已经形成电子信息技术、生物医药和新材料等新兴产业集群。以佛山、中山、珠海和江门为代表的珠江西岸，汽车制造业和电器制造业等传统产业正在加速升级。而肇庆虽然工业基础相对薄弱，但其正着力于新能源汽车、电子信息等产业发展。

从第三产业来看，大湾区正加快发展生产性服务业，而香港、广州、深圳的生产性服务业是优势发展行业。2017年，香港、广州和深圳的生产性服务业增加值分别占GDP的59.1%、46.5%和40.7%，分别比全国平均水平高31.2个、19.6个和12.8个百分点。从行业细分的角度来看，香港的金融、租赁和商用服务业拥有较高发展水平，其增加值分别占GDP的17.5%和10.5%；广州的批发零售业和金融业所占比例较高，分别为14.7%和9.1%；深圳金融业、批发和零售业占GDP比重最高，分别为13%和10.5%。从第三产业来看，大湾区生产性服务业的发展正在加速，香港、广州、深圳生产性服务业拥有显著优势。

（二）粤港澳大湾区产业结构发展趋势

近几年，珠三角九市整体制造业增速放缓，但深圳市制造业产值连续10年稳居珠三角第一位而且增速较快：2018年，深圳市GDP为24221.98亿元，成为珠三角经济高地；广州市GDP为22859.35亿元，与深圳形成两翼地位；广州、佛山的制造业产值平稳上升，十年来分别排在九市中第二和

① 王曼：《粤港澳大湾区产业结构的现状、问题及建议》，《中国计算机报》2019年10月21日。

第三。略为不同的是，深圳的制造业仍在增长，广、佛的制造业在减速。东莞制造业增速自2012年后缓慢提升，发展水平在珠三角九市中处于中游；惠州、中山、江门、珠海和肇庆制造业产值较低，增速缓慢。综合来看，制造业在粤港澳大湾区城市群协调发展中整体增速放缓，制造业进入转型升级的阵痛期。在人口红利逐渐消失的形势下，珠三角制造业面临两种转型：一是注入新动能带动区域内的产业转型升级，二是制造业转移出去，新产业填补空白。

从表3中可以看出珠三角九市各自的优势产业和特色产业，其中，深圳作为国际科技产业创新中心，2017年其计算机、通信和电子设备制造业表现尤其突出，占深圳地区生产总值比重达到21.28%，其电气机械和器材及专用设备制造业也表现较好；广州占比较大的产业是医药、化学制造业和烟酒食品制造业，产值为447.36亿元和421.84亿元；佛山、珠海的电气机械和器材制造业2017年分别贡献了1056.66亿元、320.86亿元，占各自地区生产总值的11.24%和11.99%；东莞的计算机、通信和其他电子设备制造业产值1329.08亿元，占GDP的17.53%。

表3　2017年珠三角9市制造业按行业大类分的产值及比重

单位：亿元，%

地区	医药、化学	矿物、金属冶炼	计算机、通信和其他电子设备	仪器仪表和文体办公用品	纺织服装、皮革及制鞋业	烟酒、食品制造及食品加工	专用设备	电气机械和器材
广州	447.36 (2.08)	180.19 (0.84)	379.43 (1.76)	89.17 (0.41)	191.69 (0.89)	421.84 (1.96)	64.77 (0.30)	159.36 (0.74)
深圳	156.81 (0.70)	259.27 (1.15)	4785.28 (21.28)	264.78 (1.18)	148.27 (0.66)	127.57 (0.57)	357.71 (1.59)	530.06 (2.36)
珠海	101.31 (3.79)	65.48 (2.45)	202.29 (7.56)	19.21 (0.72)	19.18 (0.72)	29.96 (1.12)	40.29 (1.51)	320.86 (11.99)
佛山	216.84 (2.31)	936.1 (9.96)	182.91 (1.95)	102.94 (1.10)	317.42 (3.38)	190.08 (2.02)	168.59 (1.79)	1056.6 (11.24)
惠州	174.85 (4.56)	121.09 (3.16)	730.46 (19.07)	36.97 (0.97)	127.78 (3.34)	33.69 (0.88)	25.93 (0.68)	106.16 (3.77)

续表

地区	医药、化学	矿物、金属冶炼	计算机、通信和其他电子设备	仪器仪表和文体办公用品	纺织服装、皮革及制鞋业	烟酒、食品制造及食品加工	专用设备	电气机械和器材
东莞	81.76 (1.08)	290.34 (3.83)	1329.08 (17.53)	177.23 (2.34)	287.29 (3.79)	91.55 (1.21)	132.61 (1.75)	293.84 (3.88)
中山	87.26 (2.54)	92.78 (2.70)	133 (3.88)	55.84 (1.61)	106.99 (3.12)	43.58 (1.27)	24.39 (0.71)	194.4 (5.67)
江门	46.76 (1.74)	166.52 (6.19)	66.21 (2.46)	9.77 (0.36)	74.48 (2.77)	193.58 (7.20)	23.36 (0.87)	97.67 (3.63)
肇庆	46.86 (2.22)	209.99 (9.95)	34.83 (1.65)	15.77 (0.75)	37.06 (1.76)	21.97 (1.04)	12.45 (0.59)	11.56 (0.55)

说明：括号内数据代表该行业产值占该城市 GDP 的比重。

资料来源：《广东统计年鉴》。

三　贵州省产业结构

（一）贵州省产业结构现状

作为后发地区的贵州，如何对接大湾区产业转移，加快自身产业结构优化，实现贵州经济后发赶超、与全国人民同步实现全面小康，这是贵州产业结构调整的现实任务。

表 4　1978～2018 年贵州三次产业产值结构情况

单位：亿元

年份	第一产业	第二产业	第三产业	地区生产总值
1978	19.42	18.73	8.47	46.62
2000	271.20	391.20	367.52	1029.92
2005	368.94	821.16	815.32	2005.42
2010	625.66	1800.06	2177.07	4602.79
2015	1641.99	4175.24	4723.77	10541.00
2018	2159.54	5755.54	6891.37	14806.45

资料来源：贵州省统计年鉴。

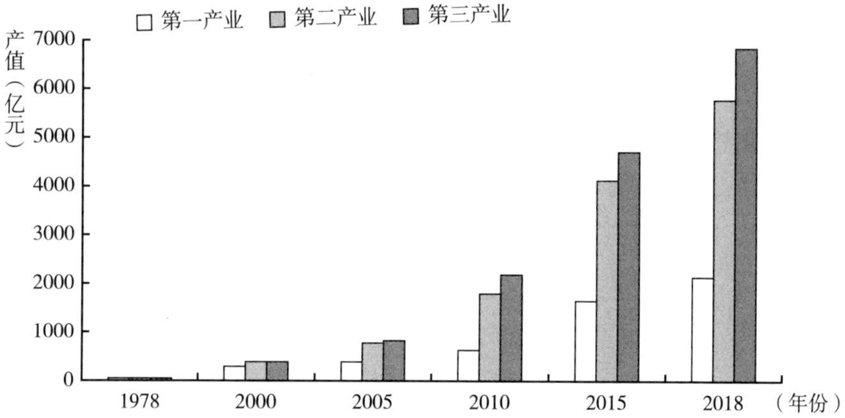

图1　1978～2018年贵州省三次产业结构

资料来源：根据《贵州省统计年鉴》整理。

从表4、图1可以看出：1978～2018年，贵州省第一产业占地区生产总值比重从41.65%降至14.59%，第二产业从40.18%降至38.87%，第三产业从18.17%上升到46.54%。可以看出，近年贵州省产业结构的重心明显向第三产业倾斜，这反映出贵州产业结构随着旅游业的发展、物流业的发展和城市化的进程正发生着巨大的变化。

表5　2014～2018年三次产业对贵州GDP的贡献率

单位：%

指标	2014年	2015年	2016年	2017年	2018年
地区生产总值	100	100	100	100	100
第一产业	6.4	6.0	9.0	9.3	10.9
第二产业	47.7	45.0	42.1	39.5	41.5
第三产业	45.9	49.0	48.9	51.2	47.6

资料来源：《贵州省统计年鉴》。

产业贡献率指标用于反映产业结构变化对经济增长的影响。十二五以来，贵州第三产业对GDP的贡献率变化趋势为：先由高到低，然后由低到高，从表5中看出自2014年始，第三产业的贡献率均保持50%左右的水平，之后第三产业便开始成为贵州省的支柱产业。

（二）贵州对接粤港澳大湾区产业转移分析

贵州作为后发地区，是能源省也是重点生态保护省，要坚决推进优势资源应用战略，加速开放，建设重要的国家能源化工、资源密集型加工和绿色食品中心，以及西南地区高新技术产业和先进制造业基地，十三五明确对贵州优势产业的五张名片“酒、烟、茶、药、食品”要做大做强。2018年贵州省产业转移引导目录发布，包括十七个大类（见表6）。

表6　2018年贵州省产业转移引导目录

产业	具体类型
电子信息	集成电路芯片设计，新型电子元器件及电子专用材料，应用软件开发，信息系统集成服务，物联网技术服务，数字内容服务，大数据采集、存储、加工及分析，交换交易，运营服务，工业领域的大数据服务及解决方案，行业大数据系统安全可靠软件，大数据安全服务，基于大数据的智慧物流、智慧健康、智慧农业等，人工智能软件、系统、平台，智能可穿戴设备，虚拟现实设备，智能无人飞行器等产品，计算机整机及零部件，计算机外围设备，工控计算机及系统，信息安全产品，通信系统设备，通信终端设备
医药	化学药品制剂、中药饮片、中成药、生物药品、医疗仪器设备及器械、兽用药品、卫生材料及医药用品
机械	矿山冶金专用设备，农、林、牧、渔专用机械，公共安全及应急、救援装备，通用零部件，电梯、自动扶梯及升降机
汽车	汽柴油车整车，新能源车整车，专用及改装汽车，节能汽油发动机总成，挂车，新能源汽车电池、电机、电控等关键零部件，汽车、汽车相关零部件，计算机、通信和其他电子设备，轻量化、环保型车身材料
航空航天	通用飞机整机，航空发动机及零部件，航空设备及系统，无人机整机及部件，卫星、运载火箭等航天相关设备及零部件，北斗卫星地面应用系统及设备，航空材料、航空运营及支持、航空维修及技术服务
智能制造装备	智能装备关键基础零部件、服务机器人、工业机器人、增材制造装备、智能物流装备
轨道交通	重载快捷铁路货车制造修理、轨道交通专用设备、关键系统及部件
新能源	风能产业、太阳能产业、核电技术产业、智能电网、新能源动力电池及其回收加工利用产业

续表

产业	具体类型
化工	煤化工及其深加工，磷、氟化工及其精深加工，以钡、锰、汞、镁、钾、钛等为主的高端精细化工，炸药、火工及焰火产品，新型肥料，高端专用化学产品，绿色橡胶制品
新材料	特种金属功能材料、高端金属结构材料、太阳能电池材料、储氢材料、固体氧化物电池材料等新能源材料，新型电子功能材料、新型无机非金属材料、功能性膜材料、高性能纤维、先进陶瓷材料
钢铁	高品质高性能钢材及钢材深加工、锰精深加工
建材	石材开采及精深加工、新型环保建筑墙体屋面材料和装饰材料，协同处置城市污泥，建筑垃圾、工业废渣等废弃物的烧结新型墙体及道路用建筑材料，烧结制品制造的部品及部件，节能玻璃、安全玻璃及制品、耐火材料制品、石墨、萤石、重晶石等非金属矿产品及加工制品，民族特色新型木结构房屋、磷石膏建材制品
食品	粮食加工、植物油加工、水果加工、蔬菜加工、肉制品加工、蛋禽制品加工、调味品及发酵制品、地方特色食品、民族特色食品、乳制品、白酒、精制茶、包装饮用水、茶类饮料、菌类加工
轻工	民族民间工艺品及旅游商品、皮革制品、羽毛制品、制鞋、家具制造业、造纸和纸制品业、文教办公用品、乐器、工艺美术及礼仪用品、高效照明产品、电池、包装制品、木竹藤棕草制品业
纺织	服装、家用纺织品、高档纺织面料、服饰、丝绸纺织及精加工
生产性服务业	产业金融、研发与设计服务、现代物流、生产性租赁服务、节能环保服务
节能环保产业	城市协同处置污泥及垃圾的烧结制品制造装备及产业、高效节能技术和装备、先进环保技术和装备

资料来源：2018 年贵州省产业转移引导目录。

2018 年 12 月，贵州省出台了《十大千亿级工业产业振兴行动方案》，进一步明确下一步举全省之力聚焦“基础能源、现代化工、先进装备制造业、优质烟酒、大数据电子信息、清洁高效电力、生态特色食品、健康医药、新型建材、基础材料”十大工业产业，并且明确要做大做强、形成优势。该方案提出：到 2022 年，基础能源、清洁高效电力、新型建材、现代化工、优质烟酒产业要实现 2000 亿元级；先进装备制造、基础材料、生态特色食品、大数据电子信息、健康医药等产业迈上千亿元级台阶，培育一批在全球拥有广泛影响力的企业。贵州省的产业培育战略形成与粤港澳大湾区产业对接、互补。

贵州以大数据为电子信息产业的引领，即大数据电子信息产业，已实现阶段性发展成果，其增加值在工业增加值中的占比由0.3%增长到1.9%，电信业务总量增速连续两年达到140%，电信业务收入增速近两年均处于全国前列。到2020年，贵州省电子信息制造业的总产值将达到1000亿元，软件和信息技术服务业收入将达到500亿元，电信业务总量将达到1864亿元。到2022年，电子信息制造业的总产值将达到1200亿元，软件和信息技术服务业收入（全口径）将达到600亿元。根据贵州省振兴和发展千亿级大数据电子信息产业行动计划，将重点发展大数据、云计算、人工智能、集成电路和智能终端产业，培育一批“独角兽”企业。把“一云一网一中心”作为重要载体，建立服务民生加产业发展体系，形成一个600亿级、三个100亿级产业集群。更好地促进大数据与实体经济的融合，推动产业、技术的不断创新发展。①

大湾区而今已有引领全国电子信息产业的基础和研发基地，大数据电子信息产业将成为贵州经济新的重要增长极，贵州能源富集和降低能耗的自然地理条件对于大湾区不仅具有互补性，而且极具吸引力。

烟酒产业在贵州省产业结构中具有举足轻重的地位。2018年，烟酒产业完成工业税收506.6亿元，占贵州省工业产业税收近60%的比重；烟酒产值1346.9亿元，占贵州省规模以上工业总产值近13%的比重；工业增加值1203.6亿元，占贵州省规模以上工业增加值32.38%的比重；主营业务收入1322.33亿元，占贵州省工业产业主营业务收入13.6%的比重；利润总额567亿元，占贵州省工业产业利润总额63%的比重。② 税收、工业增加值、利润总额等主要指标都位于全省工业产业首位，说明烟酒产业基础好、实力强，具有发展所期待的支撑性、示范性、带动性的作用，不仅可以吸纳集聚资源，而且显然具有分工上的比较优势。

生态特色食品2019年上半年完成产值510亿元，还有巨大的提升空间。贵州作为大湾区长期以来的农产品基地和出口通道，生态特色食品产业的发

① 《贵州大数据电子信息产业蓬勃发展》，中国产经新闻，2019年8月29日。

② 陈华永：《产业有底气　振兴有盼头——贵州省十大千亿级工业产业振兴行动之优质烟酒》，《贵州日报》2019年6月25日，第8版。

展具有市场条件、空间优势和分工基础。

清洁高效电力产业，截至2018年底，全省电力装机容量在全国31个省（区、市）中排名第14位。其中，水电排第4位，火电排第13位，风电排第15位，光伏发电排第23位。[①] 这是贵州的能源优势，是对接大湾区产业转移的平台优势，是贵州融入大湾区发展的竞争优势。从这个角度看，贵州不仅表现出了与大湾区发展的互补性，而且对大湾区产业链的形成与空间布局明显具有极大的吸引力和同构价值。

四　贵州省对接粤港澳大湾区产业发展的重点方向

粤港澳大湾区的蓬勃发展是贵州的产业发展及优化新机遇，在国家产业转移政策、一带一路、陆海新通道的发展机遇下，利用好贵州交通、气候、资源优势，发展好物流、制造、服务业是未来产业升级的重点，也是对接粤港澳大湾区产业新构的重点领域。

（一）联通粤港澳大湾区与内地的物流基地

贵州物流业近几年由于交通瓶颈的打破取得了快速发展[②]，实现增加值由2010年的480.32亿元增长到2018年的1150.74亿元，年均增长15.5%。2018年物流业增加值占第三产业增加值的19.5%，占全省GDP的8.8%，是第三产业中占GDP比重最大的产业（非营利性服务业除外），也是全省主要的支柱产业。

与此同时，西部陆海新通道建设带来新机遇[③]。“陆海新通道”作为落实“一带一路”倡议的重要举措，2018年11月，中国与新加坡两国政府签

① 陈华永：《贵州十大千亿级工业产业　掀开新篇章　再添新动力》，《贵州日报》2019年6月21日，第13版。

② 袁冠楠：《浅谈贵州现代物流发展》，《内蒙古煤炭经济》2018年第8期，第55～56页。

③ 王景敏：《“西部陆海新通道”物流系统建设面临的挑战与应对之策》，《对外经贸实务》2019年第5期，第83～85页。

署“陆海新通道”政策文件。2019 年 1 月，重庆、广西、贵州、甘肃、青海、新疆、云南、宁夏等西部 8 省（区、市）共同倡议的“陆海新通道”框架协议在重庆签署，西部 8 省（区、市）“合作组织”作为一个区域整体进行共建、共享的“陆海新通道”概念形成。“陆海内外联动、东西双向互济”的对外开放格局正加速到来并影响巨大，将推动贵州向南向海的开放新通道形成，共建共享的物流和贸易一体化将带来交通服务、信息服务、物流与仓储等生产服务业的快速发展。

不仅如此，贵州 2014 年提出建设无水港，大大加快了物流业发展进程。通过完善物流基础设施、合理配置物流资源、发展专业物流企业，推动物流企业开展资源整合，促进竞争与合作发展、避免同行业低效率竞争，实现物流企业之间合作共享聚合效应，建立贵州省一体化和合理化现代物流供应链体系。

同时，结合贵州物流产业的实际情况，调整物流产业结构，做好中转站规划，合理布局，推进物流企业发展。

（二）积极承接粤港澳大湾区的制造业转移

2018 年，贵州省制造业增加值对全省工业贡献率达 70.8%，高技术制造业增加值同比增速为 15%，制造业在工业经济中占比达 75%，占贵州省国民生产总值约 25%，说明制造业在贵州省产业中作用重大、发展态势较好。

贵州制造业发展起步较晚，其得以发展得益于 20 世纪 60 年代的“三线建设”①。贵州省现代工业的基础是“三线建设”时期国家在贵州省布局的以航空、航天、电子为主的军工产业基地。直到 1980 年代，装备制造业的总产值曾经占全省工业总产值的 38%，成为贵州工业经济的主要支柱产业。2018 年，贵州制造业增加值占主产业的 70.8%，高新技术制造业增加值比上年增长 15%，制造业占工业经济比重达 25%，在 GDP 中贡献率达 25%。

① 彭刚刚：《贵州：70 年经济增长翻天覆地》，《贵阳日报》2019 年第 13990 期。

因此，贵州制造产业的发展不仅需要政策支持，更需要因地制宜、集中优势，借助粤港澳大湾区发展等外部有利因素，实现产业优化升级。

依托贵州产业基础，有选择性地承接医药和绿色食品业、新型材料、橡胶制造等产业，在扩大自身生产规模的同时，充分利用粤港澳企业独特的技术优势，提升本土企业业务水平。

发挥贵州自身优势，大力发展潜力好的产业，如引进吸收一批以造纸和竹木制品加工、民族商品和轻纺工业、装备制造为主的工业企业，通过企业之间的交流合作，来推动贵州特色优势产业发展。

依托贵州资源优势，基于以能源矿产资源为主导的产业，进一步建立矿山产品的市场优势，有针对性地加强与湾区在能源化工、冶金、建材、热电联产、水能的生产和供应等领域的合作交流，优化本土企业的产业结构。

（三）成为湾区居民首选的康养基地

贵州旅游业的辐射性和带动性近年来十分明显，不仅可以提供更多的就业岗位和带动相关产业发展，对于住宿、餐饮、交通运输等产业链的诸多方面都有较大影响。结合贵州人文地理条件，发展山地旅游、少数民族特色旅游，充分用好 4 个世界自然遗产、18 个国家级风景区、54 个省级风景区的资源。旅游产业近年来的变化可以由表 7 反映出来，全省的旅游人次和收入呈现跨越式的增长。

表 7　2000～2018 年贵州省旅游业发展情况

项目	2000 年	2005 年	2010 年	2015 年	2018 年	2000～2018 年平均增长速度
旅游总人数（万人次）	1980	3099	12913.02	37630.01	96858.12	24.1
入境旅游人数	18.39	27.62	50.01	94.09	146.55	12.2
旅游总收入（亿元）	57.95	242.83	1061.23	3512.82	9471.03	32.7

资料来源：贵州省统计年鉴。

从表7可以看出，从2000年到2018年，旅游业收入大幅增长，呈井喷态势。在发展旅游的同时，贵州要利用良好的生态和气候资源，打造康养基地，面对粤港澳大湾区、利用交通便利优势，提供差异化的产品，满足潜在人群的归隐田园的文化需要、躲避喧嚣的老年人群逆城市化要求、康养身心的社会心理与自然生理需要，建立起新型的康养部落式的旅游服务业。

首先，依托大健康、大旅游、大数据产业平台发展康养产业。

在康养产业发展之初走政府主导与市场推动相协调之路，发展以森林资源为主要载体的现代养生服务业，做好基础设施建设和宣传突破，展现服务面貌、强化政府在产业发展中的推动与保障作用。

按特色旅游建设的思路，加强对环境、旅游经济、无障碍设施、产业联动与融合、旅游服务等方面的管理，建设康养互联网平台和电商平台，利用"互联网+"大数据平台将贵州省各地康养基地串联成线，定期发布康养发展动态、康养指数、负离子等康养主要指标。

其次，做好顶层规划和设计①。依托各地的自然保护区、森林公园、湿地公园、林场等丰富的环境资源优势，借鉴国内外先进经验，统筹协调全省各地康养基地建设的主体思路，加大扶持力度，开展试点，因地制宜搭建"养生养心基地"，着力打造功能各异、各具特色的康养基地和品牌。

再次，进行资源开发、促进康养产品开发。大力发展绿色、安全、有机的特色产品及其基地建设，打造医药休闲疗养及养生产业园。

粤港澳大湾区的建设就在身边，空间距离已不能构成严格的制约条件；同时，湾区建设适逢两个一百年奋斗目标的加速推进期，贵州应基于尊重梯度转移的经济学理论，也尊重发展的互补性，充分认识贵州与粤港澳地区的发展差距，包括水平差距和产业结构不同，开发并选择差异化的发展战略，抓住粤港澳大湾区产业新构带来的机会，目标明确地进行适应性和整体性的

① 李权、张惠敏、杨学华、谢朝娟、李性苑：《大健康与大旅游背景下贵州省森林康养科学发展策略》，《福建林业科技》2017年第2期，第152~156页。

调整，使贵州与大湾区一体化发展，搭上下一趟三十年快速行驶的经济列车。后发赶超是贵州的一贯思路，已经后发了，要做的是赶超，赶超的关键在路径、关键在机会识别！下一个百年奋斗目标的“双引擎”战略已经显现，一个是《粤港澳大湾区发展规划纲要》中的南部大湾区引擎，一个是《长江三角洲区域一体化发展规划纲要》中的东部引擎。作为内陆省份和快速崛起中的省份要在对接产业转移中抓住机会，在着眼于战略发展目标中调结构，在迅速融入湾区发展追求带动效应中促经济转型、消费升级。这对于贵州经济、社会全面发展目标的实现是一个重要的思路。

参考文献

傅钰雯、杨健晟：《基于陆海新通道背景下贵州物流发展的机遇与对策》，《中国物流与采购》2019 年第 13 期。

黄巨朋、刘振男：《贵州省康养旅游资源开发与利用研究》，《旅游纵览（下半月）》2019 年第 8 期。

胡霞、古钰：《粤港澳大湾区城市产业发展比较研究》，《开发研究》2019 年第 3 期。

李权、张惠敏、杨学华、谢朝娟、李性苑：《大健康与大旅游背景下贵州省森林康养科学发展策略》，《福建林业科技》2017 年第 2 期。

李会萍、申鹏：《新常态下贵州产业结构优化：现状、路径与对策》，《贵州社会科学》2015 年第 11 期。

彭刚刚：《贵州：70 年经济增长翻天覆地》，《贵阳日报》2019 年第 13990 期。

王瑗琳：《国内康养旅游服务产品的开发策略探析》，《中国商论》2017 年第 34 期。

王景敏：《“西部陆海新通道”物流系统建设面临的挑战与应对之策》，《对外经贸实务》2019 年第 5 期。

谢飞：《贵州省承接产业转移研究》，《贵阳学院学报》（自然科学版）2014 年第 3 期。

肖小虹：《贵州物流产业发展战略研究》，《物流技术》2014 年第 23 期。

杨刚：《经济全球化下的“贵州机遇”》，《当代贵州》2018 年第 19 期。

袁冠楠：《浅谈贵州现代物流发展》，《内蒙古煤炭经济》2018 年第 8 期。

杨本建、林云鹏：《粤港澳大湾区制造业升级现状分析》，《城市观察》2018 年第 4 期。

袁政、屈亭利：《粤港澳大湾区营商环境研究》，《广东开放大学学报》2018 年第 5 期。

赵敏、王丽华：《近十年国内康养旅游研究述评》，《攀枝花学院学报》2019 年第 4 期。

张锐：《湾区经济：国际步伐与中国格调》，《对外经贸实务》2017 年第 5 期。

B.23 乡村教师对《乡村教师支持计划（2015～2020年）》满意吗？*

——基于路径分析法的政策执行研究

季 飞 李亚亚**

摘 要： 《乡村教师支持计划（2015～2020年）》（以下简称《计划》）颁布执行已经有4年，其执行效果一直受到学术界的密切关注。基于614名乡村教师的抽样调查数据，本研究运用路径分析法对《计划》的执行满意度作调查分析。研究表明：政策执行的互动模型与路径分析的非递归性路径有契合性，但互动模型需对执行者等要素细化。乡村教师对《计划》执行的满意度一般，乡村教师的婚姻状况、文化程度和学校地理位置间接影响其对《计划》执行的满意度，乡村教师的教龄、留教意愿、以何种身份进入教师队伍、薪酬和绩效工资制度等因素间接影响其满意度；农村教育教学能力评价、师资结构配置合理性评价、职业认同感评价、工资待遇和住房评价等直接影响满意度。

关键词： 政策执行 乡村教师支持计划 政策满意度

---

* 基金项目：国家社科基金一般项目"西部民族地区人力资本提升阻断贫困代际传递机制研究"（项目编号：16BMZ113），贵州大学文科重点学科及特色学科重大科研项目："'一带一路'背景下中国东盟高等教育合作政策创新研究"（项目编号：GDZT201603）；贵州省教育厅硕士点项目："贵州教育走出去融入东盟教育圈战略研究"（项目编号：2016SSD08）。

** 季飞，贵州大学公共管理学院副教授，博士，主要从事公共政策研究；李亚亚，湖南郴州人，贵州大学公共管理学院硕士研究生，主要从事教育政策研究。

一 问题的提出

教师是教育事业发展的基础，提高贫困地区教师队伍整体素质是推进贫困地区教育可持续发展的关键。① 据统计，截至2018年底，全国共有乡村教师290多万人，其中中小学教师近250万人，幼儿园教师42万多人；40岁以下的青年教师接近170万人，占58.3%。教育部教师工作司指出，要加大落实力度，加快补齐短板，努力建设新时代高素质乡村教师队伍。2015年6月1日，国务院颁布了《乡村教师支持计划（2015～2020年）》（以下简称《计划》），明确提出到2017年，要逐步形成乡村教师“下得去、留得住、教得好”的局面；到2022年，努力造就一支素质优良、甘于奉献、扎根乡村的教师队伍，为基本实现教育现代化提供坚强有力的师资保障。② 随着政策的持续深入实施，社会公众、政府、学校、学者等对《计划》实施所取得的效果的关注日益增加。乡村教师是《计划》实施的直接作用对象和感受者，其对《计划》的执行效果具有无可争辩的话语权。倾听他们的声音，研究他们对于《计划》执行的满意度，不仅对合理评估和完善相关乡村教育政策具有重要的启发和参考价值，也反映了国家和地方政府支持乡村教师队伍建设政策的执行效果和水平。

研究乡村教师对《计划》执行的满意度，必须了解乡村教师对当前《计划》实施效果的评价，有多少人满意，有多少人不满意？哪些因素影响以及它们如何影响乡村教师对《计划》执行满意度的评价。使用路径分析法有助于我们清楚地了解各变量之间的作用机理，以及各变量是直接还是间接影响乡村教师对《计划》执行的满意度，使得研究结果更加直观、准确。从乡村教师满意度视角出发运用路径分析法对《计划》实施效果做进一步

① 王嘉毅、封清云、张金：《教育与精准扶贫精准脱贫》，《教育研究》2016年第7期。

② 张彩云、傅王倩：《我国乡村教师工作满意度及其影响因素的实证研究》，《当代教育科学》2017年第7期。

分析，探寻政策执行过程中的薄弱环节，可以帮助政府进一步优化现行乡村教育政策，最终形成切实可行、行之有效的政策推行策略。

二　理论基础和分析框架

（一）相关理论基础

1. 政策执行模型

1976 年，美国学者麦克拉夫林（M. Mclaughin）在其代表作《互相调试的政策执行》一文中提出了政策执行的互动模型。他认为当时的教育政策执行是政策执行者与受影响者之间的一个相互调适的过程，而政策执行者与受政策影响者之间行为调适的程度则决定了政策执行的效果。如图 1 所示，麦克拉夫林的互动模型说明：（1）由于政策执行者与政策接受者之间存在利益关系，即使两者之间在观点或需求之间存在不一致，也必须寻求一个可以为双方都能接受的政策执行方式。（2）政策执行者和政策接受者之间的相互调适过程体现了一种平等关系，并非自上而下的命令方式。（3）政策执行者的政策执行方式可能随受影响者的需求与观点的变化而变化。（4）受影响者会影响政策执行者的利益、观点和价值，主要通过反馈利益、价值与观点到政策上。可见，《计划》的制定和执行都需要立足于乡村教师群体需求，通过政策激发乡村教师的主观能动性，使政策执行者与乡村教师在政策执行过程中形成良好的互动。因此，为保障乡村教师“下得去”“留得住”“教得好”需要不断完善政策，促进政策执行。

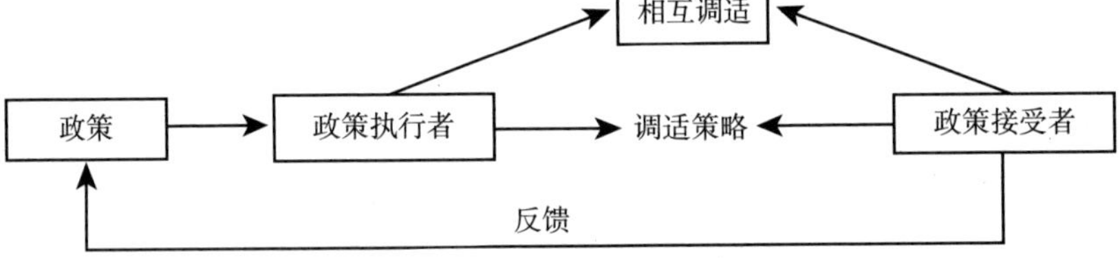

图 1　麦克拉夫林的政策互动模型

2. 路径分析法

路径分析法由美国遗传学家 Sewall Wright 于 1921 年首次提出，该方法以多元回归分析为基础，通过分析标准化变量的偏回归系数及变量之间假设的因果效应，对研究人员提出的一套观察或者呈现变量之间因果关系的理论进行检测，从而对各自变量的作用机理、途径给出科学、合理的解释。路径分析分为递归模型和非递归模型，递归模型是指各变量之间只存在单向关系，而非递归模型表示变量之间存在着双向关系。递归模型被分解为多重回归方程组，可以用多重线性回归方法来拟合，而非递归模型则需要采用更为专业的算法和软件进行拟合。运用路径分析法主要回答以下问题：（1）模型中自变量与因变量间是否存在相关关系；（2）如果存在相关关系，则研究自变量与因变量是否为因果关系；（3）若自变量影响因变量，那么自变量是直接影响因变量，还是通过中介变量间接影响或两种情况都有；（4）直接影响和间接影响两者程度或大小如何。

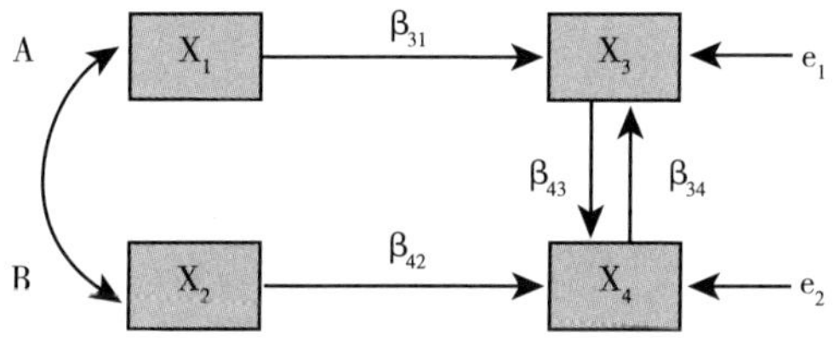

图 2　非递归路径分析

说明：A ⟵⟶B：A 与 B 之间存在着双向的影响关系，即直接反馈作用；AB 之间的具体影响方式不明，但是存在相关。

分析法强调，理论假设产生因果模型，而路径分析则是分析和验证因果模型的技术。将路径分析方法应用于乡村教师对《计划》执行的满意度分析，能直观地体现《计划》实施效果的影响因素，乡村教师对《计划》执行的满意度与《计划》实施效果之间的关系，有哪些因素影响以及如何影响乡村教师对《计划》执行的满意度，同时有助于我们发现政策执行过程中的问题，能对《计划》的执行效果起到监测作用。

（二）分析框架与研究假设

本研究结合已有学者的相关研究成果和路径分析法的思路建立政策满意度评价模型（见图3）。模型将研究的变量分为初始变量、中间变量和因变量三种类型。初始变量为自变量，中间变量即为中介变量，是自变量对因变量产生影响的中介或途径，乡村教师政策满意度作为因变量。将乡村教师的个人特征、职业及环境特征作为初始变量（自变量）。个人特征包括乡村教师的性别、年龄、教龄、文化程度、婚姻状况和留教意愿；职业及环境特征指的是乡村教师职业特性及所处环境，包括乡村教师的身份、是否为“一专多能”教师、乡村教师的绩效工资制度和薪酬、所教学生层次、所在学校的地理位置、培训学时和培训内容等。

基于麦克拉夫林的政策调适模式原理，需要了解政策接受者即乡村教师的需求、观点和评价，对政策效果进行反馈，从而对政策执行者的观点、价值和执行方式产生影响，使两者在政策执行过程中形成良好的互动。据此，本文结合《计划》提出的八项主要举措，选取农村教育教学能力评价、师资结构配置合理性评价、职业认同感评价、城乡教师流动和交流评价、职称评聘公正性评价、继续教育机会评价、工资待遇和住房评价、培训效果评价、乡村教师队伍整体水平评价和城乡教育公平性评价作为中间变量，乡村教师对《计划》的满意度则作为因变量。为便于操作和分析，研究将因变量和中间变量设为定距变量，运用路径分析法，在多元回归分析的基础上探讨初始变量和中间变量影响乡村教师对《计划》实施满意度的路径和作用机理。

基于已有文献和分析框架，本研究提出以下假设：

假设1：初始变量中乡村教师婚姻状况、文化程度、以何种身份进入乡村教师队伍身份和所在学校地理位置间接影响《计划》的满意度。而乡村教师的教龄、留教意愿、薪酬和绩效工资制度等因素会直接或间接影响（通过中间变量）《计划》的满意度。

假设2：初始变量中乡村教师的婚姻状况、所在学校地理位置对《计划》实施满意度产生正向的影响，乡村教师的文化程度、教龄、留教意愿、进入

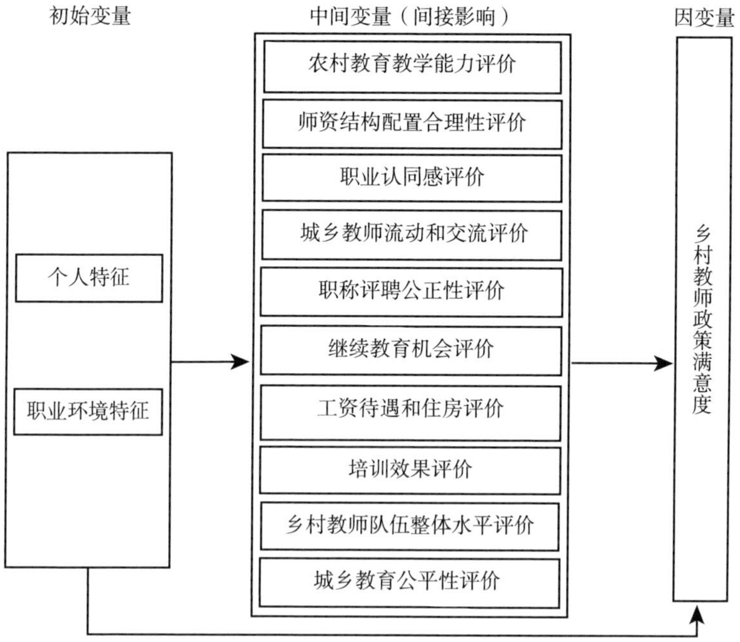

图3　乡村教师对《计划》满意度评价模型

教师队伍前的身份和绩效工资制度对《计划》实施满意度产生负向的影响。

假设3：中间变量（教育教学能力评价、师资结构配置合理性评价、职业认同感评价、工资待遇和住房评价、城乡教育公平性评价）对《计划》执行满意度产生正向的影响，即乡村教师对《计划》的各项重要举措评价越高，那么乡村教师对《计划》的总体评价越好。

三　实证分析

（一）资料来源与处理

本次问卷以贵州省9个市州乡村中小学教师为研究对象，从乡村教师对《计划》满意度的视角对《计划》的实施情况进行评价，通过问卷星平台和实地调研收集数据。共发放问卷650份，剔除错填、漏填及填答不规范等问卷，最终得到614份乡村教师调查问卷，问卷回收有效率为94.5%。这些样本涉及遵义、毕节、黔东南、黔南、黔西南、安顺、贵阳等9个市州88个县的乡镇，样本总体分布均匀，具有很好的代表性，且满足数据分析要求。本研究选用李克特五级量表进行测量："非常满意""比较满意""一般""比较不满意"和"非常不满意"。

（二）变量的统计描述

1. 乡村教师对《计划》实施满意度的评价描述

结果显示，乡村教师对《计划》实施的满意度一般，平均分为3.23分。其中，26.5%的乡村教师打分在3分以下，表示其对《计划》的实施"不满意"，28.5%的认为"一般"，表示"比较满意"的占23.8%，而觉得"非常满意"的仅占21.2%。

2. 中间变量的统计描述

从表1可以看出，乡村教师的职业认同感评价是所有中间变量中评价最高的，平均分为3.69分，介于一般与比较满意之间。城乡教师流动和交流评价与工资待遇和住房评价分别为2.64分和2.88分，是所有中间变量中最低的。乡村教师对职称评聘公正性评价和师资结构配置合理性评价分别为3分和2.95分。乡村教师对城乡教育公平性评价和培训效果的评价一样，平均分为3.32分；对乡村教师队伍整体水平评价和农村教育教学能力评价较高，平均得分为3.37分和3.45分。总体上看，差异最大的是职称评聘公正性评价，差异最小的是乡村教师队伍整体水平评价。

表1　中间变量的统计描述

中间变量	总分	极小值	极大值	均值	标准差
农村教育教学能力评价	15	1	5	3.45	1.202
师资结构配置合理性评价	15	1	5	2.95	1.274
职业认同感评价	15	1	5	3.69	1.195
城乡教师流动和交流评价	15	1	5	2.64	1.386
职称评聘公正性评价	15	1	5	3.00	1.397
继续教育机会评价	15	1	5	3.21	1.282

续表

中间变量	总分	极小值	极大值	均值	标准差
工资待遇和住房评价	15	1	5	2.88	1.281
培训效果评价	15	1	5	3.32	1.186
乡村教师队伍整体水平评价	15	1	5	3.37	1.170
城乡教育公平性评价	15	1	5	3.32	1.255

资料来源：作者自制。

3. 初始变量的统计描述

根据《计划》文本和实地调研，本研究在个人特征方面选取性别、婚姻状况、文化程度、年龄、教龄和留教意愿6个变量，在职业特征方面选取以何种身份进入教师队伍、是否为定向培养的“一专多能”教师、学生层次、薪酬和绩效工资制度5个变量，在环境特征方面选取学校地理位置、培训时长和培训内容3个变量。

表2和表3表明，在614位被调查者中，以中青年教师为主，在性别上，男性多于女性，平均年龄33岁；在文化程度上，大专和本科学历的居多；在婚姻状况上，已婚且有孩子占比最大；在教龄上，任教5年以上的居多。大多数被调查者是以“特岗教师”、免费师范生和高校毕业生的身份进入教师队伍，定向培养“一专多能”的教师只有极少数；除此之外，薪酬在3000～5000元之间的乡村教师超过80%，大部分的乡村教师选择留在本校任教，但也有超过30%的乡村教师选择离开本校或者调往城区学校。

表2　初始变量选取与统计描述（1）

初始变量	变量定义	取值	人数(人)	有效百分比(%)	均值(分)
性别	男	1	315	51.3	1.49
	女	2	299	48.7	
婚姻状况	未婚,无女(男)朋友	1	43	7.0	3.58
	未婚,有女(男)朋友	2	46	7.5	
	已婚,无孩子	3	35	5.7	
	已婚,有孩子	4	490	79.8	

续表

初始变量	变量定义	取值	人数(人)	有效百分比(%)	均值(分)
文化程度	初中	1	5	0.8	3.68
	高中/中专	2	14	2.3	
	大专	3	153	24.9	
	本科	4	440	71.7	
	研究生及以上	5	2	0.3	
教龄	1年以下	1	21	3.4	4.25
	1~2年	2	49	8.0	
	3~5年	3	83	13.5	
	5~10年	4	94	15.3	
	10~20年	5	214	34.9	
	20~30年	6	112	18.2	
	30年以上	7	41	6.7	
年龄	20~30岁	1	135	25.8	2.08
	31~40岁	2	240	45.8	
	41~50岁	3	121	23.7	
	50岁以上	4	28	5.3	
留教意愿	是	1	403	65.64	1.68
	否,考虑调往其他乡村学校	2	37	6.03	
	否,努力调往城市地区	3	140	22.8	
	否,考虑离开教师队伍	4	34	5.54	

表3 初始变量选取与统计描述(2)

初始变量	均值	极小值	极大值	标准差
以何种身份进入教师队伍	2.99	1	6	1.783
是否为"一专多能"教师	1.78	1	2	0.416
学生层次	1.64	1	4	0.771
薪酬	2.14	1	4	0.417
绩效工资制度是否体现多劳多得、优绩优酬	1.35	1	2	0.477
学校地理位置	2.72	1	4	0.906
培训时长	2.65	1	5	1.252

资料来源:作者自制。

（三）中间变量对乡村教师对《计划》实施满意度作用的多元回归分析

根据研究框架，先将中间变量作为自变量，乡村教师对《计划》实施的满意度为因变量进行多元回归分析，模型的解释程度达65.5%，拟合优度较好。结果表明，城乡教师流动机会、职称评聘、继续教育机会、培训效果和教师队伍整体水平五项变量没有通过5%的显著性检验，说明它们对乡村教师对《计划》政策执行满意度影响较小，不显著。因此，在后面的路径分析中，不再将这五项变量纳入回归分析模型中。

表4　中间变量对因变量的多元回归分析结果

中间变量	标准化系数	非标准化系数	t值
教育教学能力评价	0.378	-0.083	11.225
师资结构配置合理性评价	0.168	0.399	4.908
职业认同感评价	0.117	0.167	3.725
乡镇和县城流动评价	-0.002	0.124	-0.053
职称评聘公正性评价	0.058	-0.002	1.670
继续教育机会评价	-0.003	0.053	-0.094
工资待遇和住房评价	0.084	-0.003	2.627
培训效果评价	-0.097	0.083	-2.569
乡村教师队伍整体水平评价	0.113	-0.104	2.535
城乡教育公平性评价	0.174	0.123	4.156
常数项	0.761		
F	103.886		
R^2	0.655		

资料来源：作者自制。

（四）初始变量对乡村教师对《计划》实施满意度的多元回归分析

本研究采用最优尺度回归进行分析，这种回归方法擅长对分类变量不同取值进行量化。基于研究需要拟合模型框架，分析各级别分类变量对因变量影响的强弱变化情况，在保证各自变量间的联系为线性的前提下，采用一定的方法对其反复迭代，以此为原始分类变量的每一类别找到最佳量化评分，然后用这个评分代替原始变量进行后续分析。

表5中，从初始变量对乡村教师政策满意度的回归分析结果可知，模型的解释程度为18.5%，虽然通过了1%的显著性检验，但与中间变量对因变量65.5%的解释力相比，存在较大差距，表明用初始变量直接解释因变量具有片面性，初始变量很大程度上是通过中间变量对因变量产生影响，这证实了笔者前面预设的分析框架是合理的。从初始变量对乡村教师政策满意度的多元回归分析结果来看，7个回归模型的解释力都较好，初始变量对中间变量和因变量的解释程度都在15%以上。其中，解释力最强的是对城乡教育公平性评价，相对较弱的是师资结构评价和职业认同感评价。此外，显著影响乡村教育教学评价的初始变量有教龄、留教意愿、薪酬和绩效工资制度；显著影响师资结构配置评价的初始变量有留教意愿、绩效工资制度和学校地理位置；显著影响职业认同感评价的初始变量是留教意愿和绩效工资制度；显著影响工资待遇和住房评价的初始变量有教龄、留教意愿、薪酬和绩效工资制度；显著影响城乡教育公平性评价的初始变量有留教意愿、教龄和绩效工资制度。对因变量有显著影响的初始变量有教龄、留教意愿、薪酬和绩效工资制度。

表5　初始变量对中间变量和因变量的多元回归分析结果（标准化回归系数）

初始变量	中间变量					因变量
	农村教育教学能力评价	师资结构配置合理性评价	职业认同感评价	工资待遇、住房评价	城乡教育公平性评价	乡村教师对《计划》满意度
性别	0.081	0.052	0.026	0.009	0.008	0.014
婚姻状况	0.173	0.022	0.041	0.106	-0.009	0.045
文化程度	-0.110	-0.067	-0.083	-0.094	-0.064	-0.112

续表

初始变量	中间变量					因变量
	农村教育教学能力评价	师资结构配置合理性评价	职业认同感评价	工资待遇、住房评价	城乡教育公平性评价	乡村教师对《计划》满意度
教龄	-0.248	-0.185	-0.141	-0.282	-0.169	-0.192
年龄	-0.151	-0.126	-0.122	-0.061	-0.122	-0.121
留教意愿	-0.265	-0.268	-0.288	-0.228	-0.301	-0.226
以何种身份进入教师队伍	-0.051	-0.048	-0.020	-0.084	-0.093	-0.038
是否为“一专多能”教师	-0.012	-0.024	-0.040	-0.058	-0.032	-0.045
薪酬	0.151	0.054	0.061	0.142	0.064	0.173
绩效工资制度是否体现多劳多得、优绩优酬	-0.183	-0.148	-0.139	-0.216	-0.204	-0.183
学校地理位置	0.078	0.108	-0.017	0.037	0.076	0.031
学生层次	-0.042	0.077	0.013	-0.055	-0.092	0.028
培训时长	-0.086	0.066	0.077	-0.038	-0.053	-0.074
F	5.405	3.900	4.228	4.347	5.491	4.796
R^2	0.185	0.169	0.169	0.190	0.209	0.181

（五）影响乡村教师对《计划》满意度的路径分析

表6显示了初始变量影响因变量的过程。其中，总影响=直接影响+间接影响；间接影响=初始变量对各中间变量的标准化回归系数×该中间变量对因变量的标准化回归系数；表6中，未纳入显著性水平大于0.05的标准化回归系数。根据路径分析结果，乡村教师留校任教意愿对《计划》实施满意度影响较大，总路径系数绝对值达到0.476；其次是绩效工资制度，路径系数绝对值为0.346；再次为薪酬，路径系数为0.242；其余的是婚姻状况、文化程度、教龄、以何种身份进入教师队伍和学校地理位置。性别、年龄、是否为“一专多能”教师、学生层次和培训时长对《计划》满意度没有影响。

表6　初始变量对《计划》政策满意度影响的路径分析

初始变量	总影响	间接影响					直接影响
		农村教育教学能力评价	师资结构配置合理性评价	职业认同感评价	工资待遇、住房评价	城乡教育公平性评价	
性别		—	—	—	—	—	—
婚姻状况	0.065	0.065	—	—	—	—	—
文化程度	-0.008	—	—	—	-0.008	—	—
教龄	-0.216	—	—	—	-0.024	—	-0.192
年龄	—	—	—	—	—	—	—
留教意愿	-0.476	-0.100	-0.045	-0.034	-0.019	-0.052	-0.226
以何种身份进入教师队伍	-0.023	—	—	—	-0.007	-0.016	—
是否为“一专多能”教师	—	—	—	—	—	—	—
薪酬	0.242	0.057	—	—	0.012	—	0.173
绩效工资制度是否体现多劳多得、优绩优酬	-0.346	-0.069	-0.025	-0.016	-0.018	-0.035	-0.183
学校地理位置	0.126	—	0.126	—	—	—	—
学生层次	—	—	—	—	—	—	—
培训时长	—	—	—	—	—	—	—

接下来，进一步分析各个因素对《计划》满意度的影响。

（1）乡村教师的婚姻状况对《计划》满意度具有正向影响，即已婚或已婚有孩子的乡村教师满意度高于未婚无男（女）朋友或有男（女）朋友的满意度。这一方面可能是因为未婚男女教师的归属感没有已婚的强烈，且参加工作时间较短，角色还未完全转变。

（2）文化程度对《计划》满意度产生负向影响，即学历高的乡村教师相比于学历较低的乡村教师对《计划》的满意度低。文化程度主要对间接变量中的工资待遇和住房评价的影响最大。产生这种现象的原因可能是文化程度越高的乡村教师对乡村教育政策和职业的期望值越高，学历越高对教师的工资待遇、福利等方面期望越高。

（3）教龄对《计划》满意度有负向影响，即教学年限越高的乡村教师对《计划》执行满意度越低，主要是通过工资待遇和住房评价显著影响满意度，这种影响是间接的。这可能是因为教学年限和资历较高的乡村教师为乡村教育扎根多年，希望自己的付出和收获能成正比。

（4）留教意愿对《计划》满意度有显著的负向影响，也就是说越想往城区学校发展、不想在乡村学校任教的乡村教师对《计划》的满意度越低。这是因为想往城区发展的老师对乡村学校的归属感和认同感都较低，没有想扎根在乡村学校，必然对乡村教育的一系列政策的满意度不高。

（5）以何种身份进入教师队伍对《计划》满意度有负向影响，主要来自间接影响，即特岗教师、免费师范生相对高校毕业生、走教支教及代课老师的满意度要高。一方面可能是因为高校毕业生对城乡公平和住房待遇等期望值相对较高；另一方面可能是因为支教走教及代课的乡村教师工作条件相对艰苦，工作稳定性不高，对政策的满意度有所影响。

（6）绩效工资制度对《计划》满意度有负向影响，即认为绩效工资制度没有体现多劳多得、优绩优酬的乡村教师满意度较低。

（7）学校地理位置对《计划》满意度有正向影响，即越靠近城区学校的乡村教师对《计划》满意度越高。这是因为越靠近城区的学校，交通越方便，学校环境和条件较好，工作生活也比较便利。

四　结论与启示

本研究基于贵州省614个乡村教师调查数据，通过路径分析法分析当前乡村教师对《计划》满意度的评价及其影响因素。综上所述，基于麦克拉夫林的政策执行互动模型，本研究从乡村教师对《乡村教师支持计划（2015 ~2020 年）》满意度视角进行实证研究，可以得到乡村教师对政策执行效果的反馈，了解政策执行过程中存在的缺陷与不足。研究表明，乡村教师对《计划》实施的满意度一般。作为中间变量的农村教育教学能力评价、师资结构配置合理性评价、职业认同感评价、工资待遇和住房评价、城乡教育公平性评价对《计划》执行的满意度产生直接、重要影响。初始变量中，乡村教师的婚姻状况、文化程度、教龄、留教意愿、以何种身份进入教师队伍、薪酬和绩效工资制度等因素直接或间接影响教师对《计划》执行的满意度，其中婚姻状况、文化程度、以何种身份进入乡村教师队伍和学校地理位置间接影响《计划》的满意度，由此证明假设成立。基于上述论证，本研究得出以下判断和启示。

（一）麦克拉夫林的政策执行互动模型在使用中需要加入微观因素

麦克拉夫林互动模型强调政策执行过程实际上是政策执行者和政策执行对象之间的一种互动和调适，通过两者之间的交流、碰撞及冲突检验政策设计的利弊和缺陷，然后再将政策执行的问题反馈给政策制定者，根据实际情况对政策做出调整或是完善。在这个过程中涉及三个要素，一个是政策执行者，一个是政策执行对象，还有一个是政策的内容或是政策工具。在这个框架中，政策执行过程实际上是一个动态的过程，政策执行者的理论水平、工作态度、工作能力及对政策的把握程度以及是否存在利益关系都会影响政策执行者的政策贯彻情况。同样，政策执行对象也存在类似的问题，其中最主要的就是利益的调节问题，什么利益是政策执行对象的主要诉求必须找准。政策本身或是政策执行工具在具体的政策执行场域中是否适用，也会影响政策的落实情况和政策执行对象的满意度。因此，笔者认为，这个模型还可以进一步细化，需要将政策执行者、执行对象、政策工具按照类别继续划分。比如，政策执行者和执行对象可以按照知识水平、能力、态度、利益相关程度做细分；执行场域中还要考虑政策工具的适用性及资源的满足程度。只有将这三个要素细分后再具体考察政策执行的互动情况，并根据不同层面的互动反馈得出判断和推断，才更具备合理性和科学性。因此，笔者认为，麦克拉夫林的互动模型可以在互动过程中增加政策执行者、政策执行对象的类别要素划分，同时增加政策内容和工具作为影响执行效果的要素（见图4）。这样，依据此模型给出的政策执行描述才更具有说服力，才更加具体化。

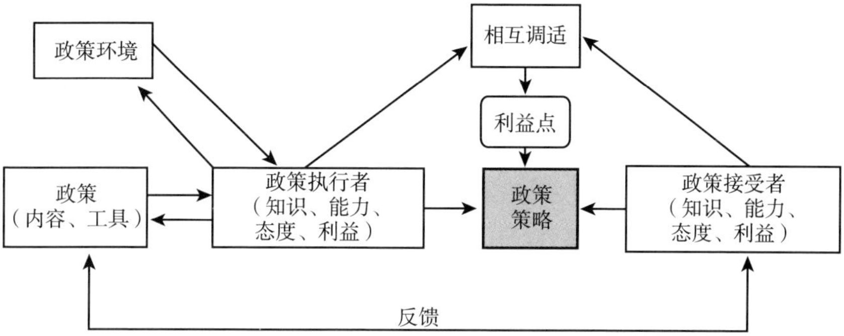

图4　改进后的麦克拉夫林的政策互动模型

（二）路径分析法结合政策执行满意度调查，可以丰富政策执行的检验手段

满意度调查已经发展到第十代，满意度调查起到的作用主要有三方面，一是倾听对象声音，了解对象关心什么，哪些是影响对象行为的关键因素；二是发现服务问题，看看对象对哪些服务不满意，覆盖范围有多大，程度有多深，需要做哪些改进；三是做服务绩效评价，看看各服务环节涉及的部门和人的表现情况。在此基础上，做出相应的措施改善服务质量，比如说改进与对象沟通的渠道，以便获取对象真实想法；建立服务改善机制，查找短板、分析原因，提出改进办法；再就是对服务部门做出较为客观的绩效考核，并指出问题，督促整改。满意度调查的关键是要找到影响因素的权重，考虑哪些因素是主要影响因素，特别是存在多因素又涉及权重的满意度调查，需要借助某种分析法辅助解决问题。研究表明，政策执行的互动模型恰好和非递归的路径分析有共同之处，政策执行者和政策接收者（政策执行对象）之间有互动和相互影响，也即非递归模型显示的 A↔B：A 与 B 之间存在着双向的影响关系，即直接反馈作用。上文的分析和论证，也证明了这

两种模型配合使用，可以在政策执行分析中，通过满意度调查找出影响政策执行的主要因素和权重，以此作为政策调整和完善的依据。

（三）启示

为实现乡村教师“下得去”“留得住”“教得好”的目标，就要聚焦解决当前乡村教师最现实、最紧迫和最关心的问题，发挥乡村教师的主观能动性，提高乡村教师政策满意度，使政策执行者与乡村教师在政策执行过程中形成良好的互动，才能使政策发挥其最大作用。可以从以下几个方面着手。

第一，提升乡村教师职业和文化认同感，增强乡村教师留乡任教意愿。建设一支稳定优质的乡村教师队伍，不仅需要政策支持，更需要其自身对职业和文化的认同。一方面，教育行政部门应通过多种支持性举措，完善乡村教师荣誉制度，同时加大对《计划》和乡村教师这一职业的宣传力度，给予乡村教师精神上的鼓励，使其了解到政府对乡村教育和乡村教师的重视，增强其职业认同感。另一方面，鼓励乡村教师参与乡村建设，让他们参与乡村事务和解决乡村问题，加强其归属感和文化认同感。

第二，分类施政，改善乡村学校办学条件，提高乡村教师生活待遇。许多贫困和边远地区乡村办学条件差，生活条件艰苦，不能吸引外来优秀教师来任教，也很难留住教师。为此，政府应实施差别化待遇政策，加大对贫困和边远地区乡村学校的财政和资源投入力度，改善乡村办学条件，引进现代化教学和办公设备，为乡村教师创造良好的工作和生活条件，让乡村教师能安心地留乡任教。再者，提高乡村教师的工资待遇，将补助落到实处，这是他们最大的需求，也是影响《计划》满意度的重要因素。此外，统一城乡教师福利待遇，缩小城乡教师差距，确保教育的公平性。解决乡村教师住房问题，给予偏远地区且交通不便学校的乡村教师交通补贴，逐步形成“越是山区、越是边远、越是艰苦，地位待遇越高”的激励机制。

第三，畅通职业发展渠道，优化师资结构配置。建立健全职称评聘和晋升机制，适当降低评判标准，提高乡村教师在各级职称中的比例，缩小城乡差距。首先，以县级教育行政部门为单位，加强对教师人员编制的自由调配力度，均衡乡村教师性别比例，优化师资结构配置。其次，在县域内建立教职工管理服务中心，对教师工作进行专职管理，集中统筹原有的碎片化管理。在《计划》的实施和完善过程中，离不开各地方政府部门间的协调合作，要加强各部门间的交流，学习和借鉴成功的乡村学校教师队伍建设经验。

第四，改革绩效工资制度，提高乡村教师工作积极性。现今，许多乡村学校师资补充不足且老教师较多。相对于城市教师而言，乡村学校的青年教师心理落差较大，对事业发展的积极性不高。对此，要倾听乡村教师的意见，倾听他们的需求，为新教师设立更为健全的绩效机制，同时也兼顾中老年教师，适当提高其福利待遇，为退休教师提供完备的养老保障。为增强乡村教师的积极性，可在绩效工资机制中增加奖励制度，以教师教学成果定薪，适当增加教龄和课时津贴，举办乡村教师教学大赛，鼓励教师们不断提升自身授课能力，增强其成就感。

B.24
赤水市养老产业发展的困境与对策

张 新　王雪君*

摘　要： 人口老龄化对我国养老产业的发展提出了更高的要求。为应对人口老龄化和促进经济增长我国政府提出了养老服务产业化的重要举措。赤水市是贵州省最具代表性的旅游城市之一，也是贵州省未富先老的典型地区之一，依托其丰富的生态旅游资源，赤水市养老产业迅速发展。笔者基于对赤水市养老产业的实地调研，发现赤水市养老产业发展机遇与挑战并存，如政府扶持养老产业但市场参与少、高需求与低消费市场并存以及机构建设投入大但发展能力不足等。针对这些问题，笔者提出推动旅游和养老融合发展、转变传统观念培育消费市场、政府加强扶持养老机构发展等对策建议，以促进赤水市养老产业的持续快速发展。

关键词： 养老产业　旅居养老　人口老龄化　赤水　贵州

据《2019 年国民经济和社会发展统计公报》，截至 2019 年末，我国 60 周岁及以上人口为 25388 万人，占全国总人口 18.1%；65 周岁及以上人口 17603 万人，占全国总人口 12.6%。人口老龄化以及随之而来的高龄化、失能化和空巢化现象已成为我国面临的一个重大问题，人口老龄化也对我国养

* 张新，遵义师范学院管理学院院长，教授，主要研究方向为民族法治与社会养老；王雪君，赤水市民政局副局长，主要研究方向为社会治理与社会服务。

老产业的发展提出了更高的要求，给经济发展带来了巨大的挑战和机遇。养老产业是一个特殊产业，包括养老服务、养老产品和养老产业链三大核心部分。2013 年国务院颁布的《关于加快发展养老服务业的若干意见》①，对我国养老服务的产业化发展做出了战略性部署，提出“以政府为主导，发挥社会力量作用，充分发挥市场在资源配置中的基础性作用，逐步使社会力量成为发展养老服务业的主体”，养老产业市场化发展将是一个必然趋势。在发达地区，由于其经济较为发达，市场资源配置较完善，养老服务资金筹集渠道多元化，养老服务产业发展更好。例如，香港的养老服务中有政府、家庭、营利组织、非营利组织、社区、志愿者等多元供给主体，市场参与度高，资金筹集渠道多元化，服务团队专业。海南利用其丰富的旅游资源，开展“候鸟式”养老产业，成为全国最为热门的旅居养老地。相比之下，西部地区由于经济发展较缓慢，市场准入机制不完善，养老服务资金投入渠道较为单一，许多地区养老产业发展仍处于起步阶段，且市场参与较少。贵州省 2003 年进入老龄化社会，截至 2018 年底，贵州省 60 周岁以上老年人口占全省总人口 16.08%，有 578.88 万人；65 周岁以上老年人口 379.8 万人，占全省总人口 10.53%，预计到 2020 年底，60 周岁以上老年人口将超过 600 万人，占全省总人口的 18% 左右，是西部地区老龄化较为严峻的省份之一。赤水市是贵州省县级市，是西部地区代表性旅游城市之一，生态旅游资源丰富，有世界自然遗产地 1 个、国家级风景名胜区 1 个、国家森林公园 2 个、国家级自然保护区 2 个、国家地质公园 1 个和国家 4A 级景区 2 个。与海南相比，赤水经济发展较为缓慢，市场化参与少，且本地人口老龄化严重，消费能力不足。但赤水仍然依托生态资源，以政府为导向，积极吸引市场投资，逐步发展具有本地特色的养老服务产业。本文基于对赤水市的实地调研，探索赤水市养老产业发展面临的机遇和挑战，并尝试提出相应的对策建议，以期为赤水市养老产业的发展提供有价值的参考，推动赤水市养老产业持续快速发展。

---

① 《国务院关于加快发展养老服务业的若干意见》（国发〔2013〕35 号）。

一 赤水市养老产业发展现状

（一）赤水市老年人口现状

赤水市由于毗邻四川和重庆，年轻劳动力大量流失，老年人空巢化现象严重，其宜居的良好环境还吸引四川、重庆两省市大量老年人迁居此地养老，老年人口多，老龄化程度深。截至2019年底，赤水市共有31.7万人口，其中60周岁及以上老年人57131人，占总人口数的18.02%，是贵州省乃至全国人口老龄化程度较高的县市之一。赤水市老龄人口增长快，且呈“二化三多”的特点。“二化”是指老年人高龄化和空巢化，赤水市老年人总数中35.08%的老人是70岁以上的高龄老人，共20043人；22.29%的老人为80周岁及以上高龄老年人，共7019人。由于大量年轻劳动力流出，老年人“空巢化”现象严重，占全市老年人口的12%。全市共有5474位贫困老人、853名“三无”和“五保”老人，三类人员共占老年人口的11.07%。失能半失能老人占老年人口的8.05%，其中失能老人2809人，半失能老人2135人，呈现出贫困者多、失能和半失能老人多的“三多”现象。此外，老年人口中约2/3的老人生活在农村，城乡老龄化程度失衡较为严重，加之农村青壮年劳动力大量转移城市，使得农村老龄化和空巢化进程更快。①

（二）赤水市养老服务现状

养老服务是养老产业的核心，特别是社区居家养老服务和机构养老服务，由于家庭结构的缩小，家庭养老功能的弱化，社区居家养老和机构养老正在逐步成为我国养老体系的重要依托和重要支撑。赤水市由于老人空巢化、高龄化严重，贫困老人、失能半失能老人和“三无”“五保”老人数量

① 资料来源于赤水市民政局。后文中赤水市相关数据，若无特殊说明均来源于赤水市民政局。

多，养老服务的重要一环便是机构养老，许多三无、五保、失能老人入住机构，接受机构照料，对社区居家养老服务的需求也比较高。截至2019年，赤水市已建成多处养老服务设施和养老服务机构，包括14个公办养老机构和7个民办公助养老机构，共1977张床位；在农村建成投入使用农村互助幸福院50个，床位265张。还有3个公办养老机构正在建设中，预计床位400张，每千名老人拥有床位数达40张以上。其中，入住机构享受养老服务的老人共1356人，集中供养特困老人878人和社会养老人员478人。5个社区居家养老服务站建成投入使用，床位30张；3个社区老年人日间照料中心建成，床位共68张，入住率达到60%左右。社区老年人日间照料中心提供膳食、日常照料、休闲娱乐、紧急援助等日间服务，中心配备有食堂、餐厅、康复室、理疗室、健身室、娱乐中心等场所，也开设老年大学、图书馆和学习中心等，定期举办老年课堂、专题讲座、法律咨询、医疗保健、人际沟通等各类服务。服务对象为社区内所有六十岁以上的居民，重点服务对象为高龄老人、空巢老人、残疾老人、优抚老人、低保或低收入老人等。各种服务内容根据服务提供形式及人员配备等不同情况，按有偿、低偿和无偿三种形式收费，中心工作人员主要由社区协管员担任，配以3~5名社会工作者辅助，不定期有社区志愿者参与到中心养老服务工作中来。

（三）赤水市养老产业发展现状

“天鹅堡国际旅游康养度假城”位于赤水市葫市镇天堂村，2015年8月被中国长寿之乡绿色产业联盟评为“中国长寿之乡康养示范基地”，是西南片区的第五个“中国长寿之乡”。天鹅堡毗邻国家著名风景区和一级水源保护地九曲湖，占地面积4500亩，总建筑面积约63万平方米。现建成使用并有常住居民8000余人的葫市镇天鹅堡养老社区，社区内绿化面积达90%以上，建有滑草场、商业街、天鹅湖、格桑花海、康主题公园和观景酒店等旅游配套设施，以及社区服务中心、康养医院、健身中心、农贸市场、家居建材、污水处理厂和自来水厂等基础设施。社区医院与西南医科大学附属中医院合作，由后者提供人才和技术支持，为社区内的老人提供医疗服务。由于天鹅堡养老社区位于高山地区，基础设施完善，拥有舒适的居住环境，一般旅居老年人能够在这里居住3~6个月不等，且“回头客”多，大部分老年人愿意在每年夏秋时节来社区居住，打破了传统旅居养老的“短暂性”和“一次性”惯例。在吸引游客、旅居老人的体验过程中，天鹅堡养老社区通过提供酒店、物业、商业等各类相关生活配套设施服务，大力拉动社区周边及葫市镇当地人口就业。天鹅堡社区物业部门约150名工作人员，酒店部门约60人，商业超市等共有40名左右工作人员，直接和间接带动的就业人数达2500余人，一定程度上解决了当地年轻劳动力的就业问题。社区农贸市场为当地农户的农产品提供了销路，产业的发展促进当地的许多小商贩和农户增收，带动当地农户致富多达1000户以上。此外，依托良好的生态环境和自然资源，赤水市本土有着丰富的有机食品、绿色食品和无公害农副产品资源，在政府的大力扶持与推动下，桐桐笋、豆花、腊肉、乌骨鸡、虫茶等产品畅销市场且颇具名气，还有两河口的白水魚、旺隆的苕粉、元厚的龙眼等产品是赤水市政府未来投资建设的着力点。

二　赤水市养老产业发展面临的机遇与挑战

（一）政府扶持但市场参与少

赤水市养老产业设施建设主要是依靠政府部门向上级争取投资或是专项资金投入以促进养老产业发展和完善。赤水市老龄化问题严峻，养老需求大，因此政府对于养老产业发展的扶持力度较大，但人口老龄化和老年人需求的增长速度高于政府投入的增长速度，而政府拿不出更多的资金投入养老产业，上级拨款有限，资金投入存在较大的缺口，缺乏长期、稳定和充足的发展资金支持，导致赤水市养老产业和养老服务供给发展缓慢。由于兴办养老产业投入大、周期长、资金回收慢、利润低，许多企业不愿意投资养老产业，市场参与不足，企业和社会投入比例很有限。非营利性养老机构能在政策和资金上得到一定的优惠和帮助，机构主要服务对象是“三无”“五保”老人等特殊困难群体，难以获得经济效益。机构主要收益来自社会养老人士所缴纳的费用，但受传统观念影响，很大一部分老年人并不愿意入住机构养老，社会养老人士入住率并不高。民办养老产业经济收益不高，资金回收周期长，加之养老产业涉及生产、流通、经营、消费等各个环节，所涉及部门多，统一协调难度大。而且，投资者想要在财税、金融、信贷等方面得到相应支持也十分困难。尽管国家提倡和鼓励社会团体和个人兴办发展养老产业，但落实到基层的具体事情上，相关的优惠政策还不能及时到位，导致民办养老产业发展迟缓，积极性不高。

（二）高需求与低消费市场并存

繁荣的养老服务消费市场是养老服务产业蓬勃发展的基础。虽然赤水市老龄化程度深，老年人口多，养老服务需求大，消费市场潜力巨大，但大部分老人消费水平不高，消费规模较小。赤水市老年人空巢化现象多，老年人对机构养老服务的需求较高。但由于老年人收入低，加之经济结构调整和企业转换经营机制的改革，使失业和下岗职工增多，很多家庭目前难以承受老年人养老负担。公办养老服务机构主要无偿收养能自理的城镇“三无”对象（福利院）、农村“五保”对象（敬老院）；民办养老服务机构则主要收养社会老年人，为维持正常运转其会按期收取一定的费用。以赤水市现有运营的民办养老机构为例，机构根据入住老人其自理能力每月收费 1200 ~ 3000 元不等，许多老人的子女或赡养人认为收费过高难以承担，但养老机构则认为收费过低，现有收益维持运转已是艰难，导致机构和家属双方都有怨气。此外，赤水市大部分老人居住在农村，文化水平不高，消费观念落后，更加不愿意在经济上成为子女的负担，储蓄欲望强烈，认为“钱都是要存起来的”，不愿意为养老服务、养老产品等进行消费。因此，尽管赤水市老年人对于养老服务需求较大，但这类需求仍停留于表层，并没有转变成为市场层面的现实需求，本地老年人消费能力和意识都较低，从而形成了高需求与低消费市场并存的现象。赤水市是有名的旅游城市，部分外地企业和私营企业主听说赤水没有老年公寓，起初都有投资建设老年公寓的意向，但由于赤水当地的消费水平太低，最终都不了了之。

（三）机构建设投入大但自我发展能力不强

在老年人口增长速度过快和“二化三多”的人口形势下，赤水市近几年加大了对养老机构建设的投入，政府十分重视养老机构建设和机构养老服务，已建成使用多家养老机构，但机构养老服务供给水平和机构自我能力建设没有与机构建设数量相匹配。经济收益低、服务水平不足、对财政投入依赖大、自我保障能力差等问题导致了赤水市养老机构自我发展能力不强。首先，公办养老机构服务对象和服务供给限制大，服务对象主要是“三无”和“五保”老年人。由于政府资金投入有限，公办养老机构配套功能不足，缺乏医护养老相结合的健康养老服务机构。部分收入高的离退休干部或是条件优越具有消费能力的老年人想要入住功能完备的高、中档养老机构，其对于休闲、养生、娱乐等服务供给的需求却无法满足。服务供给模式比较单一，以吃住为基本保障，机构服务供给主要集中在日常生活照料层面，如饮食起居、吃饱穿暖等，精神慰藉、文娱服务等相关服务缺失。其次，民办养老服务机构供养标准较低，机构管理和服务水平不高，只能够在低水平运营，勉强维持。机构房屋后期装修、防火、防滑、无障碍设施等受资金限制，无法一次性到位，存在边运营边完善的情况。机构内医疗设施配备不到位，难以提供基础的老年医疗或护理服务，每个机构仅仅配备 1～2 名管理人员，缺乏具有专业能力或接受过专业培训的服务人员。

三　促进赤水市养老产业发展的建议

（一）推动旅游与养老融合发展

“候鸟式旅居养老”是我国发展最早的旅居养老模式，主要分为季节性旅居养老和景区旅居养老两种模式，季节性旅居养老是指夏冬两季以避暑或避寒为目的的旅居养老模式，景区旅居养老则是依托自然生态资源而形成，候鸟式旅居养老模式因成本低、环境适宜而受到老年群体的欢迎。赤水市作为国家首批全域旅游示范区，自然生态资源丰富，以天鹅堡养老社区为例，平均海拔在1380米，夏季平均气温在21℃左右，最高气温29℃左右，非常适合毗邻的川渝地区的老年群体夏季旅居避暑养生。以天鹅堡社区的成功为启示，将赤水市丰富的自然生态等旅游资源和养老产业融合发展。将传统的“观赏式旅游”转变为“体验式旅游”，在现有旅游资源中注入养生怡情、疗养康体和养老服务等元素，促进赤水市养老产业发展，提升旅游附加值。借助“中国长寿之乡”品牌，推动养老地产、养生地产、旅游地产融合发展。把握现代盛行的“逆城市化”潮流，如今身处闹市的人们向往去环境幽雅的郊区或类似郊区环境的生活居住。因此赤水市要以此为契机不断提高赤水寿乡品牌的影响力和知名度，在不影响景区建设发展的前提下，在景区周边或附近整理出部分建设用地，布局高端养老地产和养生地产，为成渝都市及全国各地建设第二养生养老居所。重点把丹霞溪谷、天岛湖、月亮湖、天鹅堡打造成康养圣地、养老养生天堂，以优雅环境、美丽景致、长寿环境赢得市场竞争。同时，要注重将旅居养老模式与一般养老模式或旅游区分开来，形成独有的特色旅游文化或是养老服务，如推动旺隆、复兴等乡镇的中药种植与集散，打造特色中药药材养生文化；或是以葫市、宝源等自然生态环境好的乡镇为重点，打造避暑养生养老旅游基地。

（二）转变传统观念培育消费市场

加强对养老产业重要性和必要性的宣传，在社区、村委或街道宣传栏等地方对养老服务进行多角度宣传，打破传统观念的束缚，构建健康的养老服务消费观念。尊重老年人多样化的需求，以老年人需求为导向，倡导积极乐观的养老观念，丰富养老服务供给模式，形成多元的养老服务供给体系。不仅满足老人日常生活照料的需求，也满足老人精神慰藉、文化娱乐等层面的养老需求，以需求带动消费，鼓励老人享受生活。加强多元养老文化宣传，利用宣传栏、宣传海报、传单、微信公众号等线上线下多种方式，进行全方位的宣传推广，弱化老人对除传统家庭养老方式以外的养老方式的抗拒，填补养老方式的空白，使老人及其子女或是赡养人了解“什么是养老服务”“机构养老的优势与劣势”“机构养老可提供的服务”“社区居家养老可提供哪些服务”“不同养老产品的功效”“如何识别养老产品”等具体内容，转变传统观念，解放思想，将养老机构视为颐养天年的一种选择，而不是走投无路的最后退路。通过“宣传—倡导—认识—尝试—享受—主动”这一过程，培育老年人及其家属的养老服务消费观，促进消费市场发展。

（三）政府加强扶持养老机构发展

政府要积极推动养老机构发展，加强机构养老服务建设，发挥引导作用，鼓励和吸引社会资本进入养老服务产业领域。首先，政府及各职能部门应做好养老服务产业发展规划，尽快完善出台“公建民营”“民办公助”社会养老产业相关优惠政策，逐步提高财政对民办养老机构基本建设的一次性补助标准，对已开展业务且社会认可的民办养老机构严格落实运行经费补贴政策。其次，加大对养老服务产业的财政投入支持力度，拿出部分财政专项资金鼓励本地企业发展养老服务产业。推进医养融合发展，支持有条件的养老机构内设医疗服务或与医疗卫生机构签订医疗服务协议，推动有条件的医疗机构开设老年病房、开展老年康复业务，为老年人提供优质便捷的医疗卫生服务。提高机构专业化养老服务供给水平，特别是医疗服务水平，将养老机构内设的医疗部门及其医护人员纳入当地卫生行政部门指导范畴，同时在资格认定和推荐评优等方面与其他专业医疗机构同等对待。最后，建立健全养老服务产业监管机制，制定完善相关政策，保障老年人和服务供给方双方的合法权益，制定市场准入机制及准入标准，杜绝假冒伪劣产品和服务，创造良好的养老服务市场环境。要认真落实国家支持养老服务业的税收优惠政策，非营利性养老机构符合免税条件的免征企业所得税，其中对于使用自有房产和土地经营养老产业的机构免征城镇土地使用税和房产税。企事业单位、社会团体或个人等通过非营利性社会团体及政府部门向非营利性养老机构的捐赠，符合国家相关规定的，在计算其应纳税所得额时按税法规定比例扣除。

四 结语

老龄化的加剧使养老产业的发展越来越受到重视，养老产业成为促进我国经济发展的新的增长点。养老产业的发展和兴旺，都与老年人的消费能力和实际需求密切相关，尊重老年群体需求，提高老年群体的消费能力是促进养老产业发展的重要基础。随着新时代的来临和脱贫攻坚战的结束，人们对于美好生活的追求越来越高，以赤水市为代表的旅居养老模式是未来养老模式选择的大趋势之一，结合自身的资源优势发展本土养老产业，鼓励社会力量参与养老产业建设，并逐步形成完善的产业市场体系，是赤水市养老产业发展的关键。

参考文献

张新生、王剑锋、张静：《我国养老产业转型和优化发展的思考》，《湖南科技大学学报》（社会科学版）2015 年第 3 期。

郭林：《香港养老服务的发展经验及其启示》，《探索》2013 年第 1 期。

李馨：《关于海南发展“候鸟”式养老产业的思考》，《海南师范大学学报》（社会科学版）2009 年 S1 期。

张乃仁：《我国养老服务产业发展的困境与对策》，《中州学刊》2015 年第 10 期。

刘昌平、汪连杰：《新常态下的新业态：旅居养老产业及其发展路径》，《现代经济探讨》2017 年第 1 期。

B.25
2019年贵州社会发展大事记

曾　亮　邓小海*

2019 年是全面夺取脱贫攻坚战役胜利的决战之年。在这一年里，贵州在经济发展、基础设施建设、社会保障、文化服务、教育扶智、医疗卫生、体育健康等方面都取得了长足的进步，贵州全省人民都为脱贫攻坚、建设美好生活而努力。

一月

1 日　《贵州日报》头版刊载中共贵州省委书记、省人大常委会主任孙志刚致全省干部群众的一封信《全面夺取 2019 决战之年根本性胜利》。

2 日　贵州省生态文明建设领导小组办公室下发《关于全面推进贵州省

* 曾亮，博士，贵州省社会科学院图书信息中心工作人员，主要研究方向为民族历史与文化；邓小海，博士，贵州省社会科学院农村发展研究所副研究员，主要研究方向为旅游经济、旅游扶贫。

生活垃圾分类工作的通知》，部署全面推进生活垃圾分类工作。

3日 全省第八次民族团结进步表彰大会在贵阳召开。会议表彰了贵州省民族团结进步113个模范集体和176名模范个人。

11日 荔波至榕江高速公路正式开通运营，两地的行车时间由3个小时缩短至1个小时。

17日 中共贵州省委办公厅、贵州省人民政府办公厅印发了《关于严禁领导干部利用茅台酒谋取私利的规定》。

22日 贵州省凤山水库暨2019年第一批骨干水源工程集中开工动员大会在黔南州福泉市召开。

26日 贵阳市人民大道北段试通车。

由省委宣传部组织编写的《多彩贵州 发展新路——改革开放40年的西部样本》《缩影：贵州改革开放40年》《贵州改革开放40年档案纪实》系列图书，近期由孔学堂书局正式出版。

27日 贵州省第十三届人民代表大会第二次会议在贵阳召开，贵州省省长谌贻琴作《政府工作报告》。

二月

17日 近日，省政府办公厅下发关于抓好赋予科研机构和人员更大自主权有关文件贯彻落实工作的通知。

25日 全省9个市（州）、贵安新区举行补短板强基础项目集中开工仪式。此次开工项目240个，总投资达838亿元。

全国首家省级体旅专业智库贵州体育旅游研究院挂牌成立。

27日 《贵州日报》头版刊载《中共贵州省委 贵州省人民政府二〇一九年脱贫攻坚春季攻势行动令》。

28日 贵州省新的社会阶层人士联谊会在贵阳成立，朱山当选第一届理事会会长。

三月

1日　贵州酒店集团公司从省市场监督管理局领取了贵州首张新版营业执照，标志着新版营业执照在贵州省正式启用。

15日　《贵州省2019年城镇建筑施工和城镇道路扬尘治理工作方案》实施。

21日　省政府办公厅印发《贵州省进一步加快农村电子商务发展助推脱贫攻坚行动方案（2019～2020年）》。

24日　贵州在全国率先实现省级全面推广移动端代开发票。

30日　在以"智慧人社智慧服务"为主题的"12333全国统一咨询日"活动中，贵州省首批电子社会保障卡正式签发。

四月

3日　近日，贵州省2019年省级困难群众救助补助资金下发，共计6.48亿元，将用于困难群众基本生活保障工作。

11日　11～12日，全国易地扶贫搬迁后续扶持工作现场会在贵州省黔东南州召开。会议深入学习贯彻习近平总书记关于扶贫工作的重要论述，认真落实李克强总理重要批示要求，总结分析易地扶贫搬迁特别是后续扶持工作进展情况，交流经验做法，安排部署下一阶段重点工作。

19日　下午3点24分，贵州移动在5G网络环境下成功打通贵州首个5G电话。

27日　第七届贵州人才博览会开幕。

29日　贵州省庆祝"五一"国际劳动节暨表彰大会在贵州饭店国际会议中心大礼堂举行。

五月

1日　《贵州省河道条例》正式施行。

4 日 省委、省政府印发《贵州省中长期青年发展规划（2019～2025 年）》。

16 日 国家大数据（贵州）综合试验区展示中心开馆。

17 日 省知识产权局正式发布《2018 年贵州省知识产权保护与发展状况》白皮书。

26 日 2019 中国国际大数据产业博览会在贵州省贵阳市开幕，中共中央总书记、国家主席、中央军委主席习近平向会议致贺信。

28 日 “雷公山高山绿·银球茶杯”贵州省第八届手工制茶技能大赛在雷山开赛，来自全省的 13 支代表队 127 名选手同场竞技。

贵州省今年再获中央专项彩票公益金支持新建乡村学校少年宫 42 所，项目将于 9 月底前全部建成投用。到 2020 年，全省将实现乡镇乡村学校少年宫全覆盖。

29 日 为期 4 天的 2019 中国国际大数据产业博览会完成各项议程，在贵阳圆满闭幕。本届数博会，参会观展人数超过 12.5 万人次，全省共成功签约项目 125 个、签约金额 1007.63 亿元。

30 日 《贵州省未成年人检察工作白皮书（2016～2018）》以及贵州省检察机关加强未成年人司法保护的典型案例发布。

六月

1 日 2019“非遗周末聚”从 6 月 1 日持续到 10 月 27 日，免费向观众开放，其间将展演 80 余场。

10 日 贵阳入围首批 5G 城市名单。

12 日 贵阳市开通了第六条洲际航线。

13 日 贵州省全面实施政务服务“好差评”制度。

20 日 贵州省出台《贵州省营商环境优化提升方案》。

21 日 贵州全力推进“明厨亮灶”建设工程。

22 日 贵阳生态科普馆首次对外开放。

30 日 截至今年 6 月底，全省全面建成“组组通”硬化路 7.87 万公里，实现3.99万个30户以上村民组100%通硬化路，通组路沿线1166万群众受益，带动农业产业发展500余万亩。

贵州将所有符合条件的153.7万建档立卡贫困人口纳入低保保障。

七月

11日 贵州首条景区高铁直达列车正式开通运行，由西至东，将黄果树瀑布、西江千户苗寨、梵净山等多个旅游景区串联起来。

13日 全省脱贫攻坚“夏秋决战”行动启动会议在贵阳召开。《贵州日报》头版头条刊载《中共贵州省委 贵州省人民政府2019年脱贫攻坚夏秋决战行动令》。行动时间从2019年7月至12月，共6个月。

23日 近日，贵州省印发《贵州省普惠性民办幼儿园认定扶持及管理办法》。

26日 贵州省易地扶贫搬迁县城安置区“益童乐园”项目在贵阳正式启动。

31日 2019多彩贵州文化艺术节开幕。

八月

1日 《贵州省全民阅读促进条例》正式施行。

贵州省第十三届人民代表大会常务委员会第十一次会议通过《贵州省宗教事务条例》。

9日 以“决战脱贫攻坚中的多彩贵州”为主题庆祝新中国成立70周年贵州专场新闻发布会在北京举行。

12日 贵州省辣椒产业协会在贵阳正式成立。

14日 贵州授牌首批17家“谷雨行动·社区儿童素质之家”。

15日 近日，省教育厅等八部门联合印发《关于深化“校农结合”工作助推农村产业革命和脱贫攻坚的指导意见》。

16日 贵州省81所幼儿园入选2019年全国足球特色幼儿园。

17日 17～18日，第4届贵州·遵义国际辣椒博览会召开。世界辣椒联盟授予遵义市“世界辣椒之都”称号。本届辣博会共达成34个招商引资签约项目，总投资24.21亿元。

18日 第二届全国青年运动会落幕，贵州代表团共派出699名运动员参加了29个大项的比赛，获得18金27银24铜共69枚奖牌。

19日 近日，贵州启动实施乡村振兴“十百千”示范工程，将重点建设10个示范县、100个示范乡镇、1000个示范村。

近日，贵州省启动2019年高校毕业生就业服务行动。

23日 近日，贵州省残联会同省发改委、省财政厅等15个部门联合制定了《关于扶持残疾人自主就业创业的实施意见》。

24日 贵州省财政厅提前下达2020年支持深度贫困县专项扶贫补助资金。

25日 贵州省刺梨行业协会在贵阳成立。

近日，贵州省残联、省扶贫办联合下发《关于做好“脱贫攻坚汇聚爱心”贫困残疾儿童康复救助工作的通知》。

29日 贵州省日前出台《生猪市场保供稳价工作应急预案》。

30日 第三届孔学堂·国学图书博览会正式开幕，全国100余家出版机构参展，近千种黔版国学图书集中亮相书博会。

九月

1日 全国第十届残运会暨第七届特奥会闭幕，贵州省代表团收获29金29银34铜。

5日 近日，贵州省政府办公厅印发《贵州省职业技能提升行动实施方案（2019～2021）》。

9日 省市场监管局印发《关于印发〈贵州省生态文明建设标准体系框架〉和〈贵州省生态文明建设标准体系明细表〉的通知》，标志着贵州省生态文明建设标准体系框架正式编制完成。

2019年贵州省十大千亿级工业产业重大项目集中开工。

“美丽乌江　拒绝污染”2019 贵州环保行活动正式开启。

第九届酒博会在贵阳举行。

12 日　贵州省发展改革委等九单位联合制定印发《促进汽车消费市场持续健康发展若干政策措施的通知》。

贵州省医疗保障局网站发布《贵州省医疗保障局等五部门关于贵州省全面推进生育保险和职工基本医疗保险合并实施的意见》。

全国首个省级 5G 融媒体中心——贵州都市报·都市新闻 5G 融媒体中心正式启用。

16 日　第十一届全国少数民族运动会闭幕。贵州代表团获 96 个奖项。龙舟项目的 12 个项目全部获奖，其中一等奖 9 个、二等奖 3 个。

17 日　六盘水市贵州三线建设博物馆和中国科学院国家天文台 FAST 观测基地入选全国爱国主义教育示范基地。

20 日　贵州省十大污染源治理工程有序推进。截至目前，六盘水市、铜仁市、黔东南州、黔南州、黔西南州 5 个地区提前完成十大污染源治理任务。

25 日　25～29 日，2019 中国·贵阳国际特色农产品交易会召开，打造最大“黔货出山”平台“嗨可以”，助力“黔货出山”。

27 日　“追梦展多彩　感恩铸华章——贵州省庆祝中华人民共和国成立 70 周年大型成就展”在贵州美术馆开展，展览时间将持续至 2020 年 3 月。

贵州省第十三届人民代表大会常务委员会第十二次会议通过《贵州省城镇燃气管理条例》《贵州省电梯条例》《贵州省农作物种子条例》。

28 日　28～29 日，第十四届贵州旅游产业发展大会在贵州省毕节市织金县举行。

十月

9 日　近日，贵州省民政厅等 15 个部门联合下发《关于制定和实施老年人照顾服务项目的实施意见》。

贵州省被列入首批交通强国建设试点。

22日 贵州入选《孤独星球》2020世界最佳旅行目的地。

截至目前，全省188万人搬迁计划已累计完成搬迁入住184.01万人，占搬迁总任务的97.9%，余下的3.99万人，预计将分别在10月底和11月全部搬迁入住。

23日 省人民政府印发《省人民政府办公厅关于加快推动特色小镇和小城镇高质量发展的实施意见》。

24日 贵州省科学技术奖励大会在贵阳举行。

25日 2019中国（贵州）国际民族民间工艺品·文化产品博览会在贵阳举行。

29日 29~30日，以“天人合一·文化旅游大健康融合发展”为主题的2019国际山地旅游暨户外运动大会在黔西南州举办。

30日 贵州省山地旅游系列标准发布，共10个山地旅游标准，分别是《溶洞旅游服务规范》《公路自行车游道质量等级标准》《旅游步道等级划分》《城镇公共服务设施建设与服务指南》《度假区（村）等级划分》《景区观光车服务规范》《汽车露营地设施与服务规范》《温泉旅游设施与服务规范》《文化主题酒店设施与服务质量等级划分与评定》《贵州省旅游星级饭店自助餐服务规范》，以上标准将于11月1日起执行。

近日，《贵州省生态环境损害修复办法（试行）》出台。

十一月

3日 贵州省人民政府办公厅近日下发《关于贵州省创建全国体育旅游示范区的意见》。

5日 贵州省建成全国首个“体验式”道路运输安全教育培训基地。

7日 《贵州新闻奖作品赏析》系列丛书首发。

10日 全国扶贫经验交流示范基地观摩交流活动座谈会在毕节市召开。

13日 2019年中西部十七省（区、市）人大民族工作座谈会在贵阳召开。

近日，贵州省人力资源和社会保障厅、省发展改革委、省财政厅联合出台《关于推进全方位公共就业服务的实施意见》。

20日 近日，省民政厅、省委组织部、省委政法委、省文明办、省司法厅、省农业农村厅、省妇联7部门联合印发《关于切实做好村规民约和居民公约工作的实施意见》。

25日 近日，贵州出台23条涉及农产品、供水、能源、交通运输、通信、教育、文化、兜底保障等8个领域的农业农村价格支持政策。据悉，贵州是全国首个针对脱贫攻坚出台一揽子农业农村价格支持政策的省份。

27日 《贵州省全国体育旅游示范区总体规划》和《关于贵州省创建全国体育旅游示范区的意见》正式出台。

28日 贵州省“通村村”出行服务平台已经覆盖全省88个县（市、区），建成村级服务站点已达8600余个。

29日 贵州省2019年第一批县乡公路改造工程全面启动。

30日 贵州“携号转网”服务正式运行。

十二月

1日 《贵州省反家庭暴力条例》《贵州省古树名木大树保护条例》经省十三届人大常委会第十三次会议表决通过。

16日 成贵高铁全线通车。

19日 贵州初步建成省医药综合监管平台，全省县级以上公立医院医药服务实现实时动态监管，将医药综合监管“关口”有效前移。

21日 贵州省赤水市、大方县、都匀市、江口县、凯里市、荔波县、兴义市、镇远县、织金县9县（市）入选2019中国县域旅游竞争力百强。

23日 23~24日，贵州省委经济工作会议在贵阳召开。

30日 贵州省庆祝中华人民共和国成立70周年重点出版物新书发布会在贵阳举行。正式发布了《贵州脱贫攻坚70年》《奋进发展的贵州（1949~2019）系列丛书》《元帅少年丛书》《五姐妹》《好人好马上三线——贵州三线记忆口述实录》5部新书。

皮书

智库报告的主要形式
同一主题智库报告的聚合

✤ 皮书定义 ✤

皮书是对中国与世界发展状况和热点问题进行年度监测，以专业的角度、专家的视野和实证研究方法，针对某一领域或区域现状与发展态势展开分析和预测，具备前沿性、原创性、实证性、连续性、时效性等特点的公开出版物，由一系列权威研究报告组成。

✤ 皮书作者 ✤

皮书系列报告作者以国内外一流研究机构、知名高校等重点智库的研究人员为主，多为相关领域一流专家学者，他们的观点代表了当下学界对中国与世界的现实和未来最高水平的解读与分析。截至 2020 年，皮书研创机构有近千家，报告作者累计超过 7 万人。

✤ 皮书荣誉 ✤

皮书系列已成为社会科学文献出版社的著名图书品牌和中国社会科学院的知名学术品牌。2016 年皮书系列正式列入“十三五”国家重点出版规划项目；2013~2020 年，重点皮书列入中国社会科学院承担的国家哲学社会科学创新工程项目。

S基本子库
UB DATABASE

中国社会发展数据库（下设 12 个子库）

整合国内外中国社会发展研究成果，汇聚独家统计数据、深度分析报告，涉及社会、人口、政治、教育、法律等 12 个领域，为了解中国社会发展动态、跟踪社会核心热点、分析社会发展趋势提供一站式资源搜索和数据服务。

中国经济发展数据库（下设 12 个子库）

围绕国内外中国经济发展主题研究报告、学术资讯、基础数据等资料构建，内容涵盖宏观经济、农业经济、工业经济、产业经济等 12 个重点经济领域，为实时掌控经济运行态势、把握经济发展规律、洞察经济形势、进行经济决策提供参考和依据。

中国行业发展数据库（下设 17 个子库）

以中国国民经济行业分类为依据，覆盖金融业、旅游、医疗卫生、交通运输、能源矿产等 100 多个行业，跟踪分析国民经济相关行业市场运行状况和政策导向，汇集行业发展前沿资讯，为投资、从业及各种经济决策提供理论基础和实践指导。

中国区域发展数据库（下设 6 个子库）

对中国特定区域内的经济、社会、文化等领域现状与发展情况进行深度分析和预测，研究层级至县及县以下行政区，涉及地区、区域经济体、城市、农村等不同维度，为地方经济社会宏观态势研究、发展经验研究、案例分析提供数据服务。

中国文化传媒数据库（下设 18 个子库）

汇聚文化传媒领域专家观点、热点资讯，梳理国内外中国文化发展相关学术研究成果、一手统计数据，涵盖文化产业、新闻传播、电影娱乐、文学艺术、群众文化等 18 个重点研究领域。为文化传媒研究提供相关数据、研究报告和综合分析服务。

世界经济与国际关系数据库（下设 6 个子库）

立足“皮书系列”世界经济、国际关系相关学术资源，整合世界经济、国际政治、世界文化与科技、全球性问题、国际组织与国际法、区域研究 6 大领域研究成果，为世界经济与国际关系研究提供全方位数据分析，为决策和形势研判提供参考。

法律声明